"十三五"国家重点图书出版规划项目
2018年主题出版重点出版物

本书受中国社会科学院老年科研基金资助

中国经济体制改革

1978~2018

CHINA'S ECONOMIC SYSTEM REFORM

汪海波 / 著

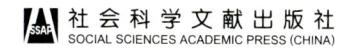

社会科学文献出版社
SOCIAL SCIENCES ACADEMIC PRESS (CHINA)

出版者前言

习近平同志指出，改革开放是当代中国最鲜明的特色，是我们党在新的历史时期最鲜明的旗帜。改革开放是决定当代中国命运的关键抉择，是党和人民事业大踏步赶上时代的重要法宝。2018年是中国改革开放40周年，社会各界都会举行一系列活动，隆重纪念改革开放的征程。对40年进行总结也是学术界和出版界面临的重要任务，可以反映40年来尤其是十八大以来中国改革开放和社会主义现代化建设的历史成就与发展经验，梳理和凝练中国经验与中国道路，面向全世界进行多角度、多介质的传播，讲述中国故事，提供中国方案。改革开放研究是新时代中国特色社会主义研究的重要组成部分，是应该长期坚持并具有长远意义的重大课题。

社会科学文献出版社成立于1985年，是直属于中国社会科学院的人文社会科学专业学术出版机构，依托于中国社会科学院和国内外人文社会科学界丰厚的学术和专家资源，坚持"创社科经典，出传世文献"的出版理念、"权威、前沿、原创"的产品定位以及出版成果专业化、数字化、国际化、市场化经营道路，为学术界、政策界和普通读者提供了大量优秀的出版物。社会科学文献出版社于2008年出版了改革开放研究丛书第一辑，内容涉及经济转型、政治治理、社会变迁、法治走向、教育发展、对外关系、西部减贫与可持续发展、民间组织、性与生殖健康九大方面，近百位学者参与，取得了很好的社会效益和经济效益。九种图书后来获得了国家社科基金中华学术外译项目资助和中共中央对外宣传办公室资助，由荷兰博睿出版社出版了英文版。图书的英文版已被哈佛大学、耶鲁大学、牛津大学、剑桥大学等世界著名大学收藏，进入了国外大学课堂，并得到诸多专家的积极评价。

从 2016 年底开始，社会科学文献出版社再次精心筹划改革开放研究丛书的出版。本次出版，以经济、政治、社会、文化、生态五大领域为抓手，以学科研究为基础，以中国社会科学院、北京大学、清华大学等高校科研机构的学者为支撑，以国际视野为导向，全面、系统、专题性展现改革开放 40 年来中国的发展变化、经验积累、政策变迁，并辅以多形式宣传、多介质传播和多语种呈现。现在展示在读者面前的是这套丛书的中文版，我们希望借着这种形式，向中国改革开放这一伟大的进程及其所开创的这一伟大时代致敬。

社会科学文献出版社

2018 年 2 月 10 日

作者简介

汪海波 1953年于复旦大学经济系毕业，1956年于中国人民大学经济系研究生毕业。1956~1975年，先后在中国人民大学和中国科技大学的政治经济学教研室（组）执教，先后任助教、讲师和政治经济学教研组组长。1975~1981年，在人民出版社经济编辑室做编辑工作。1981~1995年，在中国社会科学院工业经济研究所先后任副研究员和研究员，并先后任中国社会科学院研究生院硕士生导师和博士生导师。1987~1991年任中国社会科学院研究生院副院长。1985~2013年，先后任《中国经济年鉴》副总编辑和总编辑。1995年至今，任国家行政学院经济学教研部兼职教授。主要著作有《中国工业经济问题研究》、《新中国工业经济史》、《中国积累和消费问题研究》、《中国经济效益问题研究》、《社会主义商品经济问题研究》、《中国转轨时期的政府经济职能》和《汪海波文集》（第1~12卷）。1991年获国务院特殊津贴，2006年被选为中国社会科学院荣誉学部委员。

内容提要

中国经济体制改革已经经历了 40 年的时间，积累了丰富的经验。对这方面的经验总结，不仅有利于继续推进改革，取得改革最终胜利，而且具有重要的国际意义。习近平总书记指出：中国特色社会主义不断取得的重大成就，"意味着中国特色社会主义拓展了发展中国家走向现代化的途径，为解决人类问题贡献了智慧，提供了中国方案"。[①] 习近平总书记这里说的中国特色社会主义和中国方案，显然都包括了作为其最重要内容的中国经济体制改革。

本书在第一章"中国经济体制改革的目标"中，对中国社会主义市场经济的基本理论做了深入的分析。在第二章至第六章中，依据中国改革实践，将其划分为五个发展阶段，分别叙述了其历史进程。第二章为"市场取向改革的起步阶段（1979~1984 年）"，第三章为"市场取向改革的全面展开阶段（1985~1992 年）"，第四章为"市场取向改革的制度初步建立阶段（1993~2000 年）"，第五章为"市场取向改革的制度完善阶段（2001~2011 年）"，第六章为"以市场取向改革为重点的全面深化改革阶段（2012~2018 年）"。这五章是全书的主体，约占全书篇幅的七分之五。其中第六章就约占七分之二。这是基于第六章所叙述的改革历史过程的特点做出的安排。习近平总书记对此做过一个精辟概括。他说：党的十八大以来，"我们坚定不移地全面深化改革，推动改革呈现全面发力、多点突破、纵深推进的崭新局面"。习近平总书记这里说的改革是包括经济体制、政治体制、文化体制、社会体制、生态文

[①] 习近平：《在省部级主要领导干部专题研讨班开班式上的讲话》，新华网，2017 年 7 月 27 日。

明体制和党的建设体制改革的全面改革。但经济体制改革是全面深化改革的重点。习近平总书记的这个论述，准确地反映了全面深化改革的进展，尤其是准确反映了作为改革重点的经济体制改革的进展。这表现在党的十八大以来经济体制改革的各个方面。在第七章"中国经济体制改革的成就及其意义"中，专门对中国经济体制改革的辉煌成就做了详细的分析，篇幅约占全书的七分之一。

本书力图以中国特色社会主义理论为指导，第二章至第六章的导语就是中国特色社会主义理论在改革的各个发展阶段的表述。本书史论结合、以史为主，同时采取详简结合的撰写方法，依据问题重要性及其本身具有的简单和复杂的差别，有的问题写得较为详细，有的问题则写得较为简单。

序

一 总结中国经济体制改革40年发展的意义

唯物论的认识论清楚地告诉人们：正确地总结历史经验，是人类认识世界事物客观发展规律的一个最重要方法。当然，这种经验的终极根源还是社会实践，检验其正确与否的唯一标准也是社会实践。中国经济体制改革已经经历了近40年的时间，各方面已经积累了丰富经验。这时进一步总结这方面的经验是适时的，同时也是十分必要的。这不仅在于它是继续推进改革，取得改革最终胜利的一个重要条件，而且在于它具有重要的国际意义。习近平总书记指出：中国特色社会主义不断取得的重大成就，"意味着中国特色社会主义拓展了发展中国家走向现代化的途径，为解决人类问题贡献了智慧，提供了中国方案"。[①] 习近平总书记这里说的中国特色社会主义和中国方案，显然都包括了作为其最重要内容的中国经济体制改革。

诚然，中国经济体制改革经验在邓小平开创的并在党的十二大至十八大不断得到发展的中国特色社会主义理论中，特别是在党的十八大以来以习近平同志为核心的党中央提出的一系列治国理政的新理念新思想新战略中，已经有了充分的反映。任何真理都是绝对性和相对性的统一：就真理正确反映了一定条件下客观事物的本质来说，它是绝对真理；但就其由于受到客观条件制约并没有穷尽对客观事物的认识，并且随着实践的发展来说，它又是相

[①] 习近平：《在省部级主要领导干部专题研讨班开班式上的讲话》，新华网，2017年7月27日。

对真理。① 据此，完全可以预期，即将召开的党的十九大还会对中国特色社会主义实践（中国经济体制改革是其最重要的内容）做出进一步总结。从这方面来说，进一步总结改革开放的经验和揭示这方面的客观规律，仍然是一个重要任务，特别是理论工作者的重要任务。

据粗略估算，我国有数以亿计的读者，对中国社会主义市场经济理论及其发展历史并不清楚。因此，总结中国改革开放的经验，向他们普及这方面的基本知识，对于推进经济改革，显然是有益的。对于那些对经济改革理论和历史已很熟悉的读者来说，撰写这样的著作也有相互切磋的目的。在这方面进行探索，也是发展中国特色经济史学和政治经济学的一个重要方面。

总之，在改革开放40年即将到来的时候，总结中国经济体制改革40年的发展，是一件很有意义的事情。

二 撰写史论结合、以史为主的著作

正是基于上述原因，笔者拟撰写一本史论结合、以史为主的著作，在总结中国经济体制改革40年的发展方面做些尝试。具体如下。

在第一章"中国经济体制改革的目标"中，对中国社会主义市场经济的基本理论做了深入分析，约占全书篇幅的七分之一。

在第二章至第六章中，依据中国改革实践，将其划分为五个发展阶段，分五章叙述了其历史进程，即：第二章"市场取向改革的起步阶段（1979~1984年）"，第三章"市场取向改革的全面展开阶段（1985~1992年）"，第四章"市场取向改革的制度初步建立阶段（1993~2000年）"，第五章"市场取向改革的制度完善阶段（2001~2011年）"，第六章"以市场取向改革为重点的全面深化改革阶段（2012~2018年）"。这五章是全书的主体，约占全书篇幅的七分之五。其中第六章就约占七分之二。这是基于第六章所叙述的改革历史过

---

① 详见《列宁唯物主义和经验批判主义》，人民出版社，1998，第130~137页；《列宁选集》第2卷，人民出版社，1972。

程的特点做出的安排。习近平总书记对此做过一个精辟概括，即：党的十八大以来，"我们坚定不移地全面深化改革，推动改革呈现全面发力、多点突破、纵深推进的崭新局面"。[①] 习近平总书记这里说的改革是包括经济体制、政治体制、文化体制、社会体制、生态文明体制和党的建设体制的全面改革。但经济体制改革是全面深化改革的重点。显然，习近平总书记的这个论述，准确反映了全面深化改革的进展，尤其准确反映了作为改革重点的经济体制改革的进展。这表现在党的十八大以来经济体制改革的各个方面。党的十八大以来，党中央和国务院发布的关于深化经济体制改革的指导文件，其数量之多、频率之高、涉及面之广、切入实际之深、问题导向之明和指导力之强是改革以来从未有过的。从本书第六章所引述的文件中可以看出。但限于篇幅，未列出全部文件。在这方面，笔者深感美不胜收！仅此一端就可以清楚看到党的十八大以来在经济体制改革方面开创的新局面了。因为这个新局面正是在这些文件的强有力指导下形成的。

在第七章"中国经济体制改革的成就及其意义"中，专门就中国经济体制改革的成就及其意义做了比较详细的分析，其篇幅约占全书的七分之一。这是考虑到中国经济体制改革的成就极其辉煌，其意义也极其重大，值得大书特书！

三 以中国特色社会主义理论作为指导思想

马克思主义揭示了社会、自然和思维的普遍发展规律，是科学研究特别是社会科学研究的根本指导思想。习近平总书记强调："坚持以马克思主义为指导，是当代中国社会科学区别于其他社会科学的根本标志，必须旗帜鲜明加以坚持。"[②]

以马克思主义为指导就意味着必须贯彻理论结合实践这项根本原则；否

[①] 习近平：《在省部级主要领导干部专题研讨班开班式上的讲话》，新华网，2017年7月27日。
[②] 习近平：《在哲学社会科学工作座谈会上的讲话》，新华网，2016年5月18日。

则，马克思主义不仅不可能成为指导思想，而且还会成为贻害实践的教条。

中国化马克思主义就是把马克思主义的一般原理与中国实践紧密结合起来的典范，是真正的活生生的马克思主义。中国化马克思主义已经经历了两个历史阶段。

在20世纪20年代以后，毛泽东把马克思主义的一般原理与半殖民地半封建中国的实践结合起来，创立了新民主主义理论（包括新民主主义革命论和新民主主义社会[①]），解决了作为世界上最大的半殖民地中国的民族革命和民主革命问题，实现了马克思主义的中国化，创立了毛泽东思想。其后，毛泽东还探索解决中国从新民主主义社会转变到社会主义社会以及社会主义建设问题。这是毛泽东思想的进一步发展。毛泽东思想是中国化马克思主义的第一阶段，同时也是继列宁主义之后的马克思主义划时代的发展。

在20世纪70年代以后，邓小平把马克思主义的一般原理与中国社会主义初级阶段的实践结合起来，开创了中国特色社会主义理论。他在党的十二大的开幕词中依据对新中国成立以后的经验总结，首次郑重宣告："把马克思主义的普遍真理同我国的具体实践结合起来，走自己的道路，建设有中国特色的社会主义，这就是我们总结长期历史经验得出的基本结论。"[②] 这标志着中国特色社会主义理论的诞生。其后，党的十三大至党的十八大报告对中国特色社会主义理论又做了进一步发展。特别是在党的十八大以来，以习近平同志为核心的党中央继十八大提出"五位一体"的总体部署之后，又提出了"四个全面"的战略布局、"五大发展理念"和"四个自信"等一系列治国理政的新理念新思想新战略，中国特色社会主义理论得到了前所未有的大发展。中国特色社会主义理论，是中国化马克思主义的第二个发展阶段，同时也是马克思主义又一次划时代的历史发展（详见本书第七章第五节）。

因此，本书所说的以马克思主义为指导，就是以中国特色社会主义理论

---

① 详见汪海波《毛泽东〈新民主主义论〉研究——纪念毛泽东诞辰100周年》，《经济研究》1993年第12期。
② 《中国共产党第十二次全国代表大会文件汇编》，人民出版社，1982，第3页。

为指导。习近平总书记指出:"中国特色社会主义是改革开放以来党的全部理论和实践的主题,全党必须高举中国特色社会主义伟大旗帜,牢固树立中国特色社会主义道路自信、理论自信、制度自信、文化自信,确保党和国家事业始终沿着正确方向胜利前进。"[1] 习近平同志在这里是就党的全部工作而言的,对本书的撰写也完全具有指导意义。因此,对本书的撰写来说,坚持以中国特色社会主义理论为指导,不仅是保证其科学性所绝对必需的,而且是坚持正确的政治方向所不可或缺的。显然,如果脱离了作为改革以来党的全部理论和实践主题的中国特色社会主义理论,中国经济体制改革40年的经验,不仅不可能得到科学的总结,而且必然偏离正确的政治方向。

本书在撰写过程中力图体现中国特色社会主义理论为指导,突出地表现在作为本书主体的第二章至第六章每章开头设置的导语中。这些导语是中国特色社会主义理论在改革的各个发展阶段的表述。本书章节的设置及其内容的叙述均是以这些导语为指导的。

四 详简结合的撰写方法

中国经济体制改革40年实践,是人类历史上的全新事业,包含着极其丰富的内容。这是一个单卷本著作所不可能容纳的。为此,本书采取详简结合的撰写方法,依据内容重要性及其本身具有的简单性和复杂性的差别,有的内容写得较为详细,有的则写得较为简单。大体来说,对社会主义市场经济的微观基础和对外开放部分写得比较详细,对发展现代市场体系和宏观经济体制改革部分则写得比较简单,而对作为社会主义市场经济体系组成部分的市场中介组织则略而不论了;在社会主义市场经济的微观基础部分,对公有制经济改革部分写得比较详细,对发展非公有制经济部分则写得比较简单;就公有制经济改革来说,对国有经济改革部分写得比较详细,对集体经济改

---

[1] 习近平:《在省部级主要领导干部专题研讨班开班式上的讲话》,新华网,2017年7月27日。

革部分则写得比较简单，等等。

但如此一来，就不可避免有很多重要遗漏。即使那些写得比较详细的部分，也会有很多遗漏。这是单卷本著作难以避免的缺陷。

本书在这方面以及其他方面的缺陷或错误，都诚恳希望得到读者的批评指正。

汪海波

2017 年 7 月 30 日

目录

第一章 中国经济体制改革的目标 001

第一节 社会主义市场经济的概念及其基本特征 001

第二节 建立社会主义市场经济体制的客观必然性 007

第三节 建立社会主义市场经济体制的主要任务及其主要特征 016

第四节 构建社会主义市场经济体制的基本框架 025

第二章 市场取向改革的起步阶段（1979~1984年） 065

第一节 以"二权"分置为特征的农村经济体制改革率先突破 066

第二节 国有经济实行以扩大企业自主权为特征的改革 077

第三节 集体经济改革起步 094

第四节 恢复个体经济 100

第五节 现代市场体系开始发展 102

第六节 宏观经济管理体制改革起步 104

第七节 对外开放初步发展 108

结 语 112

第三章 市场取向改革的全面展开阶段（1985~1992年） 113

第一节 国有经济实行以企业承包经营责任制为特征的改革 114

第二节 继续推进集体经济的改革 136

第三节 非公有制经济的发展 143

第四节 继续发展现代市场体系 150

第五节	深化宏观经济管理体制改革	151
第六节	对外开放进一步发展	155
结　语		161

第四章　市场取向改革的制度初步建立阶段　　162
（1993~2000年）

第一节	国有经济实行以建立现代企业制度和战略调整为特征的改革	163
第二节	深化集体经济改革	188
第三节	非公有制经济持续发展	193
第四节	现代市场体系初步形成	196
第五节	宏观经济管理体制框架初步建立	198
第六节	对外开放总体格局初步形成	205
结　语		210

第五章　市场取向改革的制度完善阶段　　211
（2001~2011年）

第一节	以继续推进战略调整和建立现代企业制度为特征的国有经济改革	212
第二节	全面深化农村经济改革	228
第三节	继续深化集体经济改革	243
第四节	非公有制经济持续快速发展	247
第五节	完善现代市场体系	250
第六节	完善宏观经济管理体制	253
第七节	对外开放总体格局的发展	261
结　语		268

第六章 以市场取向改革为重点的全面深化改革阶段（2012~2018年） 269

第一节 以主要管资本和加快发展混合所有制企业为特征的国有经济改革 270
第二节 推进以"三权分置"为特征的农村经济体制改革 313
第三节 加速发展非公有制经济 332
第四节 继续完善现代市场体系 344
第五节 全面深化宏观经济管理体制改革 346
第六节 对外开放总体格局发展的新阶段 360
结　语 367

第七章 中国经济体制改革的成就及其意义 368

第一节 初步建立和发展了社会主义市场经济体制 368
第二节 创造了建立社会主义市场经济体制的经验 373
第三节 改革推动中国经济跃上了新的历史阶段 384
第四节 改革把中国维护世界和平和发展人类进步事业的作用推进到一个新的历史阶段 433
第五节 改革彰显了马克思主义划时代的伟大胜利 436

索　引 440

后　记 452

Chapter 1	Reform Objectives	001
Chapter 2	Initial Stage of Marketization Reform: 1979-1984	065
Chapter 3	Full Speed Ahead: 1985-1992	113
Chapter 4	Market Institutions Beginning to Take Shape: 1993-2000	162
Chapter 5	Market Institutions Nearing Maturity: 2001-2011	211
Chapter 6	Comprehensive Deepening of Market Reform: 2012-2018	269
Chapter 7	Achievements and Their Significance	368

Index	440
Postscript	452

第一章　中国经济体制改革的目标

第一节　社会主义市场经济的概念及其基本特征

社会主义市场经济是一个包含多重要素的复杂的经济范畴。对这个范畴的分析，我们必须运用马克思在《资本论》中常用的抽象法。抽象法对复杂经济范畴的分析首先要求将与其相关的各种复杂要素抽象掉，仅从其最原始、最简单的要素入手，在对这个要素进行说明以后，依据历史发展顺序以及反映这一历史发展逻辑顺序将其他有关要素逐个引入分析，最后形成一个综合概念。比如，资本这个复杂经济范畴就包含商品、货币以及劳动力商品化这些复杂要素。马克思在分析资本这个范畴时，就是从其最原始、最简单的要素——商品开始的，揭示出作为商品本质的价值；然后引入货币因素，揭示出作为货币本质的一般等价物；最后引入劳动力商品化因素，揭示出资本的本质是带来剩余价值的价值。显然，如果不采取抽象法，资本这个复杂经济范畴的本质是不可能这样清晰地展现在人们面前的。

对社会主义市场经济这一复杂经济范畴的分析也必须这样做。其一，把各种相关的复杂因素抽象掉，仅从其最原始、最简单的要素入手，把它只是看作市场经济一般，即从一般意义上把市场经济看作是由市场配置社会生产资源的经济。其二，引入市场经济发展阶段因素。从历史上看，市场经济已经经历了两个发展阶段：首先是从17世纪到20世纪30年代的古典的、自由放任的市场经济，然后是20世纪30年代开始并在二战后得到普遍发展的现代的有国家对宏观经济实行干预的市场经济。中国在20世纪70年代以后建立市场经济，不可能也没必要再回到古典的、自由放任的市场经济，而只能是现代的有国家干预的市场经济。所以，在引入市场经济发展阶段因素之后，中国的市场经济就是现代的有国家干预的市场经济。其三，经济发达国家中，有干预较多的市场经济，也有干预较少的市场经济。那么，中国市场经济应该采取哪一种？笔者认为，应该采取前一种。首先是基于中国国内特点的考虑。比如，中国的城乡差别和地区差别都较大。对这个问题的解决，国家需要承担更多的责任。其次是基于中国面临的国际形势特点的考虑。改革以前，中国就是人口大国、政治大国和军事大国；改革以后，中国逐步发展成为经济大国，并正在向经济强国挺进。这意味着中国面临前所未有的极其复杂的国家之间的政治经济关系需要处理，需要承担更多更大的国际责任和义务。这也需要有更多的国家干预。所以在引入干预因素之后，就要提出中国市场经济是有更多国家干预的市场经济。但这种干预必须有一个度，即发挥市场在配置社会生产资源方面的基础性作用。超越了这个度，就又回到计划经济了。在这一方面，党的十八届三中全会决议有一个很好的提法，即经济体制改革的"核心问题是处理好政府和市场的关系，使市场在资源配置中起决定性作用和更好发挥政府作用"。[①] 其四，历史表明市场经济总是与一定的基本经济制度相结合的。在中国社会主义初级阶段，市场经济只能而且必须是与占主要地位的社会主义基本经济制度相结合的。在引入基本经济制度因素以后，中国的市场经济就是与社会主义基本经济制度相结合的市场经济。综上所述，对中国社会主义市场经济这个复杂经济范畴可以做出这样的归纳：它是现代的有国家更多干预的、与占主要地位的社会主义基本经济制度相结合的市场经济。

---

① 《党的十八届三中全会〈决定〉学习辅导百问》，党建读物出版社、学习出版社，2013，第3~4页。

为了进一步具体说明中国社会主义市场经济的基本内容，在此拟将它与资本主义条件下市场经济做一些对比分析。一切事物的共性是寓于个性之中的。市场经济这个共性也是寓于资本主义市场经济（即资本主义条件下市场经济）和社会主义市场经济（即社会主义条件下市场经济）这些个性之中的。因此，从市场经济一般角度来说，这两种市场经济有一系列的共同点。

一　在市场经济运行基础和条件方面的共同点

（1）独立自主的企业制度。这涉及市场主体问题。在市场上从事交易活动的组织和个人称为市场主体。市场主体包括自然人和法人，也包括营利性机构和非营利性机构。在一般情况下，市场主体包括企业、居民、政府和其他非营利性机构等。

企业是最重要、最基本的市场主体。因为企业是市场经济运行的基础。但是，企业要成为市场主体需要一系列条件：企业必须有明确的产权；企业与企业、企业与其他交易者之间的地位必须是平等的；企业必须是经济上、法律上独立自主的实体，拥有自主经营发展权。此外，在现代市场经济中，中介机构（如律师事务所和会计师事务所等）提供的与发展市场经济相关的各种服务，显得越来越重要。居民既提供劳动力、资本等生产要素，又是商品和服务的购买者。政府不仅仅是经济运行的调控者，还直接介入某些市场进行交易活动；又是国有资产的所有者、公共物品的提供者和一般商品和服务的购买者。非营利性机构（如学校和医院等）既为社会提供服务，又是商品和服务的购买者。

（2）完善的市场体系。完善的市场体系，不仅要求有消费品和生产资料等商品市场，而且要求有资本市场、劳动力市场、技术市场、信息市场和房地产市场等生产要素市场；要求平等、有序竞争；要求有统一的国内市场；不仅要求市场对内开放，而且要求市场对外开放；最根本的是要有既反映价值又反映供求关系的产品价格机制，以及生产要素价格市场化。

（3）健全的宏观经济调控体系。健全的宏观经济调控体系，要求必须以市场在资源配置中起基础性作用为前提；要求以经济的和法律的间接手段为主，以行政的直接手段为辅；要求把调控范围主要限制在宏观经济领域。

（4）严格的市场运行规则。市场经济原本具有契约经济和法制经济的特点。在现代市场经济条件下，这两个特点显得尤为突出。具体来说，市场运行规则大体上包括三方面。一是市场进入规则。这是各市场主体进入市场必须遵循的规则和应该具备的条件。二是市场竞争规则。这是各市场主体能够在平等的基础上充分展开竞争的行为准则。三是市场交易规则。这是各市场主体之间交易行为的准则。

二 在市场经济作用方面的共同点

其共同点主要有：一是传递经济信息；二是提供经济发展的动力和压力；三是提高企业运营效益；四是提高社会生产资源配置效益。

市场经济作用的充分发挥，是有一系列条件的，即：存在完全竞争；价格及时反映资源的供求状况；卖方与买方掌握的信息完全对称，等等。但在实际上，市场经济只能大体上具备这些条件，不可能完全具备这些条件。比如，一般来说，市场经济不大可能存在完全竞争，垄断竞争、寡头竞争等不完全竞争还是可能存在的。这样，市场经济作用的发挥就会受到一定的限制。

三 在市场经济局限性和政府干预经济必要性方面的共同点

像世界上的许多事物一样，市场经济具有优越性，但也具有局限性。正是这种局限性使得政府干预经济成为必要。

（1）市场经济具有自发的盲目性，市场调节是事后调节。这样，就会导致经济的周期波动。作为市场最重要主体的企业，投资眼界相对狭隘，往往着眼于当前的短期利润，投资量相对较小，对于关系国民经济长期协调发展的重大建设项目则无心涉足或无力涉足。因此，要实现经济的总量平衡、部门协调和长期稳定发展，单靠市场经济是不够的，必须有政府对经济的干预。

（2）竞争发展到一定阶段必然出现垄断，垄断必然走向腐败。为了制止垄断，保持竞争性市场的局面，也需要政府的干预。

（3）在科学技术成为第一生产力的时代，重视基础科学研究，大力发展高技术产业，保护重大技术发明者的权益，对于促进社会生产力的发展，具有十分重要的意义。这依靠旨在实现利润最大化的企业也是难以行得通或难以完全行得通的，必须依靠政府力量的支持。

（4）社会消费的许多公共产品也不能依靠或不能完全依靠市场经济的力量来提供。比如，重要的国防事业和基础设施产业、学校和医院等公益性或半公益性事业都不是或不完全是以营利为目的。显然，这些不能依靠或不能完全依靠旨在实现利润最大化的企业来完成，需要政府的参与。

（5）优胜劣汰是市场竞争的必然结果。如果单纯依靠市场经济的力量，必然导致贫富差别的扩大，甚至两极分化。这样，社会就难以稳定。所以，必须借助政府的力量，通过财政收入（如实行累进所得税和遗产税）和支出（如建立包括养老、失业、工伤和医疗保险以及对社会贫困阶层发放最低生活费等内容在内的社会保障制度），以缩小贫富差距和抑制两极分化，维持社会稳定。

（6）在当代，治理环境污染和保护生态平衡，已经成为决定经济和社会可持续发展的一个重要因素。如果单纯依靠市场经济力量，环境污染和生态破坏，不仅难以得到治理，而且会进一步恶化。要根本解决这个问题，必须有政府在财力、人力、法律和政策等方面的支持。

（7）在当代，生产者与消费者在掌握信息方面不对称性的情况愈来愈突出，前者多，后者少。而伴随着消费者文化素质的提高，维护消费者权益的呼声越来越高。解决这个问题，单靠市场经济力量显然是不够的。当然，市场经济中的某些中介组织（如消费者协会）是有作用的，但并不能代替政府在这方面的重要作用。

政府干预经济虽有重要作用，但它不能代替市场在资源配置方面的基础性作用，而要以这种作用为前提。在现阶段以至于在一个可以预见的长时间内，市场经济在促进经济发展方面的积极作用还是主要的。而且，由于各市场主体之间的经济利益矛盾和政府作为市场主体一方的利益局限，以及法制建设、公务员素质和信息等方面的限制，政府对经济干预的作用也有很大局限性，并且会发生诸多失误。因此，在实际经济工作中必须注意发挥市场在资源配置中的基础性作用；在决定采取行政办法还是市场办法时要谨慎地权衡利弊，并尽可能将二者结合起来。只有这样，才能有效地发挥政府干预经济的积极作用，并限制其消极作用。

必须明确的是，资本主义社会几百年的发展，为人类创造了巨大的物质文明、制度文明和精神文明。有政府干预的市场经济就是其中最重要的制度文明。历史经验已经充分证明：社会主义社会必须结合自身的具体情况有选择地继承这个制度文明；否则，就会给社会主义制度带来毁灭性的严重后果。

同时，这两种市场经济又有重大原则区别。与资本主义市场经济相比较，中国社会主义市场经济的基本特点在于以下方面。

（1）中国社会主义市场经济是与社会主义初级阶段的基本经济制度相结合的，而资本主义市场经济是与资本主义所有制这个基本经济制度相结合的。

（2）与上述第一点相联系，社会主义市场经济发展的根本目的是实现全体人民的共同富裕。当前，中国由于各种因素的制约，在实现共同富裕方面还存在许多有违初衷的情况，还没有达到实现共同富裕的目的。但随着社会主义市场经济和民主法制的完善以及社会生产力的发展，这个目的是一定可以在将来实现的。资本主义市场经济经过几百年的发展，社会生产力和居民生活水平有了空前的、迅速的提高，但是不仅没有（也不可能）解决共同富裕问题，而且没有能够抑制贫富差别的扩大和两极分化的发展。还要提到，社会主义市场经济条件下的共同富裕与计划经济条件下的共同富裕，无论在实现共同富裕的道路上，还是在结果上，都有重大区别。几十年的实践表明，在很大程度上，后者实现共同富裕的道路是同步富裕,其结果是共同守穷;而前者实现共同富裕的道路,是允许和鼓励一部分人和一部分地区通过诚实劳动和合法经营先富起来,然后带动另一部分人和另一部分地区后富起来,先富是为了更快地实现共同富裕。实践已经开始并将充分证明,先富带动后富以实现共同富裕,是一条正确的道路。

(3)在社会主义市场经济条件下,由于社会主义公有制占主体地位,以及政府是由共产党领导的,因而政府对宏观经济的调控必须基于人民的利益和意志。这与资本主义市场经济条件下政府对宏观经济调控基于资本家的利益,也有原则区别。当然,由于多种因素的制约,当前中国宏观经济调控还很不完善,在充分体现人民利益和意志方面也有许多不足,但随着经济体制和民主法制的完善,以及宏观经济调控经验的积累,这方面的不足是可以逐步得到弥补的。

第二节 建立社会主义市场经济体制的客观必然性

中国建立社会主义市场经济体制,实现由计划经济向市场经济的过渡,并不是由中国改革总设计师邓小平个人意志决定的(尽管他在这方面起了非常重要的作用),从根本上来说,这是一个不以人的意志为转移的客观过程。

在中国现代经济史上,这是中国人民依据历史发展规律做出的一次关系中华民族存亡和中国现代化事业成败的历史性选择。计划经济的主要特点是以单一的公有制为基础,实行高度集中的、以行政指令为主的排斥市场机制的计划,这种行政指令计划是配置社会生产资源的主要方式。

总体来说,计划经济体制是1949年10月中华人民共和国成立以后开始建立的,到1956年基本上建立起来,此后一直延续到1978年,其间得到了进一步强化。表1-1和表1-2中1949~1978年的数据可以从总体上说明这一点。当然，这只表明了工业的情况。但在1956年对个体农业的社会主义改造基本完成以后，国家对农业也是实行准计划经济体制。

表1-1　各种所有制工业在工业总产值中的比重

单位：%

年份	国有工业	集体工业	非公有工业
1949	27.8	0.5	71.7
1952	45.5	3.3	51.2
1957	80.1	19.0	0.9
1978	77.6	22.4	0

资料来源：《中国统计年鉴》（有关年份），中国统计出版社。

表1-2　国家指令计划在工业总产值中所占比重

单位：%

年份	所占比重
1949	26.2
1952	41.5
1957	60.0
1978	70.0

资料来源：汪海波：《中华人民共和国工业经济史》（1949~1998），山西经济出版社，1999，第27页、171页。

高度集中的计划经济体制形成的历史背景有如下方面。①受以往几千年封建社会形成的自然经济思想的影响。②受过去20多年革命根据地和解放区处于被包围、被分割的农村情况下形成的自给自足、各自为政的管理制度，以及战时共产主义供给制的影响。③在缺乏社会主义建设经验的情况下，基本上学习了苏联斯大林时期实行的计划经济体制。这些因素都是重要的，但都是历史的或外在的因素，而不是现实的和内在的因素。④这种体制适应了"一五"时期集中主要力量进行以重工业为主的重点建设需要。这是现实的和内在的因素。

这种高度集中的计划经济体制有一个很大的优点，就是能够把社会的资金、物资和技术力量集中起来，用于有关国计民生的重点项目、国民经济发展中的薄弱环节和经济落后地区，从而比较迅速地形成新的生产力，克服国民经济各个部门之间和各个地区之间的发展不平衡状态，促进国民经济的迅速发展。这一点，不仅恰好适应了恢复国民经济的需要，而且恰好适应了完成"一五"计划基本任务的需要。

历史经验已经证明，"一五"时期建立起来的高度集中的计划经济体制，对"一五"计划各项任务的完成，起到了重要的促进作用。这种体制有利于集中主要力量建立我国的社会主义工业化的初步基础；有利于克服半殖民地半封建的旧中国留下的农业、轻工业和重工业之间的比例失调状态，以及沿海和内地之间的经济发展的严重不平衡状况；有利于保证国家财政收入的增长、市场价格的稳定和人民生活水平的提高。

历史经验还证明，高度集中的计划经济体制固有的弊病，在"一五"时期也已经有所暴露。这包括：这种体制不适合公有企业作为商品生产者的要求，束缚了企业的积极性；由这种体制造成的条块分割状态，割断了发展商品经济要求的部门之间和地区之间的经济联系；这种体制内含的投资膨胀机制会造成基本建设投资膨胀，引发国民经济比例关系的失调；这些又会导致经济效益低下的后果等。

高度集中的计划经济体制虽然既有积极作用，也有消极作用，但二者并不是平分秋色的关系。在"一五"时期具体条件下，其积极作用得到了较充分的发挥，是主要的方面；其消极作用受到了限制，是次要的方面。半殖民地半封建中国产业结构是畸形的，农业比重过大，工业比重过小，轻工业落后，重工业尤其薄弱。新中国成立以来，经过国民经济恢复时期的建设，这种畸形状态有了一定程度的改善，但并没有得到根本的改变。所以，在第一个五年计划期间继续优先发展重工业，是一个正确的战略决定。这个时候我国工业基础仍然是很薄弱的，外延的扩大再生产形式，即主要依靠新建企业来进行的形式占有特别重要的地位。但相对于发展轻工业和进行内涵的扩大再生产形式（通过对原有企业的技术改造实现扩大再生产）来说，发展重工业和进行外延的扩大再生产，均需要较多的资金。这就需要把社会有限的财力集中于国家手中，用于建设有关国计民生的重点项目，以加速工业和整个国民经济的发展。高度集中的计划经济体制，恰好适应了经济发展的这一客观要求，并促进了生产的发展。

以行政管理为主的计划经济体制，它的运行靠的是国家各级机关对下级机关以及国家行政机关对企业的行政命令，是国家各级下级机关对各级上级机关以及企业领导人对国家行政机关的行政责任，是维护行政命令和行政责任的行政纪律，是国家各级行政干部和企业领导人的责任心，是党的思想政治工作。而在第一个五年计划期间，党和政府的威信很高，党的作风正派，党的干部队伍比较年轻，官僚主义比较少，广大干部的政治激情高涨，党的思想政治工作也很有力。这一切就使得计划经济体制的运行机制是比较灵敏的，行政管理的效率也是比较高的。

第一个五年计划期间党和国家的宏观经济决策是正确的。在各种经济管理体制下，党和国家的宏观经济决策都是重要的。而在高度集中的、以行政管理为主的计划经济体制下，党和国家的宏观经济决策正确与否，其影响巨大。因为只有宏观经济决策正确了，才能从根本上保证行政管理的效率；否则，就根本谈不上行政管理的效率。所以，第一个五年计划期间正确的宏观经济决策，是充分发挥高度集中的计划经济体制积极作用的一个十分重要的条件。上面分析的仅仅是问题的一方面，即第一个五年计划期间的各种具体条件，使得高度集中的计划经济体制的积极作用得到了较充分的发挥。另一方面，在此期间，计划经济管理体制的消极作用却受到了很大的限制。①我国生产资料私有制的社会主义改造基本上是在1956年完成的。在此之前，社会主义经济虽然已经居于主导地位，但还存在着大量的资本主义经济以及个体经济。而且，在此期间，党和政府比较成功地通过运用价值规律，对这些私有经济实行了计划指导。所以，由计划经济体制产生的管理过于集中，管得过死，否定市场调节的作用等缺陷，首先在范围上受到了限制。②在此期间，生产社会化和商品经济都还未发展，由于美国等资本主义国家对我国实行封锁禁运，对外贸易也受到了很大的限制。因此，由计划经济管理体制带来的否定公有企业的商品生产者的地位以及阻碍商品生产等的消极作用，也受到了限制。

上述情况表明：高度集中的计划经济体制，适应了"一五"时期社会生产力发展的要求，并符合"一五"时期的具体情况，从而使它的积极作用成为主要方面。

这是把"一五"时期作为一个整体来说的，并不意味着计划经济体制的积极作用和消极作用，在"一五"前期和后期都是同等的。实际上，在"一五"前期，计划经济体制的积极作用更大一些，消极作用要小一些；而在"一五"后期，虽然还有主要的积极作用，但消极作用明显地增长了。

但是，在"一五"时期以后，由于社会生产力的发展，上述充分发挥计划经济体制积极作用以及限制其消极作用的有利条件都发生了变化，计划经济体制的弊病越来越严重，越来越不适应社会生产力的发展。这时本应推行市场取向的经济改革（即以建立社会主义市场经济体制为目标的改革），以适应社会生产力发展的要求。然而，人们对经济体制改革的认识还只是停留在行政性分权的水平，即主要是中央政府向地方政府下放经济管理权限，并向企业管理人员下放企业管理权力。1957年10月党中央通过的《关于改进工业管理体制的规定（草案）》、《关于改进商业管理体制的规定（草案）》和《关于改进财政管理体制的规定（草案）》，就具体体现了上述思想。依据这些规定和其他有关规定，1958年和1970年分别进行了两次经济体制改革，但都没有成功。原因在于：这两次改革都采取了短促的群众运动的方法；这两次改革缺乏应有的经济、政治环境。经济体制改革要求有相对宽松的经济环境和相对稳定的政治环境，而1958年的改革是在"大跃进"运动中进行的，1970年的改革是在"文化大革命"中进行的。从根本上来说，这两次改革取向不是市场取向的改革，而是行政性分权的改革。

同时，"左"的思想在经济方面表现突出，即盲目追求单一的公有制（主要是国有制），彻底否定按劳分配（甚至把按劳分配说成是同资本主义差不多的东西）。这样，本来已经僵化的计划经济体制又得到了进一步强化，弊病更趋严重，以至成为社会生产力发展的严重桎梏。

所以，总体来说，计划经济体制在1949~1952年国民经济恢复时期和1953~1957年"一五"时期曾经起过重要的积极作用，大大促进了国民经济的恢复和社会主义工业化初步基础的建立。但在此后，直到1978年，这种体制愈来愈不适应社会生产力的发展（见表1-3）。

表1-3 国内生产总值年均增长率

年份	年均增长率（%）
1953~1957	9.2
1958~1978	5.4

资料来源：《中国统计年鉴》（有关年份），中国统计出版社。

不仅如此，这种计划经济体制在一定程度上成为发生"文化大革命"的制度性根源。我国政治体制中曾经存在的权力过分集中的现象，是同高度集中的计划经济体制相联系的。邓小平曾经中肯而又尖锐地指出："权力过分集中，越来越不能适应社会主义事业的发展。对这个问题长期没有足够的认识，成为发生'文化大革命'的一个重要原因，使我们付出了沉重的代价。""如果不坚决改革现行制度中的弊端，过去出现过的一些严重问题今后就有可能重新出现。"[①]

所以，无论从经济上来说，还是从政治上来说，都必须对计划经济体制进行根本改革。1978年年底，党的十一届三中全会顺应历史潮流，提出了改革开放的方针。1992年党的十四大又明确提出了中国经济体制改革的目标是建立社会主义市场经济。市场取向的改革，大大促进了经济的发展，显示了强大的生命力，改革成为不可逆转的历史潮流。

---

① 《邓小平文选》第2卷，人民出版社，1994，第329页、333页。

表 1-4 对中国改革前后国民收入年均增长率与苏联做了比较。这些数据表明：改革前，中国国民收入年均增长率比苏联低 1.7 个百分点。这是可以理解的。虽然当时中苏两国都是实行计划经济的国家，但苏联在国民经济计划管理和贯彻按劳分配原则以及工业基础、科学技术水平和人民文化素质等方面均好于中国。在改革以后，中国国民收入年均增长率却比苏联高出 5.6 个百分点。造成这种巨大反差的最重要因素，是此期间中国市场取向的改革取得了重大进展，显示了强大的活力；而苏联改革始终没有越出行政性分权的框框，以至经济陷入衰退的境地。

表 1-4 中国和苏联国民收入年均增长率

单位：%

年份	中国	苏联
1958~1978	6.0	7.7
1979~1990*	8.4	2.8

* 这里数据只计算到 1990 年，是因为苏联在 1991 年就解体了。

这里还要提到，1991 年苏联解体的原因是多方面的。其中，包括国外敌对势力的破坏和苏共主要领导人背叛马克思主义。但按照历史唯物论的观点，其决定性的原因只能是僵化的计划经济体制长期没有得到根本改革，经济增速大幅下降，人民生活水平踏步不前，以至失去民心。

正是依据对国内外经验深刻的科学总结，邓小平多次尖锐地指出："改革是中国发展生产力的必由之路。""不开放不改革没有出路，国家现代化建设没有希望。"1992 年年初南方谈话中又一次重申："不坚持社会主义，不改革开放，不发展经济，不改善人民生活，只能是死路一条。"[1] 这绝不是危言耸听，而是后人应铭刻心中的警世名言。

所以，中国实现从计划经济向社会主义市场经济的过渡，是中国人民在

---

[1]《邓小平文选》第 3 卷，人民出版社，1993，第 136 页、219 页、370 页。

邓小平理论指导下依据社会发展规律做出的具有重大历史意义的选择。

这里所说的社会发展规律主要就是马克思主义关于生产力决定生产关系的规律。1859年马克思在《〈政治经济学批判〉序言》中对这个规律做经典表述时曾经指出："人们在自己生活的社会生产中发生一定的、必然的、不以他们的意志为转移的关系，即同他们的物质生产力的一定发展阶段相适合的生产关系。"① 诚然，马克思这里所说的生产关系，是指基本经济制度。但历史经验表明，作为社会经济运行方式的经济体制也是由社会生产力决定的。所以，我们完全可以把马克思提出的这条规律引申到这里来。

还要着重提到，党的十七大依据改革开放近30年来经验的科学总结，又进一步指出："事实雄辩地证明，改革开放是决定当代中国命运的关键抉择，是发展中国特色社会主义、实现中华民族伟大复兴的必由之路；只有社会主义才能救中国，只有改革开放才能发展中国、发展社会主义、发展马克思主义。改革开放作为一场新的伟大革命，不可能一帆风顺，也不可能一蹴而就。最根本的是，改革开放符合党心民心、顺应时代潮流，方向和道路是完全正确的，成效和功绩不容否定，停顿和倒退没有出路。"② 党的十八届三中全会强调："事实证明，改革开放是决定当代中国命运的关键抉择，是党和人民事业大踏步赶上时代的重要法宝。"③ 这种描述完全正确，非常必要，十分及时。

我们在前面主要是从历史过程方面论证了从计划经济向社会主义市场经济过渡的客观必然性。下面再着重从理论上说明这一点。

第一，在工业化和现代化生产条件下，企业作为社会生产的基本单位，在发展社会生产力方面起着极为重要的作用。但在计划经济体制下，把企业供产销和人财物等方面的权力均集中在政府手中。这就从根本上抹杀了企业的独立经济利益，否定了企业的经营自主权，使得企业成为政府的附属物和

---

① 《马克思恩格斯全集》第31卷，人民出版社，1998，前言。
② 《中国共产党第十七次全国代表大会文件汇编》，人民出版社，2007，第10页。
③ 《中共中央关于全面深化改革若干重大问题的决定》、《党的十八届三中全会〈决定〉学习辅导百问》，党建读物出版社、学习出版社，2013，第1页。

算盘珠。不仅如此，计划经济体制既不适应利益主体多元化的要求，也不可能完全、充分、及时掌握企业经营管理所必要的信息，再加上政府（特别是部门和地区）本身利益的局限性，以及政府工作人员素质和对客观事物认识过程的限制，政府不仅不可能对企业实行有效的经营管理，而且必然发生诸多失误。所有这些都会在客观上挫伤作为自主经营、自负盈亏的市场主体的企业的主动性、积极性和创造性。还要提到，在我国社会主义初级阶段，必须贯彻物质利益原则，才能充分调动作为最重要生产力要素的劳动者的积极性。在计划经济体制下，是不可能从根本上解决作为物质利益原则对立物的平均主义问题的。这就必然会挫伤劳动者的积极性。在科学技术已经成为第一生产力的时代，企业的科技人员和经营管理人员在发展社会生产力中的作用大大加强。计划经济体制在挫伤这些人员积极性方面显得尤为突出。所有这些都会降低企业的运营效益。

第二，在商品经济条件下，企业为了避免被淘汰的命运，为了实现资本的保值和增值，展开了激烈的竞争。这种竞争是推动社会生产力发展的一个最强大的力量。而在计划经济体制下，企业既无开展竞争的冲动，也缺乏这方面的权限和空间。这样，计划经济体制不仅扼杀了企业发展生产的动力，而且消除了企业发展生产的压力，从而降低了企业的活力，使得运营效益低下成为企业的通病。

第三，在商品经济条件下，发展部门之间和地区之间的经济联系，是促进各部门和各地区经济发展的重要因素。但在计划经济体制下，中央政府的集中管理在许多方面都是通过中央行政部门和地方行政部门实现的。这就形成了条条（部门）和块块（地方）的分割状态。与此相联系，又形成了部门利益和地区利益。这种分割状态和部门、地区利益的驱动，必然在很大程度上割断部门之间和地区之间的经济联系，阻碍了经济发展。

第四，实现国民经济的持续稳定发展，是我国提高宏观经济效益的一个极重要方面。但在计划经济体制下，中央、部门、地方均有旨在实现经济高速增长的动力机制；再加上盲目推行"赶超战略"，以及片面追求以经济增长为主要评价指标的政绩，这样就会形成强烈的投资冲动。但在投资方面又缺乏有效的约束和监督机制。由此形成的投资膨胀机制，周期地导致经济总量失衡和结构失衡。而在计划经济体制下，调整这种失衡的主要手段，又是用行政指令大幅压缩投资。于是，经济的高速增长又迅速变成低速增长，甚至负增长。因此，经济增速大上大下，成为经济发展的常态，从而导致宏观经济效益的低下。

第五，我国社会主义初级阶段的基本经济制度是社会主义公有制经济为主体（其中，国家所有制占主导地位，集体所有制占重要地位）、多种所有制经济共同发展的经济制度。但按照计划经济体制的特性，要求在全社会范围内实现国有制。因此，在1958~1976年计划经济体制强化时期，不仅把残存的非公有制经济扫荡无遗，而且对集体所有制生产的主体部分也实行指令性计划，集体所有制还有一部分实现了向国有制的过渡。这样，计划经济体制不仅根本否定了在我国社会主义初级阶段发展社会生产力方面还有重要作用的非公有制经济，而且在很大程度上否定了集体所有制经济的作用。由此也扼杀了各种所有制企业之间的竞争，在很大程度上使经济丧失了活力。这就阻碍了整个国民经济的发展。

上述理论进一步证明：中国建立社会主义市场经济体制，实现由计划经济向社会主义市场经济的过渡，确实是一个不以人的意志为转移的客观过程。

第三节 建立社会主义市场经济体制的主要任务及其主要特征

建立社会主义市场经济的主要任务，就是要根本改革计划经济体制，建立与社会主义初级阶段基本经济制度相结合的、有国家干预的市场经济。但国家干预是以市场机制作为配置社会经济资源的主要方式为前提的，是以市场机制的作用为基础的。这个任务具有以下主要特征。

1. 建立社会主义市场经济体制，就其性质而言，是社会主义制度的自我完善

这里要澄清两个认识误区。一是把自我完善仅仅归结为社会主义制度下经济体制改革的特征。实际上，从一般意义上说，古代社会和资本主义社会条件下的经济体制改革都是对社会制度的自我完善。因为这些改革也都是在坚持各个社会的基本经济制度的前提下进行的，而且是由作为上层建筑核心部分的政府主动推行的。但这并不妨碍从特殊意义上把中国经济体制改革称作社会主义制度的自我完善。因为这是中国政府在坚持社会主义经济制度下主动推行的。二是把自我完善仅仅理解为改革经济体制，而不触动原有的基本经济制度。实际上，中国的经济改革，不仅要实现计划经济体制到社会主义市场经济体制的根本转变，而且要实现由原来的基本上单一的社会主义公有制的格局，到以社会主义公有制为主体、多种所有制共同发展格局的转变。改革的经验表明：这两种转变不是相互孤立的，而是互为条件的；后一种转变是前一种转变的基本前提，也是推动前一种转变的重要因素。

2. 建立社会主义市场经济体制，具有客观可行性

从根本上来说，建立社会主义市场经济体制之所以具有客观可行性，是由历史唯物主义所揭示的生产力决定生产关系的基本规律决定的。无论是作为基本经济制度的生产关系，还是作为其实现形式的经济体制，其产生或消亡都取决于是否适应社会生产力发展的要求。而实践已经充分证明：在我国社会主义初级阶段建立社会主义市场经济体制，正是适应了这个阶段发展生产力的要求。

建立社会主义市场经济的可行性问题涉及诸多方面。但从我国学界长期的理论争议和改革实践分歧来看，其中的关键问题还是社会主义公有制同市场经济是否兼容。故在此只是着重论述这个问题。

实际上，市场经济同社会主义公有制虽然有矛盾的一面，但二者不仅是可以相容的，而且具有内在的统一性。为了清楚地说明这一点，有必要分两个层次来说明。

第一个层次是从抽象的社会主义商品经济（撇开中国社会主义初级阶段的所有制结构和公有制的实行形式）来考察。因为社会主义公有制同市场经济是否兼容的问题，是可以还原为社会主义公有制同商品经济是否相容的问题。

按照马克思主义对简单商品生产和资本主义商品生产产生条件所做的分析，我们可以概括出商品生产一般存在的两个条件，即存在社会分工和不同的所有制（或具有独立经济利益的生产经营单位）。

在社会主义初级阶段，社会分工这个条件无疑是具备的。马克思主义认为，在共产主义社会第一阶段（即社会主义社会），劳动还只是谋生的手段，由劳动者组成的各个生产单位就必然具有独立的经济利益。因而，社会主义社会必然存在商品生产。

在发达的商品经济（即以工业化和现代化作为物质技术基础的商品经济）社会，必然产生作用范围覆盖全社会的价值规律。所谓价值规律，就是商品价值是由社会必要劳动量决定的，商品价格是由价值决定的。所谓市场经济，就是由价格机制配置社会经济资源。所以，从这个抽象层次考察，社会主义公有制同市场经济具有内在的统一性。

但仅仅停留在这一步，这个问题并没有得到根本解决。原因在于，中国在改革以前，非公有制经济几乎完全绝迹，仅仅存在国家所有制和集体所有制两种社会主义公有制形式。而且，国家不仅对国有企业实行行政指令性计划，对集体企业的主体部分也实行行政指令性计划。这种以实行行政指令性计划为主要特点的计划经济体制，是排斥市场机制作用的，根本谈不上同市场经济的兼容。

所以，对这个问题的分析还必须进行到第二个层次，即从中国社会主义初级阶段的所有制结构和社会主义公有制的实行形式进行具体考察。

历史经验和理论分析已经充分证明：①在中国社会主义初级阶段，要通过改革建立以社会主义公有制为主体的、多种所有制共同发展的格局；②适应国有经济发挥主导作用要求而保留下来的国有企业，还要通过改革建立以公司制为企业组织形式的现代企业制度。原来的集体企业也要适应商品经济要求进行相应的改革。至于非公有制企业天然就是适应这一要求的。因此，在社会主义初级阶段，各种所有制企业都成为自主经营、自负盈亏的商品生产经营者。商品经济价值规律的作用，就覆盖到了全社会范围。这同时意味着市场经济成为社会经济资源的主要配置方式。从而，社会主义公有制同市场经济的内在统一性，就能成为活生生的现实。

现在的问题是，社会主义公有制同市场经济不能相容的观念长期存在的原因是什么。

（1）对马克思主义创始人关于社会主义社会商品经济要消亡的设想采取了教条主义的态度。实践已经证明：马克思、恩格斯的这个设想是不符合实际的。但这主要是由于他们所处时代的限制。更重要的一点是：马克思主义创始人在生前多次告诫当时和后来的共产党人，他们的理论不是教条，而是行动的指南。所以，如果不是对马克思主义创始人的上述设想采取教条主义的态度，而是采取实事求是的态度，就没有理由把社会主义公有制同市场经济对立起来。

在那些不熟悉或不相信马克思主义的（包括国内外的）人们中，也有人认为，社会主义公有制和市场经济是不相容的。对他们来说，这种观念主要是囿于一段时期的历史事实造成的。因为在历史上，市场经济确实是伴随资本主义私有制经济的确立、发展而形成和发展的；而计划经济是伴随社会主义公有制的建立、发展而形成和发展的。这种观念就像把国家的宏观经济调控（包括计划）同资本主义私有制看成不相容一样，都是不合理的。

（2）没有把作为基本经济制度的社会主义公有制和作为社会资源配置方式（或社会基本经济制度的实现形式）的市场经济区别开来。在理论上这是两个有严格区别的经济范畴，而且国内外实践经验也表明：在发达的商品经济（包括资本主义条件下的商品经济和社会主义条件下的商品经济）条件下，必须以市场机制作为配置社会资源的主要方式，当然，同时需要国家的宏观经济调控。

如果从这个角度来考察，那么，社会主义公有制和市场经济不仅是可以兼容的，而且具有内在统一性。按照邓小平理论，社会主义的根本原则是一个"以社会主义公有制为主体"，一个"全国人民共同富裕"；社会主义的根本任务"就是发展生产力"。[①] 党的十一届三中全会以来的改革经验证明：市场取向的经济改革，是重新焕发和激励社会主义公有制企业（特别是国有企业）活力、实现经济持续快速发展和共同富裕的唯一正确道路。当然，像任何事物一样，市场经济具有双重性，也有负面影响。而且，处理不当，也会冲击社会主义公有制的主体地位，在某种程度上导致两极分化。但总体来说，市场经济同社会主义公有制是可以兼容的。在建立社会主义市场经济过程中，只要坚持中国特色社会主义理论和党在社会主义初级阶段的基本路线和基本纲领，就可以做到有效地发挥市场经济的积极作用，并限制其消极作用，较好地实现它同社会主义公有制的兼容。

3. 在中国这样一个发展中的社会主义大国，建立社会主义市场经济，是一项前无古人的极其艰巨的事业

这主要表现在以下五个方面。

（1）在改革的理论前提方面。1949年10月新中国成立以后，社会主义社会不存在商品经济被看作是马克思主义的基本观点，计划经济被看作社会主义经济制度的基本特征。而在1958~1978年的20年间，除了其中的1961~1965年的经济调整时期以外，"左"的路线居于主导地位。在当时的政治环境下，要根本否定马克思主义创始人这个设想和计划经济，就需要极大的革命胆识和理论勇气。而根本否定这一点，正是市场取向改革的理论前提；否则，这种改革就无从谈起。

（2）在确立改革的目标和框架方面。由于缺乏经验和理论准备，在确立市场取向的改革目标和社会主义市场经济的基本框架方面，经历了一个长期的艰苦的探索过程。但在邓小平生前多次倡导的解放思想、实事求是这条马克思主义思想路线指导下，党和政府进行了成功的探索。其过程大致如下。

---

① 《邓小平文选》第3卷，人民出版社，1993，第110~111页、137页。

第一阶段，1978年12月，党的十一届三中全会指出，中国经济管理体制的一个严重缺点是权力过于集中，应该有领导地大胆下放权力，让企业在国家统一计划的指导下有更多的经营管理自主权；应当坚决按照经济规律办事，重视价值规律的作用。从历史观点来看，这可以看作是开了中国市场取向改革的先河。

第二阶段，1979年以后党的文件，特别是1982年9月党的十二大指出，正确贯彻计划经济为主、市场调节为辅的原则，是经济体制改革中一个根本性问题。与"文化大革命"期间"左"的路线发展到顶峰的状况相比较，这些提法无疑是巨大进步。但这些规定还没有从根本上摆脱1956年9月召开的八大一次会议上的有关提法。

第三阶段，1984年10月，中共十二届三中全会指出，中国实行的是有计划的商品经济。这个提法向市场取向改革目标前进了一大步。

第四阶段，1987年10月，党的十三大报告指出，国家对企业的管理应逐步转向以间接管理为主。计划和市场的作用范围都是覆盖全社会的。新的经济运行机制，总体上来说应当是"国家调节市场，市场引导企业"的机制。这个提法可以看作是向市场取向改革目标迈出了决定性的一步。

第五阶段，1992年10月，党的十四大依据1992年年初邓小平重要讲话的精神，明确宣布"中国经济体制改革的目标是建立社会主义市场经济体制"。1993年党的十四届三中全会勾画了社会主义市场经济体制的基本框架，即构成社会主义市场经济的基石和支柱。

至此，可以认为，中国市场取向改革的目标及其框架在理论上已经基本完成。可见，如果仅仅从1978年算起，这个过程经历了长达15年的时间。但后续的改革实践表明：探索完善的社会主义市场经济体制，还经历了更长的时间。

（3）在实现改革任务方面。所谓实现改革任务，主要是构筑社会主义市场经济的基石和支柱。构筑社会主义市场经济大厦，是一项极其伟大、十分艰巨、非常复杂的社会经济系统工程。完成这项工程，不仅需要正确的理论指导，而且需要巨大的革命胆略和坚强毅力，还需要高超的指挥艺术。这项改革任务的艰巨性，特别突出表现在作为改革中心环节的国有企业改革方面。由计划经济体制下的国有企业改革成为社会主义市场经济体制下的国有企业，涉及国有经济运行的全过程，是脱胎换骨的改革。而且这种改革是同国有经济战略性调整、国有企业组织结构的战略性调整以及加强企业的技术改造和管理相结合的，是同处理数以千万计的企业冗员、分离大量的企业办社会机构以及补足巨额资本金、降低资产负债率相结合的。这些就使得国有企业的改革任务变得异常复杂艰巨起来。同时这方面的改革存在许多失误。比如，改革开始以后的很长一段时间内由于没有抓紧社会保障体系的建设，以至国有企业改革事实上难以迈出实质性步伐；20世纪80年代实行的一刀切的拨改贷，以至后来许多国有企业长期资本金不足，成为国有企业经营状况恶化的一个重要原因；政府职能转变缓慢，大量行政性公司反复出现，甚至军警、公安和政法机关经商，事实上为国有企业改革设置了新的障碍；没有抓住卖方市场存在的有利时机，没有及时放开搞活大量的国有中小企业；在国有大中型企业公司化改造中，没有抓紧法人治理结构和企业经营管理人员的监督、激励制度的建设，以至内部人控制现象十分严重，等等。这些因素又使得国有企业改革任务更加艰巨。

（4）在实现改革的条件方面。推进市场取向的改革，需要一系列严格条件相配合。其中，主要是有宽松的经济环境和稳定的政治局面。中国近40年的改革经验证明：改革、发展和稳定三者之间存在相互依存、相互促进的统一关系。稳定是前提，改革是动力，发展是目的。改革以来，由于较好地处理了三者之间的关系，中国经济的改革和发展取得了举世瞩目的伟大成就。但在改革进程中，营造改革需要的经济环境并非易事。问题在于：由于经济转轨时期各种特有矛盾的作用，有的年份经济过热。比如，1978年、1985年、1988年、1992年和2007年都发生过经济过热的现象。而每当经济过热，都会延缓改革的进程，甚至在一定程度上导致改革的倒退。经验表明：在改革进程中，要巩固稳定的政治局面也是一件很困难的事。从相互联系的意义上说，市场取向改革需要的这种经济、政治环境，也使得改革的任务变得异常艰巨。

（5）在实现改革的阻力方面。中国市场取向的改革是由党和政府领导人民进行的，是社会主义制度的自我完善。它根本区别于新民主主义革命时期党领导人民武装推翻国民党反动政权的革命。但市场取向的改革，毕竟也是一场革命。就经济关系变革来说，主要包括两个方面：一是生产资料所有制的部分变革，即实现由单一的社会主义公有制向以公有制为主体、多种所有制共同发展的格局转变；二是经济体制的根本变革，即实现由计划经济向社会主义市场经济的转变。这是一种经济利益关系的大调整，并且必然带来上层建筑各领域的大调整，从而产生一系列的矛盾和冲突，给改革造成多方面的阻力。比如，市场取向改革要求根本改变原来的计划经济是社会主义经济基本特征的观念，以及由长期计划经济生活形成的习惯。这就会同那些传统观念和习惯转变一时难以跟上步伐的人们发生矛盾。改革要求实现政企职责分开、打破地方保护主义以及消除行政性（或行政性与经济性相结合）的垄断。这些都会同坚持个人（或小集团，或地区）利益的部分官员发生矛盾。改革要求通过先富带动后富，以实现共同富裕；在一定时期内，改革深化可能会加剧失业；在改革进程中，难免发生经济过热和通货膨胀现象，对人们生活产生不利影响；许多改革措施在总体上是有利于人们的，但也会对部分人的利益产生不利的影响。这些都会产生同有关人群的矛盾。改革是从制度上切断腐败的根源，因此会同腐败分子发生激烈的冲突。市场取向改革会引起上层建筑领域内的深刻变革，也会形成一系列的矛盾和冲突。需要指出：这些矛盾和冲突带有人民性（除少数敌对分子以外，绝大多数均系人民内部矛盾）、广泛性（涉及的人很多）、复杂性（一时难以辨明是非）、隐蔽性、顽固性和长期性的特点。这是造成改革艰巨性的一个很重要原因。

总之，虽然中国市场取向改革具有客观的可行性，但任务仍十分艰巨。

4. 中国推进市场取向改革，建立社会主义市场经济体制，采取渐进方式

中国经济改革采取渐进方式，不是偶然的，而是必然的。

（1）中国虽然从1978年年底就逐步走上了市场取向改革的道路，但由于认识过程的限制，直到1992年召开的党的十四大才明确了经济改革以建立社会主义市场经济体制为目标。从这个认识层面来说，就决定了中国经济改革是不可能一蹴而就的，且必然是一个长期的渐进的过程。要在全党和全国人民中就改革问题取得认识上的一致，在这方面经验的积累和培训，也要经过一个过程。还要提到：改革各部分的依存条件是有高低和先后之分的。比如，农业改革的条件就比工业低，产品市场形成的条件就在资本市场之前。这些客观条件都决定了改革是一个渐进的过程。

（2）由于党的"左"的路线的错误，中国1958年和1970年两次以行政性分权为主要特征的经济改革，都因为搞短促的群众运动而失败了。关于这一点，我们是记忆犹新的，教训也是很深刻的。因而1978年年底开始的市场取向的改革，不可能再犯这个错误。更为重要的是，1978年年底召开的党的十一届三中全会重新恢复了被"大跃进"和"文化大革命"破坏了的实事求是的思想路线。这意味着党和政府的一切工作（包括改革）都要遵循"实践、认识、再实践、再认识"的轨道进行，工作方法也要依据"经过试点、总结经验、再逐步推广"的路线。这种工作路线也决定了中国的改革是渐进的。这种工作路线可以保证改革不犯全局性的大错误，小的局部性错误虽然难以避免，但可以及时发现和纠正，从而推动改革的顺利前进。

（3）党的十一届三中全会还着重提出要把党的工作重点转移到社会主义现代化建设上来，并强调要进一步发展安定团结的政治局面。一方面，为了适应这两方面的要求，渐进式改革是比较适宜的。另一方面，社会主义现代化建设的发展和安定团结政治局面的巩固，又是顺利推进改革的两个基本条件。

（4）中国渐进式改革是在党和政府领导下依据社会主义原则主动推行的，是社会主义制度的自我完善。因而，它根本不可能受到西方某些学者"改革理论"（比如"休克疗法"）的支配。而正是这一点，把中国改革与苏联和东欧的改革从根本上区分开来。这种区分不仅包括是坚持社会主义制度还是改变这种制度，而且包括是采取渐进式的方法还是采取"休克疗法"。这里之所以着重提出这一点，是因为有的论著在论述这个问题时完全忽略了这个根本前提。

上述各点说明中国改革采取渐进方式，不仅对于顺利推进改革是必要的，而且对于促进发展和维护稳定也是必要的。从一定意义上说，这种改革方式是正确处理改革、发展和稳定之间关系的十分重要的一环。

当然，任何事情都有双重性。改革的渐进方式也是如此，它也有负面作用。比如，它本身就会使得计划经济与市场经济这两种新旧体制并存的时间拖得较长，为寻租活动提供了较大的空间，成为滋生贪污腐败的温床，对改革、发展和稳定都会造成不利的影响。再加上改革工作的失误，并存时间就会拖得更长，从而可能形成一种特殊的利益群体。他们既区别于坚决维护传统体制，希望实现改革倒退，重新回到旧体制轨道的人群，也区别于坚决推进改革的人群。他们希望维持改革的现状，以维护他们的既得利益。就当前的情况来说，某些贪污腐败分子，某些因违法经营而获暴利的人，就属于这类群体。这类群体的壮大及其影响的扩大，就可能使改革出现某种凝固化倾向。这样，不仅会造成改革的停滞局面，而且会对社会稳定构成严重的威胁。

第四节　构建社会主义市场经济体制的基本框架

具体来说，实现建立社会主义市场经济体制的目标，就是要构建社会主义市场经济体制的基本框架。依据建立社会主义市场经济体制的客观要求和改革实践的经验，这个基本框架可归结为：以公有制为主体、多种所有制共同发展，是中国社会主义初级阶段的基本经济制度；以此为基石，由现代企业制度、现代市场体系、宏观经济调控体系、现代分配制度、社会保障制度、开放型经济，以及市场中介组织这七个主要支柱构成。这一个基石和七个支柱共同构筑社会主义市场经济的大厦。

一 实行社会主义初级阶段的基本经济制度

以公有制为主体、多种所有制共同发展，是中国社会主义初级阶段的基本经济制度。实行这一制度，是由中国社会主义社会的性质和初级阶段的国情决定的。

第一，中国是社会主义社会，公有制是其经济基础。因此，必须坚持以社会主义公有制为主体。这是肯定无疑的。

第二，中国处于社会主义初级阶段。中国在20世纪50年代中期基本上完成了对生产资料私有制的社会主义改造以后，社会主义经济制度基本上建立起来。从这时起，中国实际上就进入了社会主义初级阶段，尽管当时还没有明确提出这个概念。

社会主义初级阶段，是逐步摆脱不发达状态，基本实现社会主义现代化的历史阶段；是由农业人口占很大比重、主要依靠手工劳动的农业国，逐步转变为非农业人口占多数、包含现代农业和现代服务业的工业化国家的历史阶段；是由自然经济半自然经济占很大比重，逐步转变为经济市场化程度较高的历史阶段；是由文盲半文盲人口占很大比重、科技教育文化落后，逐步转变为科技教育文化比较发达的历史阶段；是由贫困人口占很大比重、人民生活水平比较低，逐步转变为全体人民比较富裕的历史阶段；是由地区经济文化很不平衡，通过有先后的发展，逐步缩小差距的历史阶段；是通过改革和探索，建立和完善比较成熟的充满活力的社会主义市场经济体制和健全的社会主义民主法制的历史阶段；是在建设物质文明的同时努力建设精神文明的历史阶段；是逐步缩小同世界先进水平的差距，在社会主义基础上实现中华民族伟大复兴的历史阶段。这样的历史进程，至少需要一百年的时间。

诚然，从20世纪50年代中期中国进入社会主义初级阶段开始到1978年，经过20多年的发展，社会生产力有了很大提高，各项事业有了很大进步。然而总体来说，人口多、底子薄，地区发展不平衡，生产力不发达的状况没有得到根本改变；社会主义制度还不完善，社会主义民主法制还不健全。中国社会主义社会仍然处在初级阶段。

社会主义的根本任务是发展社会生产力。在社会主义初级阶段，尤其要把集中力量发展社会生产力摆在首要地位。中国经济、政治、文化和社会生活各方面存在着种种矛盾，阶级矛盾由于国际国内因素还将在一定范围内长期存在，但社会的主要矛盾是人民日益增长的物质文化需要同落后的社会生产之间的矛盾。这个主要矛盾贯穿中国社会主义初级阶段的整个过程和社会生活的各个方面。这就决定了我们必须把经济建设作为全党和全国工作的中心，各项工作都要服从和服务于这个中心。只有牢牢抓住这个主要矛盾和工作中心，才能清醒地观察和把握社会矛盾的全局，有效地促进各种社会矛盾的解决。发展是硬道理，中国解决所有问题的关键在于依靠自己的发展。

在社会主义初级阶段，围绕发展社会生产力这个根本任务，要把改革作为推进建设有中国特色社会主义事业各项工作的动力。改革是全面改革，是在坚持社会主义基本制度的前提下，自觉调整生产关系和上层建筑的各个方面和各个环节，来适应社会主义初级阶段生产力发展水平和实现现代化的历史要求。

在经济改革方面就是要根本改革计划经济体制，建立社会主义市场经济体制。建立、完善和发展以公有制为主体、多种所有制共同发展的格局，就是为建立社会主义市场经济奠定微观基础。只有这样，商品经济的价值规律才有赖以产生的基础，支撑社会主义市场经济大厦的各个支柱才有赖以树立的基础，从而，作为社会生产资源主要配置方式的市场经济才有赖以建立的微观基础。也只有这样，才能充分适应中国社会主义初级阶段社会生产力的发展要求，才能逐步解决这个阶段的主要矛盾，才能实现社会主义现代化，也才能巩固和发展社会主义制度。

如果仅从认识上来说，要建立社会主义初级阶段的基本经济制度，首先要根本改变在长期的计划经济体制下形成的错误观念,诸如公有制程度愈高愈先进,公有制范围愈大愈先进等。历史经验表明:这种观念不仅不利于社会主义公有制主体地位的巩固,甚至危及社会主义制度的生存。因此,必须从发展社会生产力和适应社会主义市场经济的要求出发,重新赋予公有制为主体以正确含义。依据中国改革的经验,这个含义包括以下几个重要方面。

第一,就公有制的范围来说,公有制经济不仅包括国有经济和集体经济,还包括混合所有制经济中的公有成分。

第二,就公有制主体地位的主要体现来说,要公有制资产在社会总资产中占优势;国有经济控制国民经济命脉,对经济发展起主导作用。这是就全国而言,有的地方、有的产业可以有所差别。

第三,在社会主义市场经济条件下,国有经济在国民经济中要起主导作用。这种作用主要体现在控制力上。①国有经济的作用既要通过国有独资企业来实现,也要大力发展包括股份制在内的控股企业,即通过国有控股和参股企业来实现。②国有经济在关系国民经济命脉的重要行业和关键领域占支配地位,支撑、引导和带动整个社会经济的发展,在实现国家宏观调控目标中发挥重要作用。③国有经济应保持必要的数量,更要有分布的优化和质的提高;在经济发展的不同阶段,国有经济在不同产业和地区的比重可以有所差别,其布局要相应调整。但集体所有制经济也是公有制经济的重要组成部分。集体经济可以体现共同致富原则,可以广泛吸收社会分散资金,缓解就业压力,增加公共积累和国家税收,对发挥公有制经济的主体作用意义重大。集体经济不仅要有必要的数量,更要注意质的提高。

第四,就公有制的实现形式来说,应当多样化。一切反映社会生产规律和发达商品经济要求的经营方式都可利用。要努力寻找能够极大促进生产力发展的公有制实现形式。在这方面,混合所有制就是重要形式。其中,股份制是现代企业的一种资本组织形式,有利于所有权和经营权的分离,有利于提高企业和资本的运作效率。国家和集体控股,具有明显的公有性,有利于扩大公有资本的支配范围,增强公有制的主体作用。改革中大量出现的多种多样的股份合作制经济，也值得重视和完善。以劳动者的劳动联合和资本联合为主的集体经济，尤其要提倡和鼓励。

二　建立现代企业制度

对中国各种所有制的较大规模企业来说，都有一个建立现代企业制度的问题。但旨在建立现代企业制度的国有企业改革，是整个经济体制改革的中心环节。这个问题显得十分重要，任务也极为艰巨。故在此专门论述国有企业建立现代企业制度的问题。当然，从一般意义上说，下面所论述的，在某种程度上对其他所有制企业也是适用的。

建立现代企业制度，是适应社会生产力发展、推进中国社会主义现代化建设要求的。为了说明这一点，有必要简要地分析一下由以自然人产权为特征的传统企业制度向以法人产权为特征的现代企业制度转变的过程。

在自由竞争的资本主义时代，传统私人企业主制度是占主要地位的企业组织形式。与这种企业组织形式相适应，自然人产权制度也成为这个时代主要的产权制度。这种产权制度的基本特征有二：一是产权占有主体是唯一的，产权边界十分明确；二是产权主体拥有完整的产权，即享有对其财产的占有、使用、处置和收益权。

自然人产权制度是在欧洲封建制度解体的过程中形成和发展起来的。自然人产权制度适应了当时社会生产力发展状况，其积极意义在于它首次塑造了近代私人企业产权主体，明确划分了不同主体之间的产权边界，为发展包括产品和各类生产要素在内的市场、发挥市场机制在配置社会生产资源和提高生产要素营运效益中的作用奠定了基础。因而，自然人产权制度成为推动当时社会生产力发展的最积极的因素。但和任何制度一样，在发展社会生产力方面自始就有它的局限性。在资本主义自由竞争时代，其局限性表现得并不明显。但是生产社会化的发展，要求资本大规模的、迅速的集中和通晓现代企业管理的经理阶层的产生，以及加强防御经营风险的能力。而传统私人企业主与自然人产权制度同这三个要求是相矛盾的。

适应生产社会化发展的这种要求，作为现代企业组织的公司（其典型形式是股份有限公司）和法人产权制度也就产生了。在法人产权制度下，产权结构具有新的特点。

一是出资者所有权和公司法人财产权的分离。由出资人组成的股东大会，是公司的最高权力机关，但股东只是以其出资额为限对公司承担债务责任。公司是独立的法人实体和市场主体，并以全部资产对公司债务承担责任。

二是所有权和经营权在公司法人形式上的统一。公司法人是一个既具有所有权，又具有经营权的完整的产权统一体。这种所有权和经营权的统一性，表现在董事会的职能上。从法律意义上讲，股东大会是公司的最高权力机构，董事会是股东大会闭会期间的最高权力机构。事实上，董事会有权决定公司的一切重大经营管理活动，以及任免包括经理在内的公司高级管理人员。因此，董事会就是公司产权整体性的人格化代表。

三是所有权和经营权在公司法人内部的分离。作为公司产权代表机构的董事会把经营权授予职业化的经理，经理便拥有了公司的经营管理权。于是，统一的公司法人便分解为两部分：董事会掌握所有权，经理掌握经营权。

因此，公司在产权结构方面的创新，不仅较好地解决了自然人产权制度下不能解决的三个矛盾，而且在出资者所有权和法人财产权之间以及公司内部的所有权与经营权之间形成了一个精巧的激励机制、制约机制和制衡机制，为提高生产要素运营效益提供了有效的微观基础。公司制度的建立，没有也不可能从根本上解决生产社会化与私人资本主义占有制之间的矛盾，但它在资本主义私有制的范围内大大扩展了这种经济制度对于社会生产力发展的容量，从而成为缓和资本主义社会基本矛盾的一个极重要因素。这就从一个重要方面说明：为什么资本主义世界在第二次世界大战以后仍然赢得了社会生产力的巨大发展。当然，促进这种发展的因素是很多的，诸如新的科学技术革命，旨在缓和劳资之间矛盾的各项措施的实施（如提高工资、增加福利和吸引职工参与管理等），对第三世界廉价能源和原料的掠夺，以及经济全球化的大发展等。但作为资本主义经济微观基础的公司制度的发展,显然是一个主要因素。它像市场经济一样,是资本主义制度文明几百年发展的最重要的积极成果。

需要进一步指出:现代资本主义市场经济的发展,为巩固和完善作为现代企业制度的公司制创造了一系列的条件。重要的有:产品市场竞争的充分展开,资本市场的发展,经理市场的形成,法制的加强,独立董事的建立,作为中介组织的会计师事务所和律师事务所的发展。当然,公司制也不是完美无缺的,仍需要伴随社会经济的发展而不断完善。

从一般意义上来说,现代企业制度对中国社会主义市场经济也是适用的。结合中国实际情况,吸收这些文明成果,是适应社会生产力发展的要求、推动社会主义现代化建设的重要因素。

不仅如此,建立现代企业制度还是适应市场取向改革的要求,为建立社会主义市场经济体制奠定最主要的微观基础。问题在于:建立社会主义市场经济,本质上就是实现社会主义公有制与市场经济的结合。实现结合的关键是要构建社会主义市场经济的微观基础,主要就是将原来作为政府附属物的国有企业改造成为市场主体。实现这种改造的最有效途径就是进行作为现代企业组织形式公司化的改造,特别是股份制的改造。因而,旨在建立现代企业制度的国有企业改革就成为市场取向改革的中心环节和最主要的基础性工程。

为了进一步说明建立现代企业制度在建立社会主义市场经济体制中的作用,这里有必要简要论述现代企业制度的主要特征。现代企业制度的主要特征有以下四个方面。

第一,产权清晰。

这是现代企业制度的首要特征。这是指以法律的形式明确企业的出资者与企业的基本财产关系,尤其是明确企业国有资产的直接投资主体,以彻底改变原来企业的国有资产理论上出资者明确,实际上出资者含糊、没有人格化的投资主体,任何政府部门都可以代表国有资产出资者来行使国有资产所有者权利但不为国有资产负责的状况。实现产权清晰，就是要建立一套符合社会主义市场经济要求的国有资产的管理、监督和运营体系，明确企业国有资产的投资主体，使所有者代表到位，进入企业行使所有者权利，从而落实国有资产保值增值的责任；并以公司制度作为企业的组织形式，形成企业法人制度和有限责任制度。

第二，责权明确。

这是指出资人与企业法人之间的权利、责任关系要明确。国家作为国有资产投资主体对企业的国有资产行使所有者权利，承担所有者义务，即按投入企业的资本额，享有资产收益、重大决策和选择管理者等权利。企业破产时，国有资产投资主体只以投资企业的资本额为限对企业的债务承担有限责任。企业则拥有包括国有投资主体在内的各类投资者投资形成的企业法人财产权，并作为独立的利益主体进行各种经营活动，同时以独立的民事主体身份承担法律责任。

第三，政企分开。

这是指在理顺企业国有资产产权关系、明确产权承担主体的基础上，实行政府与企业的职能分开，建立新的政府与企业的关系。一是政府的社会经济管理和国有资产所有权职能分开，同时构筑国有资产出资人与企业法人之间规范的财产关系，强化国有资产的产权约束。二是政府的行政管理职能和企业的经营管理职能分开。政府主要通过经济、法律等措施，调控市场，引导企业，把经营权交给企业，并取消企业与政府之间的行政隶属关系，同时把企业承担的政府和社会职能分离出去，分别由政府和社会组织来承担。三是国有资产的管理、监督与经营职能分开，并由相应的机构分别承担管理、监督和经营职能。

第四，管理科学。

这是指通过建立科学的法人治理结构，形成一套相互制衡的企业治理机制，通过股东大会、董事会、监事会和经理层等公司治理机构的设置和运转，实现出资者所有权与法人财产权的有效分离。在产权清晰、政企分开、责权明确的基础上，加强企业内部管理，形成企业内部的一系列科学管理制度，包括企业领导制度、企业用工制度、企业财会制度、企业薪酬制度和企业民主管理制度等。

三 建立现代市场体系

社会主义市场经济条件下的现代市场体系，是一个内容极为丰富的复合概念。

第一，现代市场体系是一个由商品市场和要素市场组成的相互联系的有机体。一般从整体上来说，市场是市场主体交换商品的场所，是他们交换关系的总和。

商品市场包括消费品市场和生产资料市场。广义商品市场还包括服务市场，如金融、电信、交通、旅游等服务市场。

要素市场主要包括：①金融市场，包括长期运营资本的资本市场、短期资金融通的货币市场、外汇市场和黄金市场等；②产权市场，包括企业产权交易、股权转让市场和技术产权交易市场；③劳动力市场，包括体力劳动为主的市场和脑力劳动为主的市场（人才市场）；④土地市场，即土地所有权或使用权的交易和转让的市场；⑤技术市场，包括广义的技术市场和狭义的技术市场，广义的技术市场是指从技术商品的开发到应用和流通的全过程，狭义的技术市场是指技术商品交换的场所；⑥信息市场，是指专门进行信息交换的场所。

商品市场和要素市场不是孤立的，而是有机联系的。一方面，商品市场是市场体系发展的主体和基础。因为，商品交换是市场交换的主要内容，要素市场发展的最终目的是为商品市场服务的。如果没有商品市场的发展，要素市场的发展就失去了基础。另一方面，要素市场的发育程度和水平制约着商品市场的发展。特别是其中的资本市场，相对于其他要素市场和商品市场来说是核心。在知识经济到来的时代，信息、技术等已成为必要的、重要的生产要素。没有这些要素市场的发展，商品市场不可能发展起来。

第二，以市场为基础的价格形成机制是现代市场体系的本质，同时也是市场配置资源的中心环节。因为现代市场体系的运行是由价值规律、竞争规律和供求规律所决定的价格机制所支配的；市场配置资源也是要通过市场价格来调节的。

第三，统一、开放、竞争和有序是现代市场经济相互联系的四个基本属性。这些属性既是现代市场经济内在本质的要求，又是有效发挥市场配置社会生产资源作用的基本条件。

统一是指市场体系在全国范围内是统一的。统一市场要求商品和生产要素可以在不同部门、地区之间自由流动，按照统一的规则进行组织和运作。统一市场还要求政府运用各种相关手段，克服不同部门、区域或经济主体之间由利益不一致给商品和生产要素流动造成的障碍，特别是要打破条块分割和地区封锁。

开放是指市场体系是一个跨行业、跨部门、跨地区、跨国界的商品和要素自由流动的体系。这里不仅包括对内开放，而且包括对外开放。

竞争是指市场体系必须在一个公开、公正、公平竞争的环境下运行。竞争要求消除市场垄断、贸易壁垒和歧视措施。

有序是指要有一定规则来维持市场正常秩序，保证公平竞争和商品合理流动。这种规则既包括法律、法规，也包括正式、非正式的行业规范、国际惯例和商业信用等。在这方面，既要反对不合理的行政干预，也要反对不讲商业道德、商业信誉的欺诈行为。

第四，现代市场体系中的"现代"则是指在知识经济时代和经济全球化条件下，商品市场和要素市场的现代化（如商品市场中新型服务市场发展，要素市场中信息、技术市场的发展），商品流通组织形式的现代化（如现代物流业发展），商品交换方式的现代化（如电子商务的发展），以及商品流通和要素流通的国际化。

上述四个方面共同构成了现代市场体系不可分割的基本内容。现代市场体系具有以下功能。第一，经济联系的功能。市场体系为商品市场和要素市场主体之间提供了经济联系的场所。第二，信息产生和传递的功能。商品市场和要素市场都是各种经济信息的集散场所。第三，社会评价的功能。商品价值的多少必须通过市场进行评判。第四，利益关系调整的功能。市场体系通过商品价格和要素价格（如物价、工资、利率、股票价格）的波动，来调节市场主体的经济利益。第五，提高资源配置效率的功能。这是市场体系的基本功能。上述五种功能表明：建立现代市场体系，对于建立社会主义市场经济体制起着十分重要的作用。

四　建立宏观经济调控体系

在现代市场经济条件下，虽然市场是配置社会生产资源的主要方式，但必须有政府的宏观经济调控。在中国社会主义市场经济条件下尤其如此。

在社会主义市场经济条件下，宏观经济调控体系是由计划[①]、财政和金融三大支柱构成的。计划、财政和金融在宏观经济调控方面分别起着各自独立但又相互配合、相互制约的作用。

在中国的社会主义初级阶段，计划以其整体上指导性和综合协调性的特点，并凭借政府掌握的大量重要资源（包括资金、外汇、物资、土地、矿产和信息等），在宏观调控方面仍然具有重要的作用。就经济和社会发展的全局来说，国家计划提出一定时期国民经济和社会发展的基本任务和宏观调控目标，确定国民经济和社会发展的重大比例、速度，以及需要配套实施的基本经济政策。这种计划是国民经济和社会发展的总蓝图与宏观调控的总方案，

[①] 在中国论著中，计划通常有两种含义。一是广义的，指的是政府宏观调控手段的总和。在计划经济体制下，计划确实起着这样的作用。二是狭义的，指的是政府宏观调控的一种手段。在社会主义市场经济体制下，计划就只起着这种作用。本文所讲的计划经济体制下的计划是广义的，社会主义市场经济体制下的计划是狭义的。

是政府宏观调控部门运用经济、法律和行政手段进行调控的基本依据。就关系国民经济全局的某些重要领域和重大经济活动来说，国家计划也进行必要的、专门的指导、协调和调节。后一层次的计划内涵需要在前一层次的总体计划中简明扼要地反映出来，有的还须编制专项计划。

在社会主义市场经济条件下，公共财政在宏观经济调控方面主要起着以下三方面的重要作用：一是通过财政收支活动，引导社会资金流向并为社会公共需要提供资金保障，以促进社会生产资源优化配置；二是通过实施财政政策，对宏观经济运行进行调节，促使总供求基本平衡，调整优化经济结构，以推进社会经济的稳定发展；三是通过税收、转移支付、补贴等手段调整社会成员间、地区间的收入分配格局，以实现社会公平的目标。

金融以其在现代经济中的核心地位，在宏观经济调控方面主要起着以下两方面的重要作用：一是调控宏观经济运行，即通过准备金、公开市场业务、再贴现、再贷款、利率、汇率等手段，调控货币供应总量，使社会总需求与社会总供给保持基本平衡，并与财政贴息等手段相结合，引导资金流向和资源配置，促进经济结构优化；二是反映经济运行信息，即通过各类金融指标综合反映企业、产业和国民经济运行状况，以便对经济运行进行监测，对经济发展趋势做出判断，为制定宏观调控政策提供依据。

上述情况表明：在国家的宏观调控体系中，计划、财政和金融分别起着独立的和特殊的作用。但是，三者之间又是相互配合和相互制约的。一般来说，国家计划体现国家的方针政策，成为财政、金融活动的基本依据。而财政、金融活动又是促进国家计划实现强有力的手段。因此，系统集成计划、财政、金融的作用，对于有效增强国家宏观调控的功能，具有十分重要的意义。

在社会主义市场经济条件下，虽然还存在由计划、财政和金融等构成的宏观调控体系，但与计划经济体制相比较，这种体系的性质与各个组成部分之间的相互关系已经发生了根本变化。

在计划经济体制下，国家通过行政指令性计划配置社会生产资源，根本排斥市场的作用。企业成为国家行政机关的附属物。在这种体制下，存在的计划、财政和金融等构成的宏观调控体系，但在实际上，计划处于支配地位。所谓"计划点菜、财政付钱、银行记账"，就是这种支配关系的生动写照。从实质意义上说，国家计划就是宏观调控的综合，财政和金融不过是实现计划的工具，并不具有独立的意义。

但在社会主义市场经济体制下，市场是配置社会生产资源的主要方式，国家是在发挥市场基础性作用的条件下进行宏观调控的，二者虽有矛盾，但从总体上说，是互补的，而不是相互排斥的。在这种体制下，国家计划的基本性质是指导，即在有些领域采取指令性计划也是在总体上实行指导性计划的补充，并不改变市场经济条件下计划的基本性质。国家计划在各种宏观调控手段中发挥总体指导、综合协调的作用；财政、金融也各自具有独立的作用，与计划既相互配合又相互制约。财政、金融对计划的配合，也不是按计划指令拨款、贷款，而是通过财政、金融活动来促使国家计划的实现。在这里，存在真正意义上的由计划、财政和金融共同构成的宏观调控体系。

由计划、财政和金融构成的宏观调控体系，是建立社会主义市场经济体制必不可少的重要组成部分。

五 建立现代分配制度

1. 建立现代分配制度的指导思想和现代分配制度的含义

党的十六大第一次明确地提出："确立劳动、资本、技术和管理等生产要素按贡献参与分配的原则，完善按劳分配为主体、多种分配方式并存的分配制度。"[①] 这是马克思主义的一个历史性的重大发展。关于按劳分配为主体、多种分配方式并存的制度，是很清楚的，无须多议。需要着重探讨的是

[①] 《中国共产党第十六次全国代表大会文件汇编》，人民出版社，2002，第27页。

确立劳动、资本、技术和管理等生产要素按贡献参与分配的原则。探讨在这个原则指导下建立现代分配制度，对经济理论的研究、改革和发展均具有十分重要的意义。现代分配制度中的"现代"有三个重要含义。

第一，现代的社会主义市场经济条件下的分配制度。这包括两方面。一方面，现代的市场经济是与古典的市场经济相比较而言的。虽然二者都主张以市场作为配置社会生产资源的主要方式，但后者反对国家干预，主张自由放任；而前者反对自由放任，主张国家干预。另一方面，现代的社会主义是与传统的社会主义相比较而言的。在经济运行方面，后者实行计划经济体制，前者实行市场经济体制。在基本经济制度方面，后者实行单一的社会主义公有制，前者实行社会主义公有制为主体、多种所有制共同发展的制度。

第二，知识经济化条件下的分配制度。如果仅从社会生产力发展程度以及与之相联系的某个生产部门在社会生产中占主要地位这个角度来划分人类社会发展的历史分期，大体上经历了三个阶段：一是农业经济社会，二是工业经济社会，三是知识经济社会。当然，中国当前还处于工业化的后期，但是处于知识经济化已经到来的时代。因而工业化已经在一定程度上，并在越来越大的程度上实现与知识经济的结合。

第三，经济全球化在广度上、深度上有了空前的大发展这一新的阶段条件下的分配制度。经济全球化萌芽于资本主义生产方式的准备时期，产生于资本主义生产方式的确立时代，形成于帝国主义及其殖民体系在全世界的拓展时期，大发展于现代市场经济成为世界潮流和科学技术成为第一生产力的时代。二战后，经济发达国家普遍实行了现代市场经济，并成为这一世界潮流的主体。此外，还有两个重要组成部分：一是二战后在帝国主义殖民体系瓦解基础上涌现出的一大批新兴工业化国家也推行了现代市场经济；二是20世纪70年代下半期以后，原来实现社会主义计划经济的国家也纷纷实行市场经济。与此同时，新的科学技术革命又把社会生产力推到一个前所未有的高度。因此，在现代市场经济成为世界潮流和科学技术成为第一生产力的时代条件下，经济全球化就进入了一个空前的大发展阶段。中国改革开放以来，已经在越来越大程度上融入了全球经济。

现代分配制度，就是以劳动、资本、技术和管理等生产要素按贡献参与分配的原则为基础的分配制度。笔者认为，在社会主义市场经济条件下，也就是劳动力①商品按其价值分配，物资资本（或货币资本，下同）和智力资本②均按其利润分配。

所以，概括来说，现代分配制度就是在社会主义市场经济和知识经济化、经济全球化条件下，劳动力商品按其价值分配，物资资本和智力资本按其利润分配。

2. 现代分配制度的方法论

探讨现代分配制度必须遵循正确的方法论，其主要内容有三。

第一，按照马克思主义的唯物论和辩证法的基本要求，研究问题必须从实际出发，实事求是，而不能从已有的结论出发，用它来裁剪实际生活；必须与时俱进，开拓创新，而不能拘泥于已有的某些非基本的、局部的（不是根本的、全部的）、过时的观点，死抱着它不放。

第二，按照历史唯物论的基本要求，研究生产关系（包括分配关系）产生、发展和消亡的唯一出发点，只能是也必须是它是否适应社会生产力的发展要求。

第三，按照马克思主义政治经济学的基本要求，研究收入分配关系必须以生产要素的分配状况为主要依据。按照马克思的观点，"消费资料的任何一种分配，都不过是生产条件本身分配的结果"③，"一定的分配关系只是历史规定的生产关系的表现"。④ 在论及资本主义条件下的分配关系（即工资属于劳动力

---

① 这里所说的劳动力是指以体力劳动为主的劳动力。
② 这里所说的智力资本是指作为现代科学技术和现代管理科学载体，并成为知识经济基本推动力的智力劳动者。现代经济学和当前我国学术界多用人力资本概念。这当然是有道理的。但相对来说，人力资本概念不如智力资本概念明确。
③《马克思恩格斯文集》第3卷，人民出版社，2009，第436页。
④《马克思恩格斯全集》第25卷，人民出版社，1974，第997页。

所有者，利润属于资本所有者，地租属于土地所有者）时，马克思还指出，这种分配关系表示国民收入"在不同生产要素的所有者中间进行的分配关系"。① 可见，生产要素的分配决定收入分配关系，是经济学中的一条普遍规律。

　　这里有必要分清两个概念：一是马克思认为，在资本主义条件下，工资、利润和地租分别归三要素（劳动力、资本和土地）所有者；二是马克思认为，工资、利润和地租都是劳动者的劳动创造的。这一点，在马克思对亚当·斯密创立的古典经济学的分析上表现得尤为明显。马克思肯定了由亚当·斯密创立的古典经济学的科学性，即把利息归结为利润的一部分，把地租归结为超过平均利润的余额，把利润和地租归结为剩余价值，把商品价值和剩余价值归结为劳动，并认为这是古典经济学的伟大贡献。但同时马克思又揭露了古典经济学的庸俗成分，即认为工资、利润和地租是一切收入的三个原始源泉，也是一切交换价值的三个原始源泉。② 但马克思批判的工资、利润和地租三要素是一切价值源泉的观点，同他所主张的生产要素的分配决定分配关系的观点，是有原则区别的，并不能以前者否定后者这一普遍的马克思主义政治经济学的基本原理。

　　因此，探讨中国社会主义初级阶段的分配关系，必须遵循经济学中的普遍规律和基本原理，从生产要素分配的全部情况出发，而不能只是依据其中一种要素的分配状况，或者片面强调其中某种生产要素的分配状况。当然，仅仅说明正确的方法论，还不能说明中国现阶段为什么必须实行按劳动、资本、技术和管理等生产要素的贡献参与分配的原则。为此，还必须具体分析相关的经济条件。

3. 现代分配制度赖以形成的经济条件

第一，按劳动力价值分配的经济条件：劳动力的商品化。

对劳动力所有者来说，按劳动力价值分配，是同劳动力商品化相联系的。

---

① 《马克思恩格斯全集》第25卷，人民出版社，1974，第992页。
② 参见《马克思恩格斯全集》第24卷，人民出版社，1972，第401~432页；《马克思恩格斯全集》第25卷，人民出版社，1974，第919~940页。

对货币资本所有者来说，按利润分配，是同货币资本化相联系的。对智力资本所有者来说，按利润分配，是同智力资本化相联系的。所以，为了说明现代分配制度赖以形成的经济条件，首先有必要简要地回顾一下马克思对劳动力商品化和货币资本化的分析，并结合当代中国的具体情况加以运用。

按照马克思的分析，劳动力商品化的条件有二：一是从封建经济制度下人身不自由的劳动者变成人身自由的劳动者；二是劳动者自由得一无所有，成为无产者。在这种条件下，劳动者不仅必须依靠出卖劳动力为生，而且有可能做到这一点。

劳动力商品是特殊商品。其价值是由维持劳动者生存培训和延续劳动力后代的费用决定的。其使用价值即是劳动。作为抽象劳动，他是价值的源泉。这就为资本（其本质是带来剩余价值的价值）的形成创造了根本条件。而且，在资本主义条件下，资本所有者是市场主体，要求实现自身利益最大化，是其内在本性。当然，按照历史唯物论的基本原理，资本这种生产关系产生的基本原因还在于它在人类社会发展的一定阶段适应了社会生产力的要求。

诚然，马克思分析的是从封建经济制度向资本主义经济制度过渡的状况。这同当前中国从社会主义计划经济向社会主义市场经济过渡的情形，是有原则区别的。但从一般意义上说，马克思的上述分析是有指导作用的。

从理论上说，在社会主义经济制度下，劳动者在人身上是完全自由的，劳动者是有自由选择职业权利的。但在现实的计划经济体制下，劳动力资源的配置，是由国家行政指令计划统包统配的；再加上在这种体制下，是集就业与工资、福利分房以及医疗、劳保和养老保险于一体的。因而，对在国有企业中就业的劳动者来说，事实上是不存在选择职业的自由的。对在农村集体企业就业的劳动者来说，还要受城乡隔离体制（特别是其中的户籍体制）的限制，不仅在农村中没有选择职业的自由，在城乡之间也没有选择职业的自由。当然，这种不自由同封建制度下的人身不自由还是有原则区别的。

在社会主义市场经济体制下，劳动者是市场主体之一。自由选择职业是其现实的应有权利之一。随着劳动、工资、住房、保险和户籍等项制度的改革,多种所有制经济以及对外开放的发展,劳动者无论是在公有制企业中,也无论是在非公有制企业中,还是在国内和国外两种劳动力市场中,都获得了选择职业的自由。但这仅仅是社会主义市场经济条件下劳动力商品化的一个可能性条件。

还有一个必要性条件。按照马克思列宁主义的观点,在社会主义初级阶段,劳动还仅仅是谋生手段。但在中国社会主义市场经济条件下,劳动不仅仅是一般意义上的谋生手段,并在这方面同计划经济体制下的情况有所区别。在计划经济体制下,劳动者按照国家指令计划就业于公有制企业,并取得劳动报酬,劳动作为谋生手段就是这样实现的。但在社会主义市场经济体制下,劳动者必须以劳动力商品所有者的身份出卖劳动力给各种经济类型企业(包括公有制企业和非公有制企业)。问题在于:在社会主义市场经济条件下,虽然公有制占主要地位,但对劳动者来说,他只能以集体中的一分子实现对公有生产资料的占有。他既不能像个体劳动者那样,自主单个地实现与生产资料的结合,也不能像私营企业主那样自主雇用劳动者实现同生产资料的结合,只能通过出卖劳动力才能实现同生产资料的结合。而且,在社会主义市场经济条件下,各类经济类型的企业都是自主经营、自负盈亏的独立商品者,在国内外市场中都是平等的竞争者。在这种经济条件下,他们都只能接受劳动力买卖的形式。这是客观存在的不以人们意志为转移的竞争的必然结果。对非公有制企业来说是这样;对公有制企业来说也必然是这样。否则,他们就不能在竞争中生存,更谈不上在竞争中实现资本价值的保值和增值,维系公有制经济在国民经济中的主体地位。因而,劳动者也只有通过出卖劳动力商品这种特殊形式,才能实现生存和发展。既然在社会主义市场经济条件下,劳动力也是商品,因而也只能实现按劳动力价值分配。

在社会主义市场经济条件下,尽管劳动者的劳动力是商品,但劳动者在经济上仍是以集体中的一分子成为公有生产资料的所有者,在政治上仍是国家的主人。这种经济、政治因素在维护劳动者权益方面起着十分重要的作用。

第二,按利润分配的经济条件(1):货币的资本化。

既然在社会主义市场经济条件下，劳动力也是商品，就为货币的资本化创造了根本条件。在这里，劳动力商品化也是形成剩余价值的根本条件，从而也是货币资本化的根本条件。

这里需要进一步指出：在社会主义市场经济条件下，各种经济类型的企业都是独立的、处于平等竞争地位的市场主体，追求利润最大化均是其内在本质。在国内市场和国外市场激烈竞争的情况下，这种内在冲动还转化成外在竞争压力，致使追求利润成为一种客观的必然，各种经济类型企业概莫能外。

当然，各种经济类型企业存在的基础是以各种所有制的存在为基础的。在中国现阶段，实行以社会主义公有制为主体的、多种所有制共同发展的基本经济制度，是由社会生产力的发展状况决定的。所以，综上所述，货币的资本化是现阶段生产力的发展要求。

第三，按利润分配的经济条件（2）：智力的资本化。

如果我们分析劳动力商品化和货币资本化时可以舍弃知识经济这个条件，那么在分析智力资本化时则必须引入这个条件。

纵观人类社会经济发展史，在社会生产力发展的不同历史阶段，各生产要素在发展社会生产力方面的作用呈现出巨大差异；与此相联系，各生产要素的分配也有不同状况；这种差异又决定着收入分配的不同状况。这是一条普遍的经济规律，是经济学中的一条基本原理。为了说明这一点，我们将在下面做简要的历史分析。

在原始共产主义社会，劳动力和土地是基本的生产要素。社会生产力水平极低，只有集体劳动才能进行原始的农业生产。正是这种状况决定了这些基本生产要素必须归原始社会公有，由此又决定了收入的集体平均分配。

到了奴隶社会和封建社会，生产力有了不同程度的发展，但仍不高，农业仍是社会生产的主要部门，劳动力和土地还是基本的生产要素。这种状况决定了土地归奴隶主或封建主所有，劳动力归奴隶主完全所有或归封建主部分所有。这种生产要素分配状况决定了在奴隶社会条件下收入分配除了维持劳动力最低限度的生活以外，其余全部归奴隶主所有；封建社会条件下地主占有地租，农民只能得到必要产品。

在资本主义生产方式确立以后，实现了工业化，社会生产力有了前所未有的、突飞猛进的发展。农业虽然还是国民经济的基础，但工业已经上升为社会的主要生产部门。劳动力和土地虽然还是社会生产的基本要素，但物资资本上升为最重要的、最突出的生产要素。这种状况决定了要素资本归资本家所有，土地归地主所有，劳动力归劳动者所有。资本主义社会条件下的生产要素分配的状况决定了利润归资本家所有，作为平均利润余额的地租归地主所有，工资归劳动者所有。

但在工业化完成以后进入知识经济时代的条件下，资本主义社会生产要素构成及其分配状况又发生了重大变化。其主要表现是：智力资本作为独立的生产要素从原有的生产要素（包括一般劳动力、土地和物资资本）中分离出来，并且成为最重要的生产力。其主要标志是：智力劳动者在全体劳动者中的比重愈来愈大，并且占了主要地位；以智力劳动为主的服务部门在国民经济中占的比重愈来愈大，并且占了主要地位；智力劳动在经济增长中所占份额也愈来愈大，并且占了主要地位。正像一般劳动力归一般劳动者所有一样，智力劳动也归智力劳动者所有。但后者同前者又有重大的差别。如果一般劳动者凭借劳动力商品化仅仅实现对劳动力价值的占有，那么智力劳动者适应社会生产力发展的要求，并凭借智力资本实现对利润的占有。在这一方面，智力劳动者同货币资本所有者凭借货币资本实现对利润的占有具有相同的道理。当然，也有相异之处。这不仅就事物的性质来说，后者是对货币资本的占有，前者是对智力资本的占有，而且就二者在发展生产力方面的作用来说，也不能相提并论。与智力劳动相联系的科学技术已经成为第一生产力，而物资资本在社会生产中的地位远不如工业化时代那么重要。与智力资本的这种重要地位相联系，同货币资本相比较而言，它在社会总利润中所占的份额愈来愈大。经济发达国家的实践已经充分证明：在工业化时代，货币资本所有者要成为位居前列的富翁需要上百年甚至更长的时间；而在知识经济时代，智力资本所有者做到这一点，则只要几十年甚至更短的时间。这绝不是偶然发生的状况，而是有深刻原因的。具体来说有以下三点。第一，智力劳动创造的价值量大，其中包括的利润量也大。第二，与智力劳动相联系的现代科学技术的产业化，在一定时期内处于垄断地位，由此带来的垄断利润大得惊人。第三，即使在不处于垄断地位的情况下，与现代科学技术进步相联系的超额利润也大得无比。这些都使得智力资本所有者创造的利润会大大超过物资资本者创造的利润。

我们在前面所做的历史分析，是为了说明在本部分开头提出的一般原理。显然，这个一般原理对中国现阶段也是适用的。诚然，当前中国已经处于社会主义社会的初级阶段，社会主义公有制已经占了主要地位；尽管知识经济有了一定的发展，但还处于工业化的后期。在这两方面，都同当代经济发达国家有着重大的原则区别。但中国正在建立现代市场经济，知识经济也有了一定的发展。据此可以认为，智力劳动者既然是市场主体之一，那也要求实现自身利益的最大化。正像货币资本所有者要求按其利润分配一样，智力资本所有者也要求按其利润分配。而且，从根本上说，这是适应社会生产力发展要求的。

总结以上的分析，在社会主义市场经济条件下，劳动力所有者按劳动力价值分配，货币资本所有者按其利润分配，智力资本所有者也按其利润分配。这是各种生产要素分配的必然结果，并且都是适应社会生产力发展要求的。当然，这是抽象的理论，舍弃了许多具体的经济、政治因素。比如，在经济方面，舍弃了供求关系的作用；在政治方面，舍弃了政府政策的影响。

4. 现代分配制度下各种收入的源泉及其性质

在社会主义市场经济条件下，各种分配关系是各种生产要素分配的结果，但就由各种分配关系形成的各种收入源泉来说是有差别的。

就劳动力所有者按劳动力价值分配来说，其收入源泉是劳动者的必要劳动创造必要产品价值。这部分收入是劳动者个人的劳动收入。

就货币资本所有者按其利润分配来说，其收入源泉是劳动者剩余劳动创造的剩余价值，但因其企业性质的不同而又有原则差别。就社会主义公有制企业来说，这部分剩余价值是由该企业劳动者集体劳动创造的，并且是用于包括这些劳动者在内的集体需要（对集体所有制企业来说）或全社会需要（对国有企业来说）的。因此，收入的性质仍然是归集体（或国家）所有的劳动收入。就私营企业来说，这部分剩余价值是归私人企业主所有的。但就其用途来说，与资本主义制度下的情况有重大差别。在资本主义制度下，从总体上和根本上来说，剩余价值是用于资产者个人或资产者国家需要的。但在社会主义市场经济条件下，剩余价值相当大的部分是通过税收形式上缴国家的，并用于全社会的公共需要。还要考虑到在中国社会主义初级阶段，私营经济的发展，在形成竞争性的市场经济，扩大就业，增加国家税收，发展生产和扩大出口等方面，都有重要作用。当然，也有消极作用，但积极作用是主要的。所以，无论是从一定的实质意义上，还是从策略意义上，都不宜把这部分剩余价值的性质称作剥削收入，而可以称作归货币资本所有者的非劳动收入。

就智力资本所有者按其利润分配来说，则呈现复杂的情况。智力资本是归智力劳动者所有的。一方面他以智力劳动者身份取得由其必要劳动创造的劳动力价值部分，这当然是归他个人所有的劳动收入；另一方面他又以智力资本所有者身份取得由其剩余劳动创造的剩余价值，其性质仍然可以称为归个人所有的劳动收入。在这里，智力资本所有者与一般劳动力所有者的区别在于，他不仅拥有按劳动力价值分配的部分，而且拥有按利润分配的部分；与货币资本所有者的区别在于，他不仅拥有按劳动力价值分配形成的归个人所有的劳动收入，而且拥有按利润分配形成的归个人所有的劳动收入。

以上进行的是一种抽象理论的分析，舍弃了许多具体情况。就一般劳动力所有者来说，主要是劳动收入，但其中一部分人也有部分的非劳动收入，如在银行存款的利息和购买股票的分红。对一般货币资本所有者来说，其收入主要是利润，即非劳动收入。但其中许多人从事经营管理，这是一种生产劳动，可以形成劳动收入。就智力资本所有者来说，主要是劳动收入。但与一般劳动力所有者相比较，更多的人有大量的非劳动收入，如股息等。这是一种静态分析。如果做动态考察，三者之间可以呈现某种相互换位的情况，比如一般劳动力所有者在一定条件下可以成为货币资本所有者或智力资本所有者，并取得相应收入。

5. 建立现代分配制度的意义

第一，建立现代分配制度，是建立、巩固和发展社会主义市场经济的一项重要内容。

现代分配制度是以现代市场经济为基础的。改革以来，中国已经初步建立了社会主义市场经济的基本框架。与此相伴随，原来在计划经济下与单一的社会主义公有制相联系的分配制度也发生了重大变化，正在向现代分配制度转变。

中国社会主义市场经济的微观基础，是以公有制为主体、多种所有制共同发展的基本经济制度。当前，这方面的基本格局已经大体形成。当然，其改革并未完全到位，还要进一步发展。但相对这个基本格局来说，在建立现代分配制度方面，显得相对滞后。

只有建立现代分配制度，实现按劳动力价值分配以及按货币资本和智力资本利润分配，才能体现市场主体经济利益的要求。无论是马克思主义经济学，还是现代西方经济学都要求做到这一点。前者认为生产关系首先是经济利益关系，而后者分析的出发点首先是追求自身利益最大化的经济人。从这种意义上来说，建立现代分配制度，是建立市场经济的一个重要标志，这是其一。其二，也只有建立现代分配制度，才能从根本上推动劳动力市场、资本市场和人才市场的建立和发展。因为这三种市场就是劳动力、资本和人才三者交换关系的总和，是三者的交换场所，而这三种市场正是社会主义市场经济体系的一个主要组成部分。当然，这三种市场的建立，也是现代分配关系赖以实现的重要条件。

第二，建立现代分配制度，是提高宏观上社会生产资源配置和微观上要素运营效益的重要动力。

在社会主义市场经济条件下，社会生产资源的优化配置和要素运营效益的提高，主要靠经济利益的导向。而建立现代分配制度，实现按劳动力价值分配以及按货币资本和人力资本利润分配，正是最根本、最重要的经济利益导向。

上述两点在中国当前显得尤为重要。中国的现实情况是：一方面，中国劳动力总量巨大，居世界第一位，似乎劳动力资源不是很紧缺；另一方面，正因为劳动力数量大，实现按劳动力价值分配，对于发展社会主义市场经济，对于实现劳动力资源的优化配置，并提高劳动者积极性，其意义就更为重大。货币资本和人力资本在所有发展中国家都是最稀缺的资源。在中国，由于正处于工业化后期，并在一定程度上实现了知识经济化，又处于经济快速增长时期，货币资本和人力资本的稀缺状况则尤为突出。在这一方面，实现按货币资本和人力资本利润分配，对于推进社会主义市场经济的发展以及提高资源配置和要素运营效益，其意义更为重大。但这仅仅是一种情况，另一种情况是中国当前现代分配制度的建设状况又远远不适应这种要求。就按劳动力价值分配来说，一方面在国有企业内部的分配中，原来计划经济体制留下的严重的平均主义虽已有所克服，但仍存在；另一方面在行业之间、城乡之间和地区之间又出现了收入差别过大的状况。就按货币资本利润分配来说，在垄断与非垄断行业之间，前者利润率过高，后者过低；在各种所有制之间，相对来说，非公有制经济赢利较好，而在国有经济中长期存在较多的亏损企业，这些企业的生存在很大程度上是靠国家财政补贴或银行贷款。就按人力资本利润分配来说，私营企业特别是外资企业赢利较好，而国有企业则赢利较差，甚至很差。如果仅就这一方面来说，国有企业实际上处于不平等的竞争地位。

6. 建立现代分配制度的条件和措施

第一，现代分配制度的建立是以现代市场经济以及与之相应的法律和观念环境为前提的。中国在 20 世纪 70 年代末改革开始时，面临的是计划经济以及与之相应的法律和观念。诚然，改革以来这些方面的情况已经发生了巨大变化，但离建立现代分配制度所要求的经济、法律和观念环境还有很大的差距。因此，要真正建立现代分配制度，还需要继续创造有关的条件，并采取相应的措施。

第二，进一步建立各市场主体对其拥有的劳动力商品、货币资本和智力资本的所有权；以此为基础发展全国统一的、开放的、平等竞争的劳动力市场、资本市场和人才市场。

显然，这两方面都是实现劳动力商品按其价值分配以及货币资本和智力资本按其利润分配的基础和前提；否则，是根本不可能的。

改革以来，这方面已经有了很大的进展，但远没有到位。就劳动力商品来说，其突出表现是，尽管农民进城务工的人数已经过亿，但由于原有计划经济体制留下的城乡分割体制（特别是户籍制度）以及劳动力市场不规范，劳动力商品的流通还会受到诸多限制。已经进城务工的农民，且不说享受不到同城市工人相同的待遇，其中不少人甚至不能按时拿到本来就已经很低的工资。

就货币资本来说，由于国有资本所有者没有到位，法人治理结构没有真正形成，以及贪污腐败等因素的影响，且不说许多企业不能实现按利润分配，甚至国有资产大量流失。私营企业也因为市场准入、融资和税收等方面的限制，难以完全做到等量资本获得等量利润。另外，经济垄断和行政垄断以及地区封锁和市场分割，也使得平均利润率难以在全国形成。这些都使得货币资本按其利润分配遇到重重困难。

就智力资本来说，由于计划经济体制留下的人才的单位所有和部门所有的格局还未完全打破，特别是智力资本的观念还未在全社会形成，因此不仅人才市场远不如劳动力市场发展得好，智力资本实现按利润分配也远远没有到位，而且发展得很不平衡。比如，企业经营管理人员的年薪制和股权制迟迟难以推行开来；科学技术人员的股权更是进展缓慢，甚至其应有职务发明的合法权益都得不到有效保证。

可见，要建立现代分配制度，必须进一步建立各市场主体对其拥有的生产要素的所有权，以及发展社会主义市场体系。

第三，借鉴国际先进的薪酬理念，建立现代企业薪酬制度。

适应社会主义市场经济的发展要求，必须拓展和更新原有工资理念的内涵，借鉴国际先进的薪酬理念和制度。这种理念和制度与传统计划经济体制下工资理念与制度相比较，其主要特点如下。①较全面地涵盖了现代企业在薪酬制度方面所必须具有的内容，既包括一般劳动者的工资、奖金和福利等，也包括经营管理人员和科学技术人员的年薪、职务发明报酬和股权等。如果再加上货币资本所有者的投资收益，就比较全面地反映了现代分配制度（即按劳动力价值分配和按货币资本与智力资本利润分配）的要求。②体现了经济市场化、现代化和全球化的要求，从而有利于在收入分配方面逐步实现与国际薪酬制度的接轨，并有利于在世界市场竞争中获得平等地位。③较全面地反映了按各生产要素贡献分配的原则，从而较好地兼顾了出资人、经营管理人员和科学技术人员以及劳动者的经济利益。这就能够充分地发挥各生产要素所有者的积极性，提高要素的运营效益。

可见，现代薪酬制度无论在内容上、形成的依据和作用上都与传统的工资制度有重大的原则区别。这是建立现代分配制度十分重要的形式。

第四，充分发挥政府在建立现代分配制度方面的作用。

建立现代分配制度是中国市场取向改革的一个重要组成部分。它的建立也是由政府有领导地进行的。因此，充分发挥政府在这方面的作用，是推进这项制度建设的一个重要条件。

为此，政府管理需要在政企分开的前提下，实现一系列转变。一是政府在这方面的管理任务要由计划经济体制下推行和维护传统工资制度向推行和维护现代薪酬制度转变。二是管理范围由国有企业向各种所有制企业转变。三是管理目标由总量调控向水平调控转变。四是管理手段由主要依靠直接的行政手段向主要依靠法律和经济手段转变。当然，必要的行政手段也不可少，在转轨时期尤其是这样。此外，思想教育和舆论手段也不可忽视。为了维护公平竞争，并调动劳动者的积极性和维系社会稳定，政府还需要继续大力加强工资指导线、工资指导价位、工资预测预警和最低工资等项制度的建设。

要完全建立并有效地实施上述四项条件和措施，绝非在短期内能够一蹴而就的，需要经过一个长期探索和实践的过程。在这方面不抓紧积极推行是不妥的，但操之过急也行不通。

还需着重指出，当前中国居民收入的差别已经很大了，在推行现代分配制度的过程中，如果做得不好，差距还会进一步扩大。但是，国际经验表明，在工业化的一定发展阶段上，都有收入差别扩大的趋势；只是到工业化后期，这种差别扩大的趋势才能稳定下来，然后转入差别缩小的态势。美国学者库兹涅茨提出的倒 U 型假说，就反映了这种收入差别的变动趋势。这虽然是一种假说，但在国际上得到了广泛的认同。我国经济的发展过程中也会出现这种状态。对此，我们需要有思想准备。当然，在建立现代分配制度时，特别是对企业经营管理人员实行按智力资本利润分配过程中，要着力加强企业法人治理结构、民主监督和透明度建设，否则会造成种种负面影响，这是其一。其二，在处理效率与公平的关系上，要坚持效率优先、兼顾公平的原则。只有这样，才能促进社会生产力的发展，才能使一部分人依靠诚实劳动和合法经营先富起来，然后用先富带动后富的办法，实现共同富裕的目的，否则，就要重蹈改革前一段长时期内存在的名为实现共同富裕、实为共同守穷的覆辙。这是就生产过程中初次分配来说的。在再次分配中，可以通过财政收入（如征收所得税和遗产税等）和支出（如加大社会保障体系建设的支出，以及通过转移支付加大对经济欠发达地区在生产和生活上的支持等）来促进社会公平的实现。只有这样，才能全面调动全社会各阶层各地区人民的积极性，才能实现社会的稳定。但在这些收入和支出方面也要注意适度，否则，会造成消极后果。同时需要明确：在社会主义市场经济条件下，所谓实现社会公平，具有决定意义的和居于首位的并不是在收入分配方面，而是要使社会成员在各个领域的就业和经营中享有均等机会，以便实现公平竞争。

六　建立社会保障制度

1. 社会保障制度的内容及其在建立社会主义市场经济中的作用

从一般意义上说，社会保障制度是国家和社会对其成员因生、老、病、死、伤、残和自然灾害发生而生活困难时给予的物质帮助，并以此保障其成员的基本生活需要，实现和延续劳动力再生产以及维护社会稳定的制度。

从原始形态上说，社会保障在封建社会开始萌芽。比如，最常见的是封建王朝推行的救灾活动。此时分散的个体的农业是社会生产的主要基础。这种农业是集生产与生活于一体的，农民因天灾人祸发生的生活困难主要是由家庭承担的。当时还提不出建立社会保障制度的问题。

社会保障制度是伴随资本主义工业化和现代化而建立和发展起来的。在这种条件下，集生产与生活于一体的个体农民生产逐步趋于解体，而失业和经济危机又成为资本主义的经济规律。因此，由国家来建立社会保障制度，就成为保障社会成员基本生活、保证劳动力再生产、实现社会稳定和维系资本主义制度的一个重要因素。同时，资本主义社会物质文明和精神文明的发展，也为建立社会保障制度创造了条件。此外，社会保障制度的建立，像历史上争取八小时工作制一样，也是无产者反对资产者斗争的一个重要成果。一战后社会主义国家实行的社会保障制度，二战后社会民主主义思潮的发展（这一点在二战后那些由社会民主党执政的国家表现得尤为明显），在这方面也起了重要的作用。

在中国实现由计划经济到社会主义市场经济的转轨时期，建立社会保障制度具有特殊重要的作用，以至成为建立社会主义市场经济体制的一个必不可少的重要支柱。

第一，就整个市场取向改革来说，竞争是推动社会生产力发展的强大动力，但它也有消极作用。其重要表现就是必然导致失业队伍和收入差别的扩大，甚至造成社会贫困阶层的出现和两极分化。而中国在改革以前就有着庞大的潜在的失业队伍。在市场取向改革的过程中，随着市场竞争的加剧，不仅原来的隐性失业必然显性化，还可能进一步扩大失业队伍。如果处理不好，就会酿成严重的社会问题。为此，必须建立社会保障制度。

第二，就作为中国市场取向改革中心环节的国有企业改革来说，建立社会保障制度显得尤为重要。国有企业有两个重要特点。一是潜在失业比重大，数量多。据估计，改革以前国有企业的富余人员达三分之一多，而且国有企业工人又占了城市工人的大部分。因此，城市中潜在失业人口就主要集中在国有企业。二是国有企业承担了大量的办社会的任务，占用了大量的人力和物力。据测算，国有企业拥有的社会公共基础设施以及住房和其他生活福利资产占其总资产的10%~15%。市场取向的改革必须使国有企业像其他所有制企业一样成为自主经营、自负盈亏，并具有平等竞争地位的市场主体。如果不建立社会保障制度，国有企业改革在事实上就难以迈出实质性的改革步伐。

第三，在市场取向改革中，劳动力再生产是社会再生产的必要条件，保障和提高人民生活是发展经济的根本出发点。就这两方面来说，也必须建立社会保障制度。

第四，就改革、发展与稳定的整体关系看，中国实践经验已经充分表明，发展是目的，改革是手段，稳定是前提。社会不稳定，经济改革和发展难以进行，而建立社会保障制度正是构建社会的"安全网"和"减震器"。

综上所述，建立社会保障制度在实现市场取向的改革方面具有极重要的作用。

诚然，1949年10月新中国成立以后不久，在国有单位中建立了包括养老、医疗和工伤等在内的保险制度，并在历史上起到过重要的积极作用。但这种制度是在计划经济体制下建立的，不可避免地有以下缺陷。一是保险层次单一。像收入分配一样，保险费也由国家大包大揽。这不仅不可能满足社会对保险的需要，而且造成平均主义盛行和浪费严重等不良后果。二是保险范围狭窄。保险覆盖面主要限于国有单位和作为准国有单位的城市大集体单位。

三是保险项目不全。作为最重要保险项目的失业保险都不在其列。四是很不平衡。在城市中，国有经济和准国有经济在保险方面差别就很大，至于农村保险主要还是依靠家庭。五是社会化程度很低。在"文化大革命"中，国有企业的保险费支出交由企业来管理，造成了社会化管理大倒退。六是保险社会互济功能很弱，企业在承担保险费支出上负担不均。这些情况表明：像计划经济体制一样，原有的保险制度也根本不适应市场取向改革的要求，必须进行根本改革，重塑社会保障制度，以发挥其支撑社会主义市场经济大厦的柱石作用。

2. 建立社会保障制度的依据及其目标

中国建立社会保障制度的主要依据有以下几方面。

第一，社会保障制度既是市场经济体制的重要组成部分，又是发展市场经济的推进器和稳定器。因此，中国建立社会保障制度必须以发展社会主义市场经济的要求作为出发点。

第二，从广义上说，社会保障费用的支出是属于收入分配的范畴，而收入水平是由社会生产力发展程度决定的。因此，确定社会保障水平必须与社会生产力发展水平相适应。同时，社会保障具有很强的刚性，一旦确立下来，只能升不能降。在这方面，二战后有些经济发达国家的历史经验很值得借鉴。其庞大的社会保障开支导致了巨额的财政赤字，并成为经济增速下降的一个重要因素。关于这一点，中国尤其要注意。因为中国现在处于社会主义初级阶段，而且是一个相当长的历史阶段，生产力水平同经济发达国家相比尚有很大差距，再加上人口众多，人均国内生产总值同世界各国相比位居后列。所以，如果中国社会保障水平基线定得过高，超越了社会生产力水平，事实上难以行得通，并对改革和发展都有不利的影响。

第三，中国在建立市场经济体制的过程中，为了促进生产发展，在初次分配中，必须强调"效率优先、兼顾公平"的原则。但在再分配过程中，特别是实施社会保障时，必须兼顾效率与公平，使社会保障的实施，能发挥统筹作用，适当向低收入者倾斜，缩小高低收入差距，防止和遏制两极分化，朝着有利于最终实现共同富裕的方向发展，同时又不使享受保障的对象滋长依赖思想，也不影响提供保障的对象的积极性，有利于促进生产的发展。

第四，要从我国社会老龄化、失业和贫困群体的现状出发，在一个相当长的时期内把养老保险、失业保险、医疗保险和对贫困群体实行最低生活保障作为建立社会保障制度的重点。

就中国老龄社会形成的特点来说，一是中国在经济发展水平较低的条件下就开始进入老龄化社会。经济发达国家一般在人均国内生产总值达到了3000美元时才进入老龄化社会，而中国在人均国内生产总值为800美元的情况下就进入老龄化社会。二是经济发达国家从成年型社会进入老年型社会一般需要半个世纪到一个世纪的时间，而中国只经历了约20年的时间。按照国际通行标准，60岁以上人口占到总人口的10%（或65岁以上人口占到总人口的6.5%）时，就算进入老龄化社会。据此，中国在2000年就进入了老龄化社会。根据2000年中国第五次全国人口普查数据，总人口数为12.6583亿人，其中60岁以上人口占总人口的比重为10.45%，65岁以上人口比重为6.96%。[①]中国人口老龄化的发展速度之快在世界各国中是少有的。许多经济发达国家，65岁以上人口占总人口比重由5%上升到7%，一般要经历50年到100年的时间。中国65岁以上人口占总人口比重由1982年人口普查时的4.9%上升到2000年的约7%，只相隔18年的时间。三是随着人们生活水平的提高，高龄人口数量和比重将越来越大，而且老龄化高峰将是一个较长的过程。根据第四次全国人口普查有关资料预测，2000年全国总人口将为13亿，60岁以上人口将达到1.28亿。2030~2040年，总人口将达到15亿以上，届时60岁以上人口将达到3.4亿~3.8亿。到2050年，60岁以上人口还将进一步增长到4亿以上。因此，养老保险在中国社会保障中就居于十分重要的地位。

中国在失业人口的形成方面也很有特点，一是中国为世界第一人口大国，劳动力多，就业压力本来就很大。二是在实行计划经济体制时长期推行"低

[①]《中国统计年鉴》（2002），中国统计出版社，第95~96页。

工资、多就业"的政策，以至企业冗员约占三分之一。城市潜在的失业人口数以千万计，农村数以亿计。三是由于计划生育基本国策的推行，14岁以下人口比重逐年上升。根据第四次全国人口普查有关资料推算，15~59岁劳动适龄人口比重，1995年为62.92%，2000年达到63.08%，2005年增到65.07%，2010年进一步提高到66.82%，直至2030年之前，都将在60%以上，到21世纪中叶，也还在56%以上。[1] 劳动力比重大，一般来说是好事，因为创造财富的劳力资源丰富，但同时也给就业带来更大压力。四是中国正在实现由计划经济到社会主义市场经济、由粗放型生产方式到集约型生产方式的转变，因而劳动力供大于求的状况将长期存在。社会保障制度必须适应这种形势的需要，将失业保险放在首位。

中国贫困群体的数量也很大，仅是农村贫困人口1978年就达到2.5亿，[2] 保障这些贫困人口的最低生活需要，显然是社会保障制度建设的极重要任务。

第五，根据国家财政、各类社会群体需要、权利与义务对等以及分担风险等因素，构造筹集资金多渠道和多层次的社会保障体系。一是由国家财政支撑的保障项目。主要有国家立法强制实施的社会救济、社会福利、优抚安置三项。社会救济的对象是无工资来源和低收入的社会群体；社会福利保障的对象是无依无靠的孤老残幼、精神病人等；优抚安置属于国家特殊保障，对象是对国家和人民有功的人员，一般指军烈属、伤残军人、退伍义务兵、志愿兵等。二是由国家、企业、职工三方负担的社会保险项目。这是社会保障体系的主体部分，包括养老、失业、医疗、工伤、生育保险五项。这五项中，养老保险和医疗保险实行社会统筹和个人账户相结合，失业保险实行企业和职工都要缴费，这三个最重要的社会保险项目是国家、企业、职工三方负担的，工伤和生育保险中职工个人不缴费。三是由企业和个人出资的企业补充保险和个人储蓄性保险。企业补充保险和个人储蓄性保险一般遵循自愿原则，国家给予一定的政策优惠。这类保险项目主要委托商业保险公司经办。

---

[1] 张卓元等主编《20年经济改革：回顾与展望》，中国计划出版社，1998，第411~412页。
[2] 《经济日报》2003年3月6日，第5版。

此外，非营利性的社会互助保险等也是社会保险的一种补充形式。

在上述多层次社会保险体系中，社会保险是政府强制实施的，应覆盖社会所有劳动者，并只能提供最基本的保险水平。商业保险一般遵循自愿原则，可在企业补充保险和个人储蓄性保险方面发挥重要作用。商业保险比较灵活，保险的水平可以按投保者的要求在不同的地区、行业、企业以及职工之间有所差别。

第六，中国目前城乡差别较大，在较长时期内仍会存在二元经济格局。农村主要实行以家庭承包经营为基础的双层经营制度，家庭是主要的生产单位和保障单位。城镇职工主要依靠工资生活，家庭保障作用较弱。因此，在一个相当长的时期内，城乡之间在保障形式、保障项目和保障水平等方面应有差别。这种差别只能在二元经济结构向一元经济结构转变过程中逐步统一。这是就全国整体来说的，并不排除少数经济发达地区可以较快地缩小和消除这种差别。

第七，根据政事分开的原则，在社会保障事业方面要实行行政管理职能与基金收缴营运相分离。政府行政管理职能和保障基金的收缴营运要分开，执行机构和监督机构应当分设。行政管理部门主要管政策、管制度，不应直接管理和营运社会保障基金。社会保障基金的管理营运应当由社会机构依法经办，同时接受政府和社会监督。

第八，根据基本保险（不包括商业保险和实施范围小的互助救济）的社会性、强制性、共济性、稳定可靠性以及市场主体的平等竞争性，保险资金的管理服务必须逐步实现社会化。

从上述的各项依据和相关的原则出发，中国现阶段社会保障制度的改革目标大体上可以做如下的归纳：建立以社会保险、社会救济、社会福利、优抚安置和社会互助为主要内容，独立于企事业单位之外，资金来源多元化，保障制度规范化，管理服务社会化的社会保障体系。其主要特征是：基本保障，广泛覆盖，多个层次，逐步统一。与经济发展水平相适应，国家强制建立的基本保障主要满足人们的基本生活需要；社会保障逐步覆盖全体公民；

在基本保障之外，国家积极推动其他保障形式的发展，努力形成多层次的社会保障体系；依靠经济改革和发展，逐步实行全国统一的社会保障制度。

七 建立开放型经济

从历史上看，资本主义条件下的开放型经济是相对于封建社会自给自足、与国外经济隔绝的自然经济而言的。其主要特征是国家之间的贸易、经济和技术等方面的联系愈来愈广泛，愈来愈密切。

但就中国市场取向改革开始后提出的建立开放型经济来说，是相对于此前由主客观多重因素而形成的封闭半封闭型经济而言的。其基本含义是不断发展和加强对外经济联系，积极参加国际经济的竞争和合作，形成全方位、多层次、宽领域的对外开放格局，根本改变改革前存在的封闭半封闭型经济。具体来说，其主要内容是：发展进出口贸易，引进国外的资金、先进技术、管理和人才，对外投资以及输出技术和劳务，发展国际旅游，实行地区的全方位开放（包括经济特区、沿海、沿边和内地城市的对外开放）和产业的宽领域开放（包括工业和农业，以及金融、运输、商贸、旅游和文化教育等众多服务业）。

在知识经济已经到来的时代，在经济全球化已经高度发展的条件下，在不同程度上建立开放型经济已经成为世界各国发展经济的必然选择。当然，对经济发达国家来说，依托它们在经济和科技上的优势以及业已存在的不合理的国际经济、政治旧秩序，发展开放型经济不仅是它们推进经济的强有力的杠杆，而且成为它们掠夺经济不发达国家的最重要手段。即使是这样，建立开放型经济仍然是经济不发达国家不可避免的选择，只要趋利避害，仍然不失为促进经济发展的重要因素。

中国正处于社会主义初级阶段，以及从计划经济向社会主义市场经济转轨时期，建立开放型经济显得格外重要。

建立开放型经济，就其物质内涵来说，主要就是不断发展和加强对外经济联系，积极参与国际经济的竞争和合作；就其体制内涵来说，就是要在对外经济联系方面，根本改革计划经济体制，实行市场经济体制。具体来说，主要包括：在对外经济联系方面，必须取消行政指令性计划，主要依靠经济和立法等间接手段以及必要的行政手段来进行调控；必须建立以公有制为主体的、多种所有制并存的独立的市场主体；必须建立现代企业制度；必须建立包括产品市场和要素市场在内的价格机制合理的、统一的、平等有序竞争充分展开的市场体系；必须建立适合国际市场要求和中国具体情况的汇率机制和关税机制。这两个内涵是相互依存的、不能分割的。前者是后者的目的，后者是前者的手段。当然，后者的实施不可能一蹴而就，需要经历一个逐步改革的较长过程。但为了实现前者这个目的，后者的改革又是必须进行的。而从总体和长期来看，改革又不可能只局限于对外经济联系领域，必然要求整个国民经济体制进行改革。因此，开放型经济的发展，不仅要求和促进对外经济关系的经济体制改革，而且要求和促进整个国民经济体制的改革。

但是，建立开放型经济不仅是促进改革的重要因素，而且是推动发展的有力杠杆。在人类历史发展的长河中，作为社会生产资源有效分配方式之一的社会分工，从来就是促进社会生产力的最重要因素。到了以企业内部分工为主要特征的资本主义工场手工业时代，分工就成为提高相对剩余价值的主要手段和促进资本主义经济发展的主要动力。但这些分工主要还是限于一个国家内部的社会分工或者一个企业内部的分工。

在以国际分工为基础的外向型经济开始有了发展以后，这种分工在发展社会生产力的作用方面就显得越来越重要。在现阶段经济全球化空前大发展的条件下，国际分工在这方面的作用，也达到了前所未有的高度。这是当代社会生产力发展速度和水平大大超过以往时代的一个极重要因素。这种国际分工使得各国能够利用两种市场（国内市场和国际市场）和两种资源（国内资源和国际资源）。这不仅意味着社会生产资源可以在世界范围内得到有效配置，而且会促进各国内部资源配置效益和企业内部要素运营效益的提高。

这个一般道理对中国也是适用的。但是，中国的具体情况使得这一点更需要引起重视。

第一，中国改革前长期实行封闭半封闭型经济。这个历史因素为中国改革后建立开放型经济留下了巨大的发展空间和增长潜力。

第二，作为世界上人口最多的发展中大国，中国在市场、资源和资金的需求方面必须主要立足于国内。就市场来说，以内需为主，并不断扩大内需，开拓国内市场，是中国发展经济的基本立足点和长期战略。但是，相对于经济发达国家来说，中国经济发展水平较低，人均国内生产总值较少。而且，城乡之间、地区之间、行业之间和各种所有制之间的人均收入差别较大，致使在有限的消费总量中消费倾向并不高。这些就使得市场容量有限，经济发展愈来愈受到市场需求的制约，因而需要在贯彻扩大内需为主的方针的同时，积极地开拓国外市场。这是就产品市场来说的，在要素市场方面（包括资金、自然资源和劳动力等）也不同程度上存在着对国外市场的依存状况。就资源来说，中国许多资源总量位居世界前列，但人均占有量位居世界后列。因此，伴随中国经济的持续高速增长，不少资源的供给处于超负荷的状态，有的资源供应已经显示出严重不足，对国际市场的依赖程度也趋于加深。资金是中国实现社会主义现代化建设中最稀缺的资源，对国外资金的需求更为紧迫。因而，中国建立开放型经济，就可以利用两个市场和两种资源，从而有利于扩大需求，增加供给，并有利于实现产业结构优化和升级以及地区经济的均衡发展，进而提高社会生产资源的配置效益和要素的运营效益，实现经济的持续快速发展。

第三，中国是在知识经济时代和经济全球化条件下推进工业化的。尽管中国当前还处于工业化的后期，但在一定程度上，并在愈来愈大的程度上实现同知识经济化的结合，因而可能实现以信息化带动工业化的跨越式的发展战略。这是加速中国社会主义现代化建设的极重要战略。但在自然资源和资金方面，特别是在技术、设备和人才方面需要利用国外的市场和资源。

第四，中国在2001年12月11日加入了世界贸易组织。入世为中国建立和发展开放型经济创造了极为有利的条件，标志着开放型经济发展到了一个新的阶段。主要表现是：中国已由有限范围、领域、地域内的开放，转变为全方位、多层次、宽领域的开放；由以试点为特征的政策性开放，转变为在法律框架内的制度性开放；由单方面为主的自我开放市场，转变为与世贸组织成员之间的双向开放市场；由被动地接受国际贸易规则，转变为主动参与国际贸易规则的制定；由只能依靠双边磋商机制协调经贸关系，转变为可以多双边机制相互结合、相互促进。这些变化必然为中国开放型经济发展开拓新的空间，提供新的机遇，开辟新的途径。因而，入世可以使中国在更大范围、更广领域和更高层次上参与国际经济的竞争和合作，融入世界经济，更充分地利用两个市场和两种资源，更有效地在世界范围内实现资源配置。当然，入世不仅会促进中国经济的发展，而且可以形成一种倒逼机制，从转变政府职能、政府宏观调控、健全市场体系和促进微观基础改革等方面，进一步推进中国市场取向改革的发展。需要着重提到：入世为改变国有企业改革滞后的局面提供了良好的条件，既有利于国有企业的战略性改组，又有利于国有企业的公司化改造。当然，无论是在发展方面，还是在改革方面，入世既是巨大的机遇，又是严峻的挑战。但从总体上说，是机遇大于挑战。

第五，中国开放型经济的发展已由改革初期侧重"引进来"发展到"引进来"和"走出去"相结合的阶段。这是中国开放型经济发展到新阶段的另一个重要标志。经过多年的改革开放，中国已经在人才、技术、设备、外汇和管理等方面为实现"走出去"战略创造了条件，而且入世也在这方面提供了许多方便，并拓展了"走出去"的空间。这意味着外向型经济在促进中国经济发展方面具有更重要的作用。在当前中国已经成为经济大国并正在向经济强国挺进的条件下，又进一步发展到了"引进来"与"走出去"并重的阶段。

综上所述，建立开放型经济，既可以促进市场取向的改革，又可以推进社会主义现代化建设，从而为推进市场取向改革创造更强的物质基础，因而在建立社会主义市场经济中具有极重要的作用。

当然，伴随中国经济融入世界经济程度的加深，世界经济、金融风险对中国经济的影响也逐渐增大。如此，维护国家经济安全，就作为一个十分突出的问题摆在国人的面前。为此，必须从深化经济体制改革（特别是国有的工商企业和金融企业改革），加快经济发展，提升技术创新能力，维护国际收支良好态势和有效运用世界贸易组织原则等方面，增强国际竞争力和抗风险能力，以维护国家的经济安全。

八　建立市场中介组织

在市场经济中，市场中介组织是具有独立法人地位的市场主体之一，是联系市场主体与市场之间的纽带，是为市场主体服务的组织。就市场中介组织的服务范围来划分，主要包括以下两类。一类是为各市场主体服务的中介组织，主要有：①行业自律性中介机构，如行业协会；②从事经济鉴证类业务的中介机构，如公证机构；③从事经纪类业务的中介组织，如商标代理机构。另一类是专门为特定市场主体服务的中介组织，比如为劳动力市场服务的职业介绍所、为技术市场服务的信息公司等。

市场经济发达国家的经验表明：市场中介组织是市场经济不可分割的组成部分，它是伴随市场经济的产生和发展而产生和发展的，并对市场经济的发展起着重要的促进作用。

在中国由计划经济向社会主义市场经济转轨时期，建立和发展市场中介组织具有特殊重要的意义。

第一，现代市场经济是在政府宏观调控条件下实现市场作为配置社会生产资源的主要方式，并发挥基础性作用的市场经济。而政府的宏观调控又主要依靠经济和立法等间接手段。在这种情况下，市场中介组织特别是自律性的行业协会，在帮助政府实现间接的宏观调控方面具有独特的不可替代的重要作用。在中国转轨时期，这一点显得尤为重要。如果没有健全的、适量的市场中介组织，那么或者是给政府职能转变造成困难，妨碍职能的转变，或者是造成管理真空。这些都不利于社会主义市场经济的健康发展。

第二，作为与最重要市场主体的企业同时出现的市场中介组织，是社会分工的一个重要发展。市场中介组织既具有降低交易费用，提高社会生产资源配置效益的作用，又可以增强要素运营效益。这种作用在中国表现得尤为突出。中国作为一个发展中的社会主义大国，许多生产资源（如物资、资金和技术等）极为稀缺，而市场主体的数量又位居世界第一。可以设想，如果由这些庞大的市场主体去直接从事中介组织的业务，其交易费用会大得惊人。

第三，发展以公有制为主体的各种所有制企业，是中国建立社会主义市场经济的微观基础。但在这个过程中，特别是在其初始时期，非国有企业在许多方面（包括市场准入、融资和吸纳人才等）都同国有企业处于不平等的竞争地位。为此，除了政府从法律上规定各种所有制企业都有平等的经营权以外，建立中介组织来维护各种所有制企业应有的平等权益也是一个重要方面。

第四，国有企业改革是中国市场取向改革的中心环节。这项改革涉及两个重要方面：一是国有大中型企业要进行公司化改造；二是大量的国有中小型企业要出售（出售给公司制、股份合作制、私营和外资企业等）。这两方面都涉及对原有的国有资产的正确评估。恰当地做到这一点，既有利于防止国有资产的流失，又有利于国有企业顺利实现转轨。显然，要做到这一点，是离不开市场中介组织，特别是像资产评估这样的中介组织的。

第五，统一开放的、平等有序竞争的市场体系是社会主义市场体系的重要组成部分。社会主义市场经济是法制经济和信誉经济。要做到这些，也必须有中介组织（特别是律师事务所和会计师事务所）的参与。在中国当前市场交易秩序混乱和失信严重的情况下，这一点显得尤为重要。

第六，中国是在经济全球化和知识经济化条件下推进工业化的，因而有可能实行跨越式的战略，以信息化带动工业化。因此，技术的快速发展就成为当前中国经济发展的一个重要特征，而技术进步又是巩固和加速中国市场取向改革的极重要物质基础。加速中国技术进步的一个重要条件，是加快发展中国技术市场。这样，市场中介组织（特别是为技术市场服务的信息、咨询机构）也就显得特别重要。

第七，中国已于 2001 年 12 月 11 日正式加入世界贸易组织，从总体上来说，世界贸易组织的规则就是市场经济原则的具体体现。加快中国经济与世界贸易组织的接轨，就成为一个重要而又紧迫的任务。从这方面来说，加快发展市场中介组织，促使中国企业按照市场经济规则来运行，也是很重要的。

第八，中国已经成为经济大国，要加快发展开放型经济，依据平等合作、互利共赢这个核心原则广泛发展对外经济关系。在这种新形势下，中介组织以其固有特点可以发挥更大作用。

总体来说，建立和发展市场中介组织，在建立和发展中国社会主义市场经济中，具有重要而且独特的作用。

第二章 市场取向改革的起步阶段
（1979~1984年）

导　语：1978年12月召开的党的十一届三中全会重新确立了实事求是的马克思主义思想路线，以社会主义现代化建设为中心，对经济管理体制进行改革，以及积极发展同世界各国平等互利的经济合作的基本思想。为了贯彻党的十一届三中全会精神，1979年4月召开的中央工作会议提出了调整、改革、整顿、提高的方针。会议认为，当时的主要矛盾是经济比例关系严重失调，因此最紧迫的任务是首先要搞好调整。改革要服从调整。但是，在调整比例关系和整顿企业的过程中，一些必须改而又容易改的，如果不抓紧改，也会影响调整任务的完成。这次中央工作会议就经济体制改革问题提出以下原则性的意见：①以计划经济为主，同时充分重视市场调节的辅助作用；②扩大企业自主权，并且把企业经营好坏同职工的物质利益挂起钩来；③按照统一领导、分级管理的原则，明确中央和地方的管理权限；④精简行政机构，更好地运用经济手段来管理经济。1982年9月党的十二大依据邓小平理论提出了经济发展的战略目标和指导方针。这个战略目标就是：在20世纪最后20年，在不断提高经济效益的前提下，力争经济总量翻两番，人民生活达到小康水平。强调在"六五"期间，要继续坚定不移地贯彻执行调整、改革、整顿、提高的方针，把全部经济工作转到以提高经济效益为中心的轨道上来。在改革方面提出了以下重要原则：坚持国营经济的主导地位和发展多种经济形式；正确贯彻计划经济为主、市场调节为辅的原则；坚持自力更生和扩大对外经济技术交流。① 这样，1979~1984年，我国经济发展的主旋律，就是以实现20世纪末经济发展目标为中心，贯彻执行调整、改革、整顿、提高的方针。但限于本书的考察范围，本章只是论述这个期间在上述思想指导下实现的经济体制改革的历史过程。

第一节　以"二权"分置为特征的农村经济体制改革率先突破②

党的十一届三中全会揭开了经济体制改革的序幕，农村率先实现了改革的突破。1979~1984年，农村经济体制改革主要包括四个方面：一是废除农村人民公社制度，建立以家庭承包经营为基础的，并与集体经营相结合的双层经济制度；二是农村商品流通体制改革；三是乡镇集体经济的改革；四是恢复个体经济。本节只叙述其中的第一、二方面。第三、四方面不只包括农村经济改革，还涉及工业经济等领域的改革，分别放在第七、第八节中做专门论述。

一　家庭承包经营制③的发展过程

农业生产中家庭联产承包责任制，发端于20世纪50年代合作化时期，

---

① 详见《中国共产党第十二次全国代表大会文件汇编》，人民出版社，1982，第14~28页。
② "二权"分置是指土地所有权归集体所有，经营权归家庭承包户所有。
③ 从家庭联产承包责任制普遍发展以后的情况来看，联产的特征逐步消失，故在此略去"联产"二字。

再现于60年代初经济调整时期。但在"左"的指导思想下,它被视为"资本主义"并一直遭到批判和扼杀,尤其在"文化大革命"中连续10年受到禁止。但是,这种责任制适合农业生产的特点和生产力发展的要求,能够根本破除农村人民公社制度加在农民身上的"两根绳索"(一是剥夺了农民在生产上的经营自主权,二是剥夺了农民在收入分配上的自主权),因而,一直铭记在农民群众心中,对农民有强大的吸引力。而在党的十一届三中全会以后,在农村普遍建立多种形式的农业生产责任制中,家庭联产承包责任制就以它具有的优越性和强大生命力,迅速发展成为主要的农业经营形式。

虽然长期存在的"左"的思想影响消除了,但是这种责任制优越性的进一步显示,人们思想的转变,以及赞成和反对这种责任制的"拉锯"状态的根本改变,都需要时间。因而,就全国农村而言,家庭联产承包责任制的发展,大体经历了三个阶段。

1. 1978年秋至1979年冬:起步阶段

这一阶段,全国农村推行的农业生产责任制,普遍是发展"小段包工、定额计酬"。但由于实行定额包工制社员付出的劳动与所得报酬没有直接联系,起到的增产作用有限,一些地方便开始试行各种联产计酬的生产责任制形式。1978年秋至1979年春,安徽、四川等省的一些生产发展水平较低的社队,为了改变穷困面貌,先后实行了包产到组、包产到户。其中,实行包产到户最早的是安徽省。1978年,该省发生了特大干旱,秋粮种不下去。中共安徽省委决定,土地与其抛荒,不如借给社员种"保命田",谁种谁收。该省肥西县山南公社在借地种麦的基础上首先实行了包产到户,结果麦子总产量比历史最高水平增产1435万斤。在此期间,省委书记万里等领导人多次前往调查并予以支持。到1978年年底全省实行包产到户的生产队达1200个,占生产队总数的0.4%。但这时各级领导机关对家庭联产承包责任制的认识还很不一致。1978年12月,党的十一届三中全会通过的《中共中央关于加快农业发展若干问题的决定(草案)》,虽然肯定了"包工到作业组,联系产量计算劳动报酬"的责任制,但仍然规定"不许包产到户,不许分田单干"。

1979年9月，十一届四中全会修改并正式通过了《中共中央关于加快农业发展若干问题的决定》。该决定依据国家农业委员会在同年3月召开的"农村工作座谈会"的精神，将草案中"不许包产到户，不许分田单干"，改为"不许分田单干。除某些副业生产的特殊需要和边远山区、交通不便的单家独户外，也不要包产到户"，从而在政策上放宽了一步。1980年春，安徽、贵州等省相继召开了农业会议，并决定允许在吃粮靠返销、生产靠贷款、生活靠救济的地区实行包产到户。这样，尽管包产到户这种家庭联产承包责任制比定额包工具有更加显著的增产作用，但在1979年年底以前仍然停留在少数经济落后地区。据农业部人民公社管理局统计，1980年1月，全国有84.7%的生产队实行了各种形式的生产责任制，其中实行定额包工责任制的占生产队总数的55.7%，实行各种联产承包责任制的占29%，其中实行包产到户、包干到户的还不足1.1%。

2. 1980年春至1981年年底：推广阶段

这一阶段，全国农村是以实行多种形式联产承包生产责任制为主，包括承包到组、承包到户等。由于对集体单位（生产组等）实行联产承包制，劳动成果的大部分仍然是按工分分配到人，社员付出的劳动与所得报酬的联系还是不紧密，农民的生产积极性仍然受到一定的限制。克服这一缺点的好办法，便是实行家庭联产承包责任制。于是，从1980年春起，家庭联产承包责任制在经济落后地区开始推广，发展较快，对农作物的增产作用也比较明显。安徽省1979年年底，包产到户的生产队占10%，第二年春天增加到25%，到七八月又增加到30%。一些长期生产困难的社队，实行包产到户以后，面貌大变。该省凤阳县小岗生产队是全县出名的穷队，1979年包产到户，当年粮食总产量13.2万多斤，相当于这个队1966年至1970年五年粮食产量的总和；油料总产量3.52万斤，比合作化以来二十多年油料产量的总和还多。这一年小岗生产队向国家交售粮食3万斤、油料2.6万斤、肥猪35头。人均口粮800多斤，人均分配收入200多元，一年变成了当地的"冒尖村"。类似情况在其他地方也有。

1980年5月，邓小平高度赞扬了安徽省农村实行包产到户所引起的变化。他说："一些适宜搞包产到户的地方搞了包产到户，效果很好，变化很快。安徽肥西县绝大多数生产队搞了包产到户，增产幅度很大。'凤阳花鼓'中唱的那个凤阳县，绝大多数生产队搞了大包干，也是一年翻身，改变面貌。有的同志担心，这样搞会不会影响集体经济。我看这种担心是不必要的。"[1] 同年9月中共中央召开了省、自治区、直辖市党委第一书记座谈会。会后，中共中央依据国家农委报告的精神印发了会议纪要——《关于进一步加强和完善农业生产责任制的几个问题》。纪要充分肯定了专业承包联产计酬责任制，对包产到户和包干到户也给予了一定的地位，并指出：在那些边远山区和贫困落后的地区，长期吃粮靠返销、生产靠贷款、生活靠救济的生产队，群众对集体经济丧失信心，因而要求包产到户的，应当支持群众的要求，可以包产到户，也可以包干到户，并在一个较长的时间内保持稳定，就这些地区的具体情况来看，实行包产到户，是联系群众、发展生产、解决温饱问题的一种必要的措施。同时纪要还指出：在一般地区已经实行包产到户的，如果群众不要求改变，就应允许继续实行，然后根据情况的发展和群众的要求，因势利导，运用各种过渡形式进一步组织起来。[2]

这样，在纪要的推动下，包产到户、包干到户（简称"双包"）发展很快。据1981年10月统计，当时实行各种形式联产承包制的生产队达377.7万个，占生产队总数的64.2%，其中，实行"双包"的则占到50.8%。

3. 1982年：普遍推行阶段

随着"双包"的推行，包干到户以其具有利益直接、方法简便等优点，成为家庭联产承包责任制的主要形式。包干到户将集体所有的土地承包到户，耕畜和中小农具折价卖给农户，各户完成规定的农业税、交售任务和公共提留后，剩余产品全部归自己所有。农民把它称作"交够国家的，留足集体的，剩下全是自己的"。这种联产承包制取消了集中劳动和按工分分配，最为直

---

[1] 《邓小平文选》第2卷，人民出版社，1994，第315页。
[2] 《中国经济年鉴》（1982），经济管理杂志社，第Ⅲ-4页。

接地将劳动成果与劳动报酬联系在一起，因而能最大限度地调动农民的生产积极性，并能较好地处理国家、集体和农户三者之间的利益关系。

1981年10月，中共中央召开了全国农村工作会议。会议指出："目前实行的各种责任制，包括小段包工定额计酬，专业承包联产计酬，联产到劳，包产到户、到组，包干到户、到组等等，都是社会主义集体经济的生产责任制。"会议针对一些人对包干到户的误解指出：它是建立在土地公有基础上的，农户和集体保持承包关系，由集体统一管理和使用土地、大型农机具和水利设施，接受国家的计划指导，有一定公共提留，统一安排烈军属、五保户、困难户的生活，有的还在统一规划下进行农业基本建设，所以它不同于合作化以前的小私有经济，而是社会主义农业经济的组成部分，随着生产力的发展，它将会逐步发展成完善的集体经济。中共中央于1982年1月1日将这次会议纪要作为第一号文件批转全党。会议纪要进一步明确了"双包"的性质和实行原则，促进了"双包"在全国农村迅速地推广。据1982年11月统计，全国实行家庭联产承包责任制的生产队已占92.3%，其中"双包"的占78.8%。从1983年起，家庭联产承包责任制在许多沿海经济发达地区和东北农业机械化程度较高的地区也迅速普及。到1983年年末，全国农村实行家庭联产承包责任制的生产队已占生产队总数的99.5%，其中实行包干到户的占到生产队总数的97.8%。这表明包干到户已经占了绝对优势。

1982年以后，农村社队集体经营的林业、畜牧业、渔业和乡镇企业，也借鉴种植业实行家庭联产承包责任制的经验，并根据各自的特点，逐步建立多种形式的家庭联产承包责任制。这种制度还逐步推广到国营农、林、牧、渔场方面。

在林业方面，除将原有集体经营的林木按不同方式实行承包经营外，还将集体所有的荒山、荒地、荒滩承包给农民经营，由林业专业户、重点户、家庭林场或联合林场等承包，投放一定的人力、财力和物力，长期或阶段性地进行营林生产，联系造林、育林成果计算劳动报酬，或实行收益按比例分成。

在畜牧业方面，农区的大牲畜主要是实行合理作价、保本保值、归户饲养；集体养猪场一般连同饲料地承包到户，饲料和生产费用由承包户自负，生产队的猪舍和养猪用具借给承包户使用，规定承包户上缴给生产队一定的提留任务并完成国家下达的交售生猪指标。牧区多数地区推行了牲畜作价归户、私有私养、自主经营、长期不变的经营形式，同时在坚持草场公有制的前提下，将草场划分到户或组，长期使用，允许继承和有偿转让。

在渔业方面，船网工具、养殖水面和附属设施等基本生产资料坚持集体所有，承包给作业单位经营；承包者自负当年生产费用，在保证完成向国家交售任务和上缴给集体折旧费、修理费、公积金、公益金、管理费的前提下，实行独立核算，自行分配，自负盈亏。

在乡镇企业方面，1983 年，全国绝大部分乡村企业实行了不同形式的承包经营责任制。据1984年不完全统计，全国乡村企业实行"一包三改"①的已占 90% 以上。这类责任制的建立和完善，改掉了企业管理上的"大锅饭""铁饭碗"的弊病，建立起责、权、利紧密结合而又运转灵活的企业机制。

在国营农、林、牧、渔场方面，从 1979 年起，国家对国营农场实行了以独立核算、自负盈亏、亏损不补、有利润自己发展生产、资金不足可以贷款为内容的财务包干制。这项改革加速了农垦企业内部生产责任制的推行和完善。1982 年前后，各垦区国营农牧场和橡胶场在继续推行"定、包、奖"②责任制的同时，将承包单位由生产队改为班组和职工，实行"承包到组或到劳动力、联产计酬"，以后又发展到承包到户，也实行了家庭联产承包责任制。1983 年秋季起，各垦区、国营农场又开始试办职工家庭农场。职工家庭农场与职工家庭联产承包责任制相比，主要有以下四个特点：一是承包使用国有土地的限期更长；二是拥有自购的大中型农机具等生产资料；三是经营自主

---

① "一包三改"，即实行承包经营责任制，改干部任免制为选举聘用制，改工人录用制为合同制，改固定工资制为浮动工资制。
② "定、包、奖"，即在土地、农机具、耕畜、劳动力固定的前提下，农场将产量、成本、产值、利润等指标包给生产队；生产队完成或超额完成承包指标，按承包合同提取一定比例的奖励基金，在职工中进行分配。

权更大,即在土地等基本生产资料全民所有制不变的前提下,经营权主要归于职工家庭;四是经营规模比较大,经济效益也比较大。由于职工家庭农场具有上述优点,虽然开始试办不久,但很快便在全国各垦区普遍地发展起来。到1984年年底,全国农垦系统已兴办不同类型的家庭农场42万个。1986年3月,中共中央、国务院在批转农牧渔业部《关于农垦经济体制改革问题的报告》的通知中指出:在农垦企业内部要围绕兴办职工家庭农场和推行各种经济承包制度,完善"大农场套小农场"的双层经营体制。从而进一步推动了家庭农场的发展,1988年年底,全国农垦系统的职工家庭农场增加到116.26万个,职工达180.71万人。

二 农村集体经济双层经营体制的形成和人民公社制度的解体

农村家庭联产承包责任制的普遍实行,意味着原有的人民公社体制基础的解体,改革人民公社体制势在必行。1983年1月,中共中央发出《当前农村经济政策的若干问题》,对人民公社体制的改革做了明确规定,指出:"人民公社的体制,要从两方面进行改革。这就是,实行生产责任制,特别是联产承包制;实行政社分设。"①

实行政社分设,就是改变政社合一的体制,分别建立作为基层政权组织的乡政府和独立自主经营的合作经济组织。1983年10月,中共中央、国务院发出了关于政社分开建立乡政府的通知,建立乡政府的工作便在全国陆续展开,到1985年春基本结束。全国共建立了9.2万多个乡(含民族乡)、镇人民政府,下辖94万多个村(居)民委员会。② 除广东、云南以大队或几个大队为单位建乡,湖北、山东一部分以原公社的管理区为单位建乡以外,其余的省、自治区、直辖市基本是以原公社为单位建乡。

随着承包经营制和乡政府的建立,农村合作经济组织也根据生产发展

---

① 《中国经济年鉴》(1983),经济管理杂志社,第Ⅱ-175页。
② 《中国农业年鉴》(1986),农业出版社,1986,第151页。

需要和群众意愿，采取了多种形式：有的以原生产队为单位设置，有的以村（原大队或联队）为单位设置；有的同村民委员会分立，有的是一套班子两块牌子；在这些基层经济单位之上，有的以乡为单位设立了不同形式的联合组织，有的则没有设立；这些基层经济单位和联合组织，有的叫农业合作社，有的叫经济联合组织，有的叫农工商公司，有的仍然保留人民公社、生产大队和生产队的名称。这类经济组织虽然在经营形式、组织规模和具体名称上不尽相同，但仍然是劳动群众集体所有制的合作经济。它同原人民公社的根本区别是经营形式的变化，即由单一的集体统一经营，改变为集体统一经营与农户分散经营相结合的双层经营体制。双层经营即在合作经济组织的统一安排下，将公有的土地和其他生产资料交给农户承包使用，由农户按合同的要求组织生产和经营，使农户成为一个直接对生产经营效果负责的经营实体，将一些需要统一组织的生产环节，如水利灌溉、植物保护、繁殖良种和农业机械等，以及分散经营难以办好或农户无力经营的生产项目，仍由集体统一组织、管理和经营。这种双层经营，既能充分调动生产经营者的积极性，又能发挥集体经营的优越性，克服了过去管理过分集中的缺点。而且，由于统分结合的程度和方法可以灵活变通，它既适应农业劳动以手工为主的状况，又能适应农业现代化过程中生产力不断发展的要求。

但是，集体统一经营这一层在全国各地的发展很不平衡。在少数经济发达地区的农村社队，在实行家庭联产承包、发展家庭经济的同时，由于乡镇工业比较发达，农业劳动力向非农产业大量的转移和集体经济有较大的经济实力，实行了"以工补农"，并在机械作业、灌溉、植保、制种等重要农业生产环节，实行了统一由合作经济的专业队提供服务，因此，家庭分散经营和集体统一经营的两个层次都得到了发展。

在多数生产力水平发展一般的地方，合作经济组织在生产上除了管理集体的农田水利设施和工副业以外，统一服务的项目不多，统一经营的作用不太明显；在那些农产品、商品量不多，土地又很分散的贫困山区的社队，农田分户承包后，统一经营的内容则更少，因而往往采取经济组织与村民委会一套班子两块牌子，或者将村自治组织与村合作组织合在一起。即使这样，他们仍然承担着管理和发包土地，生产服务，管理、协调和资产积累的职能。不少这类社队，随着生产力的发展和农户对服务事业要求的增长，合作组织的职能也在日益加强。①

农村人民公社的解体，以家庭承包经营为基础的，并与集体经营相结合的双层经营的建立，为农村市场经济初步建立了微观基础，并成为这个期间发展农业的最重要动力。据专家估算，家庭联产承包责任制对1978~1984年农业增长的贡献率为42.2%。②当然，农村经济改革仍需随着生产力和市场经济的发展，继续推向前进，深化改革的任务仍然任重道远。

三 农村商品流通体制和农村金融体制的改革

在此期间适应经济调整、改革和发展农业的需要，在根本改革农村土地经营制度、实行家庭承包经营制的同时，农村商品流通体制和金融体制改革也率先突破，主要包括以下三个方面。

第一，提高农产品价格。

从1953年开始，中国先后对粮棉油实行统购制度，对生猪等重要农产品实行派购制度。这些制度对于积累工业化资本起到了重要作用，但严重损害了农民的利益。据测算，"剪刀差"的相对量1952年是12%，1957年是18.7%，1965年升至28%，改革前夕的1978年为28.1%。③20多年来，农业通过"剪刀差"向工业提供的资本积累高达6000多亿元，相当于1982年全部国营企业的固定资产原值。这种不等价的工农产品交换必然使得农民和农村经济组织陷入贫困境地。据计算，1978年，每个人民公社的财产仅有543万元（不包括土地）；每个生产大队的集体积累不到1万元；农户家庭平均

---

① 参见《当代中国的农业》，当代中国出版社，1992，第308~321页。
② 张卓元等主编《20年经济改革：回顾与展望》，中国计划出版社，1998，第81~82页。
③ 农业部经济政策研究中心编《中国农村政策研究备忘录》，农业出版社，1989，第41页。

拥有的财产估值不超过550元;农业人口的年平均收入只有70多元,其中四分之一的生产队社员年收入在50元以下。因此,从提高农产品价格入手的举措完全正确,而且迅速见效。据此,政府于1979年3月开始对18种主要农副产品的收购价格进行了调整,提价的平均幅度为24.8%;对粮油的超购部分,在提高的统购价基础上将加价幅度由原来的30%提高到50%;棉花以1976~1978年平均收购量为基数,超购部分加价30%,并对北方棉区另加5%的价外补贴。[1]1979年以后,农产品的购价又有过几次提高。至1984年,全国农副产品收购价格总水平比1978年提高了53.6%,而同期农用工业品零售价格水平的上升幅度为7.8%,"剪刀差"缩小了29.9%。提高农产品价格对这一期间的农业发展起了很重要的作用。据专家估计,提高农产品价格对1978~1984年经济增长的贡献率为15.9%。[2]

第二,调整农村商品流通体制。

一是缩小农产品统购范围和比重。到1984年年底,属于统派购的农副产品由1978年的170多种减少到38种(其中24种是中药材),共计减少了77.6%。农产品出售总额中,国家按计划价格收购的比重由1978年的82%下降到了73%。[3]

二是恢复和发展集体商业。①恢复供销合作社的合作商业性质。供销合作社是20世纪50年代初,由农民集资、在国家扶持下创办和组织起来的,是沟通城乡商品流通中的一支重要力量。其长期在"左"的思想影响下,同国营商业时分时合,进而成了国营商业的组成部分,失去了合作经济原有的自主经营特点,不能适应商品经济的要求。因此,1981年,全国农村工作会议提出供销合作社要逐步进行体制改革,恢复其原有性质。经过几年改革,供销合作社不仅在扩大农民股金、建立民主管理制度上有了很大进展,而且在经营方式、内容上也发生了巨大变化,促进了城乡商品经济的发展。②贯

---

[1] 《变革中的农村与农业》,中国财政经济出版社,1993,第294页。
[2] 张卓元等主编《20年经济改革:回顾与展望》,中国计划出版社,1998,第81~82页。
[3] 董辅礽主编《中华人民共和国经济史》下卷,经济科学出版社,1999,第41页。

彻落实对老集体商业（即合作商店）的政策，并支持新集体商业（1978年以后城乡创办的集体商业）的发展。1978~1984年，供销合作社以外的集体商业人员、网点和零售额分别由199.6万人增加到611.8万人，62.3万个增加到77.9万个，115.3亿元增加到594.6亿元。

三是支持个体商业的发展。1956年社会主义改造完成以后，个体商业所剩不多。由于"大跃进"和"文化大革命"的破坏，到1975年大约只有8万人。改革以后，政府对发展个体商业逐步放宽政策，使得个体商业有了迅速的发展。1985年，个体商业的网点达到870.3万个、人员1221.8万人、零售额661亿元，三者分别比1978年增加47.8倍、45.6倍、205倍。

四是大力恢复和发展城乡集市贸易。集市贸易是中国农民之间、城乡之间进行商品交换的一种传统形式。农业合作化以后，在"左"的指导思想影响下，农村集市贸易受到限制，在"大跃进"中，特别是在"文化大革命"中，更是遭到严重摧残。"大跃进"时期，绝大多数农村集市被关闭，所剩无几。但从1960年冬开始，农村集市贸易逐步恢复，集市数量一度达到41000个，接近人民公社化运动前的数量。但由于"文化大革命"的破坏，到1976年年底，全国农村集市只有29227个，成交额仅102亿元。从1978年起，开始恢复农村和城市的集市贸易。1979~1984年，全国农村集市贸易由36767个增加到50365个，成交额由171亿元增加到390亿元；城市集市贸易由2226个增加到6144个，成交额由12亿元增加到80.3亿元。[①]

第三，调整农村金融体制。

一是恢复农村信用合作社原有的集体经济性质及其经营特点。要恢复和增强信用合作社组织上的群众性、管理上的民主性、经营上的灵活性，在国家方针、政策指导下，实行独立经营、独立核算、自负盈亏，充分发挥民间信贷的作用。经过改革，从1979年到1988年，全国已有6万多个信用社和33万多个信用服务网点、75万多人；信用社股金达到36亿元，盈利16亿元，

[①]《当代中国商业》上，中国社会科学出版社，1988，第154~156页、160~161页。

自有资金 167 亿元；各项存款余额达到 1397.63 亿元；发放贷款 5726 亿元。二是恢复中国农业银行，统一管理支农资金，集中办理农村信贷，领导农村信用合作社，发展农村金融事业。

上述各项改革措施再加上当时推行的调整农业的措施，有力地促进了这一时期农业的高速增长。1984 年的农业增加值由 1978 年的 1027.5 亿元增长到 2316.1 亿元；增速由 1978 年的 0.9% 提高到 7.3%。[①]

第二节 国有经济实行以扩大企业自主权为特征的改革

一 扩大国有企业[②]自主权

这一时期扩大国有企业自主权的改革大体经历了以下三个阶段。

1. 1979~1980 年：扩大国有企业自主权的试点

扩大企业自主权的试点工作，最初是从四川省开始的。1978 年第四季度，四川省首先在 6 个地方国有工业企业进行试点。当时着重是从发动群众讨论增产节约计划入手，确定在增产增收的基础上，企业可以提取一些利润留成，职工个人可以得到一定的奖金。这个做法调动了企业和职工的积极性，收到了较好效果。1979 年 1 月，中共四川省委、省政府总结了 6 个企业进行扩权试点的经验，制定了《四川省地方工业扩大企业自主权，加快生产建设步伐的试点意见》，并决定从 1979 年起，把扩权试点扩大为 100 个工业企业。四川省进行扩权试点的主要做法是：在计划方面，企业在国家计划之外，可以根据市场需要自行制订补充计划，对于国家计划中不适应市场需要的品种规

[①]《中国国内生产总值核算历史资料》（1952—2004），中国统计出版社，第 3~5 页。
[②] 在我国政府的文件中，在改革前和改革后的一段时间内称"国营企业"和"国营经济"，后来称"国有企业"和"国有经济"。据此，本书舍弃了这两个概念在内涵和外延上的差别，将这两对概念当作同义语统一使用。

格也可以修改；在物资方面，除少数关系国计民生的产品、短线产品和炸药等危险产品仍由国家统购统配外，大部分生产资料可以进入市场，企业与企业之间可以不经过物资部门直接订立供货合同，也可以通过市场采购满足自己的需要，企业也可自销一部分产品；在国家和企业的利益分配方面，在保证国家利益的前提下，企业可以根据自己经营的好坏分享一定的利润，并可用于进行企业的挖潜、革新改造、集体福利和职工的奖金；在劳动人事方面，企业有权选拔中层干部，招工择优录取和辞退职工。这些改革措施，给四川的工业企业带来了前所未有的活力，取得了显著的经济效果。试点第一年，四川省84个地方工业企业的1979年工业总产值比上年增长14.9%，实现利润增长33%，上缴利润增长24.2%，均高于非试点企业。

为了在全国范围内搞好管理体制改革的试点工作，并为全面的体制改革摸索经验，1979年7月13日，国务院下达了《关于扩大国营工业企业经营管理自主权的若干规定》《关于国营企业实行利润留成的规定》《关于开征国营工业企业固定资产税的暂行规定》《关于提高国营工业企业固定资产折旧率和改进折旧费使用办法的暂行规定》《关于国营工业企业实行流动资金全额信贷的暂行规定》5个文件。这5个文件的基本精神就是逐步扩大工业企业的自主权，其主要内容如下。①在完成国家计划的前提下，允许企业根据燃料、动力、原材料的条件，按照生产建设和市场需要，制订补充计划。按照补充计划生产的产品，商业、外贸、物资部门不收购的，企业可以按照国家规定的价格自销。②实行利润留成，改变按工资总额提取企业基金的办法，把企业经营的好坏同职工的物质利益挂起钩来。利润留成是根据不同企业的具体情况，确定不同的比例。企业用利润留成建立的生产发展基金、集体福利基金和职工奖励基金，有权自行安排使用。③逐步提高固定资产折旧率及企业的留成比例。从1980年起，企业提取的固定资产折旧费，70%由企业安排使用，30%按隶属关系上缴主管部门，由主管部门在企业之间有偿调剂使用。固定资产原值在100万元以下的小型企业折旧费，全部留给企业安排使用。除了扩大企业自主权以外，在对企业占用资金的经济责任方面也做出了新的规定：

①决定开征国营工业企业固定资产税，实行固定资产有偿占用，使企业对占用的固定资产承担必要的经济责任，促进企业积极提高固定资产利用效率；②对国营工业企业的流动资金实行全额信贷，发挥信贷的经济杠杆作用，促进企业改善经营管理，减少物资和产品积压，加速资金周转。

扩大企业自主权的5个文件下达以后，全国有26个省、自治区、直辖市在1590个工业企业里进行了试点，加上有些省、直辖市按自定办法试点的企业，共有2100多个。这批试点企业的利润约占当时全国工业企业利润的35%，产值约占26%。从试点情况看，利润留成办法，兼顾了国家、企业和职工个人三者的利益，把企业所得、职工福利奖金与企业经营好坏、利润多少直接挂钩，对发挥企业和职工的主动性，促进企业关心生产成果，改善经营管理，努力增加盈利，起到了积极作用。

但在试点中也反映出扩权和实行利润留成的办法还不完善。为了进一步搞好试点工作，国家经贸委和财政部根据试点的经验，修订了《国营工业企业利润留成试行办法》，国务院于1980年1月22日批转。[①]修订后的试行办法，扩大了试点范围，即经过整顿，生产秩序和管理工作正常，实行独立核算，并有盈利的国营工业企业，经过批准，可以试行利润留成。试行企业利润留成，要做到国家得大头，企业得中头，个人得小头。根据这个精神，企业留成比例，全国平均大体是四、六开，即企业得到的好处（包括基数利润留成和增长利润留成两部分），约占当年利润增长部分的40%，国家约得60%。

1979~1980年，扩大企业自主权的试点工作不断发展，并已具有相当规模。到1980年年底，除西藏外，各省、自治区、直辖市参加试点的国营工业企业已有6000多个，占全国预算内工业企业42000个的15%，产值占60%，利润占70%。试点企业在利润留成、生产计划、产品销售、新产品试制、资金使用、奖励办法、机构设置以及人事等方面，都不同程度地有了一些自主权。

---

① 《中国经济年鉴》(1981)，经济管理杂志社，第Ⅱ-122页。

一些省、自治区、直辖市还选择了少数企业进行了"以税代利、独立核算、自负盈亏"的试点。到1980年年底,全国进行这种试点的共有400多个企业。试行这种办法,是把税制改革同企业财务体制改革结合起来,国家对企业征收四税两费,即增值税、资源税、收入调节税、国有企业所得税以及固定资产和流动资金的占用费。试点结果表明,这种改革使企业的经济权利、经济责任和经济利益更加紧密地结合起来,企业的主动性、积极性得到进一步发挥。

扩大企业自主权,给企业带来了一定的活力,并取得了显著的经济效果。1980年,由于对国民经济进行调整,缩小基本建设规模,因此有相当一部分扩权企业生产任务不足,再加上原材料涨价、能源紧张等不利因素,给企业完成生产计划和上缴财政任务带来了一定的困难。但是,扩权在一定程度上把企业的权、责、利结合起来了,使企业获得了内在的动力;竞争的展开,又给企业造成一定的外在压力,因此调动了企业的积极性,促使绝大部分扩权企业实现了增产增收。据对5777个试点企业(不包括自负盈亏的试点企业)的统计,1980年完成的工业总产值比上年增长6.89%,实现利润增长11.8%,上缴利润增长7.4%。上缴国家的利润占全部实现利润的87%,企业留利占实现利润的10%,其余的3%用于归还贷款和政策性补贴等,增长利润的大部分也归国家。这表明扩大企业自主权,实现了增产增收,国家和企业都增加了收入。

1979~1980年扩大企业自主权的改革试点工作,方向是对的,效果也是显著的,为后来的改革提供了初步经验。但在改革中也出现了一些新的问题,主要是在搞活微观经济的同时,宏观的调控没有及时跟上,出现了一些不按国家计划生产、重复建设、滥发奖金的现象;一些改革措施相互之间不够配套,也影响了改革的顺利进行。

2. 1981~1982年:全面推行工业经济责任制

工业经济责任制,是在扩大企业自主权的试点基础上发展起来的,又是扩权的继续和深入。1979年,扩大工业企业自主权的试点取得突破性进展,

1980年试点工作全面展开，为实行工业经济责任制提供了经验，创造了条件。党的十一届三中全会以后，我国农村普遍推行各种形式的家庭联产承包责任制，取得了显著的成效。农村改革的成功经验，对工业经济责任制的推行起到了很大的启示和推动作用。1980年，我国出现了严重的财政赤字。为了增加财政收入，1981年年初，各个地区从落实财政任务着手，对所属企业实行了"包干加奖励"的办法。1981年4月，在国务院召开的工业交通工作会议上，明确提出建立和实行工业经济责任制的要求。此后，首都钢铁公司创造了一整套实行经济责任制的经验，推动了工业经济责任制进一步发展和完善。

1981年9月，国家经委和国务院体制改革办公室根据半年多推行工业经济责任制的实践情况，下达了《关于实行工业经济责任制若干问题的意见》[1]，进一步明确了工业经济责任制的内容和应遵循的原则。

工业经济责任制是在国家计划指导下，以提高社会经济效益为目的，实行责、权、利紧密结合的生产经营管理制度。它要求企业的主管部门、企业、车间、班组和职工，都必须层层明确在经济上对国家应负的责任，建立健全企业的生产、技术、经营管理各项专责制和岗位责任制，为国家提供优质适销的产品和更多积累；它要求正确处理国家、企业和职工个人三者利益，把企业、职工的经济责任、经济效果同经济利益联系起来，认真贯彻各尽所能、按劳分配的原则，多劳多得，有奖有罚，克服平均主义；它要求必须进一步扩大企业自主权，使企业逐步成为相对独立的经济实体。

推行工业经济责任制要求各级工业管理机构和工业企业必须遵循的原则，主要有以下几个方面：①必须全面完成国家计划，按社会需要组织生产，不能利大大干，利小不干，造成产需脱节，特别要保证市场紧缺的微利产品和小商品的生产；②必须保证产品质量，不能粗制滥造，向消费者转嫁负担；③成本只能降低，不能提高；④要保证国家财政收入逐年有所增长；⑤职工收入的水平只能在生产发展的基础上稳定增长，个人收入不能一下提得过高，

---

[1]《中国经济年鉴》（1982），经济管理杂志社，第Ⅱ-31页。

要瞻前顾后，照顾左邻右舍；⑥必须奖惩分明，有奖有罚；⑦必须加强领导，加强国家监督，要有强有力的思想政治工作保证。

实行工业经济责任制，必须抓好两个环节，一个环节是国家对企业实行的经济责任制，处理好国家和企业之间的关系，解决企业经营好坏一个样的问题；另一个环节是建立企业内部的经济责任制，处理好企业内部的关系，解决好职工干好干坏一个样的问题。

国家对企业实行经济责任制，在分配方面主要有三种类型：一是利润留成；二是盈亏包干；三是以税代利，自负盈亏。具体形式有以下几种。①基数利润留成加增长利润留成。这种办法适用于增产增收潜力比较大的企业。确定每年利润的基数，可将原来的"环比"办法改为按前三年平均利润数来计算。②全额利润留成。这种办法适用于生产正常、任务饱满、利润比较稳定的企业。留成比例按照前三年企业实际所得（包括基数利润留成和增长利润留成）占利润总额的比重来确定。③超计划利润留成。这种办法适用于调整期间任务严重不足、利润大幅度下降的企业。④利润包干。其中有"基数包干、增长分成""基数包干、增长分档分成""基数递增包干、增长留用或分成"等。这些办法一般适用于增收潜力比较大的微利企业。增收潜力不大的微利企业实行"基数包干、超收留用、短收自负"的办法。⑤亏损包干。对亏损企业实行"定额补贴、超亏不补、减亏留用或分成"和"亏损递减包干、减亏留用或分成"的办法。⑥以税代利、自负盈亏。这种办法适用于领导班子比较强，管理水平比较高，生产比较稳定，有盈利的大中型企业，经过财政部批准在少数企业中试行。

国营小型企业，包括县办工业企业和城市小型企业，参照集体所有制企业纳税的办法，改上缴利润为上缴所得税和固定资产、流动资金占用费，实行自负盈亏。

企业内部实行经济责任制，是把每个岗位的责任、考核标准、经济效果同职工的收入挂起钩来，实行全面经济核算。在分配上大体有以下几种形式：①指标分解，即将工作量分解为若干个指标，每一种指标与一定的工资和奖金相联系；②计件工资，包括超额计件工资和小集体超额计件工资；③超产奖；④定包奖；⑤浮动工资。

从1981年年初到1982年年底，工业企业在很大的范围内推行了经济责任制。在县属以上国营企业中，实行工业经济责任制的企业占80%，并且取得比较好的效果。①调动了企业和广大职工的积极性，促进了增产增收。实行经济责任制，地方和企业增加了压力和动力，使经济责任层层落实，对于落实财政上缴任务，起到了重要作用。1981年财政收入状况比1980年有明显好转，赤字从1980年的127.5亿元减到25.5亿元。[①] 其中实行经济责任制，促进了增产增收是一个重要原因。②促进了企业整顿，企业的经营管理得到了改善和加强。实行经济责任制，增强了广大职工的主人翁意识，在整顿企业、改善经营管理、严格规章制度、增强基础工作的自觉性等方面有了很大提高。企业都不同程度地建立健全了定额管理、质量管理和经济核算，开展了职工培训，制定了岗位标准，整顿了劳动纪律，实行了严格的考核和奖惩制度。③比较有效地解决了长期存在的平均主义的问题，使按劳分配的原则得到了进一步的贯彻。实行经济责任制，把企业、职工的经济责任同他们的经济利益紧密结合起来，在包干指标、劳动定额先进合理，基础工作健全的条件下，能比较好地解决"吃大锅饭"的问题。④进一步改变了对企业统收统支、捆得过死的状况，使企业有了一定的机动财力，可以用于技术改造、设备更新和兴办集体福利设施。⑤实行经济责任制，不仅对一线的生产工人落实了经济责任，而且对领导干部、技术人员、管理人员和辅助工人也在明确经济责任的基础上，逐步建立了考核标准和考核办法。在对企业实行经济责任制的同时，企业的主管部门，也相应地建立了责任制，积极搞好综合平衡，帮助企业解决好人、财、物、供、产、销等方面的衔接和生产中的关键问题，为企业完成国家计划改善了外部条件。⑥实行经济责任制，促进了工业的调整。1980年，由于国民经济的调整，重工业任务不足，面临很大困难。

---

① 《中国统计年鉴》（1985），中国统计杂志社，第523页。

但由于实行了经济责任制，发挥了企业的主观能动性，许多企业积极主动地根据市场的需要，千方百计扩大生产门路，改变服务方向，调整产品结构，截长线，补短线，为轻工市场服务，为技术改造服务，开拓国际市场，促使重工业逐步走向回升。

但是，由于工业是社会化的大生产，企业与企业、部门与部门相互依存，问题比较复杂，实行经济责任制工作的难度比农业实行家庭联产承包责任制要大，因此在改革中也出现了一些问题，主要是实行经济责任制与计划管理结合得不够好，在处理国家与企业之间的关系时，企业往往过多地强调企业自身的利益，一些企业内部的经济责任制还不够落实，在分配上的平均主义问题还没完全得到解决。

3. 1983年以后：实行利改税

从1980年开始，曾经在400多个工业企业中进行了以税代利的试点。其中有的是全市、县的试点，有的是一个城市范围内的全行业试点。总体来看，试点的效果比较好。参加试点的全部企业，销售收入的增长明显地高于总产值的增长，特别是实现利润和上缴税费的增长大大高于总产值和销售收入的增长。而且在企业实现利润的增长部分中，保证了大部分以税金和资金占用费的形式上缴国家，企业所得也增加了。试点效果说明把上缴利润改为上缴税金，是有益的。1983年4月24日，国务院批转了财政部关于全国利改税工作会议报告和《关于国营企业利改税试行办法》[①]，决定1983年开始进行利改税的第一步，即实行税利并存的制度。在企业实现利润中，先征收一定比例的所得税和地方税，然后对税后利润采取多种形式在国家和企业之间进行合理分配，并从1983年6月1日起开征国营企业的所得税。

财政部《关于国营企业利改税试行办法》规定，凡是有盈利的国营大中型企业，实现利润均按55%的税率缴纳所得税。企业缴纳所得税后的利润，一部分上缴国家，一部分按照国家核定的留利水平留给企业。上缴国

[①] 《中国经济年鉴》(1984)，经济管理杂志社，第Ⅸ-83页。

家的部分，可根据企业不同的情况，分别采取递增包干、固定比例上缴、缴纳调节税（按企业应上缴国家的利润部分占实现利润的比例确定调节税税率；基数利润部分，按调节税率缴纳；比上年增长利润部分，减征60%）和定额包干四种办法。凡是有盈利的国营小型企业（按照1982年年底的数据，固定资产原值不超过150万元，年利润额不超过20万元的为小型工业企业），实现的利润按八级超额累进税率缴纳所得税。缴税以后，由企业自负盈亏，国家不再拨款。但对税后利润较多的企业，国家可收取一定的承包费，或者按固定数额上缴一部分利润。对于亏损的企业，凡属国家政策允许的亏损，继续实行定额补贴，超亏不补，减亏分成。凡属经营管理不善造成的亏损，由企业主管部门责成企业限期进行整顿。在规定期限内，经财政部门审批后，适当给予亏损补贴，超过期限的一律不再贴补。国营企业所得税的管理工作，由税务机关办理。

据中央17个工业部门和27个省、自治区、直辖市统计，到1983年年底，实行利改税第一步的国营工业企业共有26500个，为盈利企业总数的94.2%。1983年全国实行利改税的国营企业新增加的收入，以税金和利润形式上缴国家的部分约占70%，企业所得约占30%，其中用于职工奖励基金的部分约为8%。到1984年，国营企业留利占实现利润的比重，由改革前的5%上升到25%。[1]实行利改税的结果表明：在解决国家同企业的分配关系上找到了一条比较好的途径。利改税以后，税率固定，企业同国家之间的分配关系固定下来，从法律上保证了国家财政收入稳定和均衡入库，保证了国家得大头，企业得中头，个人得小头，既能使国家财政收入稳定增长，又能使企业心中有数，企业留利也可在增产增收中稳定增长。企业经营管理得好，可以多得；经营管理得差就少得。

实行利改税的优点有：①增加了企业积极挖掘潜力、提高经济效益的动力和压力，加强了税收的监督作用，促进了企业的经济核算；②依照税法征

---

[1] 《中国经济年鉴》(1985)，经济管理出版社，第Ⅳ-2页；《中国经济年鉴》(1989)，经济管理出版社，第Ⅱ-39页。

税，可以初步避免实行利润留成、盈亏包干办法存在的争基数、争比例的扯皮现象；③有利于配合其他经济改革，逐步打破部门和地区界限，按照客观经济规律的要求，调整企业结构，合理组织生产；④国家可以利用税收这一经济杠杆，根据宏观经济的需要，对不同的行业、企业和产品采取调整税率、减免税收等措施，调节生产和分配，促进国民经济协调发展。

但是，利改税的第一步还是有缺陷的，其主要问题有三点。①还没有从根本上解决好国家同企业的分配关系。实行税利并存的办法，企业纳税后还保留一块税后利润，国家同企业还得用包干或分成等办法进行再分配，因此还不能真正体现企业的盈亏责任制。②由于价格体系不合理，行业与行业、企业与企业之间利润水平悬殊，苦乐不均，利改税第一步是在这种不平衡、不合理的基础上进行的，因此还没有完全起到鼓励先进、鞭策落后的作用。③企业所得税和税后利润的分配，仍然是按照企业的行政隶属关系划分的，也就难以削弱"条条、块块"因自身经济利益而对企业进行的不必要的行政干预，行政领导仍然是企业的真正主宰者。

为了克服第一步利改税的各种弊端，进一步完善税制，更充分地运用税收的调节作用，力求通过合理设置税种和税率，更好地调节国家和企业、企业和企业之间的分配关系，确保国家财政收入的稳定增长，同时也让企业获得更大的自主权，具有更大的活力，又有更大的压力和责任，国务院决定从1984年10月1日起，试行第二步利改税。①

第二步利改税的基本内容是：将国营企业应当上缴国家财政的利润按11个税种向国家缴税，也就是由税利并存逐步过渡到完全的以税代利，税后利润归企业自己安排使用。实行第二步利改税的主要办法是：国营大中型企业按55%的比例税率缴纳所得税，然后按照企业的不同情况，征收调节税；对国营小型企业按新的八级超额累进税率缴纳所得税；适当放宽国营小型企业的划分标准，使之逐步过渡到国家所有、自主经营、依法纳税、自负盈亏；

---

① 《中国经济年鉴》(1985)，经济管理出版社，第X-67页。

对某些采掘企业开征资源税，以调节因资源条件的不同而形成的级差收入；开征房产税、土地使用税、城市维护建设税以及车船使用税，以促使企业合理利用土地、房产，适当解决城市维护建设的资金来源。

第二步利改税仍然是在价格不合理、短时期又难以解决的情况下进行的。通过增加税种，合理确定税目、税率，实行多次调节，对于促进价格体系、劳动工资制度和分配关系的调整和改革，充分发挥税收的经济杠杆作用，起了很大作用。它缓解了由于价格不合理所带来的矛盾，使企业在利润悬殊状况有所改善的情况下开展竞争，有利于鼓励先进，鞭策落后。第二步利改税后，企业不再按行政隶属关系上缴利润，有利于合理解决"条条"与"块块"、中央与地方的经济关系。

但第二步利改税，也有明显的缺陷和局限。从本质上来说，无论是第一步利改税，还是第二步利改税，都不可能从根本上解决政企分开以及使企业成为自主经营、自负盈亏的市场主体问题，而且第一、二步利改税都有混淆税利不同功能的不妥之处。更重要的问题还在于：第二步利改税没有也不可能解决合理确定调节税的问题，因而不能解决企业之间的苦乐不均和鞭打快牛问题。就实践结果来看，由于所得税率过高，企业创利大部分上缴国家，严重影响了企业的积极性和发展后劲。随着时间的推移，这种弊病愈趋严重，以至后来由实行第二步利改税，改行以承包为重点的多种形式的经营责任制，就成为改革深入发展的必然趋势。

二 国有资产管理体制改革的萌芽

国有资产通常分为经营性资产、非经营性资产和资源性资产。本书仅限于叙述经营性资产。

从广义上说，国有资产管理包括管理、监督和经营三个部分。本书要涉及这三个方面，但侧重国有资产管理和监督这两个方面。

1979~1984年，在改革国有企业体制的同时，实际上也萌发了对国有资产管理体制的改革（尽管这时也还没有明确提出国有资产产权管理的概念）。为了说明这一点，先简要地分析一下1983年4月1日国务院颁发的《国营工业企业暂行条例》的有关内容。①因为这个条例系统地总结和反映了1979年以来的改革实践。这一点，尤其明显表现在关于企业的权限和责任以及企业和主管单位的关系的规定上。

关于企业的权限和责任，主要规定如下。企业在保证完成企业主管单位下达的计划任务的前提下，如原材料、能源有保证，有权根据国家有关政策和市场需要，编制自己的生产经营补充计划，并报主管单位备案。企业有权拒绝计划外没有必需的物质条件保证和产品销售安排的生产任务。企业在法律、法规和国家政策许可的范围内，有权自行选购计划分配以外的物资。企业按计划完成国家订货任务后，有权在国家规定范围内自销产品。企业有权在国家规定范围内，制定和议定产品的价格。企业有权向中央或地方业务主管部门申请出口自己的产品。有出口产品任务的企业，有权按国家规定参加外贸单位与外商的谈判、签订合同、提取外汇分成。企业有权按国家规定将自己的发明创造、科研和技术革新成果，在国内有偿转让，或经国务院有关主管部门批准，向国外有偿转让或申请专利。企业对经过注册的产品的商标，享有专用权。企业有权按照国家规定提取和使用企业基金或利润留成资金。企业有权按照国家规定出租、转让闲置、多余的固定资产，并把所得收益用于企业的技术改造。企业有权根据国家有关政策确定本企业的计时工资、计件工资等工资形式和分配奖金、安排福利等事项。企业有权根据本企业定员编制、国家下达的劳动力计划和本行业招工标准，在国家规定的招工范围内公开招考，择优录用新职工，拒绝接收不符合条件的人员。企业有权根据精简、效能的原则，按实际需要决定自己的机构设置。企业必须全面完成企业主管单位下达的计划，按计划签订并履行经济合同，接受国家有关部门的监督。企业必须根据国家的技术政策，结合实际制定本企业的以节约能源、原

---

① 《中国经济年鉴》(1984)，经济管理出版社，第IX-23页。

材料，增加品种，改进质量和提高经济效益为重点的技术改造规划，有条件的也可引进必要的国外先进技术，使产品达到和超过国内外先进的技术标准，并具有更大的竞争能力。企业必须保证产品的质量。企业要实行全面的独立经济核算，合理使用资金和劳动力，节约能源、资源和各种物资，不断提高劳动生产率，降低成本。企业必须遵守财经纪律，接受审计机关、财政部门和各级银行的监督，按照国家规定缴纳税金、利润和其他费用。

关于企业与主管单位的关系，主要规定如下。企业必须接受企业主管单位的领导，全面完成由企业主管单位综合平衡统一下达的各项计划指标。由国务院主管部门与省、自治区、直辖市双重领导的企业，应由国务院主管部门与省、自治区、直辖市协商，按照分工的主次，确定一个主要的企业主管单位。企业的长远规划、年度计划、重大技术改造计划和引进国外先进技术的计划，要报企业主管单位批准后执行。企业做出的决定，不得与企业主管单位的决定相抵触。企业主管单位负责确定企业的产品方向和生产规模。企业主管单位要统一下达各项计划指标，考核企业的各项计划指标完成情况。企业主管单位按照干部管理权限，负责对厂长、副厂长和总工程师、总会计师等厂级经济技术干部的任免、培训、考核和奖惩。

上述各项规定清晰地表明：第一，计划经济体制下国有资产管理的三项主要内容（即国有资产使用权、收入分配权和处置权）和四个主要特点（即政企职责不分、社会经济管理职能与国有资产管理职能不分、国有资产所有权与经营权不分，以及国有资产管理方面的条块分割）基本上没有变动；第二，相对于计划经济时代来说，这时国有资产所有权与经营权已经有了更大程度的分离，这一点表现在企业的生产、物资选购、产品销售、价格确定、出口产品和外汇分成、专利转让、商标专用、多余固定资产处理、收入分配、招工和机构设置等方面，这种分离在一定程度上增强了国有企业活力。

伴随国有资产所有权与经营权在一定程度上的分离，源于改革实践的需要，萌发了比较明显的国有资产产权管理，其具体表现如下。1979年，国家为了提高固定资产使用率，解决企业资产闲置浪费与投资不负责任的问题，对国营企业固定资产开始实行有偿调拨。1980年国家又开始对国营工业企业征收固定资产占用费,对中外合资企业开始征收土地使用费。1982年国家又明确指出,国营企业的全部固定资产和流动资产都是国家资产,任何人不得侵占。这些产权管理对保护国有资产起到了有益的作用。但是,由于缺乏经验,对在国有资产所有权与经营权产生一定分离的情况下,需要加强国有资产管理缺乏认识,出现了国有资产管理改革滞后于国有资产改革的状态,从而诱发了相当普遍的滥发奖金的现象,侵蚀了国有资产。

三 国有企业内部领导制度的改革

这里有必要首先简要提及作为这一期间整个经济发展指导思想的"八字方针"重要组成部分的整顿,这同时也是国有企业内部领导制度改革的重要前提。原因在于:十年"文化大革命"不仅严重破坏了整个经济的管理制度和运行秩序,而且严重破坏了企业的管理制度和运行秩序。1978~1984年进行了企业整顿,这项整顿工作,为企业内部领导制度的改革创造了条件。[1]

这一期间国有企业内部领导制度的改革包括以下两个重要方面。

1. 从党委领导下的厂长负责制逐步改为厂长负责制

党的十一届三中全会在阐述我国经济体制改革问题时,指出要认真解决党政企不分、以党代政、以政代企的现象。[2]1980年1月,邓小平在谈到改善党的领导的问题时又指出:"工厂要实行党委领导下的厂长负责制;……这样是不是有利于工厂……的工作?能不能体现党的领导作用?如果这个问题解决得不好,可能损害党的领导,削弱党的领导,而不是加强党的领导。"[3]

---

[1] 这个问题不属于本书的考察范围,详见《新中国工业经济史》第三版,经济管理出版社,2017,第305~310页。
[2] 《中国经济年鉴》(1981),经济管理杂志社,第Ⅱ-20页、22页。
[3] 《邓小平文选》第2卷,人民出版社,1994,第270页。

这些重要论述，提出了我国工业企业领导制度中一个长期没有得到很好解决的问题，打开了关于这个问题的思想禁区，推动了对这个问题的重新研究。于是，1980年，根据党中央的精神，国家经贸委、全国总工会以及中国社会科学院等有关部门在北京选择了若干企业进行企业领导制度改革的试点。通过调查研究和改革的试点，开始认识到党委领导下的厂长负责制的一些弊端。①不利于真正加强党对企业的思想政治领导，党委陷于处理日常行政事务，党组织变成了一个普通的行政机构，形成了党不管党、以党代政的现象。②不利于发挥厂长集中统一指挥的作用，不适应社会化大生产的客观要求。党委领导下的厂长负责制，在实际上已普遍成为党委书记一长制，决策权和指挥权集中于党委书记，削弱了厂长对生产经营的统一指挥职能。而且名义上是党委集体负责，实际上是谁也不负责任。因此，这种制度本身容易造成企业管理效能低。③不利于发挥专家的作用。多数企业的决策权、指挥权集中于一些不太懂技术、不太懂经济也不太懂管理的干部手中，因此往往造成瞎指挥。而企业里的工程技术人员、经营管理人员的积极性往往受到抑制。④不利于加强法制，健全经济责任制。党委领导下的厂长负责制的一个明显缺陷是权利和责任分离，党委行使决策权，但不具有法人资格，因此不负经济责任。厂长作为企业法人的代表，应当负经济责任，但没有决策权和实际上的指挥权。责任和权利的分离，使厂长在生产经营管理中往往当断不断，当决不决，降低了管理工作的效率。⑤不利于按客观经济规律的要求，实行跨部门、跨地区的经济联合。经济联合体大多数需要有经济联合委员会或董事会作为该联合体的最高决策机构，行使最高决策权。而隶属某一地方党委的企业的党组织，不可能作为经济联合体的最高决策机构。

但是，对于上述问题的认识，人们的意见并不是一致的。一种意见认为，产生上述问题，是党委领导下的厂长负责制这种领导体制的必然产物，不是哪一个人的工作作风和工作方法问题。因此，必须改革这种领导体制本身。另一种意见认为，这种领导体制本身是没有问题的，只是在实行过程中，出现了偏差，需要对这种领导体制进行完善。如果要取消党委领导下的厂长负责制，就会削弱党对企业的领导。由于认识截然不同，如果立即取消党委领导下的厂长负责制，势必造成思想上和管理工作上的混乱。党中央对这个问题采取了十分慎重的做法，一方面继续在少数企业进行改革的试点，另一方面在大多数企业继续实行党委领导下的厂长负责制，并根据新的情况，不断改进企业的党政工作。

1982年1月，中共中央、国务院颁发了《国营工厂厂长工作暂行条例》。[①] 条例明确地规定了厂长责任、职权、指挥系统和责任制，以及对厂长的奖惩。条例规定，工厂实行党委领导下的厂长负责制。厂长是工厂的行政负责人，受国家委托，负责工厂的经营管理和生产，这方面的问题由厂长全权决定。厂长可按照干部管理权限，由上级委派，或经职工代表大会选举，由上级任命，厂长的任期一般为4年。这个条例虽然延续了党委领导下的厂长负责制的企业领导体制，但在实行党政分工，克服以党代政，加强厂长责任，赋予厂长以更大的生产经营指挥权方面，大大前进了一步，在一定程度上体现了厂长责、权、利的统一，从而为逐步推行厂长负责制做了准备。

为了加强和改善企业中党的领导，提高基层党组织的战斗力，中共中央于1982年5月颁发了《中国共产党工业企业基层组织工作暂行条例》。条例明确了工业企业中党委的地位与任务。条例规定，在社会主义企业中，实行党委领导下的厂长负责制和党委领导下的职工代表大会制。按照党委集体领导，职工民主管理，厂长行政指挥的根本原则，不断改善和加强党对企业的领导。企业中党委是企业的领导核心。

但是，由于企业领导体制还没有从根本上加以改革，因此前述的党委领导下的厂长负责制所带来的弊端也就不可能得到根本解决。尤其是权、责、利的不统一，使厂长难以有效地行使对生产行政工作的统一指挥。随着企业自主权的扩大和改革的深入发展，这些矛盾也越来越突出，同时也使越来越多的人认识到，必须改革长期以来所实行的企业领导体制。

[①] 《中国经济年鉴》(1982)，经济管理杂志社，第Ⅱ-46页。

于是，在企业的全面整顿过程中，1982年即开始在北京、天津、上海、沈阳、大连、常州6个城市的191个企业中进行厂长负责制的试点工作。后来逐步扩大到各地区、各部门的2913个企业试行厂长负责制。厂长负责制的建立，带动了企业内部组织机构、劳动人事、工资奖励和生产经营等方面的配套改革。试点搞得好的企业，厂长指挥灵了，决策快了，效率高了。同时，党委开始集中精力加强党的建设和思想政治工作，民主管理也有了加强。根据党中央精神、人们认识的发展和对实践经验的总结，1984年5月，六届全国人大二次会议的政府工作报告中，正式宣布国营企业将逐步实行厂长负责制。在这种精神的指引下，我国工业企业领导体制的改革又进入了新的发展阶段，厂长负责制开始在所有工业企业中推行。

2. 企业职工代表大会制度的逐步完善

粉碎"四人帮"以后，在企业整顿中，一些企业逐步恢复了党委领导下职工代表大会或职工大会制。1978年4月颁发的《中共中央有关加快工业发展若干问题的决定》，要求企业定期举行职工代表大会或职工大会，听取企业领导的工作报告，讨论企业有关重大问题，对企业的工作提出批评、建议，对企业的领导干部进行监督。职工代表大会或职工大会，有权向上级建议处分、撤换某些严重失职、作风恶劣的领导人员。

1981年7月，中共中央、国务院转发了由中华全国总工会、国家经委、中央组织部共同制定的《国营工业企业职工代表大会暂行条例》，要求各地区、各部门在所属的企业贯彻实施。条例规定，职工代表大会（或职工大会）是企业实行民主管理的基本形式，是职工群众参加决策和管理、监督干部的权力机构。职工代表大会在党委领导下行使职权。主要职权包括：讨论审议企业生产经营管理方面的重大问题；讨论决定企业职工福利、奖励等有关职工切身利益的问题；讨论通过企业体制改革、职工调资、职工培训计划及全厂性重要规章制度问题；监督企业各级领导干部和工作人员，建议上级机关对卓有成绩的干部予以表扬、奖励、提职晋级，对失职人员予以批评、处分或罢免；根据企业主管机关的部署，选举企业行政领导人员，民主选举的干部要依照干部管理范围报主管机关审批任命；厂长要定期向职工代表大会报告工作，负责执行和处理职工代表大会有关企业生产、行政方面的决议和提议，并接受职工代表大会的检查和监督；职工代表大会要支持厂长行使职权，维护生产指挥系统的高度权威，教育职工不断提高主人翁的意识。

条例的颁发和贯彻执行，使我国工业企业职工代表大会制度进一步完善，同时为后来的企业领导制度的改革积累了经验，准备了条件，使企业的民主管理逐步得到加强。在实行厂长负责制以后，如何把厂长负责制同职工的民主管理结合起来，成为企业领导体制改革中的一个新的课题。从一些企业的经验来看，工业企业职工代表大会工作的重点要转向：①审议企业的重大决策；②监督企业行政领导的工作；③维护职工的合法权益；④发动职工为改善企业的经营管理献计献策；⑤加强对职工的教育，提高他们的主人翁责任感。通过这些工作，既支持了厂长的集中统一指挥，又保障了职工群众在企业中的主人翁地位。

第三节　集体经济改革起步

一　城镇集体经济改革起步

1966~1976年，城镇集体经济有了一定的发展，但由于"左"的路线的束缚，特别是"文化大革命"的破坏，这种发展受到了极大的限制。粉碎"四人帮"以后，结束了"文化大革命"的破坏，但还需要清除"左"的路线的影响。经过揭批"四人帮"，特别是在党的十一届三中全会之后，逐步清除了"左"的路线的影响。这种"左"的错误最根本的表现，就是否定集体所有制在我国社会主义经济中的地位和作用。

与清除"左"的任务相联系，并且为了适应国民经济发展的需要，城镇集体经济，这一时期也面临贯彻调整、改革、整顿、提高方针的任务。为了实现这个任务，在党的十一届三中全会重新确定的实事求是的思想路线的指引下，在不断总结经验的基础上，党中央、国务院发布了一系列政策。

政策明确规定了集体经济在社会主义初级阶段的地位和作用。"城镇集体所有制经济是社会主义公有制经济的一个重要组成部分，是我国基本的经济形式之一。它适合我国生产力发展的水平，有旺盛的生命力。发展城镇集体所有制经济，是党和国家的一项长期的、重要的政策，不是权宜之计。发挥集体所有制经济点多面广、经营灵活、方便群众、投资少、见效快、容纳劳动力较多等优点，对于发展生产、扩大就业、搞活经济、满足需要、增加出口、积累资金，都有重大作用。国家保护城镇集体所有制经济组织合法的权利和利益，并根据政策、计划进行统筹安排，积极鼓励、扶持、帮助其发展。"[1] 党中央、国务院这个规定否定了长期以来根本否定集体所有制的"左"的路线。

改革以前，集体所有制企业管理体制存在的主要问题如下。①改变集体所有制。各级地方政府往往把那些生产比较稳定、经营效果比较好的集体企业，一级一级地收归自己管理。地方政府的主管部门运用行政手段直接干预所辖集体企业的经济活动，随意调拨和无偿动用集体所有制企业的生产资料及其产品。因此，生产资料所有权名义上属于集体，实际上支配权已掌握在各级地方政府的主管部门手里。②实行统负盈亏。集体所有制企业收归地方政府主管部门管理后，虽然仍独立核算，但已不再自负盈亏，而是由有关主管部门统收统支，统负盈亏，造成集体企业之间"吃大锅饭"、搞平均主义的现象。③管理"国营化"。生产和销售计划由主管的上级统一下达，劳动力由地方劳动部门统一安排，积累由主管的上级部门统一支配，工资和奖金福利由地方劳动部门统一规定，领导由上级任命。④盲目升级过渡。在"十年动乱"时期，由于极"左"思想盛行，大搞"穷过渡"，许多集体所有制企业升级为地方国营企业；在粉碎"四人帮"以后的两年里，这种"升级"之风

---

[1]《中国经济年鉴》（1983~1984），经济管理杂志社。

仍未完全刹住。不少地方还以"组织专业化协作""行业归口"等名义上收集体企业。

党的十一届三中全会以后,针对上述问题,对集体所有制企业的管理体制进行了改革,其主要做法如下。①还权于集体所有制企业。各地在改革中,逐步将属于集体所有制企业的权力交还给企业,按照"企业自己管,盈亏自己负,厂长自己选,工人自己招,工资自己定,生意自己做"的原则,由企业自主经营。集体所有制企业在国家政策法令和计划指导下,有独立进行经营活动的自主权,并受国家法律保护。任何部门和个人不得以任何形式平调、侵吞集体企业的财产,无偿调用劳动力。对于侵犯集体企业合法权益的行为,企业有权抵制,索赔经济损失。②改统一核算、统负盈亏为独立核算、自负盈亏。这有以下四种情况:其一,各级联社统一核算、统负盈亏的大集体企业,改为企业独立核算、自负盈亏;其二,有些规模较大、机械化水平较高的企业,划小核算单位,实行车间或班组层层核算,自负盈亏;其三,多品种综合性企业改为按产品单独核算,自负盈亏;其四,修理行业改统一经营、统一核算为统一管理、分散经营,由小组或个人承包,自负盈亏。③改固定工资为浮动工资,采取计件、分成以及计分制、大包干等多种工资形式。根据各尽所能、按劳分配、多劳多得的原则,使职工的劳动报酬同企业盈亏和个人劳动贡献直接挂钩,随企业经营效果和个人劳动成果的大小而浮动,工资金额不受工资级别的限制,以克服干与不干、干多与干少、干好与干坏一个样的平均主义倾向。经营得好的集体企业,职工待遇和集体福利可以高于同类型的国营企业。

针对"文化大革命"给集体企业内部管理制度造成严重破坏,造成企业经营管理混乱的情况,这一时期在这方面也采取了一系列改革措施。①民主选举干部,实行民主管理。有的企业恢复或建立职工大会或职工代表大会、理事会、监事会。职工大会或职工代表大会成为企业的权力机构。企业的发展规划、生产经营方向、人员增减、收益分配、职工奖惩等重大问题,都要经过职工大会或职工代表大会讨论决定。企业的民主选举,一般是有领导、有组织地进行。凡是符合进领导班子条件的，不论是干部还是工人，都可以当选。民主选举的干部，报主管部门审批。②调整企业结构，精简管理机构。根据集体所有制企业点多面广、小型分散的特点，按照有利于生产、便于经营的要求，许多地方对企业规模和企业内部生产组织进行调整，使企业的规模和核算形式与生产经营相适应。例如，把一些规模过大、产品混杂，不利于经营管理的企业适当划小；有的改集中生产为分散生产。在调整企业规模和生产结构的过程中，一般把厂部的管理机构进行了精简，充实了第一线的生产人员。③实行入股和按股分红。职工股金和企业盈利挂钩，企业盈利可以分红，企业亏损，职工也承担一定的损失。④恢复灵活经营的传统，改生产型企业为生产经营型企业。整顿前，大多数集体企业套用国营企业的模式，计划靠下达，材料靠分配，产品靠包销，关门搞生产，不问经营和销售，不抓产品开拓。在整顿中，许多企业按照集体企业自主经营的原则，从经营思想、管理方法、产品结构、销售方法等方面向经营型转变，按市场需要组织生产。有的恢复前店后厂，厂店挂钩，或采取同商业部门联销、代销、工业自销等多种经营方式。⑤抓好各项基础管理。在整顿中逐步恢复和建立起企业的原始记录、定额管理、质量管理、财务成本、市场预测、信息反馈和各项规章制度。

城镇集体经济改革，以及调整和整顿给集体企业增添了活力，使集体企业长期受"左"的思想的影响所造成的各种弊端逐步得到克服，调动了企业和职工的积极性，集体企业生产不断发展。1978~1984年，包括城镇集体工业在内的集体工业产值由947.8亿元增长到2263.1亿元；在全国工业总产值中的比重由22.4%上升到29.7%。①

这一时期城镇集体经济的发展，也存在一些问题。由于过去"左"的思想的影响还没有完全清除，许多集体企业还没有完全成为集体所有制企业，还没有完全搞活。在搞活集体所有制企业的过程中，宏观控制手段还不

---

① 《新中国60年》，中国统计出版社，2009，第640页。

健全，一些企业的经营管理人员的经营思想不正确，因而也出现了一些新的问题，主要是在如何处理国家、集体、个人三者的利益关系方面，还没解决好。

二 乡镇集体经济改革起步[①]

与城镇集体经济相同，粉碎"四人帮"以后，乡镇集体经济面临揭批"四人帮"、清除"左"的路线错误的任务，还面临贯彻执行调整、改革、整顿、提高方针的任务。为此，中共中央、国务院也发布了一系列政策决定。

政策明确规定了乡镇集体企业在农村和整个国民经济中的地位和作用。针对长期存在的"左"的路线错误，依据乡镇集体企业的重要性及其发展滞后的状况，党的十一届三中全会明确提出：社队企业要有一个大发展。[②] 乡镇集体企业在促进农业生产发展和农业现代化、农业和农村经济结构优化以及农民生活改善，在发展小城镇建设，服务城市工业，增加商品市场供应，扩大就业，增加财政税收和扩大出口等方面都有重要的作用。因此，社队企业不仅是农村经济的重要组成部分，而且是国民经济的重要组成部分。

在改革方面，相对于城镇集体企业来说，改革以后发展起来的农村集体

[①] 这里说明两点。第一，随着1983年农村政企分设，公社、大队要逐步转化为乡、村合作经济组织。改革以来，农村又出现了许多联产合办、跨区联办等形式的合作性质企业以及个体和私营企业。这些企业要逐步向小集镇集中。因此，原来使用的"社队企业"这个名称，已经不能反映上述新的情况。所以，中共中央、国务院在1984年3月1日转发的农牧渔业部和部党组《关于开创社队企业新局面的报告》中提出："将社队企业名称改为乡镇企业。"所以，本书在叙述农村集体企业发展时，1984年以前，用的是"社队企业"这个名称，此后用的是"乡镇企业"这个名称。第二，改革以前，社队企业单纯只是集体所有制性质的企业。改革以后，社队（乡镇）企业包括以下几种类型：社队（乡镇）企业，社员联营合作企业，其他形式的合作企业，个体和私营企业等。本书在叙述改革以来农村集体企业发展过程时只包括前三种类型。至于第四种类型的企业，则放在非公有制企业部分去叙述。

[②] 《中国经济年鉴》（1981），经济管理杂志社，第Ⅱ-96页。

企业，多数一开始就是自负盈亏的，大部分产品的生产和销售都是由市场调节的，因而后者改革任务不像前者那样突出。但是，多数社队企业是由作为政社合一的社队（或作为基层政权的乡村）举办的，这里也有实现政企分离的问题。至于社队企业内部的管理制度更会受传统体制的影响，如在人事、劳动和工资制度等方面也在一定程度上存在着"铁交椅""铁饭碗""铁工资"的现象。这一时期在这两方面都进行了一定的改革。比如，许多乡村对企业实行放权，通过集体承包、厂长（经理）承包等形式，把企业承包给集体或个人，并实行厂长（经理）负责制，给企业以充分的自主权。这些自主权包括经营决策权、干部任免权、技术人员招聘权、新职工择优录用权、奖惩权、与外单位协作权、新产品试制权、企业留用资金支配权等。同时，在企业内部改干部委任制为选举制或招聘制，改推荐职工制为择优录用制，改固定工制为合同工制，改固定工资制为计件工资制或浮动工资制。此外，在企业内部管理制度方面还进行了以下改革。①加强民主管理。建立企业领导干部由本企业人员选举的制度；建立职工代表大会制度，讨论和决定企业的生产、经营和分配中的重大问题。②建立生产责任制，切实把企业的经营成果、职工的劳动贡献与职工的物质利益结合起来。③整顿财务管理，推行经济核算，降低生产成本。

这些改革以及调整和整顿推动了社队（乡镇）企业的高速增长。1978~1985年，社队（乡镇）企业（主要是集体企业）增加值由208.32亿元增长到772.31亿元；在国内生产总值中的比重由5.7%上升到8.6%。[1] 社队（乡镇）企业增速远远超过了全国经济增速，开始展现了乡镇企业异军突起的面貌。但总体来说，这一时期乡镇企业还处于改革以来的初步发展阶段。在乡镇企业急速发展的形势下，企业管理水平低、职工素质差、技术设备落后以及环境污染等问题也逐步显现，亟待解决。

---

[1] 《新中国60年》，中国统计出版社，2009；《乡镇企业年鉴》（有关年份），农业出版社。

第四节　恢复个体经济

在我国社会主义改造时期，我国生产资料私有制社会主义改造面过宽，致使改造基本完成以后的 1957 年，剩下的个体劳动者很少。其中，城镇个体工业劳动者只有 64 万人，比 1953 年的 375 万人减少了 311 万人。1958 年开始的"大跃进"大刮"共产风"，以至作为社会主义初级阶段国民经济必要组成部分的个体经济受到进一步摧残，到 1960 年，城镇个体工业劳动者又减少到 35 万人。经过 1961~1965 年的经济调整，1965 年城镇个体经济劳动者也只达到 39 万人。1966~1976 年"文化大革命"中，个体工业几乎被扫荡无遗，1976 年城镇个体工业劳动者只剩下 4 万人。1977~1978 年由于继续推行"左"的政策，这两年城镇个体工业劳动者又下降到 3 万人。[1] 至于农村个体工业在"大跃进"和"文化大革命"期间受到的摧残，比城市个体工业还要严重，以至在统计资料中找不到这方面的数据。

在 1978 年年底召开的党的十一届三中全会以后，个体经济才逐步得到了恢复和发展。为此，党和政府做出了一系列的政策规定，重要的有：1981 年 7 月 7 日国务院发布了《关于城镇非农业个体经济若干政策性规定》；1984 年 2 月 27 日国务院发布了《关于农村个体工商业的若干规定》；1984 年 4 月 13 日发布了《关于城镇非农业个体经济若干政策性规定的补充规定》。[2] 这里还要着重提到 1982 年 12 月 4 日五届全国人大五次会议通过的《中华人民共和国宪法》的有关规定："城乡劳动者个体经济，是社会主义公有制经济的补充。"在此期间，个体经济的恢复和发展，就是在这些政策和法律的规范、指导下进行的。

经验证明，在坚持公有经济占主体地位的前提下，恢复和发展城乡个体经济，对于发展生产，活跃市场，扩大就业，满足人民生活需要都有重要意义。因此，政府有关部门在资金、货源、场地、价格、税收和市场管理等方

---

[1]《中国劳动工资统计资料》（1949—1985），中国统计出版社，1986，第 78 页。
[2]《中国经济年鉴》（1982~1984），经济管理杂志社。

面要给予个体经营户以支持。而且,国营企业和集体企业要依据需要和可能将一部分适合分散经营的手工业等租给或包给个体经营者经营。

个体经营户,一般是一人经营或家庭经营;必要时可以请1~2个帮手;技术性较强或者特殊技艺的,可以带2~3个,最多不超过5个学徒;请帮手、带学徒,都要订立合同,规定双方的权利和义务、期限和报酬。

为了发挥个体经营户经营灵活、方便群众的特点,允许他们采取多种多样的方式,如来料加工、自产自销、经销代销、建设摊点、走街串巷、流动售货等。个体经营户可以向保险机构投保,以解决老年、医疗等保险问题。个体经营者同全民所有制、集体所有制单位的劳动者一样,享有同等的政治权利和社会地位。国家要保护个体经营户的正当经营、合法收益和资产,但个体经营户也必须遵守国家的政策法令。

上述保护个体经济的一系列政策的贯彻执行,纠正了从1950年代下半期以来就存在的并且愈演愈烈的束缚、摧残以至于消灭个体经济的"左"的政策,促进了个体经济的迅速恢复。1981~1984年,个体工商户由183万户增长到933万户,增加4.1倍;从业人员由227万人增长到1304万人,增加4.7倍;注册资金由5亿元增长到100亿元,增加19倍。[①]

在城乡个体经济迅速恢复的形势下,一方面,由于对他们的管理工作一时难以跟上,特别是由于个体经济本身的局限性以及个体经营户中的一些人素质较差,因此违法经营问题(如坑害消费者和偷税漏税等)比较突出。另一方面,由于阻碍个体经济发展的"左"的思想还有待继续清除,发展城乡个体经济的各种条件(如原材料供应和融资等)也有待继续创造,城乡个体经济的发展也还有不少困难。

还要提到,按照经济规律,随着个体经济的发展,已经产生了资本主义性质的私营经济。不过在当时条件下,这些私营经济为了取得合法地位,都是在个体经济甚至在集体经济的名义下进行经营的。但直到1984年,党中央

---

① 《中国市场统计年鉴》(有关年份),中国统计杂志社。

对私营经济采取了"看一看"的方针,既不禁止也不宣传,观察其发展趋势。当时采取这个方针,实际是谨慎允许其存在和发展的方针。由于私营经济毕竟没有取得合法地位,数量也不多,而且不以私营名义出现,因此统计资料中找不到私营经济的资料。这也是本节没有专门叙述私营经济发展的原因。

第五节 现代市场体系开始发展

建立市场体系和宏观经济管理体制是我国市场取向改革的两项重要内容。但出于限制篇幅的考虑,我们叙述这两项内容时,不能像叙述企业改革那样,叙述它的决策过程、实施过程和实施结果,而主要是叙述它的实施结果;而且这两项内容涉及的方面很多,只能叙述其中的一些重要方面。我们在以后的有关内容中叙述这两个问题时,也采取这个办法。

以公有制为主体的多种所有制经济的初步发展,为市场体系的发展创造了微观基础,宏观经济管理体制改革的起步为市场体系的发展提供了前提条件,对外开放的初步发展成为促进市场体系发展的重要因素,社会主义现代化生产建设的发展为市场体系发展奠定了物质基础。1979~1984年,包括产品(服务)市场和要素市场在内的市场体系也开始发展起来。

在产品市场方面,消费品已由原来部分商品交易和部分产品分配并存基本上变成商品交易,投资品开始由原来国家调拨部分地转到市场交易,再加上在生产发展基础上的商品交易量的迅速增长,产品市场就获得了急剧增长。1984年社会消费品零售总额就由1978年的1558.6亿元增加到3376.4亿元,社会生产资料销售总额由1980年的2826亿元增长到1984年的4500亿元。[①]因此,计划经济体制下固有的市场供应紧张局面,开始有所改变。

改革以后,我国劳动力市场是从零起步的。随着农村经济改革,国有

[①] 《新中国五十年统计资料汇编》,中国统计出版社,1999;《中国生产资料市场统计年鉴》(有关年份),中国统计出版社。

企业改革和非公有制经济的发展，劳动力市场也开始发展起来。据粗略估算，到1984年仅仅受雇于私营企业（其中许多是戴着个体经济和集体经济的红帽子）和"三资"企业的劳动力就不下400万人，占当年职工总数的3%以上。

在此期间，金融市场开始发展。在银行信贷市场方面，全国金融机构人民币的存款余额和贷款余额分别由1978年的1155亿元增长到1984年的3735.3亿元，由1890.4亿元增长到4746.8亿元。作为货币市场一种形式的票据市场，1981年就由中国人民银行上海市分行试行办理票据承兑贴现业务，其后又在河北、重庆等地继续试办。1984年，随着中央银行对信贷资金管理体制的改革，同业拆借市场就产生了。作为资本市场一种形式的国债市场，起始于1981年政府为了弥补财政赤字而发行48.66亿元的国库券。1983年，深圳保安县联合投资公司首次在深圳向社会发行股票。1984年，上海飞乐音响公司首次在上海向社会公开发行股票。在此期间，作为金融业一个重要方面的保险业，在中断20年以后开始恢复。1980~1985年，保费收入合计85亿元，赔付33亿元。此外，从1980年起，中国银行就在全国十几个大城市开办了外汇调剂业务。

在此期间，房地产市场也开始起步。1980年，作为经济特区的深圳市为了对外开放的需要，在全国率先实行了城市土地有偿使用制度和公房公开买卖。1984年沿海城市在开发区建设中也进行了这方面的实践。1981年全国仅有房地产开发公司12家，到1986年就迅猛增长到2200多家。而且，从1979年开始，政府进行了城镇职工住房商品化的探索。到1982年，国家从补助的住房投资中拨出专款建房出售给城镇居民的住房面积，全国23个省、区、市达到36.59万平方米。这种出售是由国家提供优惠条件，企业拿出部分资金，职工个人支付一定比例费用，便拥有住宅使用权。显然，这种住宅出售还带有原有福利分房的浓厚色彩，远不是严格意义上的住房商品化，却是这方面的有益探索。

伴随改革开放，旅游市场也开始起步。1978~1984年，国际旅游收入由

2.63 亿美元增长到 11.31 亿美元。①

可见，此期间内产品市场和多种要素市场构成的现代市场体系开始有了发展。

第六节　宏观经济管理体制改革起步

宏观经济管理体制改革涉及计划、投资、价格、财政税收、金融、商业、外贸、劳动、工资、社会保障以及行政管理和国家机构等方面的改革。其中外贸体制改革留待第七节中来叙述。

这期间开始改革以指令性计划为特征的计划投资体制，主要是下放计划管理权限，缩小指令性计划范围。在建设方面，过去国家对利用预算内资金、自筹资金以及利用外资进行的建设，都实行指令性计划。这期间改为只对预算内拨款改贷款的基本建设投资、纳入国家信贷计划内的基本建设贷款以及利用国际金融组织和外国政府贷款安排的基本建设，实行指令性计划；对地方、部门、企业自筹资金和用自借自还的外资安排的基本建设，实行指导性计划。还放宽了基本建设、技术改造和利用外资项目的审批权限。生产性建设项目，由国家计委审批的资金限额，由原来的 1000 万元以上，提高到 3000 万元以上；限额以下的项目，由地方、部门自行审批。利用外资建设的项目审批限额，根据各省、自治区、直辖市和沿海开放城市不同情况分别放宽到 500 万~3000 万美元。在生产方面，由国家指令计划管理的工业产品，改革前为 120 多种，1984 年减少到 60 多种；其产值占工业总产值的比重也由 80% 左右下降到 40% 左右。对大量的工业品生产实行指导性计划，对许多日用小商品完全实行市场调节。在流通方面，由国家收购调拨的重要商品，由改革前的 65 种减少到 1984 年的 20 种；

---

① 《新中国 60 年》，中国统计出版社，2009，第 343 页、665 页、668 页。

由国家统一安排供应出口的商品由 70 多种减少到 36 种；国家统一分配的物资由 256 种减少到 65 种。①

价格改革，采取调（调整不合理比价）放（放开指令价格）结合、以调为主的方针。①陆续提高了农副产品以及煤炭、矿石、冶金、建材和铁路、水运的价格，降低了一部分电子、机械等产品的价格，使得农产品同工业品以及能源、交通、原材料同加工工业产品之间比价不合理的状况有了一些改善。②按照减少国家定价、扩大企业定价的方向，缩小了国家指令价的比重，扩大了国家指导价和市场调节价的比重。1978~1984 年，国家定价的农产品价格比重由 92.7% 下降到 40%，国家定价的社会零售商品价格比重由 97% 下降到 50%，国家定价的生产资料价格比重由 100% 下降到 60%。与此相对应的数据就是政府指导价和市场调节价的比重。这是从此期间价格体制改革总体来说的。具体来说，此期间价格体制改革在以下两个方面取得重要突破。①对几百种日用小商品和大部分修理服务行业的价格，国家不再统一规定价格，由企业自行定价。②对煤炭等重要生产资料，开始实行价格"双轨制"，即在坚持计划以内产品执行国家定价的前提下，允许企业将超计划生产的产品，以高于或低于国家规定的价格自行销售。

为了改变统收统支局面，开始在财税体制方面进行改革。在政府与企业的财务关系方面，改革的内容主要包括如下。①从 1978 年开始，政府把折旧基金的企业留用比例由 40% 提高到 50%。② 1979 年以后，原来由财政拨款的企业定额流动资金也改由银行贷款。1983 年以后，企业需从留用的生产发展基金中提取 10%~30% 的补充流动资金。地方、部门和企业用自筹资金新建、扩建的企业投产，必须筹足 30% 的流动资金。③从 1980 年起，企业的技术改造资金，也开始由财政拨款改为银行贷款。④ 1979 年开始进行基本建设投资改财政拨款为银行贷款的试点。从 1981 年起，凡是实行独立核算、有还款能力的企业，其基本建设投资都实行由财政拨款改银行贷款。②这些改革

---

① 《中国经济年鉴》(1985)，经济管理出版社，第Ⅱ-3 页、6 页。
② 《中国经济改革十年》，经济管理出版社，1988，第 500 页、506 页。

在打破国家和企业之间的"大锅饭"体制方面取得了一定进展。

在中央政府与地方政府的财务关系方面,1980年实行了旨在打破原来"大锅饭"体制的"分灶吃饭"制度。其基本内容是:依据国有的企事业单位的行政隶属关系,划分中央政府和地方政府的收支范围,依此范围确定各个地方政府的包干基数;中央政府与地方政府的分成比例以及中央政府向地方政府的补助额,都是一定五年不变,地方政府可以自行安排预算,多收可以多支,少收也可以少支,自求收支平衡。

在税收改革方面,除了前述的在利改税方面所做的探索以外,还进行了以下重要改革。一是完善原来的税制。例如,1984年将原来单一的工商税分解为产品税、增值税、营业税和盐税四种,而后又缩小产品税的范围,并扩大增值税的范围。二是建立新的税种。如奖金税以及外商投资企业所得税和个人所得税。这些都是为了适应改革开放的需要,并发挥税收的调节作用。

金融方面的改革主要包括如下。① 1981~1983年,国务院先后提出并正式确立中国人民银行的中央银行地位,令其集中力量,承担全国的金融宏观管理。其原来兼办的信贷、储蓄业务,由恢复和新建的工商银行、农业银行、中国银行和建设银行等商业银行承担。1982年,国务院还决定将国家外汇管理局划给中国人民银行直接领导,改变了外汇管理局同中国银行两块牌子一套机构的状况。② 1979年以前,中国人民银行主要运用行政指令计划控制现金流通量。在信贷管理方面实行指标控制法,即信贷资金集中管理,统收统支,分行吸收存款全部上交总行,分行全部贷款按总行下达的指标发放。1983年以后,中央银行开始运用贷款利率和存款准备金等经济手段调节货币供应量。在信贷管理方面,由原来的存贷款总额指标管理改为存贷差额指标管理,即在完成总行计划的前提下,分行可以多存多贷,从而有一定的贷款自主权。③开始发展金融市场,前已述及,在此不再赘述。

开始改革商业体制,主要包括如下方面。①改革商品购销体制。一是改革农副产品购销体制。改革前,国家依据农副产品在经济中的作用分为一、二、三类,分别实行统购、派购和议购制度。1979~1984年,减少统购、派购品种。一、二类农副产品由 46 种减少到 12 种。二是改革日用工业品购销体制。这期间商业部管理的计划商品由 135 种减少到 26 种，并放开全部小商品价格，逐步将日用工业品三类商品由国家商业部门包销一种形式，改为统购统销、计划收购、订购、选购、代批代销和工商联营联销六种形式。三是改革日用工业品批发体制。打破原来在商业部和城市之间存在的一、二、三级批发层次，改为在城市设立自主经营的国有商业批发公司，并建立贸易中心。②调整商业所有制结构。一是将适合集体、个体经营的国有小型商业、饮食业和服务业，转为集体或个体所有。二是鼓励集体和个体所有制商业的发展。三是恢复和发展农村集市贸易。③改革国有商业企业管理体制。一是在 1979~1981 年试行经营责任制。二是在 1982~1983 年试行经营承包责任制。三是在 1984 年对小型商业试行改（改为国家所有、集体经营、自负盈亏）、转（转为集体所有）、租（租给个人经营）、卖（卖给集体或个人）。①

开始改革原来统包统配的劳动制度，主要有三方面。①在国家规划指导下，实行劳动部门介绍就业、自愿组织就业和自谋职业。②建立劳动服务公司，使其成为组织、管理、培训、输送和调节劳动力的社会劳动组织。到 1984 年年底，全国各级各类劳动服务公司已达 2.7 万个。③改革用工制度。开始在新招收的工人中实行劳动合同制。1982 年，国营经济单位使用的劳动合同制职工为 16 万人，1983 年为 57.6 万人，1984 年增加到 174 万人，占全部职工的比重为 2%。② 还在有些地方试行下放招收劳动合同制职工的权力。企业在职职工总数增长不超过生产增长的一定比例范围内，可依生产需要，自行招收劳动合同制职工，或在不超过工资总额的前提下，按有关政策，自行增减职工。

工资制度的改革，主要是政府对企业下放一定的工资管理权限。开始是实行企业可依经济效益提取奖励基金，企业自主使用奖励基金（包括用于增加

---

① 参见张卓元等主编《20 年经济改革：回顾与展望》，中国计划出版社，1998，第 134~137 页。
② 《中国经济年鉴》（1987），经济管理出版社，第 V-41 页；《中国统计年鉴》（1997），中国统计出版社，第 113 页。

奖金和浮动工资）的制度。在这个基础上，又有许多企业试行工资总额与经济效益挂钩浮动的制度。其具体形式有工资总额与最终产品产量（产值）挂钩浮动、工资总额增减幅度与上缴利润（利税）增减幅度挂钩浮动、工资总额增减幅度与实现利润（净产值或销售额）增减幅度挂钩浮动等。同时，企业可以在内部试行新的工资形式，如浮动工资制、结构工资制和职务岗位工资制等。

开始进行社会保障制度改革的组织准备、法律准备和试点。1978年五届全国人大一次会议决定重新设立民政部，统一管理全国的社会保险、社会救济、社会福利等项社会保障工作。1982年五届全国人大五次会议通过的《中华人民共和国宪法》，专门就社会保障问题做了比过去较为全面的规定。从1984年开始，就国有企业职工退休费用试行社会统筹问题首先在江苏、广东等省的一些县市进行了试点，即由专门机构统一筹集、统一管理、统一调剂使用退休费用。统筹费用原则上用于退休人员的长期性开支，一般依一定工资总额的比例提取。

为适应经济改革和经济发展的需要，在1982年进行了一次规模较大的政府机构改革。这次改革在精简政府机构，解决由"十年动乱"造成的干部严重老化，废除事实上存在的领导职务终身制，实现干部队伍革命化、年轻化、知识化和专业化方面，起了重要作用。经过1982年的政府机构改革，国务院机构由原来的100个减少到61个，1982年以后，地方政府机构改革也取得了重要进展。当然，这项改革也是初步的，很不彻底。

可见，这期间适应社会主义市场经济要求的各项改革均已开始迈出步伐。

第七节　对外开放初步发展

计划经济体制下存在一定范围的商品经济，也存在一定范围内的对外经济贸易关系。发展对外经济关系是市场经济发展的必然要求，对外开放是市场取向改革的必然延伸和重要内容。从这一方面来说，这两种体制下的对外经济关系是有重大原则差别的。而且，就我国的实际情况来看，由于国际形势和"左"的政策的影响，即使在计划经济体制能够允许的范围内，对外经济关系也远没有得到应有的发展。

1978年年底召开的党的十一届三中全会，才做出了对外开放的重大决策。1981年11月五届全国人大四次会议进一步明确提出："实行对外开放政策，加强国际经济技术交流，是我们坚定不移的方针。"后来，对外开放政策又被写入1982年12月召开的五届全国人大五次会议通过的《中华人民共和国宪法》。[①] 至此，对外开放作为我国的基本国策就最终确定了。

直接利用外资是实现对外开放政策的一项最重要内容。这对于引进资金、设备、技术和管理，实现结构优化和技术升级，增加就业、进出口贸易和财政收入，以及促进市场取向的经济改革，都有很重要的意义。

国家为了推动作为直接利用外资重要形式的"三资"企业[②]的发展，采取了一系列政策措施。

（1）除了清除在直接利用外资问题上"左"的路线的影响，以及加强基础设施建设以外，还开展涉外立法工作，以便为外商投资创造必要的舆论氛围、物质条件和法律保障。1979~1984年，在这方面先后颁布的重要立法有《中华人民共和国中外合资经营企业法》（1979年）、《中华人民共和国外国企业所得税法》（1981年）和《关于中外合作经营企业进出口货物的监督和征免税的规定》（1984年）等。这些立法明确规定了中外双方的权利、责任和义务，规范了中外双方的行为，增强了外商投资的信心，激发了他们投资的积极性。

（2）为了充分利用沿海地区的有利条件，促进包括直接利用外资在内的对外开放工作，建立了经济特区和开放城市。1979年7月，党中央、国务院决定在广东和福建两省实行对外经济活动的特殊政策和灵活措施，并决定在深圳、珠海、汕头和厦门试办经济特区。按照当时有关规定，经济特区是社

---

① 《中国经济年鉴》（1981~1983），经济管理杂志社。
② "三资"企业是中外合资经营企业、中外合作经营企业和外商独资经营企业的简称。这三种经营企业是外商直接投资的主要形式。

会主义中国在统一政策指导下对外实行特殊政策的地区。在特区以吸引外商投资为主，以发展外向型经济为主，以市场调节为主，对前来投资的外商给予特殊优惠政策，特区本身也拥有较大的自主权。1984年4月，党中央、国务院在总结对外开放实践经验的基础上，决定进一步开放天津、上海、大连、秦皇岛、烟台、青岛、连云港、南通、宁波、温州、福州、广州、湛江和北海14个沿海城市和海南行政区。开放这些城市和地区的基本内容有两方面：①扩大这些地方对外开展经济活动的权力；②给外商投资以优惠政策的待遇。还决定在沿海开放城市兴办经济技术开发区，开发区以引进高科技的工业项目、知识密集型项目和科研项目为主，同时发展合作生产、合作研究和合作设计，成为开发新技术和新产品的基地。

（3）为了加强直接利用外资的工作，并发挥地方和部门在这方面的积极性，国务院建立了专门的管理机构，并下放了管理权限。1979年8月，国务院建立了外国投资管理委员会，作为全国利用外资工作的归口管理机构。1982年3月，该委员会的职能由新成立的对外经济贸易部行使。该部所属的外国投资管理司，负责管理外商直接投资的具体业务。1983年以来，国务院还多次下放外商投资项目的审批权限。按有关规定：限额以上的项目，或供产销等需要全国综合平衡的项目，由国家计委、经贸部会同有关部门审批项目建议书、可行性研究报告、合同和章程；限额以下的项目分别由各省、自治区、直辖市人民政府，计划单列市、经济特区、沿海开放城市人民政府或国务院有关部门审批。地方和部门的审批权限是：生产性项目，天津、北京、上海、辽宁、河北、山东、江苏、浙江、福建、广东、广西、海南等沿海省区市以及深圳、珠海、厦门、汕头经济特区投资总额在3000万美元以内，其他省区市以及国务院各部委投资总额在1000万美元以内；非生产性项目，除需要全国综合平衡的项目和国家限制发展的项目以外，不受投资总额的限制，由地方政府和国务院各部委自行审批。[①]

[①]《中国对外经济贸易政策指南》，经济管理出版社，1993，第926~927页、932页。

这些政策措施促进了利用外资的发展。1979~1984年，实际利用外资为171.43亿美元，其中外商直接投资为30.6亿美元。在外商直接投资中，合资企业为4.27亿美元，合作企业为12.24亿美元，独资企业为0.98亿美元。[①]

但是，1979~1984年毕竟是新中国成立以后利用外商直接投资的起步阶段。与此相联系，基础设施很不完备，涉外经济立法很不健全，涉外经济管理人员也很缺乏，这方面过去长期存在的"左"的政策的影响还有待于继续清除。因此，直接利用外资的速度虽然很快（1984年实际利用外资金额相当于1979~1983年5年的70%），但规模不大（1979~1984年6年平均每年实际利用外资金额只有5.1亿美元），只是直接利用外资及其主要形式——"三资"企业的起步阶段。与此相联系，同发展"三资"企业相关的重复引进、国有资产流失和环境污染等方面的问题还暴露得不充分，以至没有引起人们的足够注意。

在利用外资的同时，还采取了一系列措施开拓对外贸易。其中，最重要的措施是开始改革作为计划经济体制重要组成部分的对外贸易体制，其主要内容如下。①国家下放进出口贸易权，允许部分工业部门和企业经营进出口贸易，打破了原来由外贸部领导的几家外贸专业公司垄断经营的局面。②针对原来存在的工贸分家的缺陷，推行工贸结合的试点。③把原来指令计划范围缩小到两方面：一是进口和出口总额，二是关系国计民生的少部分大宗商品。其他方面实行指导性计划和市场调节。④在统一对外贸易的前提下，实行经贸部和各省、区、市两级外贸行政管理制度，逐步改变中央政府高度集中管理的局面。⑤开始实行外汇留成制度，将出口创汇按一定比例（一般为25%）留给地方使用；地方将其中一部分留给出口企业使用。⑥外贸的宏观管理开始由仅依靠行政指令手段转向运用经济手段（如对进出口商品实行差别税率）和法律手段（如全面修改关税法）。[②]

这些措施促进了对外贸易的高速增长：进出口总额由1978年的355亿元增

[①] 《新中国五十年统计资料汇编》，中国统计出版社，1999，第63页。
[②] 参见张卓元等主编《20年经济改革：回顾与展望》，中国计划出版社，1998，第133~138页、160~162页。

长到 1984 年的 1201 亿元,其中出口总额由 167.6 亿元增长到 580.5 亿元,进口总额由 187.4 亿元增长到 620.5 亿元,三者分别增长了 2.38 倍、2.46 倍和 2.31 倍。

在对外开放政策的推动下,对外承包工程和劳务合作也有了迅速的发展:对外承包工程完成营业额由 1980 年的 1.70 亿美元增长到 1984 年的 6.23 亿美元,对外劳务合作营业额由 0.47 亿美元增长到 1.29 亿美元,二者分别增长了 2.66 倍和 1.74 倍。[①]

以上情况表明,这期间对外开放已有初步发展。

结 语

这期间虽然处于改革起步阶段,但成就显著。一是以社会主义公有制为主体、多种所有制共同发展的格局开始显露。在工业总产值中,1978 年,国有工业和集体工业产值各占 77.6% 和 22.4%,个体工业和"三资"工业等其他经济类型工业的产值比重为零;到 1984 年,国有工业比重下降到 69.1%,集体工业比重上升到 29.7%,其他经济类型工业比重上升到 1.2%。在社会消费品零售总额中,1978 年,国有单位占 54.6%,集体单位占 43.3%,其他经济类型占 2.1%;到 1984 年,国有单位下降到 45.5%,集体单位下降到 39.6%,其他经济类型上升到 14.9%。其中,乡镇企业已经开始显露出异军突起的风貌。乡镇企业增加值占国内生产总值的比重由 1978 年的 5.7% 上升到 1985 年的 8.6%。二是改革首先在农村实现突破,建立以家庭承包经营为基础的,并与集体经营相结合的双层经营制度,国有经济实行了以扩大企业自主权为特征的经济改革。三是市场体系和宏观经济管理体制改革,特别是对外开放都获得了初步发展。

---

① 《新中国五十年统计资料汇编》,中国统计出版社,1999,第 59~60 页。

第三章　市场取向改革的全面展开阶段
（1985~1992年）

导　语：1984年10月召开的党的十二届三中全会做出了《关于经济体制改革的决定》。《决定》全面地阐述了经济体制改革的方向、原则和步骤，为全面改革制定了蓝图。1987年10月召开的党的十三大报告第一次系统地论述了建设有中国特色的社会主义理论和基本路线，并提出社会主义有计划商品经济的体制，应该是计划与市场内在统一的体制。新的经济运行机制，总体上来说应当是"国家调节市场，市场引导企业"的机制。这里虽然没有明确提出社会主义市场经济的概念，但包含了这一概念的核心内容。党的十三大报告提出：当前深化改革的任务主要是围绕转换企业经营机制这个中心环节，分阶段地进行计划、投资、物资、财政、金融、外贸等方面体制的配套改革，逐步建立有计划商品经济新体制的基本框架。至于这期间（1985~1992年）经济发展的战略目标，党的十三大报告仍然强调党的十二大提出的在20世纪末实现经济总量翻两番、人民生活达到小康水平的目标。[1]在上述文件指导下，我国这期间经济体制改革进入了全面展开阶段。

---

[1]《中国共产党第十三次全国代表大会文件汇编》，人民出版社，1987，第15页、27页。

第一节　国有经济实行以企业承包经营责任制为特征的改革

一　国有企业主要实行承包经营责任制

1. 对大中型企业实行承包制

经过 1979~1984 年的改革（包括扩大企业自主权、实行经济责任制和利改税），总体来说，国有企业活力有了一定程度的增强。但由于这些改革本身的局限性，国有企业特别是国有大中型企业还没有真正活起来。据统计，1984 年全国独立核算的大中型工业企业 5837 个，占工业企业总数不到 2%，占固定资产总值的 66%，占工业总产值的 47%，占上缴利税的 66%。其中，搞得比较活的只占 15% 左右，处在变活过程之中的占 65% 左右，基本没有活起来的占 20% 左右。[①]

国有企业没有真正活起来的原因，涉及许多方面，但其主要原因是：①国家规定下放给企业的一系列自主权，被一些部门和地区截留，没有落实到企业；②对企业的扩权，没有实现权、责、利的结合。因此，要深化旨在增强企业（特别是大中型企业）活力的改革，除了要把国家规定的下放给企业的自主权坚决落实到企业以外，还要把改革的重点放到转变企业的经营机制上，即依据所有权和经营权分离的原则，实行多种形式的承包经营责任制，使企业真正成为自主经营、自负盈亏的经济实体。因此，在 1986 年进行承包经营责任制试点的基础上，1987 年 5 月国务院决定在全国普遍推广承包经营责任制。当时，促成这一点的还有一个重要因素，即 1987 年第四季度，预算内工业企业成本比上年同期上升 5%，亏损面增加 40%，财政收入下降 2.3%，[②]这似乎是经济滑坡的预兆。为了防止这一点，推广承包经营责任制，就成为势在必行的事了。

[①] 《改革开放十四年纪事》，中共中央党校出版社，1993，第 504 页。
[②] 杨启先主编《国营企业改革的基本出路》，中国大百科全书出版社，1993，第 2 页。

经过推广，到 1987 年年底，在 11402 户国有大中型工业企业中，实行承包经营责任制的达 8843 户，占企业总数的 77.6%。其中，实行两保一挂的（即保上缴利税和技术改造，上缴利税与工资总额挂钩）为 1364 户，占承包企业总数的 15.4%；实行上缴利润递增包干的为 2029 户，占 22.9%；实行上缴基数包干、超收分档分成的为 3337 户，占 37.7%；实行企业资产经营责任制的（即对企业增长利润只收 3.5% 的所得税，并将税前还贷改为税后还贷）为 580 户，占 6.6%；实行亏损包干的为 683 户，占 7.7%。承包期在 3 年以上的，占承包企业总数的 64%。

推行承包经营责任制，增强了企业活力，使承包企业的经济效益一般均好于未实行承包的企业。同 1986 年相比较，1987 年实行承包的国有大中型工业企业完成产值 2452.1 亿元，增长 11%，比未实行承包的企业增幅高出 0.5 个百分点；销售收入 2797.2 亿元，增长 18.2%，比未实行承包的企业增幅高出 2.3 个百分点；实现利润 291.1 亿元，增长 14.8%，比未实行承包的企业增幅高出 10.2 个百分点；上缴国家财政收入增长了 4.7%，而未实行承包的企业还下降了 21.8%。[①] 因而，推行承包经营责任制，就大大缓解了由实行利改税带来的问题：一方面增强了企业的活力，另一方面保证了国家财政收入。

当然，1987 年推广的承包经营责任制也有许多不完善之处。诸如企业上缴国家的指标偏低，甚至负盈不负亏；企业之间也还存在苦乐不均，以至鞭打快牛；企业内部责任制也不健全；企业通过涨价获取利润；企业留利中用于发展生产的部分偏少，用于职工消费的部分偏多；等等。

为了完善和发展国有工业企业的承包经营责任制，1988 年 2 月国务院发布了《全民所有制工业企业承包经营责任制暂行条例》，对其存在的一系列基本问题做了明确规定。[②] ①承包经营责任制的概念和原则。承包经营责任制，是在坚持企业的社会主义全民所有制的基础上，按照所有权与经营权分离的原则，以承包经营合同形式，确定国家与企业的责、权、利关系，使企业做

[①] 《中国经济年鉴》（1988），经济管理出版社，第Ⅳ-10 页、37 页。
[②] 《中国经济年鉴》（1989），经济管理出版社，第Ⅷ-18 页、20 页。

到自主经营、自负盈亏的经营管理制度。实行承包经营责任制,应当按照责、权、利相结合的原则,切实落实企业的经营自主权,保护企业的合法权益;还要按照包死基数、确保上缴、超收多留、欠收自补的原则,确定国家与企业的分配关系。②承包经营责任制的内容和形式。主要内容是:上缴国家利润,完成技术改造任务,实行工资总额与经济效益挂钩。承包上缴国家利润的形式有:上缴利润递增包干;上缴利润基数包干,超收分成;微利企业上缴利润定额包干;亏损企业减亏(或补贴)包干;等等。上缴利润基数一般以上一年上缴的利润(实行第二步利改税的企业,是指缴纳的所得税、调节税部分)为准。③承包经营合同。规定了合同的原则、内容、期限(一般不得少于3年)、双方的权利和义务。④企业经营者。实行承包经营责任制,一般应当采取公开招标办法,通过竞争确定企业经营者。企业经营者的年收入,视完成承包经营合同状况,可高于本企业职工年平均收入的1~3倍,贡献突出的,还可适当高一些;完不成合同时,应扣减企业经营者的收入,直至只保留其基本工资的一半。⑤承包经营企业的管理。实行承包经营责任制企业,要试行资金分账制度,划分国家资金和企业资金,分别列账;要合理核定留利中的生产发展基金、福利基金和奖励基金的分配比例;要严格遵守国家的物价政策;要实行厂长负责制,建立、健全内部经济责任制和分配制度。如此,暂行条例就在企业承包经营责任制的范围内,较好地把企业的盈亏机制、风险机制以及企业经营者的竞争机制和奖惩机制引入了实行承包经营责任制的企业。这就有利于发挥承包经营责任制的优越性,克服其局限性,从而推动承包经营责任制的健康发展。

在上述暂行条例的规范和指导下,1988年以后承包经营责任制又得到进一步推广,并获得了较好的经济效益。依据对9937个国营大中型工业企业的调查,1988年已有9024个实行了各种形式的承包经营责任制,占被调查企业总数的90.8%。其工业产值比1987年增长12.5%,比全部大中型工业企业增幅高出0.5个百分点;实现利税比1987年增长20.8%,增幅也高出2个百分点。

到 1990 年，大多数实行承包经营责任制企业的第一轮承包年限已经到期。但"八五"计划规定，"八五"期间（1991~1995 年）还要"继续坚持和完善企业承包经营责任制"。据此，1990 年开展了第二轮承包合同的签订工作。到 1991 年年初，已有 95% 的企业签订了新一轮承包合同。[①]

在签订第二轮承包合同时，针对当时存在的问题，进一步完善了承包经营责任制。主要是：形成了包括企业的经济效益指标、发展后劲指标和管理指标在内的综合配套的承包指标体系；调整了承包基数和上缴比例；加强了企业的盈亏机制和企业经营者的竞争机制。

总体来说，从 1987 年开始普遍推广企业承包经营责任制以来，国有大中型企业的活力是有增强的。依据对 710 家国有大中型工业企业的调查和统计，1987 年活力强的企业有 113 家，占总数的 15.92%；活力中等的有 376 家，占 52.96%；活力弱的有 221 家，占 31.13%。但到 1991 年，活力强的增加到 157 家，比重上升到 22.11%；活力中等的减少到 358 家，比重下降到 50.42%；活力弱的减少到 195 家，比重下降到 27.47%。企业活力的增强，主要得益于实行承包经营责任制。在被调查的 710 家企业中，实行国家统负盈亏的企业有 18 家，其活力度由 1987 年的 61.3% 下降到 1991 年的 61.0%；而实行承包经营的有 600 家，其活力度由 62.7% 上升到 64.1%。[②] 这些数据表明，在改革的进程中，承包经营责任制是起过积极作用的。

但承包经营责任制仍然有重大缺陷。最明显的是，税利合一，混淆了税利的不同功能；税前还贷，也显得不妥，并弱化了对企业的约束功能。为了克服这些缺陷，在实行承包经营责任制的进程中，也进行了"税利分流、税后还贷、税后承包"的试点。到 1992 年，进行这种试点的企业达到 2500 多户。[③] 但这些试点并不能从根本上克服承包经营责任制的缺陷。问题在于，在实行承包经营责任制的条件下，承包基数和分成比例等指标确定，取决于政

[①]《中国经济年鉴》（1989、1991、1992），经济管理出版社。
[②]《中国企业活力定量评价》，中国国际广播出版社，1995，第 233 页、237 页。
[③]《中国经济年鉴》（1993），经济管理出版社，第 99~100 页。

府发包部门与承包企业之间的一对一的谈判,既缺乏科学、统一和平等的标准,又不能适应千变万化的市场,因此,很难避免工资侵蚀利润倾向,企业苦乐不均和鞭打快牛倾向,自发涨价倾向以及奖励、福利基金侵蚀发展基金的倾向。当然,从根本上来说,承包经营责任制的局限性还在于,它不能真正做到政企分开,并使企业成为自主经营、自负盈亏的市场主体,不可能使企业经营机制发生根本性转变,因而不能从根本上解决企业的活力问题。据1990年代初对31个省、自治区、直辖市和计划单列市的统计分析,在国有大中型工业企业中,有活力的仅占20%,有潜力搞活的占50%,无活力的占30%。①造成这种活力不强的状况,有多方面的原因,但也证明依靠承包经营责任制不能从根本上解决企业活力问题。

2.对小型企业实行租赁制

租赁经营责任制与承包经营责任制都实现了所有权与经营权的某种分离。但前者分离的程度更大,因而实行租赁经营责任制企业的自主权更大,在它适用的国有小型企业范围内增强企业活力的作用也更大。所以,在1987年普遍推行承包经营责任制以前,就在一些小企业中进行了租赁经营责任制的试点。在这以后,对国有小型工业企业,除了对其中的一部分实行承包经营责任制和有偿转让给集体与个人以外,重点是推行租赁经营责任制,并取得了进展。到1987年年底,在88000个国有小型工业企业中,实行租赁经营、承包经营和转让的达到40000个,占总数的46%。②

为了规范和促进租赁经营责任制的发展,在总结以往经验的基础上,1988年6月国务院发布了《全民所有制小型工业企业租赁经营暂行条例》。③该条例对实行租赁经营责任制的一系列重要问题做了明确规定。①该条例所称租赁经营,是指在不改变社会主义全民所有制的条件下,实行所有权与经营权的分离,国家授权单位为出租方将企业有期限地交给承租方经营,承租

---

① 《中国大中型企业改革与发展之路》上册,中共中央党校出版社,1993,第527页。
② 《中国经济体制改革十年》,经济管理出版社,1988,第797页。
③ 《中国经济年鉴》(1989),经济管理出版社,第Ⅷ-20页、22页。

方向出租方交付租金并依照合同约定对企业实行自主经营的方式。②实行承租经营必须兼顾国家、企业、职工和承租方的利益。承租方可以采取一人承租、合伙承租、全员承租、一个企业承租另一个企业等形式。③承租期限每届为 3~5 年。④承租经营者是企业租赁期间的法定代表人，行使厂长职权，对企业全面负责，并需提供财产或资金担保。⑤出租方在评估资产的基础上，依据行业和本企业的资金和利润率确定标底，并实行租赁招标。还需订立租赁经营合同，规定出租方和承租方的权利、义务。⑥租赁经营企业实现的利润依法纳税后，分为承租方的收入（含租金）、企业生产发展基金、职工集体福利基金、职工奖励基金四部分，按规定的比例进行分配。还可在规定的工资总额（包括奖金）范围内，自主确定企业内部的分配。该条例的贯彻执行，促进了国有小型工业企业租赁经营的进一步发展。

3. 实行股份制企业试点

对国有企业推行承包制和租赁制，在某种程度上实现所有权与经营权的分离，也要冲破计划经济体制下形成的传统观念。但国有企业实行股份制，遇到的传统观念阻力要大得多。比如，按照传统观念，股份制是资本主义私有制企业的组织形式。因此，在普遍推行承包制和租赁制的时候，还只能在少数有条件的国有大中型企业进行股份制试点。当然，之所以这样做，主要还是因为，推行股份制比推行承包制和租赁制需要更严格的条件。诸如股份公司和股票市场的组织、运作，以及政府对股份公司和股票市场的管理都需要规范化。否则，就不能发挥股份制的优越性，抑制其负面影响，不能使股份制得到健康发展。但推行股份制，毕竟是实行所有权与经营权分离，使企业成为自主经营、自负盈亏的市场主体的更好的企业组织形式，是实现国有资产保值和增值、筹集资金以及调整经济结构的更有效途径。而所有这些，又都是我国经济改革和经济发展亟待解决的重大问题。因此，股份制企业的试点及其发展，又会呈现出一种不可阻挡的趋势。

1979 年经济体制改革以来，伴随着乡镇企业的发展，出现了一些股份合作制。后来，随着横向经济联合的发展，又有了企业之间的资金合作，开始出现了股份制企业。1984年以后，在党的十二届三中全会关于要实现所有权与经营权适当分开，使企业成为相对独立的经济实体的精神指导下，股份制的试点才正式展开。比如，1984年11月，上海电声总厂发起成立的上海飞乐音响公司，就是这期间成立的第一家比较规范的、向社会公开发行股票的股份有限公司，共筹集资金40多万元。

1987年10月，党的十三大报告明确提出："发行债券、股票，都是伴随社会化大生产和商品经济的发展必然出现的，并不是资本主义所特有的。社会主义可以而且应当利用它们为自己服务，并在实践中限制其消极作用。""改革中出现的股份制形式，包括国家控股和部门、地区、企业参股以及个人入股，是社会主义企业财产的一种组织形式，可以继续试行。"[①]在这个精神指导下，从1987年至1989年上半年，股份制试点又进一步展开，各地股份制试点企业迅速增多。

在股份制试点初期，在股份制企业的组织和运作方面不按股份制原则办事，行为不规范的情况相当普遍。针对这些问题，国家体改委先后采取了一些措施进行引导，并有一定程度的改进。

在1989年夏季以后，传统的计划经济观念又出现某种回潮。这时虽然对已经进行试点的股份制企业进行了完善，但总体来说，处于改革前沿的股份制试点实际上出现了停滞状态。

1990年12月党的十三届七中全会提出："继续进行股份制试点，并抓紧制定有关法规。""在有条件的大城市稳妥地进行证券交易所试点，并逐步形成规范化的交易制度。"于是，继1990年11月批准建立上海证券交易所之后，1991年4月又批准建立了深圳证券交易所。此后，股份制试点企业又获得了较快的发展。据对34个省、自治区、直辖市和计划单列市的不完全统计，到1991年年底，全国共有各种类型的股份制试点企业3220家（不包括乡镇企业中的股份合作制和中外合资、国内联营企业）。其中，法人持股的试点企

---

① 《中国共产党第十三次全国代表大会文件汇编》，人民出版社，1987，第25~31页。

业380家，占总数的12%；内部职工持股的2751家，占85%；向社会公开发行股票的89家，占3%。在这3220家股份制试点企业中，按所有制分，原来为集体所有制企业的占63%，原来为国有企业的占22%；按行业分，工业企业1781家，占55%，商业企业942家，占30%，另有金融企业171家，建筑企业58家，交通运输企业28家，其他行业240家，合计占15%。可见，在股份制试点企业中，主要是公有制企业和工商企业。在地区的分布方面，股份制试点企业主要集中在东部地区。其中，内部职工持股的股份制试点企业主要集中在辽宁、山东、黑龙江等省。据统计，这三省内部职工持股的股份制试点企业约占全国同类企业的80%；向社会公开发行股票的股份制试点企业则主要集中在上海、深圳、浙江、四川等地，共65家，约占全国同类企业的73%。内部职工持股的股份制试点企业，虽然占试点企业总数的绝大多数，但规模都不大。其中，职工持股金额约3亿元，占企业股金总额的比重平均不到20%。而89家向社会公开发行股票的股份制试点企业的规模则较大，共有股金总额58.1亿元。其中，国家股27.4亿元，占总数的47%；企业法人股16.8亿元，占29%；个人股8.3亿元，占14%；外资股5.6亿元，占10%。在89家向社会公开发行股票的试点企业中，上海、深圳有34家在这两市的证券交易所上市，浙江一家企业在上海证券交易所上市。据统计，1992年，全国股份制试点企业又发展到3700家，在上海、深圳证券交易所公开上市的有92家。[①]

　　股份制试点企业的经验表明：实行这种企业组织形式，有利于根本转变企业经营机制，使企业成为自主经营、自负盈亏、自我发展、自我约束的市场主体，有利于增强企业活力，有利于国有资产的保值和增值，有利于筹集资金，有利于促进经济结构的调整。比如，前述的710家企业中，1987~1991年，实行国家统负盈亏的18家企业，其活力度由61.3%下降到61.0%，下降了0.3个百分点；实行承包制的600家企业，其活力度由62.7%上升到64.1%，上升了1.4个百分点；而实行股份制的6家企业，其活力度由64.6%

[①]《股份制企业组建和试点政策汇编》，企业管理出版社，1992，第25~27页；《中国经济年鉴》（1993），经济管理出版社，第53页。

上升到70.4%，上升了5.8个百分点，原来的活力度最强，上升的速度也最快。①又如，1988~1990年，深圳5家股份公司利润平均每年增长97%，净资产增长1.3倍，增幅远远超出了非股份制企业。再如，上述向社会公开发行股票的89家股份制试点企业，共筹集资金58.1亿元，其中有8.3亿元是由消费基金转化而来的。这就不仅迅速地满足了这些企业发展急需的生产资金，而且大大增强了企业活力，有效地实现了这些企业公有资产的增值。

但在此期间，股份制试点方面仍然存在许多亟待解决的重大问题。①有些试点企业不进行资产评估，或评估过低。在企业内部职工持股的股份制试点企业中，多是以企业账面净产值折股，既未计算土地使用费、厂房和设备的重置价值，也未考虑企业的无形资产；有的甚至根本不进行资产评估。这就引起了公有资产的流失。②有些试点企业不按股份制原则办事。有的试点企业违背股权平等、同股同利原则，对国家股、法人股和个人股实行不同的分红率，一般是个人股高于国家股、法人股。有的试点企业混淆股权与债权、股票收益与利息收入的原则区别，对股票既保息又分红，而且实行股息进成本。有的企业不开股东会，董事会由上级主管部门任命，董事会也不健全，甚至形同虚设。③有关部门对股份制试点企业的管理仍然采取原来的老办法，使得股份制试点企业无法正常运转。④在股票的发行和交易方面，供求关系严重失衡，引起股价波动幅度过大，出现过度投机。

解决这些问题的关键，在于使股份制企业和股票市场的组织、运作，以及政府对它们的监管实行规范化和法制化。为此，国家体改委会同政府有关部门于1993年5月发布了《股份制企业试点办法》。②该办法依据国际经验并结合我国实际情况就股份制企业试点的一系列基本问题初步做了规定。

（1）股份制企业试点的目的。①转换企业经营机制，促进政企职责分开，实现企业的自主经营、自负盈亏、自我发展和自我约束。②开辟新的融资渠

---

① 《中国企业活力定量评价》，中国国际广播出版社，1995，第237页。
② 《股份制企业组建和试点政策汇编》，企业管理出版社，1992，第28页、30页、37~44页。

道，提高资金使用效益。③促进生产要素的合理流动，实现社会资源优化配置。④提高国有资产的运营效率，实现国有资产的保值、增值。

（2）股份制企业试点的原则。主要是：坚持以公有制为主体；贯彻国家产业政策；坚持股权平等；不准把公有资产以股份形式分给个人；坚持加强领导、大胆试验、稳步推进、严格规范的原则。

（3）股份制企业的组织形式。主要有股份有限公司和责任有限公司两种组织形式。

（4）股份制企业的股权设置。依据投资主体的不同，股权设置有国家股、法人股、个人股和外资股四种形式。

（5）股份制企业试点的范围。涉及国家安全、国防尖端技术和必须由国家专卖的企业等，不进行股份制试点；国家产业政策重点发展的能源、交通、通信等垄断性较强的行业，可以进行公有资产控股的试点；符合国家产业政策且竞争性较强的行业，尤其是资金密集型和规模经济要求高的行业，鼓励进行股份制试点。

该办法还对股份制试点企业的审批程序以及政府对股份制企业的管理，做了严格规定。

为了实施该办法，政府有关部门还于1992年5月颁发了《股份有限公司规范意见》和《有限责任公司规范意见》，以及与之相配套的股份制试点企业的宏观管理，会计制度、劳动工资管理，税收、审计、财务管理，物资供销管理，土地资产管理的暂行规定。

这一整套指导股份制试点企业的政策法规，初步为试点企业提供了行为规范，有利于之后股份制试点企业的健康发展。

4. 组建企业集团的试点

实行承包制、租赁制和股份制，可以在不同程度上实现所有权和经营权的分离，并增强企业活力。组建企业集团在这方面也有重要作用。企业集团是国有经济乃至整个国民经济的骨干，是实现结构优化和技术升级的决定性力量，是参与国际市场竞争的主力。

1979年以来，随着经济体制改革的开展，企业自主权的扩大，市场调节和竞争作用的发挥，中心城市综合改革的起步，各地相继组建了一些横向经济联合体。这些经济联合体，既包括地区之间的联合，也包括企业之间的联合。这些经济联合体一出现，就在打破由传统计划经济体制造成的地区封锁和部门分割，改善企业组织"大而全""小而全"和规模不经济，避免重复生产和重复建设，发展专业化协作和规模经济，促进当时正在进行的经济调整等方面，显示出重要作用。

为了促进这种经济联合的健康发展，国务院于1980年7月和10月先后发布了《关于推动经济联合的暂行规定》和《关于开展和保护社会主义竞争的暂行规定》。这两个暂行规定肯定了经济联合和竞争在促进经济的发展与改革方面的积极作用，并就进一步发展经济联合和竞争做了初步规定。[1]在这两个暂行规定的推动下，企业联合体进一步发展起来。在这个基础上，就产生了一些企业集团，这可以看作是企业集团的起步阶段。

1984年10月党的十二届三中全会《关于经济体制改革的决定》提出："要在自愿互利的基础上广泛发展全民、集体、个体经济相互之间灵活多样的合作经营和经济联合。"[2]以此决定为标志，我国经济联合以及与之相联系的企业集团开始进入发展阶段，推动其发展的重要因素有以下三个。①企业承包制特别是股份制的发展，为企业集团的发展提供了良好的微观基础。②企业兼并的发展是企业集团发展强有力的催化剂。随着市场调节作用的发挥和竞争的展开，企业之间的兼并也就开始发展起来。1986年颁布的《中华人民共和国企业破产法》（试行），进一步推动了企业的兼并。以至兼并范围愈来愈大，由最初少数几个城市本地区、本行业内的企业兼并，向全国许多城市跨地区、跨行业的兼并发展；兼并数量愈来愈多。仅依据24个省、自治区、直辖市的不完全统计，1986~1988年就有2739家企业兼并了3265家企业。[3]③企业之

---

[1] 《中国经济年鉴》(1981)，经济管理出版社，第Ⅱ-128页、129页。
[2] 《中共中央关于经济体制改革的决定》，人民出版社，1984，第33页。
[3] 《中国经济年鉴》(1987、1989)，经济管理出版社。

间和地区之间的横向经济联合更大规模的发展,为企业集团的发展提供了更坚实的基础。比如,1981年全国各地主要协作项目有8555个,1984年发展到17000个,1985年超过40000个,当年落实的经济联合项目总金额达到60亿元,比1984年增加了20亿元。

1986年3月国务院依据对发展横向经济联合的经验的总结,并针对其存在的问题,做出了《关于进一步推动横向经济联合若干问题的规定》,就发展横向经济联合(特别是企业之间的横向联合)一系列重要问题做了规定。[1] 这个规定指出,企业之间的联合,是横向经济联合的基本形式,是发展的重点。企业之间的横向经济联合,要在自愿的基础上,坚持"扬长避短、形式多样、互惠互利、共同发展"的原则,不受地区、部门、行业和所有制的限制。要通过企业之间的横向经济联合,发展一批企业集团。企业之间的经济联合,提倡以大中型企业为骨干、以优质品牌产品为龙头进行组织。联合可以是紧密型的、半紧密型的或松散型的。发展横向经济联合,要有利于提高经济效益,有利于促进企业组织结构、产业结构和地区布局合理化,有利于形成商品市场、资金市场和技术市场,有利于打破条块分割,实现政企职责分开,以及所有权与经营权分开。要维护企业横向经济联合的自主权,允许企业自愿参加,自愿退出。政府要积极推动和引导企业横向经济联合,特别是跨地区、跨部门、跨行业之间的经济联合,但要防止继续采取行政办法拼凑所谓经济联合组织。企业之间的横向经济联合组织是企业性的,不能变成行政性的公司。政府在改进计划管理,促进物资和资金的横向流通,加强生产与科技结合以及保障经济联合组织的合法权益等方面,给予支持。这个规定进一步推动了企业横向经济联合的发展。

在上述各个因素的推动下,企业集团有了较大的发展。据对28省区市的统计,到1988年年底,全国各类企业集团已经达到了1326个。其中,大型集团有100多个。[2]

---

[1] 《中国经济体制改革十年》,经济管理出版社,1988,第294~295页。
[2] 《中国经济年鉴》(1987、1989),经济管理出版社。

总体来说，企业集团的发展，对我国经济的发展和改革起了积极作用，但真正符合规范要求的不多。于是，1987年12月，国家体改委和国家经委依据国务院的有关规定，联合提出《关于组建和发展企业集团的几点意见》，以期规范企业集团的发展。①

企业集团规范化，要经过很长的时间。1991年8月，国家计委、国家体改委、国务院生产办公室根据国务院关于选择一批大型企业集团进行试点的精神，就实现这项任务向国务院提出了请示意见。② 意见提出如下几点。①企业集团进行试点的目的是：促进企业组织结构的调整；推动生产要素合理流动；形成群体优势和综合功能；提高国际竞争能力；提高宏观调控的有效性。②试点企业集团必须具备的条件是：有一个实力强大、具有投资中心功能的集团核心和多层次的组织结构；企业集团的核心企业与其他成员企业之间，要通过资产和生产经营的环节组成一个有机的整体，但各自都具有法人资格。③选择试点企业集团要遵循的原则是：符合国家经济发展战略和产业政策，在生产建设和出口创汇中占有重要地位；提倡采取公有制企业间相互参股的形式，协调中央和地方、核心企业与成员企业之间的利益关系；提倡发展跨地区、跨部门的竞争性企业集团，不搞行业垄断与地区封锁；坚持政企职责分开，企业集团的核心企业不能承担政府的行政管理职能，也不能把行政性公司翻牌为企业集团；既要积极引导，又要谨慎稳妥，切忌一哄而起。这个意见还就企业集团的内部管理以及政府对企业集团的管理提出了要求。

1991年12月14日，国务院在批转国家计委、国家体改委、国务院生产办公室《关于选择一批大型企业集团进行试点请示的通知》中提出：决定选择一批大型企业集团进行试点。这个决定的贯彻执行，推动了企业集团试点的规范化。

---

① 《中国经济年鉴》(1988)，经济管理出版社，第Ⅸ-17页。
② 《中国大中型企业改革与发展之路》下册，中共中央党校出版社，1993，第247~249页。

二 国有资产管理改革的起步

1985~1992年,在有计划的商品经济理论指导下,国有资产管理体制改革正式起步。如前所述,有计划的商品经济具有从计划经济向社会主义市场经济过渡的特点。与此相联系,国有企业作为相对独立的商品生产者和经营者,也具有从作为政府行政机关附属物向作为市场主体过渡的特点。因此,一方面,国有资产所有权与经营权有了更大程度的分离;另一方面,国有资产管理机构也适应这种分离的需要而初步建立起来。

随着企业经营权的扩大,企业的活力进一步增强了。但国有资产管理体制改革滞后于国有企业改革的现象更趋于严重,以至国有资产监管工作没有跟上。于是,国有企业工资侵蚀国有利润现象更趋于严重,国有资产流失现象泛滥。正是这种实践呼唤加强国有资产的监管,建立国有资产管理机构。

适应这一要求,1988年1月,国务院正式决定,建立国家国有资产管理局,把国有资产的产权管理职能从政府的行政管理职能和一般经济管理职能中分离出来,由该局统一归口管理。8月31日,国家机构编制委员会审议并确定了国家国有资产管理局的"三定"方案。这是一个很重要的法规性文件,它不仅涉及国家国有资产管理局这个机构如何建立的问题,而且也初步提出了构建中国新的国有资产管理体制的一些基本原则,使这项艰难的起步工作有了比较明确的方向和法制依据。根据方案的规定:国家国有资产管理局作为国有资产的代表者,是国务院专门管理国有资产的职能机构,而且将按照"统一领导、分级管理"的原则(方案的提法是"统一政策、分级管理",以后的文件改成了这个提法),逐步建立起从中央到地方的国有资产管理体系。它的任务是,对中华人民共和国境内和境外的全部国有资产(包括固定资产、流动资产和其他国有资产)行使管理职能,重点是管理国家投入各类企业(包括中外合资、合作企业)的国有资产。为了维护全民所有制财产,保护所有者的利益，国家赋予它行使国有资产所有者的代表权、国有资产监督管理权、国家投资和收益权以及资产处置权等。

国家国有资产管理局主要职责是：第一，会同有关部门制定国有资产管理的政策、法规及规章制度并组织实施；第二，负责国有资产的清产核资、产权界定、进行产权登记、处理产权纠纷、建立健全国有资产管理信息系统等基础性管理工作；第三，会同有关部门按照分级监管的体制决定或批准企业国有资产的经营形式和国有企业的设立、合并、分立、终止、拍卖、审批产权变动和财务处理的重大问题，组织清算和监缴被撤销、解散企业的国有资产；第四，对国家投资的分配和国有资产重大投资项目提出意见和建议，并对投资效益进行重点跟踪监测；第五，参与研究国有企业税后利润和国家股权收益的分配方案，并监缴国有资产产权收益；第六，会同有关部门制定考核国有资产保值增值的指标体系，监督、考核和评价企业国有资产的资产负债、经营损益等财务状况；第七，会同有关部门研究制定资源性国有资产管理和行政事业单位国有资产的制度和方法，参与处理重大产权纠纷；第八，制定国有资产评估的法规和管理制度并监督、检查执行情况。

国有资产管理局建立以后，主要进行了以下工作。第一，调查研究，摸清家底。各级国有资产管理机构组建后，认真贯彻了国务院《关于加强国有资产管理工作的通知》精神，对中央和地方在境内外国有资产存量、分布、管理、效益等情况进行了调查，对国有资产在承包、租赁、中外合资、股份制、集团经营、企业兼并等改革中出现的问题进行了调查。通过调查研究，摸清了家底，为有针对性地制定国有资产管理工作的方针政策打下了基础。第二，进行了清产核资的准备工作。1991年3月，国务院成立了清产核资领导小组。清产核资工作从1992年开始试点，清产核资的范围是全民所有制企业、事业单位、党政机关、社会团体、军队和武警，以及由其投资或举办的国内其他企事业单位。重点是清查核实各企业中的国有资产。第三，开展了产权变动中的国有资产评估工作。1990年年底，据辽宁、上海等 8 个省市的不完全统计,已对 34.47 亿元的国有资产进行了评估,评估后资产平均升值率为 67.7%。第四,参与了清理整顿公司工作,防止在公司"撤、并、转"过程中国有资产流失。第五,清理整顿境外国有资产产权。针对许多境外国有资产长期以个人名义在当地注册带来的弊端,国有资产管理局会同财政部,对以个人名义在境外注册的企业办理了明确产权归属的法律手续。第六,参与了完善承包制的工作。据北京、山西、湖北等 6 个省市的统计,国有资产管理部门参与发包的企业已占承包企业总数的 61%。第七,初步建立了国有资产年度报告制度。根据报告汇总结果,1991 年年末全国国有资产总额为 26846 亿元。其中经营性国有资产为 19536 亿元,占 72.8%;非经营性国有资产为 7310 亿元,占 27.2%。[①] 第八,进行了国有资产管理体制改革的试点工作。上述情况表明,国有资产管理局的建立,是中国国有资产管理体制改革正式起步的主要标志,并推动了国有资产产权的管理工作。

但是,正像有计划的商品经济和作为相对独立的商品生产者和经营者的企业具有过渡性的特征一样,1988 年建立的国有资产管理局也是如此,其突出表现是:既建立了负责国有资产管理的机构——国有资产管理局,又保留了原有的政府职能部门承担的国有资产管理职能。这就意味着前述的计划经济体制下国有资产管理的四个特征并没有根本性的转变,而这一点正是国有资产管理局不能真正发挥其应有作用的根本原因。因为在其他政府管理部门职能还没有根本转变的情况下,国有资产所有者职能的专业化,必然要受到原来的既有权力和利益格局的掣肘。国有资产管理这种混乱局面不仅使得新成立的国有资产管理局难以发挥其作用,而且在客观上还加剧了国有资产严重流失的局面。不仅如此,这种状况也使得政企分开不能从根本上得到实现,国有企业不能成为市场主体。因此,深化国有管理体制改革,就成为一个紧迫的任务。

---

① 彭成洪主编《国有资产管理》,中国财政经济出版社,2002,第 58~59 页。

三 国有企业内部制度的改革

1985~1992年，国有企业内部制度的改革主要包括两方面。

1. 普遍推行厂长负责制

1984年10月党的十二届三中全会强调要实行厂长负责制。据此，先在北京、天津、上海、沈阳、大连、常州6个城市进行了厂长负责制试点。依据这些试点经验的总结，并且为了规范厂长负责制，以及厂长与企业党组织和职代会之间的关系，1986年9月，中共中央、国务院颁发了《全民所有制工业企业厂长工作条例》《中国共产党全民所有制工业企业基层组织工作条例》《全民所有制工业企业职工代表大会条例》。[1] 在这些条例的规范和推动下，厂长负责制在企业中迅速推开。为了使厂长负责制取得更有力的法律保障，依据推行厂长负责制经验的进一步总结，1988年4月七届全国人大一次会议通过的《中华人民共和国全民所有制工业企业法》，又对厂长负责制做了专门的规定。[2] 如果仅就国有企业内部制度的改革来说，实行厂长负责制，是这部全民所有制工业企业法的灵魂。

这些条例和法律对厂长负责制以及企业基层党委和职工代表大会的职权做了明确规定。

（1）关于厂长负责制。①厂长的产生和任期。其产生方式，一是政府主管部门委任或者招聘；二是企业职工代表大会选举。政府主管部门委任或者招聘的厂长人选，须征求职工代表的意见；企业职工代表大会选举的厂长，须报政府主管部门批准。厂长实行任期制，每届任期3~5年，可以连任。②厂长的地位和职权。厂长是企业法定代表人。企业建立以厂长为首的生产经营管理系统。厂长在企业中处于中心地位，对企业的物质文明和精神文明建设负有全面责任。厂长依法领导企业的生产经营管理工作，行使下列职权：决定或

---

[1]《中国大中型企业改革与发展之路》下册，中共中央党校出版社，1993，第192~197页。
[2]《中国经济年鉴》（1989），经济管理出版社，第Ⅷ-15页。

者报请审查批准企业计划；决定企业行政机构设置；提请政府主管部门任免或者聘任、解聘副厂级行政领导干部；任免或者聘任、解聘企业中层行政领导干部；提出工资调整、奖金分配和福利基金使用的方案，以及重要的规章制度，提请职工代表大会审查同意或审议决定；提请政府主管部门奖惩副厂级行政领导干部。③企业设立管理委员会。该委员会协助厂长决定企业的重大问题。其成员由企业各方面负责人和职工代表组成。厂长任主任。④厂长的奖惩。厂长在领导企业完成计划、提高产品质量和服务质量、提高经济效益和加强精神文明建设等方面成绩显著的，由政府主管部门给予奖励。厂长在工作中发生过错，也由政府主管部门依据情节轻重给予处分。

（2）关于党的企业基层组织。①企业中党的基层委员会的主要任务：保证和监督党和国家各项方针、政策的贯彻实施；搞好企业党的思想建设、组织建设，改进工作作风；支持厂长实现任期目标和生产经营的统一指挥，做好职工思想政治工作；加强对群众组织的思想政治领导，做好群众工作。②保证和监督的主要内容：企业生产经营的社会主义方向；企业职工能够充分享有民主权利；企业正确处理好国家、企业和职工三者利益关系；企业遵纪守法，维护国家利益和企业的合法权益；企业和厂长正确执行党的方针、政策。③保证和监督的主要方法：组织党员、干部学习党和国家的方针、政策、法律、法规，发挥党员的先锋模范作用；定期听取厂长的工作报告，提出意见和建议；加强纪律检查工作；健全党的组织生活制度，开展批评与自我批评；通过各种形式监督干部。

（3）关于职工和职工代表大会。①职工有参加企业民主管理的权利；有享受劳动保护、劳动保险、休息、休假的权利；有对领导干部提出批评和控告的权利。②职工代表大会是企业实行民主管理的基本形式，是职工行使民主管理权利的机构。职工代表大会行使下列职权：听取和审议厂长关于企业的经营方针、长远规划、年度计划、基本建设方案、重大技术改造方案、职工培训计划、留用资金分配方案、承包和租赁经营责任制方案的报告；审查同意或者否决企业的工资调整方案、奖金分配方案、劳动保护措施、奖惩办法以及其他重要的规章制度；审议决定职工福利基金使用方案、职工住宅分配方案和其他有关职工生活福利的重大事项；评议、监督企业各级行政领导干部，提出奖惩和任免的建议；根据政府主管部门的决定选举厂长，报政府主管部门批准。

在这些条例和法律的推动下，厂长负责制在国有工业企业中，以燎原之势迅速铺开。到 1987 年 12 月底，国有工业企业实行厂长负责制的已达 4.4 万个，占同类企业总数的 77%。1988 年年底，全国有 95% 的国有工业企业实行了厂长负责制。根据 29 个省、自治区、直辖市和国务院 34 个部委对 2.76 万个已经实行厂长负责制的工业企业的统计分析，厂长能够较好地行使指挥权、决策权、用人权，党政工三者关系协调，企业工作有很大起色的占 40%；工作有起色，效果一般的占 50%；问题较多，领导班子内部不团结的占 10%。[①] 可见，厂长负责制对我国经济发展起到了积极的推动作用。

显然，上述各项条例和法律仍然是以政企不分为前提的。因此，按照这些规定实行的厂长负责制，同现代企业制度所要求的法人治理结构还有重大差别。但这些条例和法律，相对于 1983 年国务院颁发的《国营工业企业暂行条例》规定的党委领导下的厂长负责制来说，仍不失为我国工业企业领导制度的重大变革。

2. 改革企业内部的人事、劳动和工资制度

在计划经济体制下，在人事、劳动和工资制度方面，事实上逐步形成了干部任职终身制、职工就业终身制和分配方面的平均主义，这三个方面的形象说法是"铁交椅""铁饭碗""大锅饭"。市场取向的改革，在人事、劳动和工资方面，就是要根本改变"铁交椅""铁饭碗""大锅饭"。

（1）人事制度的改革。这期间人事制度的改革，主要就是前面说过的由党委领导下的厂长负责制改为厂长负责制。除此以外，还进行了以下两项重要改革。①实行公开招标选聘承包经营者。1987 年普遍推行承包经营责任制

[①] 《中国经济体制改革十年》，经济管理出版社，1988，第 236 页；《中国经济年鉴》（1989），经济管理出版社，第Ⅲ-4 页。

以后，就开始试行通过公开招标的方式，择优选聘承包经营者。到1987年，全国实行承包制的国有工业企业中，通过公开招标选聘承包经营者的约占30%。有些地方还开始建立承包经营者市场。经验证明：通过公开招标选聘承包经营者，不仅有利于优化承包经营方案，而且有利于克服"铁交椅"的弊端，有利于经营者市场的形成，有利于企业家的成长。②干部聘任制。这期间开始推行这项制度的范围，不仅仅限于企业主管部门对厂长的聘任，还扩及厂长对副厂长、中层干部和技术人员的聘任。实行这种制度，要求有明确的聘任期内的目标责任制。聘任期满以后，依据完成目标责任状况，决定是否续聘和奖惩。随着承包经营责任制和厂长负责制的实行，干部聘任制也在许多企业逐步开展起来，并且对"铁交椅"形成了强大冲击。

（2）劳动制度的改革。1980年以后，我国就开始了劳动制度的改革。到80年代中期，这项改革已经取得了很大进展。依据这项改革经验的总结，1986年7月，国务院发布了关于劳动制度改革的4个规定，即《国营企业实行劳动合同制暂行规定》《国营企业招收工人暂行规定》《国营企业辞退违纪职工暂行规定》《国营企业职工待业保险暂行规定》。[①]1988年4月七届全国人大一次会议通过的《中华人民共和国全民所有制工业企业法》，以及1992年7月国务院发布的《全民所有制工业企业转换经营机制条例》，[②]对劳动制度改革问题做了进一步规定。①企业享有劳动招工权。企业按照面向社会、公开招收、全面考核、择优录用的原则，自主决定招工。②企业有权决定用工形式。企业可以实行合同化管理或者全员劳动合同制。企业可以与职工签订有固定期限、无固定期限或者以完成特定生产工作任务为期限的劳动合同。企业和职工按照劳动合同规定，享有权利和承担义务。③企业有权在做好定员、定额的基础上，通过公开考评，择优上岗，实行合理劳动组合。对富余人员，企业可以采取发展第三产业、厂内转岗培训、提前退出岗位休养以及

[①]《中国大中型企业改革与发展之路》下册，中共中央党校出版社，1993，第64页、188~192页。
[②]《中国经济年鉴》(1989、1993)，经济管理出版社。

其他方式安置；政府有关部门可以通过厂际交流、职业介绍机构调剂等方式，帮助其转换工作单位。富余人员也可以自谋职业。④企业有权依照法律、法规和企业规章，解除劳动合同，辞退、开除职工。对被解除劳动合同、辞退和开除的职工，待业①保险机构依法提供待业保险金，劳动部门应当提供再就业机会。⑤待业保险基金的筹集和使用。职工待业保险基金的来源是：企业按照其全部职工标准工资总额的1%缴纳的待业保险基金；职工待业保险基金存入银行后，由银行按国家规定支付的利息；地方财政补贴。职工待业保险基金的开支是：宣告破产的企业职工和濒临破产的企业法定整顿期间被精简的职工，在待业期间的待业救济金、医疗费和救济费；上述两类企业的已经离休、退休职工或符合离休、退休条件的职工的离休、退休金；企业辞退职工和终止、解除合同的工人，在待业期间的待业救济金和医疗补助费；待业职工的转岗训练费和生产自救费等。

（3）工资制度的改革。1979年以后，我国就开始了工资制度的改革。在1985年以前，主要还是伴随扩大企业自主权，扩大了企业对奖金的分配权。此外，还有一些企业进行了两方面试点：一是工资总额与经济效益挂钩浮动；二是试行新的工资形式。在1985年以后，特别是随着以实行承包制为重点的经济体制改革的扩展，工资制度改革也向前发展了。

为了贯彻党的十二届三中全会《关于经济体制改革的决定》的精神，国务院于1985年1月发布了《关于国营企业工资改革问题的通知》，就国营企业工资改革的一系列问题做了明确规定。② 从1985年起，在国营大中型工业企业中，实行职工工资总额同经济效益挂钩的制度。①企业的工资总额依照政府规定的工资总额与经济效益挂钩的办法确定，企业在提取的工资总额内，有权自主使用、自主分配。②要从实际出发，选择能够反映企业经济效益的指标，作为挂钩指标。工业企业一般可以实行工资总额与上缴利税挂钩，产

---

① 在中国由计划经济体制向市场经济体制转轨时期，待业和失业这两个概念有一定程度的区别，但主要内容是相同的。所以，本书除引文以外，多用失业这个概念。
② 《中国大中型企业改革与发展之路》下册，中共中央党校出版社，1993，第171~172页。

品单一的企业可以同最终产品的销量挂钩。政策性亏损企业，可以按减亏幅度作为主要经济指标与工资总额挂钩。经营性亏损企业，在扭亏为盈以后，工资总额才可以随经济效益按比例浮动。③企业工资总额与经济效益挂钩浮动的比例，一般上缴利税总额增长1%，工资总额增长0.3%~0.7%，某些特殊行业和地区，可以超过0.7%，但最多不超过1%。上缴利税下降时，工资总额要相应下浮。为了保证职工的基本生活，下浮工资总额可做适当限制。④企业内部的工资改革，要贯彻按劳分配原则，体现奖勤罚懒、奖优罚劣，体现多劳多得、少劳少得，体现脑力劳动和体力劳动、简单劳动和复杂劳动、熟练劳动和非熟练劳动、繁重劳动和非繁重劳动之间的合理差别。至于具体工资分配形式，是实行计件工资还是计时工资，工资制度是实行等级制，还是实行岗位（职务）工资制、结构工资制，是否建立津贴、补贴制度，以及浮动工资、浮动升级等，均由企业根据实际情况，自行研究决定。但不论实行什么工资形式和工资制度，都必须同建立、健全以承包为主的多种形式的经济责任制结合起来，层层落实，明确每个岗位、每个职工的工作要求，使职工的劳动报酬与其劳动贡献挂起钩来。

至于国营小型工业企业，按照国家有关规定，继续实行全民所有、集体经营、照章纳税、自负盈亏的办法，在缴足国家税收、留足企业发展基金之后，由企业自主分配。

1988年，在40多万个国营企业中，已有80%的企业在不同程度上推进了企业内部分配制度的改革。这些工资改革对提高经济效益起了有益的作用。据有关部门1989年调查，实行工资总额与经济效益挂钩的企业的利税率，比没有实行挂钩的企业要高出5个多百分点，而工资增长率要低1~2个百分点。①

但是，上述企业内部的人事、劳动和工资制度改革，像承包经营责任制和厂长负责制一样，都是以政企不分为前提的，因而本身就存在很大局限性，

---

① 《中国经济年鉴》(1989)，经济管理出版社，第Ⅳ-48页。

而且在执行中也存在诸多问题，但其毕竟是市场取向改革中的一个过渡环节，是起了有益作用的。

这里也有必要简要提及此期间还加强了企业经营管理。1976年粉碎"四人帮"以后对企业进行的整顿，特别是1979年以后对企业进行的整顿，使企业面貌发生了很大变化。但是，由于计划经济体制还未根本改革，企业经营管理人员素质不高，以及以包（各种形式的承包经营责任制）代管（企业管理）倾向等多种因素的影响，企业经营管理落后的面貌并没有得到根本改变。为此，此期间在推行企业内部制度改革的同时，还加强了企业经营管理，使企业管理基础工作有所加强，并促进了企业的改革。[1]

第二节 继续推进集体经济的改革

一 继续推进城镇集体经济的改革

党的十一届三中全会以后，就开始纠正过去长期存在的根本否定集体所有制，用管理国营企业的办法管理集体企业的"左"的错误，并在把经营自主权归还于集体企业、改统负盈亏为自负盈亏等方面取得了重大进展。但由于各种因素的制约，这方面的正确政策并没得到有效的贯彻；而且，已经取得的改革成果并不巩固，甚至有反复。有的地方城镇集体企业的主管部门将已归还企业的自主权又收回来。这是其一。其二，20世纪50年代建立起来的集体所有制实现形式的本身，也需要适应生产力发展的要求，并依据以往经验的总结来进行改革。其三，伴随国营经济改革的深入发展，集体经济的改革也显得更迫切了。

为此，1984年10月，轻工业部、全国手工业合作总社依据党的十二届

---

[1] 详见《新中国工业经济史》第三版，经济管理出版社，2017，第357~359页。

三中全会《关于经济体制改革的决定》做出了《关于轻工业集体企业若干问题的暂行规定》。同年11月，国务院批转了这个规定。① 据此，此期间在城镇集体经济方面进行了以下改革。

（1）进一步维护集体所有制，把集体企业应该享有的权利全部归还给企业。为此，1986年6月，国务院就批转轻二部、全国手工业合作总社《关于纠正平调二轻集体企事业资产问题的报告》发出通知，要求保护集体经济的合法权益，禁止任何组织或个人用任何手段侵占或破坏集体财产。要求各地区各部门对本地区所发生的平调二轻集体企事业资产的问题，进行一次认真检查，并采取措施坚决加以纠正。②

（2）广泛推行以承包制为重点的多种形式的经营责任制。20世纪80年代初，各地城镇集体企业就开始实行多种形式的承包经营责任制。到1984年年底，实行这种责任制的城镇集体企业已经达到总数的70%；到1985年年底，又上升到85%。1987年国营企业普遍实行承包经营责任制以后，城镇集体企业的承包经营责任制又得到了进一步发展，并借鉴国有企业实行公开竞争招标和抵押承包的经验，将竞争机制和风险机制引入承包制，进一步完善了这种责任制。在城镇集体企业普遍实行承包经营责任制的同时，有些小型集体企业也开始试行租赁经营责任制。1988年6月，国务院发布的《全民所有制小型工业企业租赁经营暂行条例》明确提出："集体所有制工业企业实行租赁经营的，可参照本条例执行。"③ 在这个精神的指导下，租赁制在城镇集体企业中得到了进一步发展和完善。

（3）开始推行股份合作制和股份制。如果说，推行以承包制为重点的多种形式的经营责任制，还只是实行所有权和经营权分离的改革，那么，实行股份合作制，则是一种更根本性的产权制度改革。因为在这里既有劳动的联

---

① 《中国经济年鉴》(1985)，经济管理出版社，第Ⅹ-27页。
② 《改革开放十四年纪事》，中共中央党校出版社，1993，第593页。这里需要说明的是，我国轻工系统包括一轻系统和二轻系统，属于前者的是国营工业，属于后者的是集体工业。
③ 《中国经济年鉴》(1989)，经济管理出版社，第Ⅷ-22页。

合，又有资本的联合；收入分配也是根据劳动和资本这两种要素进行的。但这种制度在20世纪50年代中期我国手工业合作化过程中就已经产生了。后来，"左"的错误否定了这种适合我国社会生产力要求的、很有生命力的制度，代之以完全劳动联合、完全按劳分配的手工业生产合作社。然而，改革以后在有些城镇集体企业中试行的股份合作制，又不是完全重复过去的做法。比如，仅就资本入股来说，就不只是集体企业成员的个人资本，还有集体企业的资本（由集体企业自身积累而来），以及国家和联社的投资。相对股份合作制来说，股份制则更是一种根本性的产权制度改革。因为这里只有资本的联合，而且股份制是公司制的一种最发展的形态。当然，这两种制度各有适用的条件和范围，以及各自具有的优越性和局限性。在此期间，在城镇集体企业中也开始实行股份制。依据对34个省、自治区、直辖市和计划单列市的不完全统计，到1991年年底，全国共有各种类型的股份制企业达到3220家，其中原来为城镇集体企业的就占到总数的63%。[①]

（4）在发展横向联合的基础上，组建企业集团。像国有企业一样，随着竞争的开展，城镇集体企业之间及其与其他各种所有制企业之间的横向联合也发展起来。在这个基础上，许多企业集团也组建起来。在此期间组建起来的企业集团主要有以下四种形式：①由联合或兼并形成的专业化企业集团，如由32家企业联合建成的广东半球实业集团；②由多家企业参股形成的股份制企业集团，如由150多个入股成员组成的金狮集团股份有限公司；③由工贸结合形成的企业集团，如广州万宝电器集团公司；④以资产为纽带，集生产、经营和服务于一体的综合性企业集团，如浙江二轻企业集团。

（5）在对外开放方面也取得了重要进展。对外开放是经济改革的延伸和重要内容。改革以来，城镇集体企业（特别是东南沿海地区的城镇集体企业）在引进外国资金和技术、发展对外贸易以及举办"三来一补"、中外合资企业和中外合作企业等方面，发挥了愈来愈重要的作用。到20世纪80年代中

[①] 《股份制企业组建和试点政策汇编》，企业管理出版社，1992，第25~27页。

期以后，随着全国对外开放事业的发展，这种作用就更为明显。到 1988 年全国轻工系统累计利用外资总额已达 15.1 亿美元，占当年全国利用外资总额 102.26 亿美元的 14.8%。[1]

（6）推行厂长负责制。以上五个方面的改革，主要是涉及城镇集体企业的外部改革。厂长负责制是城镇集体企业的内部改革。1980 年代初，在城镇集体企业中就开始进行厂长负责制改革试点。1984 年党中央、国务院决定在国有企业逐步推行厂长负责制以后，厂长负责制也在城镇集体企业中推行开来。到 1986 年年底，辽宁省二轻系统已有 81% 的城镇集体企业实行了厂长负责制，其中部分企业还实行了厂长任期目标责任制。全国其他各省份在这方面的情况也大体类似。

（7）实行职工退休费统筹。改革以前，城镇集体企业职工的退休费，都由各个企业自己支付，但由于有些企业经营状况不佳和退休职工人数增加等而支付不了。为此，轻工业部依据国务院的精神在 1984 年和 1985 年两次发出关于轻工业集体企业实行退休费用统筹的规定，要求二轻系统集体企业退休费由企业自支逐步转向社会统筹。到 1990 年代初，大体实现了这个转变过程，从而初步解决了城镇集体企业职工老有所养的问题。

以上各项改革都是初步的、不规范的、不巩固的。为了巩固和规范已有的改革，把改革进一步推向前进，同时也为了规范和加强城镇集体企业内部的管理，依据改革经验的总结，1991 年 9 月国务院发布了《城镇集体所有制企业条例》。《城镇集体所有制企业条例》的主要内容如下。[2]

城镇集体企业的性质：城镇集体所有制企业是财产属于劳动群众集体所有，实行共同劳动，在分配方式上以按劳分配为主体的社会主义经济组织。

集体企业应当遵循的原则：自愿组合、自筹资金、独立核算、自负盈亏、自主经营、民主管理、集体积累、自主支配、按劳分配、入股分红。

集体企业、职工代表大会和厂长（经理）在国家法律、法规的规定范围

---

[1]《中国统计年鉴》（1993），中国统计出版社，第 647 页。
[2]《中国经济年鉴》（1992），经济管理出版社，第 708~712 页。

内享有权利（职权）。集体企业的权利是：对其全部财产享有占有、使用、收益和处分的权利，有权拒绝任何形式的平调；自主安排生产经营服务活动；享有法定的定价、外贸、信贷和投资方面的权利；确定经济责任制形式、工资形式和奖金、分红办法的权利；决定机构设置、人员编制、劳动组织形式、用工办法以及录用、辞退和奖惩职工的权利等。职工代表大会的职权是：制定、修改集体企业章程；选举、罢免、聘用、解聘厂长（经理）、副厂长（副经理）；审议厂长（经理）提交的议案，决定企业重大的经营管理问题；审议并决定企业职工工资形式、工资调整方案、奖金和分红方案、职工住宅分配方案以及职工奖惩办法等。厂长（经理）的职权是：领导企业日常生产经营和行政工作；主持编制并向职工代表大会提出企业的中长期发展规划、年度生产经营计划和固定资产投资方案，以及机构设置方案和劳动组织的调整方案；任免或者聘任、解聘企业中层行政领导干部；提出企业年度财务预算、决算方案和利润分配方案，以及经济责任制方案、工资调整方案、劳动保护措施方案和奖惩办法等。

集体企业和厂长（经理）也要按照国家法律、法规的规定承担相应的义务（职责）。

集体企业的财产管理：集体企业的公共积累，归本企业劳动群众集体所有；集体企业中的联合经济组织的投资，归该组织范围的劳动群众集体所有；职工股金，为职工个人所有；集体企业外的单位和个人投资，归投资者所有。

集体企业的收益分配：集体企业的税后利润，由企业依法自主支配，按规定确定公积金、公益金、劳动分红和股金分红的比例；企业职工劳动报酬必须坚持按劳分配原则；股金分红要同企业盈亏相结合；企业盈利，按股分红，企业亏损，不得分红；企业必须提取职工养老、待业等保险基金。

显然，这个条例还很不成熟，甚至还有许多计划经济体制的色彩，但在当时起到了巩固和促进城镇集体企业改革的作用，加强了企业管理，并因此推进了城镇集体企业生产的发展。

这期间的改革和发展措施促进了城镇集体经济的发展。1984~1992 年，包括城镇集体工业在内的集体工业产值由 2263.1 亿元增加到 12135 亿元，占全国工业总产值的比重由 29.7% 上升到 35.1%。[①]

这些数据表明，这期间城镇集体工业仍然得到了较快的发展。但是，相对于乡镇集体工业 1979~1984 年的增长速度来说，是下降了。这主要是由于城镇集体企业受计划经济体制的影响比乡镇集体企业要深得多；而这期间对城镇集体企业推行的以承包制为重点的经营责任制，像国营企业一样，在增强企业活力方面也呈现出乏力状态。

二 继续推进乡镇集体经济的改革

党的十一届三中全会以后，乡镇集体经济在改革方面取得了显著成就。但在这方面也存在本节第一部分叙述过的城镇集体经济的情况，还有继续推进改革的任务。

乡镇集体经济改革的主要要求是：进一步完善适应社会主义有计划商品经济发展的乡镇企业运行机制，如市场导向的经营机制、自负盈亏的风险机制、优胜劣汰的竞争机制、多劳多得的分配机制、合同聘用的劳动机制、外引内育的人才机制、自我积累的发展机制、自我监督的约束机制等，使乡镇企业进一步适应外部环境和市场变化，不断增强企业活力。

其主要内容是：在巩固和发展集体所有制的前提下，建立和完善以承包制为重点的多种形式的经营责任制，以及建立和完善以厂长负责制为重点的企业内部制度改革；同时，试行了股份合作制、股份制，以及在发展横向经济联合的基础上组建了企业集团。到 1988 年，乡镇集体企业就普遍推行了承包经营责任制。在第一轮承包到期以后，到 1990 年年底，又有 95% 的乡镇集体企业开始了第二轮承包。在这个过程中，逐步实行了公开招标确定承包人，实行风险抵押承包，合理确定承包指标体系和承包期；在普遍实行厂长

[①]《新中国 60 年》，中国统计出版社，2009，第 640 页。

负责制的基础上,把承包制与厂长目标责任制结合起来;通过承包指标层层分解,把承包制与企业内部的各种经济责任制结合起来。这样,就初步把竞争机制、风险机制、约束机制和激励机制纳入了承包制和厂长负责制,使它们逐步趋于完善。

为了巩固和规范乡镇集体经济的改革,并依据经验的总结,1990年7月,国务院发布了《乡村集体所有制企业条例》。《乡村集体所有制企业条例》的主要内容如下。①

关于乡村集体企业的性质和国家的政策。乡村集体所有制企业是我国社会主义公有制经济的组成部分。乡村集体所有制企业实行自主经营,独立核算,自负盈亏。国家保护乡村集体所有制企业的合法权益,禁止任何组织和个人侵犯其财产。国家对乡村集体所有制企业实行积极扶持、合理规划、正确引导、加强管理的方针。

关于乡村集体企业的所有者和经营者。企业财产属于举办该企业的乡或村范围内的全体农民集体所有,由乡或村的农民大会(农民代表会议)或者代表全体农民的集体经济组织行使企业财产的所有权。企业实行承包、租赁制或者与其他所有制企业联营的,企业财产的所有权不变。企业所有者依法决定企业的经营方向、经营形式和厂长(经理)人选。实行承包或租赁制的企业,企业所有者应当采取公开招标、招聘和推荐等方式确定经营者。企业经营者是企业的厂长(经理)。企业实行厂长负责制,厂长(经理)对企业全面负责,代表企业行使职权。

关于乡村集体企业的管理。企业职工(职工代表大会)有参加企业民主管理,对厂长(经理)和其他管理人员提出批评和控告的权利。

企业招用职工应当依法签订劳动合同,实行灵活的用工形式。企业对职工实行按劳分配的原则。有条件的企业,应当参照国家有关规定实行职工社会保险。

---

① 《中国经济年鉴》(1991),经济管理出版社,第Ⅵ-18页、20页;《中国经济年鉴》(1993),经济管理出版社,第623~626页。

企业税后利润，留给企业的部分不应低于60%，由企业自主安排，主要用作增加生产发展基金，进行技术改造和扩大再生产，适当增加福利基金和奖励基金。企业税后利润交给企业所有者的部分，主要用于扶持农业基本建设、农业技术服务、农村公益事业、企业更新改造或者发展新企业。

这一条例虽然还有许多不完善之处，但在当时对促进乡镇集体企业的生产起到了积极作用。

这期间乡镇集体企业处于高速增长阶段。1985~1992年，乡镇企业增加值由772.31亿元增加到4485.34亿元，其中集体企业增加值由562.67亿元增加到3007.94亿元；二者占国内生产总值的比重分别由8.6%提高到16.7%，由8.6%提高到11.2%。[①]1985~1992年，乡镇企业增速不仅显著超过它本身1979~1984年的增长速度，更是远远超过了这期间全国经济的增速，充分展示了乡镇企业异军突起的风貌。然而，乡镇企业素质差（包括管理、职工和技术等方面）、结构不合理和污染环境严重等问题亟待解决。

第三节 非公有制经济的发展

一 个体经济的发展

1984年10月召开的党的十二届三中全会提出："坚持多种经济形式和经营方式的共同发展，是我们长期的方针。""当前要注意为城市和乡镇集体经济和个体经济的发展扫除障碍，创造条件，并给予法律保护。特别是在以劳务为主和适宜分散经营的经济活动中，个体经济应该大力发展。"[②]在这个精神指导下，个体经济获得了飞速的发展。

但个体经济发展中的问题也突出起来，除了继续存在的阻碍城乡个体经

[①] 《新中国60年》，中国统计出版社，2009；《乡镇企业年鉴》（有关年份），农业出版社。
[②] 《中共中央关于经济体制改革的决定》，人民出版社，1984，第33页。

济顺利发展的"左"的思想和乱收费以外,还有以下方面。①部分个体户生产经营中存在违章违法活动。包括偷工减料,以次充好,短尺少秤,掺杂使假;生产经营有害人身健康的食品、假冒伪劣产品、毒品以及反动、荒诞、诲淫诲盗的文化产品等。②由于偷税漏税或税收征管制不严以及其他因素的作用,部分个体工商户收入过高。据1986年上半年对北京、上海、浙江、福建、沈阳、武汉、重庆等12个地方5万多城乡个体工商户的抽样调查,1985年人均收入为3063元,约高于工薪人员收入(包括工资、劳动保险和福利等)的1倍。其中,年收入在1500元以下的占48.9%,1500~3000元的占20%,3000~5000元的占18.3%,5000~10000元的占7.1%,10000元及以上的占5.7%。个体工商户缺乏医疗、住房和劳保福利,有自己的投资,承担一定风险,部分人的劳动强度大、劳动时间长,因而收入应该高一些。但其中一部分人收入高,是由于采取了偷税漏税等非法手段。③对个体工商户管理的法规不健全,工商行政管理部门人员少,部分人员素质差。工商行政管理部门和税务、银行、城建、物价、劳动、卫生、公安、交通、商业等部门,都对个体工商户实行管理,很不协调,甚至抵消了管理力度。

为了解决这些问题,这期间政府采取了以下重要措施。

(1)为了加强对个体工商户的监督、管理,保护其合法权益,1987年8月国务院发布了《城乡个体工商户管理条例》,[①]对个体工商户生产经营中的一系列问题进一步做了明确规定。①个体工商户的合法权益受国家法律保护,任何单位和个人不得侵害。除有法律和政策规定的以外,任何单位和个人不得再向个体工商户收取费用。②个体工商户可以在国家法律和政策允许的范围内,经营工业、手工业、建筑业、交通运输业、商业、饮食业、服务业和修理业等。③个体工商户,可以个人经营,也可以家庭经营。个人经营的,以个人全部财产承担民事责任;家庭经营的,以家庭全部财产承担民事责任。④个体工商户可以根据经营情况请1~2个帮手;有技术的个

[①]《中国经济年鉴》(1987),经济管理出版社,第V-50页。

体工商户可以带 3~5 个学徒。请帮手、带学徒应当签订书面合同，约定双方的权利和义务，规定劳动报酬、劳动保护、福利待遇、合同期限等。⑤个体工商户生产经营所需场地以及原材料、燃料和货源等，经政府批准的要统筹安排，由国营批发单位供货的要合理安排，不得歧视。个体工商户可以凭营业执照在银行或其他金融机构开立账户，申请贷款。⑥个体工商户应当遵守国家法律和政策的规定，自觉维护市场秩序，遵守职业道德，从事正当经营，不得从事违法活动。⑦个体工商户应当按照税务机关的规定纳税，不得漏税、偷税、抗税。为了加强对个体工商户税收的征管工作，1986 年 1 月国务院发布了《城乡个体工商户所得税暂行条例》。该条例规定：城乡个体工商户按照十级超额累进所得税税率缴纳所得税，累进税率为 7%~60%。①

（2）为了强化国家对个体工商户的管理，对个体工商户进行了整顿。特别是 1989 年下半年至 1990 年上半年的治理整顿，取得了比较明显的成效。依据 14 个省市的不完全统计，这次整顿共查处违法违章行为 46.6 万多起，查处非法经营重要生产资料和耐用消费品的有 1.7 万多户，强买强卖、欺行霸市、哄抬物价的有 13000 多户，责令停业整顿的 8000 多户，吊销营业执照的 4500 多户，触犯刑律移交司法机关惩处的 495 人。在治理整顿中，还在个体工商户中进行了法制教育和职业道德教育，促进了守法经营。1990 年，个体工商户违法违章率比上一年下降了 20%。

（3）为了加强个体工商户的自律，1986 年 12 月经国家经委批准，成立了中国个体劳动者协会。在这次成立会上，通过了《中国个体劳动者协会章程》，选举了第一届理事会以及会长和副会长，还表彰了 500 多名先进的个体工商户。这对加强个体工商户的自律，产生了深远的影响。

经过上述各项工作，个体经济进入了快速发展阶段。1984~1992 年，个体工商户由 933 万户增长到 1534 万户，增长 64.4%；从业人员由 1304 万人

---

① 《中国经济年鉴》(1987)，经济管理出版社，第 X-49 页。

增长到 2468 万人，增长 89.3%；注册资金由 100 亿元增长到 601 亿元，增长 501%。当然，个体经济伴随国民经济的调整，各个年份的经济增长速度也有波动。①

个体经济主要分布于第三产业、农村和东部。1992 年，在个体经济中，第三产业户数所占比重为 87%，第一、二产业合计为 13%；农村户数比重为 69%，城市为 31%；东部地区户数比重为 49.4%，中部为 30.5%，西部为 20.1%。

二 私营经济的初步发展

实践证明，在我国社会主义初级阶段，具有资本主义性质的私营经济在一定范围内的存在和发展，是适应社会生产力发展要求的。但 1955 年下半年掀起的对生产资料私有制进行社会主义改造的高潮，在取得伟大成就的同时，也存在改造速度过快、改造范围过宽的严重缺陷，使得私营经济在 1956 年上半年就基本上改造成为社会主义公有制。1958 年开始的"大跃进"和 1966 年开始的"文化大革命"，又进一步把残存的私营经济扫荡无存。

1978 年年底召开的党的十一届三中全会，实现了从"阶级斗争为纲"到以社会主义经济建设为中心的根本转变，并开始实行旨在解放和发展生产力的改革开放政策。在这种政治、经济形势下，适应社会生产力发展要求的私营经济就应运而生。而且，改革以来个体经济的发展，也必然会在一定范围内导致私营经济的再生。事实也正是如此。但这时私营企业还未取得合法地位，都存在于个体经济和集体企业的名义下。据有关单位估算，经过 1980 年代初以来的发展，到 1987 年年底，存在于个体经济和集体企业名义下的私营企业总数全国已经达到 22.5 万户，从业人员总数为 360 万。② 事实证明，在坚持以社会主义公有制为主体的前提下，发展包括私营经济在内的非公有制

---

① 《中国市场经济年鉴》（有关年份），中国统计出版社。
② 《中国经济年鉴》（1988），经济管理出版社，第Ⅸ-157 页、158 页。

经济，对于充分利用社会生产资源，增加生产、市场供应、财政税收和出口创汇，扩大就业，丰富人民生活，乃至促进社会主义市场经济的形成，都有积极作用。当然，也有负面影响。但这不是主要的，而且是可以限制的。总之，经济改革和经济发展提出迫切要求：进一步解放思想，从根本上清除长期以来存在的根本否定私营经济在我国社会主义初级阶段的地位和作用的"左"的思想，给私营经济以应有的合法地位。

适应这一客观要求，1987年10月召开的党的十三大报告中首次明确提出：私营经济是存在雇佣劳动关系的经济成分；但在社会主义条件下，私营经济一定程度的发展，是公有制经济必要的和有益的补充；必须尽快制定有关私营经济的政策和法律，保护它们的合法利益，加强对它们的引导、监督和管理。[1] 这个建议为1988年4月召开的七届全国人大一次会议所接受，并在通过的宪法修正案中做了相应的规定。宪法规定："国家允许私营经济在法律规定的范围内存在和发展。国家保护私营经济的合法的权利和利益，对私营经济实行引导、监督和管理。"[2] 从此，私营经济在我国社会主义初级阶段中的法律地位，就在作为根本大法的宪法中被确定下来。

但当时私营经济发展中还有许多重要问题有待解决。诸如对私营企业权益的保护，对私营企业违法经营的管理，对私营企业税赋的处理等，都需要法规给予解决。为此，国务院于1988年6月发布了《私营企业暂行条例》、《私营企业所得税暂行条例》和《关于征收私营企业投资者个人收入调节税的规定》。[3]

按照《私营企业暂行条例》，私营企业是指企业资产属于私人所有、雇工8人以上的营利性的经济组织。私营经济是社会主义公有制经济的补充。国家保护私营企业的合法权益。私营企业必须在国家法律、法规和政策规

---

[1]《中国共产党第十三次全国代表大会文件汇编》，人民出版社，1987，第32页。
[2]《中华人民共和国第七届全国人民代表大会第一次会议文件汇编》，人民出版社，1988，第119页。
[3]《中国经济年鉴》（1989），经济管理出版社，第Ⅷ-6页、8页、25~26页。

定的范围内从事经营活动。该条例对私营企业的种类、开办和关闭、权利和义务、劳动管理、财务和税收、监督和处罚等方面的重要问题做了明确规定。

按照上述的税收条例规定，私营企业所得税依照35%的比例税率计算征收；其税后利润用于生产发展基金的部分，免征个人收入调节税。相对于当时个体经济的税收来说，这些税收政策是比较优惠的。

这些法律、法规对私营企业在社会主义初级阶段地位和作用的估计，虽然没有达到1997年召开的党的十五大那样的高度（详见本书第四章的叙述），但在当时条件下，这些法律、法规的制定和贯彻执行，就在形成必要的法律环境、消除对私营企业的歧视和私营企业主本身的顾虑，确认私营企业应有的生产经营权利（包括与外资企业合资经营、合作经营和承揽来料加工、来样加工、来件装配，从事补偿贸易的权利），以及提供比较优惠的税收政策等方面，为私营经济的发展创造了有利条件，从而促进了私营经济的发展。

但在1989年夏季以后的一段时间内，私营经济的发展又有所减缓。后来，特别是在1992年年初邓小平发表南方谈话以后，又为私营经济的发展创造了良好的舆论氛围。所以，总体来说，1984年以来，私营经济得到了比较快的发展。当然，还只是初步发展，这种发展的重要特征如下。①发展速度很快。改革以后私营企业的发展是从零起步的。但在1989~1992年，私营企业户数由90581户增加到139633户，增长54.2%；从业人员由164万人增长到232万人，增长41.5%；注册资金由84亿元增长到221亿元，增长163.1%；产值由97亿元增长到205亿元，增长111.3%；消费品零售额由34亿元增长到91亿元，增长167.6%。此外，还有大量的私营企业是以个体企业和集体企业的名义存在的。②私营企业以独资企业和合伙企业为主，但有限责任公司的发展很快，比重上升。1991年，在私营工业中，独资企业、合伙企业和有限责任公司分别占总户数的56.8%、40.5%、2.7%。但1992年，有限责任公司户数上升到17673户，比上年增加了165%，其速度远远超过了独资企业和合伙企业，比重也显著上升。③私营企业以小型为主，但规模在扩大。户均注册资金，1991年仅为9.7万元，1992年增加到15.8万元，增加了62.9%。④科技型和出口创汇型私营企业迅速增长。1992年，科技型私营企业增长到2348户，比上年增加了151%；出口创汇型私营企业达到2230户，比上年增加了78%；创汇金额折合人民币9.6亿元，比上年增长77%。另据不完全统计，全国有500多家私营企业与外商举办合资企业和合作经营企业。还有一部分私营企业到境外投资办企业。①⑤私营企业在改革后开始发展时主要分布在农村和东部地区，但后来城市和中西部地区的私营企业的发展速度在加快，比重在上升。1991年，在私营企业的户数、从业人员和注册资金的总数中，农村分别占58%、63%和49%，城市分别占42%、37%和51%。但1992年农村这3个指标只是分别增长了18%、16%和41%，而城市分别增长了46%、44%和117%。因此，1992年，在私营企业的户数、从业人员和注册资金的总数中，农村占的比重分别下降到53%、58%和38%，城市占的比重分别上升到47%、42%和62%。改革开始以后，私营企业主要分布在东部地区，中部、西部地区不多。后来，虽然中部、西部地区在发展私营企业方面的速度加快，但直到1990年代初都变化不大。1992年，在全国私营企业户数和注册资金的总数中，东部地区分别占到68.5%和76.9%，中部地区仅占20.2%和14.6%，西部地区更少，只占11.3%和8.5%。②

尽管这期间私营企业获得迅速发展，但也还存在一些问题。诸如"左"的影响还存在，对私营企业仍有歧视，私营企业主也有顾虑；私营企业在融资等方面还有困难，私营企业本身有消极因素，再加上部分私营企业主素质差，违章违法经营时有发生，劳资关系问题也不少；管理法规不配套，多部门管理带来不协调，工商行政管理部门人员少，其中部分人员素质不高，从而造成管理不力，乱收费、乱摊派、乱罚款对私营企业也有影响等。

---

① 《中国市场统计年鉴》（有关年份），中国统计出版社。
② 《中国经济年鉴》（1993），经济管理出版社；《中国工业发展报告》（1996），经济管理出版社。

第四节　继续发展现代市场体系

伴随各类所有制企业和宏观经济管理体制改革的发展，市场体系也得到了进一步发展。

1992年，社会消费品零售总额由1984年的3376.4亿元增长到10993.7亿元，社会生产资料销售总额由4500亿元增长到14769亿元。[①] 产品市场的这种迅速增长，使得原有的市场供应短缺局面有了进一步改变。

随着国有经济单位合同工以及私营企业和"三资"企业的大量增长，正在或已经成为商品的劳动力也大量增长，从而劳动力市场迅速扩大。

金融市场也迅速扩大。在银行信贷市场方面，全国金融机构人民币的存款余额和贷款余额分别由1984年的3735.3亿元增长到1992年的23143.8亿元，由4746.8亿元增长到25742.8亿元。就货币市场来说，同业拆借市场在1984年开始发展的基础上，1986年以后得到迅速扩大，成为金融市场中规模最大的市场。在总结经验的基础上，从1985年开始在全国推行商业票据承兑贴现业务。从1986年开始，中央银行也正式开办了对商业银行贴现票据的再贴现业务。就资本市场来说，不仅于1981年开始发行的国债得到了很大发展，而且在1985年以后又相继发行了金融债券和企业债券。在1980年代中期以后，股份制改革试点已经启动，向社会公开发行的股票数量也显著增加。就证券流通市场来说，1986年沈阳市信托投资公司在全国首先开办了企业债券的柜台转让业务。1988年又在沈阳、上海、广州和深圳等在内的54个大中城市开办国债券转让业务。由此我国开始形成了以国债交易为主的证券流通市场。1990~1991年先后建立了上海证券交易所和深圳证券交易所。1992年证券发行额达1280亿元。其中，国库券410亿元，国家重点建设债券127亿元，金融债券255亿元，企业债券和股票分别为379亿元和109亿元。1992年，建立国务院证券委员会和证券监督委员会，发布了一系列规定，初步规范了

[①]《新中国五十年统计资料汇编》，中国统计出版社，1999;《中国生产资料市场统计年鉴》（有关年份），中国统计出版社。

证券市场，并初步形成集中交易和分散交易相结合的格局。即上海证券交易所、深圳证券交易所交易上市公司的个人股，北京的全国证券交易自动报价系统进行国库券交易和法人流通股试点，天津、武汉、沈阳交易中心则主要是进行国库券和投资基金债券的交易；分散在全国各地的3000多个证券营业网点进行债券的柜台交易。到1992年境内外上市公司71家，股票市价总值1048.1亿元。在保险市场方面，一个重要特点就是打破了中国人民保险公司独家垄断的局面，先后成立了多家保险公司。在外汇市场方面，1986年以后，外汇调剂业务由中国银行移交国家外汇管理局办理，并在各省、自治区、直辖市相继建立了外汇调剂中心，在北京建立了全国调剂中心。同时扩大了调剂范围，允许外商投资企业之间以及外资企业与国内企业之间进行外汇调剂，地方政府留成的外汇也可以进入调剂市场。

房地产市场、技术市场和旅游市场都有很大发展。1987~1992年，商品房销售面积和销售额分别由2697.24万平方米增加到4288.86万平方米，由1100967万元增加到4265938万元。1992年，技术市场成交额达到1416182万元。1985~1992年，国际旅游收入由125000万美元增长到394687万美元。[①]

以上情况表明，我国现代市场体系也伴随改革的全面展开而得到了发展。

第五节　深化宏观经济管理体制改革

在深化计划、投资体制改革方面，总体来说，主要是继续缩小国家对重要产品的指令性计划范围，扩大指导性计划和市场调节范围；扩大地方、部门、企业在固定资产投资计划管理方面的权限；实行多种形式的计划承包责任制和利用各种经济手段。为了增强企业活力和增强国家宏观调控能力，

[①]《新中国五十年统计资料汇编》，中国统计出版社，1999；《中国统计年鉴》（有关年份），中国统计出版社。

1987~1991年国家计委对大型基本建设集团项目实行专项安排，对55家大型企业集团实行计划单列试点。1984~1992年，国家指令性计划管理的工业产品产值比重由40%左右下降到11.7%，国家统一分配的物资由60多种减少到19种。

就投资体制来说，开始实行以下一些重要改革。①对长期、重大建设实行分层次管理：全国性重点建设工程由中央政府或以中央政府为主承担；区域性重点工程和一般工程由地方政府承担。同时扩大企业投资决策权，使其成为一般建设的投资主体。②为了保证重点建设有稳定资金来源，建立基本建设基金制。③为了用经济手段管理投资，建立投资公司。④为了增强企业投资能力和提高投资效益，还在项目建设管理、投资决策和拓宽投资渠道等方面推行了一系列改革。主要是：全面推行基本建设项目投资包干、工程指标承包、技术经济承包和设备承包等项责任制；建立投资项目评估审议制度；推广基本建设"拨改贷"制度，发展金融市场和鼓励外商投资。

价格改革采取了调放结合，以放为主的方针。主要是实行了三次较大的价格改革。一是从1985年开始，除粮、油的合同定购部分和棉花、糖料等少数几种关系国计民生的重要农产品收购价格仍由国家定价外，绝大部分农产品价格均由市场调节。二是从1985年开始，先后放开了多种重要工业消费品（包括缝纫机、手表、收音机、自行车、名烟、名酒、电风扇和电冰箱）的价格。三是对工业生产资料继续实行"双轨制"，并在1985年以后，将此前生产资料计划外部分实行加价20%的办法，放宽为计划外部分实行议价。在放开物价方面取得了重要成就。1984~1992年，国家定价的农副产品价格比重由40%以上下降到12.5%，国家定价的社会零售商品价格比重由50%以上下降到5.9%，国家定价的生产资料价格比重由60%以上下降到18.7%。与此相对应的，就是政府指导价和市场调节价比重的上升。[①] 同时，一些重要工业生产资料价格双轨制的范围以及计划价与市场价的差价均趋于缩小。所以，如

---

① 《中国经济年鉴》，经济管理出版社；《中国物价年鉴》，中国物价年鉴社。

果仅就最主要产品的价格来说,那么,改革前存在的行政指令定价的格局已经转到主要由市场调节了。

在深化财税体制改革方面做了多方面的探索。在政府和企业的财务关系方面,主要就是前述的承包经营制,同时继续推广基本建设投资的"拨改贷"。在中央政府和地方政府的财务关系方面,在1980年开始实行的"分灶吃饭"制度到期以后,为了改变原来在地方政府之间存在的苦乐不均和中央政府财政收入比重下降过大的状况,在1985年和1986年对"分灶吃饭"制度做了某些调整,但作为主要内容的包干制并没有得到根本改变。在中央政府财政部门与各经济主管部门的财务关系方面,进一步推行了财务大包干制和基金制,即把原来要列入国家预算的一部分财政收支划给有关经济部门,由其自行管理收支。在税收方面,1985年以后,相继开征了城市维护建设税、房产税、车船使用税和城镇土地使用税四种地方税;还开征了一些新税种,包括集体企业和事业单位的奖金税,固定资产投资方向调节税、印花税和特别消费税等;进一步完善了个人所得税,包括开征本国公民的个人收入以及集体企业、个体工商户和私营企业的所得税。还要提到:承包经营责任制和利改税虽然各有其不同的作用,但都混淆了税和利这两种不同的功能,需要改变。为此,从1989年起,又进行了税利分流的试点,为1994年税制改革做了准备。

深化金融改革的主要内容如下。①进一步建立金融系统。1986年重新组建了交通银行。此后,还陆续建立了中信实业银行、光大银行、华夏银行、民生银行、招商银行、深圳发展银行、浦东发展银行和广东发展银行,大批城市信用社、信贷投资公司和证券公司,以及上海证券交易所和深圳证券交易所。继1983年中国人民保险公司成为独立的经济实体以后,1986年又建立了新疆建设兵团农牧业保险公司,其后又恢复了中国人寿保险公司在国内的业务,建立了平安保险公司和四川省人寿保险公司,并恢复了典当业务。②进一步改进信贷资金管理制度。1985年,为了加强宏观经济调控,中央银行将原来实行的存贷差额指标管理的办法改成实存实贷管理的办法。而在后来面临严重通货膨胀的形势下，1989年又将实存实贷改成限额管理。在此期间，进一步运用经济手段开拓信贷资金来源和贷款途径。例如，1988年在物价大幅上扬的情况下，曾经实行过保值储蓄。③进一步发展金融市场，前已述及，不再赘述。④改革涉外金融制度。主要内容有二。一是逐步放开国内金融机构经营外汇业务。继1982年国家外汇管理局成为独立的经济实体以后，又成立了承担吸收外资、经营外汇的中国国际信托投资公司。后来，各国有商业银行和交通银行等金融机构也都经营外汇业务。这就打破了原来中国银行独家经营外汇业务的格局，在外汇经营领域开始形成多家经营的寡头垄断竞争局面。二是陆续引进了一批外资金融机构。到1992年年底，已有29个国家和地区的金融机构在我国15个城市设立了231家代表处。伴随以上各项金融改革的深化，中央银行在宏观经济调控中的作用也逐步增强。

　　进一步改革了商业管理体制，主要内容如下。①进一步改革商品购销体制。一是从1985年起，开始取消粮食、食油和棉花的统购制度和生猪的派购制度，大多数城市的蔬菜市场也放开了。二是商业部计划管理的商品由1984年的26种减少到1991年的12种，扩大了市场调节范围。实行了30年的棉布计划供应也在1984年以后宣告结束。除成品油仍实行计划供应外，其他工业品全部敞开供应。②进一步改革多层次的批发体制，使得延续30多年的"三固定"（固定的供应对象、货源和价格）和"一、二、三、零"（一级、二级、三级批发站和零售企业）的封闭式经营，并以行政指令手段调配商品的运行机制，转变为"三多一少"（多种的经济成分、流通渠道、经营方式和减少流通环节）的开放式经营，并以市场配置商品的运行机制。③进一步改革企业管理体制。一是商业部进一步下放直属企业，并扩大企业经营自主权。二是继续在国有大中型商业企业全面推行经营承包责任制，到1987年年底，达到13324个，占总数的61.2%。三是继续在国有小型企业实行"改、转、租、卖"，到1987年年底，达到87880个，占总数的81.9%。其中改为集体经营的占55.6%，转为集体所有的占4.2%，实行租赁经营的占39.8%，卖出的占 0.45%。①

还推进了劳动、工资和社会保障制度的改革。1992年，国有经济单位使用的劳动合同制职工由1984年的174万人增加到2058.5万人，占职工总数的比重也由2%上升到18.9%；实行工资总额与经济效益挂钩浮动的企业已经达到95544户，职工人数达到3223.2万人；参加基本养老保险职工9456.2万人。1992年已经基本实现了养老保险费用的县（市）统筹，还有11个省（自治区、直辖市）已过渡到省（自治区、直辖市）统筹，铁路、水利、电力、邮电、建筑等系统实行了按行业统筹；参加失业保险的企业47.6万户，职工7443万人。②

又进行了一次政府机构改革。1982年的政府机构改革没有也不可能真正到位，而且此后行政机构和人员再次膨胀，与经济改革和发展的矛盾又尖锐起来。于是，从1988年开始，国务院按照转变职能、精干机构、精简人员、提高效率，以及逐步理顺政府和企事业单位的关系等项原则，再次进行机构改革，将国务院机构由原来的76个精简到66个。这次机构改革并没有在地方政府内进行，也不可能真正到位，精简的机构和人员又出现反复。但这次改革提出的以转变政府职能为目标，对以后的政府机构改革具有深远影响。

以上情况表明，在此期间宏观经济管理体制改革的各方面都得到了深化。

第六节　对外开放进一步发展

对外开放的进一步发展首先表现在："三资"企业在1979~1984年初步发展的基础上，1985~1992年得到了进一步的发展。为了促进"三资"企业的发展，政府进一步采取了一系列政策措施。

（1）进一步建立和健全涉外立法。先后颁布的重要法律和法规有《中华

---

① 参见张卓元等主编《20年经济改革：回顾与展望》，中国计划出版社，1998，第139~143页。
② 《中国统计年鉴》（有关年份），中国统计出版社。

人民共和国外资企业法》(1986年)、《中华人民共和国中外合作经营企业法》(1988年)、《中华人民共和国中外合资经营企业法》(根据1990年4月4日第七届全国人民代表大会第三次会议关于修改《中华人民共和国中外合资经营企业法的决定》修正),以及《国务院关于鼓励外商投资的规定》(1986年)、《国务院关于鼓励台湾同胞投资的规定》(1988年)和《国务院关于鼓励华侨和港澳同胞投资的规定》(1990年)。这些法律和法规不仅涵盖了全部"三资"企业,而且囊括了外国商人和港、澳、台商人的投资,同时放宽了政策。比如,1990年新修订的《中华人民共和国中外合资经营企业法》明确规定:对合资企业不实行国有化;外方也可以担任合资企业董事长;合资企业可以规定合营期限,也可以不规定合营期限等。①

(2)进一步扩大开放地区。1985年2月,国务院决定将长江三角洲、珠江三角洲和闽南厦门、漳州、泉州三角地区开辟为沿海经济开放区。1988年上半年,又先后设立了山东半岛和辽东半岛经济开放区,以及全国最大的经济特区——海南省经济特区。1990年6月,又决定开发和开放上海浦东。这对全国改革开放而言是一件具有重要意义的事件。1992年以来,在这方面又采取了重大步骤。①实行沿边开放,将黑河、绥芬河、满洲里、晖春、凭祥、未兴镇、河口县、畹町、瑞丽、伊宁、塔城、博乐、二连浩特开辟为边境开放城市。②进一步对内陆省市扩大开放,将重庆、岳阳、武汉、九江和芜湖5个沿长江城市,哈尔滨、长春、呼和浩特和石家庄4个边境、沿海地区省会(首府)城市,太原、合肥、南昌、郑州、长沙、成都、贵阳、西安、兰州、西宁和银川11个内陆地区省会(首府),实行沿海开放城市政策。因此,我国对外开放就形成了经济特区—沿海开放城市—沿海经济开放区—内地开放城市这样一个包括不同开放层次、具有不同开放功能的梯度推进格局。

(3)进一步拓宽外商投资领域。改革以来,外商在华投资遍及第一、二、

---

① 《中国经济年鉴》(1991),经济管理出版社,第Ⅵ-32页、33页。

三产业，但以第二产业中的轻工业居多。这同政府对外商投资领域实行的鼓励、限制和禁止政策是相关的。当然，这项政策还需要坚持下去。但有些项目长期放在禁止之列，不利于经济发展，为此，1992年政府放宽了对投资领域的限制。过去列为禁止的商业、外贸、金融、保险、航空、律师、会计等，允许开展试点投资；过去限制投资的土地开发、房地产、宾馆、饭店、信息咨询等逐步放开。

（4）进一步开放国内市场。改革以来，对外商投资企业的内销控制很严，致使外国大的跨国公司投资大型生产项目受阻。1992年以后，强调以市场换技术，允许有些符合条件的项目以内销为主，甚至全部内销。这些项目主要是：高技术项目；能替代进口的项目，大多是原材料工业；大型生产性项目。至于那些国内已具备生产能力，技术又不先进的一般产品，不在开放市场之列。

（5）进一步扩大税收减免。改革以来，对外商投资企业实行税收减免政策，但优惠有限，其表现是：①合营企业的所得税税率一般是33%，其优惠是1年免征所得税，2年减半；②工商统一税没有减免；③外商作为投资进口的机器设备还要交关税。1991年以后，进一步扩大税收减免，主要内容如下。①外商投资企业的所得税税率一律为33%。但设在经济特区的外商投资企业和设在经济技术开放区的外商生产性投资企业减按15%的税率征收企业所得税。对于外商生产性投资企业，经营期在10年以上的，从开始获利的年度起，第一、二年免征企业所得税，第三、四、五年减半征收企业所得税。②外商作为投资进口的机器设备和物料免征关税。③对外商投资企业的工商统一税也实行了一些减税优惠。

（6）实现外汇平衡的措施。政府为解决外商投资企业的外汇平衡问题，1988年成立了全国和省市外汇调剂中心，外商投资企业可以在该中心按外汇调剂价调剂外汇余缺。

（7）发展股份制外商投资企业。为适应国际惯例和扩大开放的需要，1992年，政府开始扩大试行股份制外商投资企业，上海、深圳批准举办约20家中外双方投资的股份有限公司，并批准一些企业通过发行B股股票来筹集资金。

（8）成立外商投资企业协会。为沟通政府和外商投资企业之间的信息，1987年全国成立了外商投资企业协会，并在44个省、自治区、直辖市和计划单列市成立了分会。此外，还在下放吸引外资审批权限和简化审批手续以及加强基础设施等方面进一步改善了外商投资环境。

上述各项政策措施大大促进了"三资"企业的发展。1985~1992年，实际利用外资为815.02亿美元，其中外商直接投资312.92亿美元。在外商直接投资中，合资企业占171.82亿美元，合作企业占70.90亿美元，独资企业占49.89亿美元。

但"三资"企业的发展也是曲折的。比如，1989年由于国内外经济、政治因素的影响，外商投资企业协议项目数比上年减少了2.79%，协议投资金额和实际使用投资金额也仅分别比上年增长5.71%和6.23%。而1992年在邓小平南方谈话的推动下，外商投资企业协议项目数比上年增长了250.6%，协议投资金额和实际使用投资金额也分别比上年增长了160.1%和107.4%。[①]所以，总体来说，1985~1992年（特别是1992年）"三资"企业获得了迅速的发展，由1979~1984年的起步阶段进入了发展阶段。

"三资"企业发展的重要特点有如下几个。①在"三资"企业中，合资企业和外资企业比重大幅度上升，合作经营企业比重大幅度下降。1985~1992年，合资企业在项目总数、协议投资金额和实际使用投资金额中的比重分别由13.4%上升到64.9%，由34.2%上升到47.7%，由35%上升到57.2%；合作经营企业分别由52.4%下降到18.6%，由58.9%下降到29.7%，由35.2%下降到26.6%；外资企业由1.5%上升到16.5%，由0.8%上升到22.6%，由0.8%上升到16.2%。②"三资"企业高度集中在沿海地区，特别是集中在广东、福建两省及其所属的深圳、珠海、汕头、厦门4个经济特区。在1979~1991年外商投资项目和协议投资金额总数中，沿海地区分别占89.7%和81.5%，

[①] 《新中国五十年统计资料汇编》，中国统计出版社，1999；《中国对外经济贸易年鉴》，中国社会出版社。

内地分别占 9.5% 和 7.1%。③"三资"企业开始集中在第三产业（主要是宾馆和饭店等），后来比重下降，但仍不小；第一产业占的比重一直较小；第二产业开始占的比重也不大，后来稳步上升，但多数集中在劳动密集型的轻工业中，资本、技术密集型产业的比重不大。④"三资"企业的外方资金来源主要集中在少数国家和地区，特别是港澳台地区。到 1991 年为止，按照协议投资金额总数计算，港、澳地区占了 62.2%，台湾占 5.7%，合计占 67.9%。⑤"三资"企业在我国经济生活中的地位上升。这表现在增加投资、产值、出口和税收，提高技术和管理水平，以及扩大就业等方面。

随着"三资"企业的加速发展，也带来了诸多问题。主要是：①在下放引进外资权力的同时，缺乏有效的宏观调控，导致重复引进现象严重；②对外商作为投资的设备高估价，对国有资产低估价，导致国有资产流失；③对外商投入设备和物料高计价，对出口产品低计价，导致利润不合理的外流和实盈虚亏；④对"三资"企业实行优惠政策，事实上使国营企业处于不平等的竞争地位，对国营企业形成一定的冲击；⑤部分"三资"企业中职工的工作时间长，劳动强度大，劳动条件差，劳动保险没有建立，导致劳资关系紧张；⑥部分"三资"企业造成环境污染。

这些问题只是这期间发展"三资"企业的次要方面，主要方面是取得的成就。而且，有些问题在发展"三资"企业过程中是难以完全避免的，随着各方面条件的成熟和工作的改进，可以逐步得到解决。

对外开放的进一步发展还表现在进出口贸易的增长上。在这方面采取的最重要措施是深化对外贸易体制改革。1985 年以来，国有经济实行了以承包经营制为特征的改革。这项改革也在对外贸易体制方面实行。国务院从 1987 年开始，在经贸部系统的外贸专业总公司及其所属的地方分公司，实行外贸承包经营责任制。具体做法是：经贸部只对各外贸公司下达出口计划、出口收汇计划和盈亏总额三项计划指标；至于如何完成这些指标，则由各外贸公司根据自身的实际情况自主决定；对完成上述三项指标的外贸公司，经贸部给予一定的奖励，反之，则扣发奖金乃至取消外贸经营权。

后来，国务院又决定：从1988年起在全国实行以地方承包为主的外贸承包经营责任制。这个改革方案使承包制的主体发生重大变化（由原来的外贸公司作为承包者变为由地方政府作为承包者），同时使外贸体制很多方面的改革取得了一些新的进展。①在计划体制方面，中央政府直接向各省、自治区、直辖市和计划单列市下达出口计划、上缴外汇计划和进出口盈亏总额三项指标，各地方政府承担完成三项指标的全部责任，并相应享有自定出口商品种类、数量、价格和经营方式等方面的权力。②在财务体制方面，实行计划内进出口由中央财政统负盈亏，超计划进出口由地方财政自负盈亏；各地方的外贸专业总公司的分公司在财务上与中央财政脱钩，与地方财政挂钩。③在经营体制方面，进一步明确经营分工范围，对进出口商品按其性质分为三类：由外贸专业总公司经营的少数大宗资源性产品；主要由地方外贸公司经营的许可证、配额商品；实行放开经营的商品。④在价格体制方面，除粮食、化肥等少数关系国计民生的大宗进口商品外，对进口物品原则上一律实行代理作价，国家财政不再给予价差补贴。⑤在外汇分配方面，提高了地方外汇留成比例，规定地方超计划出口收汇中80%的外汇可留归地方使用。开放外汇调剂市场，允许外贸公司和出口生产企业按市场价格用留成外汇自由调剂外汇。

此外，还选择外贸专业总公司系统的轻工、工艺和服装三个行业，进行企业自负盈亏的试点。即允许这三个行业中的外贸公司将出口所创外汇中的大部分留归己用，通过灵活运筹能力实现自负盈亏。①

对外贸易体制改革深化推动了进出口贸易的发展。1992年进出口贸易总额由1984年的1201亿元增长到9119.6亿元，其中出口总额由580.5亿元增长到4676.3亿元，进口总额由620.5亿元增长到4443.3亿元。

对外承包工程和劳务合作在深化改革和扩大开放形势的推动下，也获得了进一步发展。对外承包工程完成的经营额由1984年的4.94亿美元增长到

---

① 参见张卓元等主编《20年经济改革：回顾与展望》，中国计划出版社，1998，第162~164页。

1992年的24.03亿美元，对外劳务合作完成的经营额由1.29亿美元增长到6.46亿美元。[①]

上述情况表明，这期间我国对外开放获得了进一步发展。

结　语

这期间市场取向改革取得了全面进展。一是以社会主义公有制为主体的、多种所有制共同发展的格局进一步显露。1984~1992年，国有工业占工业总产值比重由69.1%下降到51.5%，集体工业由29.7%上升到35.1%，其他经济类型工业由1.2%上升到13.4%。在社会消费品零售总额中，国有商业由45.5%下降到41.3%，集体商业由39.6%下降到27.9%，其他经济类型由14.9%上升到30.8%。这里还要着重提到，乡镇企业在1984年以后进一步充分展示了异军突起的面貌，1985~1992年乡镇企业增加值占国内生产总值的比重由8.6%上升到16.8%。二是国有经济推行了以实行承包经营制为特征的改革。三是现代市场体系、宏观经济管理体制改革和对外开放都获得了进一步发展。

[①]《新中国五十年统计资料汇编》，中国统计出版社，1999，第59~60页。

第四章　市场取向改革的制度初步建立阶段（1993~2000年）

导　语：1992年党的十四大报告，以邓小平建设有中国特色社会主义的理论为指导，提出：我国经济体制改革的目标是建立社会主义市场经济体制，以利于进一步解放和发展生产力。[①]1993年11月召开了党的十四届三中全会，通过了《关于建立社会主义市场经济体制若干问题的决定》。[②]这个决定，把党的十四大关于经济体制改革的目标和基本原则加以系统化、具体化，是我国建立社会主义市场经济体制的总体规划和行动纲领。党的十四届五中全会作出"九五"时期全面完成现代化建设的第二步战略部署，2000年在人口将比1980年增长3亿左右的情况下，实现人均国民生产总值比1980年翻两番；基本消除贫困现象，人民生活达到小康水平；加快现代企业制度建设，初步建立社会主义市场经济体制。[③]上述指导思想引领着这期间（1993~2000年）经济改革的历史过程。

[①]《中国共产党第十四次全国代表大会文件汇编》，人民出版社，1992，第22页。
[②]《中共中央关于建立社会主义市场经济体制若干问题的决定》，人民出版社，1993，第36~40页。
[③]李鹏：《关于国民经济和社会发展"九五"计划和2010年远景目标纲要的报告》，人民出版社，1996，第14~15页。

第一节　国有经济实行以建立现代企业制度和战略调整为特征的改革

一　对国有企业主要实行建立现代企业制度的改革

（一）以国有企业改革为重点和加快国有企业改革方针的提出

就总的发展趋势看，1978年党的十一届三中全会以来，我国的经济体制改革走的是一条以国有企业改革为中心的路子。1984年党的十二届三中全会还明确提出了这一点。但是，由于缺乏经验，由于国有企业改革本身的难度很大，它所要求的配套条件很高，也由于传统计划经济观念的束缚，还由于实际上对这项工作抓得不得力，特别是由于建立社会保障制度的工作抓得不得力，国有企业改革实际上迟迟没有成为经济体制改革的重点。

但在1990年代以来，特别是1994年以来，由于非公有制经济继续以很高的速度发展，传统计划经济体制下形成的卖方市场向买方市场的过渡，适应市场经济要求的宏观调控基本框架的初步形成，全方位的、多元化的、宽领域的对外开放格局的发展，市场竞争变得异常激烈起来。在这种情况下，国有企业改革、发展滞后，就成为十分突出的经济、政治问题。这时国有企业改革成为经济体制改革重点，不仅是异常迫切的经济、政治需要，而且有了更成熟的条件。这主要是：1978年以来在这方面已经积累了较丰富的经验，全党、全国人民已在这方面达成了较多的共识，有了完整的国有企业改革方针。"党中央、国务院确定，国有企业改革是今年体制改革的重点。"1996年7月又提出"加快国有企业改革和发展步伐"的方针。[①]

[①] 江泽民：《坚定信心，明确任务，积极推进国有企业改革》，《人民日报》1995年7月13日，第1~2版；江泽民：《坚定信心，加强领导，狠抓落实，加快国有企业改革和发展步伐》，《人民日报》1996年7月4日，第1~2版。

（二）国有大中型企业的改革

1. 抓大放小方针提出的依据

依据我国社会主义初级阶段社会生产力发展水平、国有企业发展的历史和现状以及经济体制改革的经验，为了巩固和加强国有经济的主导地位，推进现代化建设，国有企业改革，必须从搞活整体国有经济着眼，对现有国有经济进行战略性改组，贯彻抓大放小的方针。抓大放小方针的提出，还依据了对大企业和小企业在国民经济的地位的分析。据第三次全国工业普查，1995年国有大中型工业企业为15668个，仅占工业企业单位数的0.2%；资产总计39346.4亿元，占44.5%；工业增加值7122.1亿元，占29.2%；产品销售收入21518.8亿元，占27.9%；上缴税金2265.5亿元，占48.8%；实现利润705亿元，占乡及乡以上工业的43.1%。与此相应的数字，就是国有小型工业企业的数字。[①]

基于上述分析，本节在叙述1993~2000年国有企业改革时，是将大中型企业与小型企业的改革进程分开叙述的。在叙述大中型企业改革进程时，着重分析了建立现代企业制度的试点和股份制企业的发展，组建企业集团的试点和企业集团的发展。

2.《中华人民共和国公司法》的颁布

国有企业特别是国有大中型企业的改革方向，是建立以公司制作为企业组织形式的现代企业制度。为了适应建立现代企业制度的需要，规范公司的组织和行为，我国政府于1993年12月29日公布了《中华人民共和国公司法》（简称《公司法》），[②]并于1994年7月1日起施行。

《公司法》在第一章"总则"中提出：本法所称公司是指依照本法在中国境内设立的有限责任公司和股份有限公司。有限责任公司和股份有限公司是企业法人。有限责任公司，股东以其出资额为限对公司承担责任，公司以其

---

① 《人民日报》1997年2月19日，第2版。
② 陈清泰主编《建立现代企业制度试点工作手册》，中国经济出版社，1996，第435~459页。

全部资产对公司的债务承担责任。股份有限公司，其全部资本分为等额股份，股东以其所持股份为限对公司承担责任，公司以其全部资产对公司的债务承担责任。

公司股东作为出资者按投入公司的资本额享有所有者的资产收益、重大决策和选择管理者等权利。公司享有由股东投资形成的全部法人财产权，依法享有民事权利，承担民事责任。公司中的国有资产所有权属于国家。

公司以其全部法人财产，依法自主经营，自负盈亏。公司在国家宏观调控下，按照市场需求自主组织生产经营，以提高经济效益、劳动生产率和实现资产保值增值为目的。公司实行权责分明、管理科学、激励和约束相结合的内部管理体制。

国有企业改建为公司，必须依照法律、行政法规定的条件和要求，转换经营机制，有步骤地清产核资，界定产权，清理债权债务，评估资产，建立规范的内部管理机构。

设立公司必须依照本法制定公司章程。公司章程对公司、股东、董事、监事、经理具有约束力。公司的经营范围由公司章程规定，并依法登记。

公司可以设立分公司，分公司不具有企业法人资格，其民事责任由公司承担。

公司可以设立子公司，子公司具有企业法人资格，依法独立承担民事责任。

公司从事经营活动，必须遵守法律，遵守职业道德，加强社会主义精神文明建设，接受政府和社会公众的监督。公司的合法权益受法律保护，不受侵犯。

公司职工依法组织工会，开展工会活动，维护职工的合法权益。公司应当为公司工会提供必要的活动条件。国有独资公司和两个以上的国有企业或者其他两个以上的国有投资主体投资设立的有限责任公司，依照宪法和有关法律的规定，通过职工代表大会和其他形式，实行民主管理。

公司中中国共产党基层组织的活动，依照中国共产党章程办理。

《公司法》第二章至第十章中,分别就有限责任公司的设立和组织机构、股份有限公司的设立和组织机构、股份有限公司的股份发行和转让、公司债券、公司财务和会计、公司合并和分立、公司破产解散和清算、外国公司的分支机构以及法律责任做了规定。

《公司法》的颁布和实施,为建立现代企业制度的试点,为规范已经建立的公司组织和行为,为规范政府对公司的管理,提供了法律依据。

3. 建立现代企业制度的试点和股份制企业的发展

20世纪90年代初,我国公司制企业已经发展到了很大的规模,但很不规范。为了积极稳妥地推进国有企业建立现代企业制度的工作,还需进行这方面的试点。1993年12月,国务院建立了现代企业制度试点工作协调会议制度,由国家经贸委和国家体改委等14个部、委、局参加,并由有关部委起草试点方案。到1994年11月初,形成了以党的十四届三中全会决议和《公司法》为依据的,并经国务院原则同意的《关于选择一批国有大中型企业进行现代企业制度试点的方案(草案)》。该方案就试点的一系列基本问题做了规定。①

(1)试点的目的和原则。通过试点,要达到以下目的:寻求公有制与市场经济相结合的有效途径,转换企业经营机制;转变政府职能,探索政企职责分开的路子;理顺产权关系,逐步建立国有资产管理体系,确立企业法人财产权;完善企业内部领导体制和组织管理制度。试点工作应遵循以下原则:发挥国有经济的主导作用,确保国有资产(资本)保值增值;出资者所有权(股权)与企业法人财产权相分离,保障出资者、债权人和企业的合法权益;贯彻执行《公司法》,重在企业组织制度创新和转换企业经营机制;从我国国情和企业实际出发,吸收和借鉴国外有益经验,继承、借鉴与创新相结合;推进相关的配套改革,为建立现代企业制度创造必要的外部条件;分类指导,稳步推进,发挥地方、部门、企业和职工的积极性,搞好试点。

(2)试点的内容。包括:完善企业法人制度;确定试点企业国有资产投

---

① 《全国建立现代企业制度试点工作会议文件汇编》,改革出版社,1995,第120~131页。

资主体；确立企业改建为公司的组织形式；建立科学、规范的公司内部组织管理机构；改革企业劳动、人事、工资制度；健全企业财务会计制度；发挥党组织的政治核心作用。

（3）试点的配套措施。包括：转变政府职能，改革政府机构；调整企业资产负债结构；加快建立社会保险制度；减轻企业办社会的负担；解决试点企业的富余人员问题；发展和规范各类市场中介组织。

（4）试点的步骤。包括以下3个阶段。①准备阶段，完成制订试点方案，确定试点企业名单，报国务院批准后公布实施。②实施阶段，完成试点企业清产核资，界定产权，清理债权债务，评估资产，核实企业法人财产占用量；明确投资主体；设置合理的股权结构，制定公司章程，建立公司治理结构，依法注册登记；改建后的公司按《公司法》规范运作。③总结完善阶段，要认真总结试点经验，写出试点工作报告，提出在全国范围内推进建立现代企业制度的意见。以上3个阶段的工作大体上分别在1994年、1995~1996年和1997年基本完成，并取得了试点的成效。

国家抓的百户建立现代企业制度试点在制度创新和提高经济效益等方面都取得了重要进展。截至1996年年底，百户试点企业的改革方案都已经批复并开始实施。100户试点企业中的98户，分别按以下4种形式进行改制。①17户由工厂制直接改制为多元股东持股的公司制，其中，股份有限公司11户，有限责任公司6户。②有69户由工厂制改为国有独资公司。其中，先改制为国有独资公司，再由国有独资公司作为投资主体，将生产主体部分改制为股份有限公司或有限责任公司的有29户。③由原行业主管厅局"转体"改制为纯粹控股型国有独资公司的有10户。④按照先改组后改制的原则进行结构调整、实行资产重组改组的有2户。在100户试点企业中有84户成立了董事会，有72户成立了监事会。①

地方政府抓的2343户现代企业试点也取得了重大进展。其中，到1997

---

① 《中国经济年鉴》（1997），中国经济年鉴社，第679页。

年上半年，已经有540户改造成股份有限公司，占23.0%；改造成有限责任公司的企业540户，也占23.0%；改造成国有独资公司的企业909户，占38.8%；尚未完成改造的有307户，占13.1%。在已改制为公司的1989家企业中，有71.9%的企业已组成了董事会，63%的企业成立了监事会，总经理由董事会聘任的已占61%，多数试点企业的总经理已能够行使《公司法》赋予的职权。

1996年中央和地方试点企业资产负债率为65.8%，比上年下降2.4个百分点；资产增值率26.5%；分流社会性服务机构2265个，分离人员11.7万人；分流的企业富余人员61.1万人，约占试点企业职工总数的6%。其中安排到其他单位的13.1万人，下岗培训的11.5万人，提前退休的15.4万人，待业的21.1万人。

但是，由于各种条件的限制，在中央政府和地方政府抓的建立现代企业制度的试点中，在政企分离、理顺产权关系和建立法人治理结构等方面，也还存在需要进一步解决的问题。

我国国有大中型企业改革的进展，并不限于百户建立现代企业制度的试点，还大量地表现为股份制企业（包括责任有限公司和股份有限公司）的发展。据不完全统计，截至1996年年底，全国股份制企业已达到3.6万家。其中，有限责任公司2.68万家，以国有企业为主改建或新设的股份有限公司9200多家，股本总额约6000亿元，从业人员约750万人。9200多家股份有限公司固定资产平均余额约为5300亿元，分别占全国工业企业固定资产净值平均余额的13.6%，占全国国有工业企业的20.6%，占全国国有大中型企业的24.9%。

以《公司法》为依据而进行的规范工作也取得了重要进展。据估算，上述的9200多家股份有限公司经规范后，能纳入《公司法》轨道，进行依法登记的有6000多家。

股份制企业的发展，对我国企业的改革和发展起了重要作用。

（1）与百户建立现代企业制度试点相类似（当然是在更大的范围内），在理顺产权关系、建立法人治理结构、实现科学管理等方面，为建立现代企业制度探索和积累了经验。

（2）开辟了国有企业直接融资的渠道，建立了企业资本金补充机制，降低了企业资产负债率。据对9200多家股份有限公司统计，共向社会筹资约1500亿元，向内部职工筹资约350亿元，筹集外资约800亿元。许多上市公司建立起资本的补充机制。这样，降低了企业的资产负债率，提高了企业的资信度。据统计，已上市的27家境外上市公司，在境外发行股票前，资产负债率平均在70%以上。发行股票后，负债比例通常降至50%左右。另外，据对全国2000多家股份公司测算，1995年其资产负债率平均为57.8%，比同期全国国有企业平均67.8%的资产负债率低10个百分点。

（3）增强了国有资产的保值增值能力。这主要来自4个方面。①国有资产经过评估，在公司设立参股时就有了较大的增值。据国家国资局对2700多家股份公司统计，其改制为股份公司时，国有企业净资产评估增值率为27%。②股份有限公司股票溢价发行使国有资产增值。据1996年上市的200多家股份有限公司统计，其股票溢价水平平均增幅为300%~400%。③堵住了国有资产流失的暗渠，大多数股份公司按规定建立健全了财务制度，实行资产负债管理。年度财务报告经过注册会计师查证，所有者权益得到相应的保护。④国有资产控制和支配社会资本的能力不断增强。在9200多家股份有限公司的6000多亿元股本总额中，国家股占43%，法人股占25.1%。在这些企业中，国家以43%的份额控制和支配57%的社会资本。

（4）扩大了企业规模，提高了经济效益。据1995年年末的测算，深沪上市公司的平均净资产总额为5.76亿元/户，而国有大中型企业年末固定资产净值平均为9293万元/户。1995年，国有工业企业平均销售利润为562万元/户，而2000多家股份有限公司平均销售利润为1816万元/户；国有大中型企业平均销售利润为2299万元/户，而同期在深沪上市的股份公司平均税后利润为6338万元/户。[①] 但是，相对于100户建立现代企业制度的试点来说，在这里

---

① 《中国经济年鉴》（1997），中国经济年鉴社，第690~692页。

叙述的大范围股份制企业的发展，在政企关系、产权关系和法人治理结构等方面还存在更多的不规范问题。

4. 现代企业制度的初步建立

1997年党的十五大提出："力争到本世纪末大多数国有大中型骨干企业初步建立现代企业制度，经营状况明显改善，开创国有企业改革和发展的新局面。"[①] 这就是三年改制、脱贫的任务。为此，1997年以来，党和政府在推进政企分开，实现"三改一加强"，鼓励兼并、规范破产、下岗分流、减员增效和再就业工程，加快社会保障制度建设，以及增资减绩、降低资产负债率，禁止"三乱"、减轻企业负担等方面，进一步采取了一系列措施，加快了国有大中型企业的改革，使得现代企业制度的基本框架初步形成。其主要标志有二。第一，截至2000年年底，2919户国有大中型企业中，按《公司法》进行公司制改革的企业有2005户，改制面达到68.7%。这表明大多数国有大中型骨干企业已实行了公司制改革。第二，在改制企业中，董事会按法定程序聘任总经理的有1414户，占改制企业的70.5%，董事长不兼任总经理的922户，占改制企业的46%；董事会成员中1/3以上的董事不在经理层任职的企业有793户，占改制企业的39.6%；由外派监事会或外请监事，不由企业任职人员担任监事的企业有599户，占改制企业的29.9%。[②] 这表明改制企业的公司治理结构开始向规范化发展，但前述的国有企业公司制改革中不规范问题仍然没有得到根本解决。国有企业改革仍然任重道远。

5. 组建企业集团的试点和企业集团的发展

如前所述，20世纪90年代初，我国企业集团已经有了很大的发展，但大多数不规范。为此，1991年12月国务院决定选择一批大型企业集团进行试点，第一批为57户，经过试点在这方面取得了重要进展。

（1）基本上完成了第一批57户试点企业集团的组建工作。到1997年上半年，在57户企业集团中，有15户参加了建立现代企业制度的试点，有33

[①]《中国共产党第十五次全国代表大会文件汇编》，人民出版社，1997，第24~25页。
[②]《中国经济年鉴》(2001)，中国经济年鉴社，第795页。

户成为股票上市公司。其中，发行 A 股的有 30 户，发行 B 股的有 3 户，境外上市的有 10 户。同时，试点企业集团已初步形成了比较规范的母子公司体制，并在深化母公司内部改革方面取得了进展。

（2）制定了一系列配套改革政策，为企业集团的发展创造了较好的外部条件。①落实了自营进出口权、外经权和外事权。到 1997 年上半年，57 户企业集团基本上都取得了自营进出口权，有 27 户拥有外经权，51 户取得了外事权。②落实了融资政策。到 1997 年上半年，57 户试点企业集团中有 38 户成立了财务公司，43 户的股票在境内外上市，属于国家重点企业的 512 户企业集团都实行了主办银行制度。③落实了税收政策。到 1997 年上半年，有 25 户企业集团实行了母子公司合并报表、统一纳税。④国家对试点企业集团的技术创新给予了支持。到 1997 年上半年，已有 26 户试点企业集团建立了技术中心。⑤落实了增资减债政策。到 1997 年上半年，基本上实现了试点企业集团（包括核心企业及其全资或控股的子公司）的"拨改贷"资金本息余额转为国家资本金，金额达到 140 亿元。

（3）为企业集团的进一步发展创造了许多好经验。主要包括：理顺产权关系，规范母子公司体制和法人治理结构；完善集团融资功能，强化集团公司主体地位；立足市场，强化集团战略管理；统一营销策略，提高市场辐射功能；依托资本市场，强化资本经营，实行投资控制，优化资本结构；实施名牌战略，拓展国内外市场；推进技术创新，增强发展后劲。

（4）扩展了企业集团功能，壮大了集团实力，初步形成了一批在市场上具有一定竞争力的企业集团，从而对促进结构调整和提高规模效益起到了一定的积极作用。

但企业集团试点也还存在许多问题。①外部环境还没完全理顺。主要是：企业集团组建过程中，"拉郎配"等形式的行政干预依然存在；政企不分，妨碍了集团母公司的现代企业制度建立；投融资体制改革还没到位，限额以上项目还要经过层层行政审批；条块分割问题还存在，跨地区、跨行业企业集团的建立和发展都会遇到很多困难。②集团母公司内部改革也没到位，科技、产品和市场的开发能力不足。

显然，这些问题主要还是要靠深化企业集团试点的工作来解决。为此，国务院于1997年5月批转了国家计委、国家经贸委、国家体改委《关于深化大型企业集团试点工作意见的通知》，对深化大型企业集团试点工作提出了新的要求，试点企业集团由57家扩大到120家。这120家试点企业集团在全国独立核算国有工业企业中，资产、销售收入的比重均在1/4左右，而实现利润则超过一半。这些试点企业集团在关系到国民经济命脉的重要部门和关键领域占有支配地位。

深化大型企业集团试点工作的主要目的是：①在国民经济的关键领域和关键行业中形成一批大型企业集团，积极发挥大型企业集团在国民经济中的骨干作用；② 20世纪末，大型企业集团初步建立以资本为主要联结纽带的母子公司模式的现代企业制度，成为自主经营、自负盈亏、自我发展、自我约束的法人实体和市场竞争主体；③推动生产要素的合理流动和资源的优化配置，联结和带动一批企业的改组和发展，形成规模经济，增强在国内外市场上的竞争力；④提高国有资产的营运效率和效益，确保国有资产的保值增值；⑤转变政府职能，逐步实现政企分开，促进跨地区、跨行业的经济联合，增强国家宏观调控的能力。

深化大型企业集团试点，需要重点解决3个问题。①试点企业集团母公司及其成员企业在清产核资、界定产权的基础上，按照《公司法》的有关规定进行规范或改建，逐步理顺集团内部产权关系，形成以资本为主要联结纽带的母子公司体制。②明确试点企业集团母公司的出资人地位，建立出资人制度。其中，试点集团母公司是国有独资公司的，其出资人应是国家授权投资的机构或国家授权的部门；少数具备条件的试点集团母公司，经国务院批准，可以作为国家授权投资的机构。③建立科学、民主的领导体制和决策体制。试点企业集团母公司与子公司都要按照《公司法》建立法人治理结构，形成权力机构、经营机构、监督机构相互分离和制衡的机制。

深化大型企业集团试点工作，采取的重要措施是：加快现代企业制度建设，强化内部管理和提高经营者素质，建立真正的市场优势，在结构调整中实现发展。还要推进各项配套改革，主要包括改革投资体制，拓宽融资渠道；改革财税体制以适应跨地区企业集团的发展；兼并、破产、减人增效、增资减债等方面也要适应企业集团发展的需要。

经过上述工作，企业集团得到发展。第一，截至2000年年底，全部企业集团（指全国省部级以上部门批准成立的企业集团与年末资产总计和主营收入均在5亿元以上的企业集团，下同）2655家，企业集团资产总计106984亿元，比上年增长12.7%；营业收入53260亿元，比上年增长21.7%。第二，国有企业集团在试点企业集团占据重要地位。2000年全部企业集团中，母公司为国有及国有控股企业集团资产总计为100321亿元，占全部企业集团的93.8%，比上年增长23.4%。参加统计的国家试点企业集团119家，占全部企业集团总数的4.48%，拥有年末资产总计为45151亿元，营业收入为22872亿元，分别占全部企业集团资产总计的42.2%和42.9%。第三，特大型企业集团增多。1998年，中国石油天然气集团公司、中国石油化工集团公司和上海宝钢集团公司成立。1999年，航天、航空、核工业、船舶、兵器五个军工总公司改组为10个集团总公司。2000年，中国电信、中国移动通信、中国联合通信和中国卫星通信四大集团公司又相继建立。第四，企业集团总体上经济效益好转，科技开发投入力度加大。2000年，全部企业集团实现利润总额2903亿元，比上年增长68.5%，其中国有及国有控股企业集团实现利润总额2588亿元，比上年增长81.4%。2000年，全部企业集团资产负债率为58.8%，比上年下降1个百分点；总资产报酬率4%，比上年提高1.8个百分点；劳动生产率为人均23.3万元，比上年的18.7万元提高了24.6%；研究开发费用达到480亿元，比上年增长35.3%，研究开发费用占主营业务收入的比重为0.9%，比上年提高0.1个百分点。第五，一批特大型企业集团进入《财富》500强企业。2000年，年末资产总计和营业收入均在50亿元以上的特大型企业集团140家，比上年增加15家。根据《财富》杂志公布的结果，2000年我国12家大型企业集团进入美国《财富》500强企业。它们是：中国石油化工集团公司（第 68 名）、国家电力公司（第 77 名）、中国石油天然气集团公司（第 83 名）、中国工商银行（第 213 名），中国电信集团（第 228 名）、中国银行（第 251 名）、中国化工进出口总公司（第 276 名）、中国移动通信集团公司（第 336 名）、中国建设银行（第 411 名）、中国粮油进出口总公司（第 414 名）、中国农业银行（第 448 名）、怡和集团（香港）（第 494 名）。[①]

但在企业集团的改革和发展方面也存在不少问题，诸如组建企业集团中存在不合理的行政干预；集团公司内部的关系有待理顺；企业集团盲目扩张，主业不突出，竞争力弱；在部分行业存在垄断等。

（三）国有小型企业的改革

小型企业是国民经济的重要组成部分，是地方财政收入的重要来源，在促进经济发展，提供就业机会，改善人民生活，保障社会稳定等方面发挥着重要作用。国有小型企业改革是企业改革的重要组成部分。为了充分发挥小型企业在国民经济和社会发展中的积极作用，必须加大改革力度，加快放开搞活小企业的步伐。为此，国家经贸委于1996年7月颁发了《关于放开搞活国有小型企业的意见》，以推动各地放开、搞活国有小型企业健康发展。

放开、搞活小型企业的原则。认真贯彻党的十四届三中全会决定精神，以邓小平同志提出的"三个有利于"作为决定小企业改革措施取舍和检验其得失的根本标准，大胆探索，勇于实践，着眼于从整体上搞好国有经济，"搞好大的"与"放活小的"并举；在确保国家所有者权益的条件下，从实际出发，采取多种形式和方法放开、搞活小企业；紧密依靠职工群众，将小企业的改革和发展与职工切身利益结合起来，加强职工的参与和监督；把放开搞活小企业的权力和责任主要放在地方政府身上，加强领导，统筹规划，稳步推进。

[①]《中国经济年鉴》（2001），中国经济年鉴社，第 797~798 页。

小企业改革的方向是实行政企分开，使企业自主走向市场；转换经营机制，使企业成为自主经营、自负盈亏、自我发展、自我约束的法人实体。

小企业改革要因地制宜、因行业制宜、因企业制宜，允许企业依据自身特点，选择适合企业生产力水平的改制形式，区别对待，分类指导，形式多样，不搞一个模式，不"一刀切"。①在保留原所有者权益的基础上，吸收其他投资，依照《公司法》组建有限责任公司；②改建为股份合作制，吸收职工参股，实行劳动合作与资本合作相结合，按劳分红与按股分红相结合，实施民主管理；③鼓励跨地区、跨行业、跨所有制的联合、兼并；④不变更企业所有者，将企业全部或部分资产出租，或依照承包协议将经营权赋予承包人；⑤通过公开竞价或协议定价，有偿转让企业的部分或全部净资产；⑥鼓励小企业引资嫁接改造，嫁接的方式可以是整体嫁接，也可以是部分嫁接，合资比例不限；⑦长期亏损、扭亏无望、不能清偿到期债务的企业，依法实行破产；⑧可将管理混乱、经营不善的困难小企业委托给实力较强的优势企业来经营管理；⑨生产、经营情况好的，可继续保持原企业组织形式，加强管理，提高经济效益；⑩其他可以采取的形式。

在小企业改制中要注意做到以下十点。①要落实企业债务责任，严防逃、废债；要进行资产评估，防止国有资产流失，不得将国有资产无偿量化分给职工。②小企业要紧密围绕市场开展生产和经营活动，以市场为出发点和落脚点。③小企业要把改革、改组、改造和加强企业管理结合起来。④要提升改制工作的透明度，调动职工群众参与改革的积极性；改制后的企业根据不同情况，都要采取相应形式加强职工的民主管理和监督。⑤妥善处理好改制后职工的分流安置和离退休职工的生活保障问题。⑥加强小企业改革的宏观政策指导。⑦要建立和完善为小企业服务的各种中介机构。⑧金融机构要创造条件，积极探索，发展面向小企业的各项服务。⑨要建立小企业管理人员和职工的培训制度。⑩要加快有关小企业的市场法规建设。

相对国有大中型企业改制来说，小型企业改制难度较小，因而获得了较大的进展。到2000年年底，国有小型企业已经实现改制的有51698户，改制面已经达到了 81.4% 以上。[①]

但在这个过程中也发生过不少问题。诸如对放活小企业采取放任自流和一卖了之的态度；在推行股份合作制企业中又存在"刮风"的情况；在已改制的公司制和股份合作制企业中还存在不规范的状况。因此，要完全实现小型企业的改制，还是一个艰巨的任务。为此，不仅要坚持贯彻和发展这方面已有的有效政策和措施，还特别需要把小企业的改制与对小企业的必要扶持结合起来，发展为小企业服务的体系（包括融资、购销、技术和管理培训以及信息提供等）。

二 对国有企业实行战略性改组

1996 年 5 月，党中央提出："把国有企业的改革同改组、改造和加强管理结合起来，以构造产业结构优化和经济高效运行的微观基础。"[②] 这是党中央在 1992 年党的十四大以后提出的国有企业改革和发展的一条十分重要的方针，是对国有企业改革和发展经验的总结，符合我国国有企业的实际状况。改革以来的一段时期内，人们自觉不自觉地把国有企业搞不活的原因全部归结为国有企业改革的滞后。这一点确实是国有企业活力不强的最重要、最基本的原因。但实践表明，国有企业搞不活的原因，还有企业组织和产业组织不合理，企业技术改造进展缓慢，企业管理落后等方面。

国有企业的技术改造和经营管理并不属于改革的范畴，故在下面只论述对国有企业的战略性改组。

企业组织形态的"大而全""小而全"，以及企业承担办社会职能，是传统计划经济体制的伴生物。1958 年，中共中央就提出和实施建立比较完整的工业体系的区域经济的任务。1960 年代中期以后更加强化了这一点。这样，改革以前，企业组织"大而全""小而全"，企业办社会以及地区之间过

[①] 《中国经济年鉴》(2001)，中国经济年鉴社，第 800 页。
[②] 《人民日报》1996 年 7 月 4 日，第 1 版。

多重复建设就已经发展到了很严重的地步。改革以后，政企分开一直没有得到根本解决。20世纪80年代初开始实行的财政分灶吃饭制度，延续了十来年。1994年开始实行以划分中央政府和地方政府事权为基础的分税制，但改革并没有到位。改革以来，中央政府逐步下放了投资和引进外资的权限，但有效的宏观调控并没有跟上。这期间，市场虽有很大发展，但发育并不健全，行政性垄断和无序的、不平等的、过度的竞争还相当普遍。这样，企业组织、产业组织和产业结构不合理状态不仅没有得到扭转，甚至有所加剧。在实行对外开放条件下，还出现了盲目重复引进。在社会生产力大发展的条件下，又出现了生产能力的相对过剩，主要是结构性过剩。

（1）大中小型企业的总量规模和平均规模都小，大企业比重低，企业规模不经济和规模结构不合理。1996年，全国乡和乡以上独立核算工业企业总产值为64886亿元。其中，大中小型企业总产值分别为24756亿元、9539亿元、30591亿元；三者比重分别为38.2%、14.7%、47.1%。全国平均每个企业产值为1238.8万元，其中大中小型企业分别为35038.6万元、5659.2万元、590万元。

（2）企业组织"大而全""小而全"，地区产业结构趋同，企业之间和地区之间的专业化协作程度低。机械工业是最有条件实行专业化生产的行业。但20世纪90年代中期，中国铸造行业专业化比重只有30%，锻造为15%，热处理为20%，电度为40%；而经济发达国家这4项数据分别为80%、75%、70%、90%。据计算，我国各省份工业结构相似系数大于0.9的，1981年为18个，1984年为17个，1989年为17个，1994年为13个；大于0.8的，1981年为25个，1984年为25个，1989年为22个，1994年为21个。

（3）产业集中度低。据有关学者按1993~1995年3年平均数计算，在全国37个主要工业部门中，产量较多的8个厂集中度为50%及以上的只有1个（即具有自然垄断性质的石油天然气开采业），集中度为40%~50%的有3个，30%~40%的有2个，20%~30%的有7个，10%~20%的有6个，10%以下的有18个。

（4）许多工业部门的生产能力相对过剩。按一般标准，生产能力利用率达到80%的算正常。但1995年全国第三次工业普查资料表明：在94种主要工业产品中，生产能力利用率在60%以上的就有59种，占总数的62.8%；在50%以下的有18种，占19.1%。

（5）国有资产在产业之间的分布，也有同国有经济主导地位不相适应的情况。国有资产存量约有60%分布在工业和建筑业等竞争性比较强的领域，分布在交通、邮电等基础产业和基础设施垄断性较强的领域的不足20%。

（6）许多国有企业资产质量差，经济效益低，亏损严重。这些情况表明，对国有企业的改革和发展来说，实行战略性改组已是一项十分重要、紧迫的任务。

诚然，改革以来，国有资产存量调整工作和企业的兼并、破产已经有了一定的进展。据粗略统计，20世纪80年代，全国25个省、自治区、直辖市和14个计划单列市共有6226户企业兼并6966户企业，共转移存量资产82.25亿元，减少亏损企业4095户，减少亏损金额5.22亿元。《破产法》从1988年实施到1993年，全国共破产企业940户。[①] 这些企业大多数是集体企业，但也有一部分是国有企业。

为了促进国有企业的改革和发展，还必须大力推进国有企业的战略性改组。为此，1994年2月，在全国企业管理座谈会上，朱镕基副总理首先提出，解决国有企业困难问题要走兼并破产和减员增效的路子，希望加大这方面的工作力度。这一思路提出了实现国有企业改组的两个基本途径。同年6月24日，国务院原则上同意了国家经贸委等9部委《关于在若干城市进行企业"优化资本结构"试点的请示》，并对试点工作提出了明确要求："试点应在整体推进转换国有企业经营机制的前提下，在补充企业资本金、减轻企业债务负担、分离社会服务职能、建立优胜劣汰机制等方面实现重点突破。"[②] 为此于1994年10月国务院下达了《关于在若干城市试行国有企业破产有关问题的通知》。1997年3月，国务院又下达了《关于在若干城市国有企业兼并破产和

[①] 《中国工业发展报告》(1996、1998)，经济管理出版社；《改革》1994年第12期。
[②] 《全国建立现代企业制度试点工作会议文件汇编》，改革出版社，1995，第91页。

职工再就业有关问题的补充通知》。该通知对于企业兼并破产和职工再就业工作的组织领导，企业兼并破产和职工再就业工作计划的制订与审批，企业破产预案的制订，资产评估机构资格及破产财产处置，妥善安置破产企业职工，简化呆坏账核销手续，破产责任的追究，严格按照有关文件规定规范企业破产，加大鼓励企业兼并的政策力度，以产定人，下岗分流，适当减免贷款利息，缓解企业困难等一系列问题做了规定。通知要求优化资本结构试点城市都要建立再就业服务中心。

为此，1997年8月劳动部、国家经贸委、财政部联合发出《关于在企业"优化资本结构"城市建立再就业服务中心的通知》。要求试点城市把建立再就业服务中心，保证资金到位，落实再就业计划等作为实施企业兼并破产、减员增效计划和核销银行呆坏账准备金的前提条件。再就业服务中心的基本任务是为下岗职工在规定的时间内提供职业培训、职业介绍、就业指导、组织劳务输出、办理社会保险等促进再就业方面的帮助和服务，同时发放基本生活费和门诊医疗费用。再就业服务中心的管理，要采用托管合同的方式，即区分破产企业、兼并企业、减员增效企业三种情况签订不同类型的合同。托管最长时间不超过两年，受托管的下岗职工如果两次无正当理由不接受再就业服务中心介绍就业岗位的，再就业服务中心可以提前解除托管合同。下岗职工实现了再就业，就与再就业服务中心解除托管关系，并与原企业解除劳动关系。托管期满，仍未就业的下岗职工，应与再就业服务中心解除托管合同，并与原企业解除劳动关系，到当地就业服务机构登记，符合规定的享受失业保险的有关待遇。通知规定，采用政府、社会、企业各出一部分资金的办法，破产企业依法取得的土地使用权和资产变现中所得的职工安置费，兼并企业和减员增效的企业或主管部门为下岗职工缴纳的职工安置费应一律拨付给再就业服务中心统筹使用。试点城市根据企业兼并破产和职工再就业的数量，确定政府、企业和社会三部分用于再就业服务的资金比例，并尽快将资金拨入再就业服务中心。各再就业服务中心根据筹集到的资金的承受能力，确定接收下岗职工的数量。

1994年，国务院确定的优化资本结构试点城市为18个，1996年扩大到58个，1997年又扩大到111个，并在这方面取得了重要进展。1996年，58个试点城市兼并企业1192户，资产总额292亿元，负债总额278亿元，其中银行贷款本息余额197亿元，已停息或免息13.3亿元，涉及职工113万人；破产1099户，资产总额249.8亿元，负债总额429.9亿元，涉及职工68万人。1996年试点城市的企业分离非生产机构5908个，涉及103万人。[①]

1997年在这方面继续取得了进展。这年破产终结的企业675户，被兼并企业1022户，减员增效企业789户，核销银行呆坏账准备金320.5亿元。其中用于破产企业170.35亿元，用于被兼并企业90.15亿元，用于减员增效企业60亿元。1997年，在企业增资减债方面，着重抓了两项工作：①"拨改贷"本息余额转为国家资本金的工作；②股票上市。截至1997年，已累计将约600亿元"拨改贷"本息余额转为国家资本金。1997年股票发行重点支持100家现代企业制度试点企业、512家重点国有企业和120家企业集团，全年共选定A股企业209家，其中，属于100家现代企业制度试点和120家企业集团范围的企业79家。100家现代企业制度试点企业已有40家改制上市，占总数的40%；512家重点企业中已有186家改制上市，占总数的36%；120家试点企业集团中也已有59家有了上市公司，占总数的49%。1997年3月，试点城市建立职工再就业服务中心1777个，进入中心的人数达89.6万人。据统计，截至1997年年底，通过实施再就业工程，使得包括试点城市在内的全国433.5万名国有企业下岗人员实现了再就业。

1998年继续大力推进这方面的工作。这年6月9日党中央、国务院专门下发了《关于切实做好国有企业下岗职工基本生活保障和再就业工作的通

[①] 这里还要补充说明的是，企业办社会负担中最突出的问题是企业自办中小学校、卫生机构、后勤服务单位以及富余人员的安置。据统计，1996年全国企业自办中小学校达1.8万所，在校生610万人，教职工60万人，每年需教育经费30亿元（不包括基本建设投资）。全国企业及非卫生部门自办的卫生机构11万个，职工140万人，约占全国卫生机构的1/3。据试点城市国有大中型企业调查，富余职工约占职工总数的17.12%。

知》。① 这虽然是对全国来说的，但对优化资本结构试点城市的再就业工作有推动作用。国务院还决定，1998年将核销银行呆账坏账准备金的总额增加到400亿元，把"拨改贷"和基本建设经营性基金转为国家资本金增加到500亿元。②

1997年，国务院就把纺织、兵器、航天三个行业列入了优化资本结构试点的计划。1998年年初，国务院又发出《关于纺织工业深化改革调整结构解困扭亏工作有关问题的通知》，全面贯彻落实鼓励兼并、规范破产、下岗分流、减员增效和再就业工程的方针，以压缩淘汰落后棉纺锭为手段，以国有纺织工业企业集中的城市的结构调整为重点，妥善分流安置下岗职工，坚定不移地走"压锭、减员、调整、增效"的路子，切实抓好纺织工业深化改革、调整结构、解困扭亏工作，③并将这项工作逐步推广到煤炭、机械等行业。这些也都是实现国有企业战略性改组的重要措施。

国有企业战略性改组，并不限于上述的优化资本结构试点的城市和行业，更多的还是试点的范围以外。这里需要特别提到：这期间开始出现了对实现这种战略改组具有重大意义的强强联合和兼并。1997年10月，金陵石化、扬子石化、仪征化纤、南化公司以及江苏石油集团联合组建了中国东联石化集团有限责任公司；同年11月，中国石化总公司齐鲁石化公司实现了对淄博化纤总厂和淄博石油化工厂的兼并，这起兼并涉及债务总额30多亿元。二者分别是改革以来最大的国有企业之间的强强联合和兼并。

但是，国有企业的战略改组也还存在许多需要进一步解决的问题。诸如政企未分开，部门分割和地区分割，行政干预过多，社会保障制度还未基本建立，使这种改组还存在很多困难。要完成国有企业战略性改组，还有赖于经济改革的深化，还要做出艰苦的努力。

---

① 《人民日报》1998年6月23日，第1~2版。
② 《中华人民共和国第九届全国人民代表大会第一次会议文件汇编》，人民出版社，1998，第20页。
③ 《经济日报》1998年6月22日，第2版。

贯彻"三改一加强"方针取得了阶段性的成效。其突出表现是：在20世纪最后三年基本实现了国有企业脱困的目标。1997年提出脱困三年目标时，国有及国有控股工业实现利润806.5亿元，大中型亏损企业6599户，12个省区市整体亏损。但通过"三改一加强"以及扭亏为盈工作和加强宏观经济调控，到2000年国有及国有控股工业实现利润2391.9亿元，同比增长1.4倍。全国31个省区市整体盈利。6599户国有大中型亏损企业减少4800户，脱困率72.7%，这些企业有些实现了扭亏为盈，有些通过破产关闭退出了市场，还有的被兼并或进行了改制。2000年国有小企业实现利润48.1亿元，从而结束了连续6年净亏损的局面。[1] 总体来说，国有工业企业仍有很大发展。到2000年，国有及国有控股工业总产值上升到40554.37亿元，但其增速比非国有工业要低，因而其在工业总产值中的占比进一步下降到47.3%。[2]

三 国有资产管理制度改革在探索中曲折前进

1992年党的十四大明确了中国经济体制改革的目标是建立社会主义市场经济体制。并强调要通过理顺产权关系，实行政企分开，使企业真正成为法人实体和市场竞争主体，并承担国有资产保值增值的责任。在这种形势下，推进国有资产管理改革，就显得更加重要了。这突出表现为以下三点：第一，它是解决政企职责分开、国有资产所有权与经营权分离的一个必要的前提；第二，它是国有企业真正成为市场主体的关键；第三，它是解决当时突出存在的国有资产状况不清、管理混乱、资产闲置浪费和被侵占流失问题的根本出路。

依据党的十四大精神，以及中国深化改革的实际需要，党的十四届三中全会明确提出："加强企业中的国有资产管理。对国有资产实行国家统一所有、政府分级监管、企业自主经营的体制。按照政府的社会经济管理职能和

---

[1] 《中国经济年鉴》(2001)，中国经济年鉴社，第101~102页。
[2] 《中国统计年鉴》(2012)，中国统计出版社，第508页、518页。

国有资产所有者职能分开的原则,积极探索国有资产管理和经营的合理形式和途径。加强中央和省、自治区、直辖市两级政府专司国有资产管理的机构。有关部门对其分工监管的企业国有资产要负起监督职责。根据需要可派出监事会,对企业的国有资产保值增值实行监督。"[1]党中央和国务院还提出:允许地方试点,探索建立国有资产管理的具体方式。

依据这些精神,在改革国有资产管理体制问题上,从以下三个方面做了探索和实践。

第一,在构建国有资产的管理、监督和经营体系方面的探索和实践。在这方面,上海和深圳等地的实践提供了好的经验。上海从1993年7月起,着手对国有资产管理体制进行改革,形成了"两级管理、三个层次"的国有资产管理体制。所谓"两级管理",即通过市对区(县)的综合授权,市、区(县)两级政府对所属企业中的国有资产行使所有者职能。所谓"三个层次",即构造国有资产管理委员会及专司机构:国有资产管理办公室,国有资产经营公司,以及国有独资公司、控股公司和参股公司三个层次的国有资产管理和营运体系。第一层次由市政府设立市国有资产管理委员会及其办事机构——市国有资产管理办公室,实现政府的社会经济管理职能同国有资产所有者职能的分离。市国有资产管理委员会作为市国有资产所有权的总代表,依法对本市国有资产进行管理,并对其行使所有者职能,负责组建市国有资产经营机构并授权其经营国有资产。市国有资产管理办公室同时又是市政府专司国有资产管理的职能部门。第二层次组建国有资产经营机构,并以授权方式使其承担国有资产的经营职能,实现国有资产管理职能同国有资产经营职能的分离。国有资产经营机构主要有两种形式。一是将企业主管局改制为国有资产控股公司,按政企分开的原则将其原有的行政职能移交给市经委等政府部门。二是以优势企业为龙头组建企业集团公司。第三层次对国有企业进行公司制改造,重构产权制度,实现出资者所有权与企业法人财产权的分

---

[1]《中共中央关于建立社会主义市场经济体制若干问题的决定》,人民出版社,1993,第9页。

离。改组后的国有企业变为规范的国有独资公司、控股公司和参股公司，依法拥有法人财产权，成为具有法人地位的市场竞争主体，实行自主经营、自负盈亏。作为国有资产经营机构，国有控股公司或集团公司依据其投资份额，行使出资人职能，享有相应的资产收益权、重大决策权和选择经营者等出资者权利，同时承担相应的义务和责任。

上海在构造国有资产管理、经营体系的过程中，同步进行了国有资产监控体系的建设。在机构设置上，首先，在国有资产管理办公室下设立专职监控机构，对全市国有资产行使监控职能。其次，在国有资产经营机构设立监事会，监事会成员由体外监事和体内监事两部分组成，按资产运营和资产监督分工原则，体外监事由政府部门领导和有关专家组成。最后，资产经营机构向所投资企业外派监事会。为了加强对公司财务会计活动的管理和监督，同时还实行了向公司委派财务总监和财务会计主管的制度。

这些地区对建立社会主义市场经济条件下的国有资产管理、监督和经营体系进行的积极探索，尽管还有不少问题需要研究，但为构建新的国有资产管理体制提供了有益经验。把这些经验概括起来，就建立了国有资产的管理、监督和经营体系，这个体系可以包括以下三个层次。①建立国有资产管理局，承担国有资产的管理和监督职能，但不承担国有资本的经营职能。②建立承担国有资本经营职能的单位，保证国有资本的保值增值。从现有的实践看，可采取以下三种形式：组建新的国有资本经营公司，专司国有资本的营运；对有条件的大型企业或企业集团授权，使其成为国有资本的投资主体；由企业主管部门转变职能，改组为授权的国有资本投资主体。③依据现代企业制度所要求的出资者所有权与公司法人财产权分离的原则，在国有资本投资主体的下面，把原有的国有企业改造作为市场竞争主体的现代企业制度。

第二，在加强国有资产监管方面的探索和实践。国务院依据党的十四届三中全会精神，于1994年发布了《国有企业财产监督管理条例》。[①] 该条例

[①] 参见《建立现代企业制度试点工作手册》，中国经济出版社，1996，第465~469页。

的颁布，为建立国有资产监督管理体系，明确政府有关部门和企业对国有资产保值增值的责任，防止国有企业资产流失提供了法律保障。有关地区、部门和企业贯彻条例工作取得了以下成效：①初步形成了国有企业财产监管制度；②强化了企业经营管理国有资产的意识，促进了企业加强资产经营管理；③从资产经营的角度客观评价经营者的经营业绩，加强了对经营者的监督。

随着改革的发展，政府对国有企业监督不力的问题暴露得很尖锐。在这种情况下，国务院于1998年5月7日发出《关于向国有重点大型企业派出稽察特派员方案的通知》，随即付诸实施。建立稽察特派员制度是实现政企分开的重大举措，是国家对国有企业管理方式的重大转变，也是对企业领导人员管理制度的重大改革。这个制度符合国际惯例，实际上也是1994年国务院颁布的《国有企业财产监督管理条例》的发展。实践表明，这个制度对于推进国有企业改革和规范企业行为，具有重要意义。

此后，特别是2000年以来针对企业法人治理结构不健全，内部人控制严重等的情况，在加强国有企业监管方面又采取了一系列重大举措。①建立健全了国有企业监事会制度。为了进一步从体制上加强对国有企业监督，确保国有资产及其权益不受侵犯，2000年3月15日，国务院发布了《国有企业监事会暂行条例》，决定由国务院向国有重点大型企业派出监事会，并授权各省、自治区、直辖市人民政府参照条例规定，对其下属企业派出监事会。这是对稽察特派员制度的进一步完善，目的是从制度上规范和强化国有企业监督，变外部监督为内部监督，变临时监督为日常监督。按照《国有企业监事会暂行条例》的规定，国有重点大型企业监事会由国务院派出，向国务院报告，代表国家对国有重点大型企业的国有资产保值增值状况实施监督。监事会以财务监督为核心，对企业的财务活动及企业负责人的经营管理行为进行监督，确保国有资产及其权益不受侵犯。监事会与企业是监督与被监督的关系，不参与、不干预企业的经营决策和经营管理，尊重企业的经营自主权，保护企业负责人提高企业员工工作的积极性。通过检查企业财务、经营效益、利润分配、国有资产保值增值、资产运营等情况,监事会对企业负责人的经营管理业绩进行评价,提出奖罚、任免建议。监事会每次对企业的检查结束后,要及时做出检查报告。① 同时废止了1994年7月24日发布的《国有企业财产监督管理条例》。②积极推进财务总监委派制和聘任制,进一步强化国有企业财务总监监督机制。为维护国有企业的所有者权益,强化对企业的财务监控,在明确企业产权关系的基础上,积极试行财务总监委派制和聘任制,国有资产授权经营公司由董事会聘任财务总监,母公司可向所属全资或控股的子公司委派或推荐财务总监。《国有企业监事会暂行条例》发布以后,为了加强对国有企业的监督管理,许多地方明确规定:财务总监以外部监事身份进入企业监事会,进一步加强企业财务监督。③继续推行对国有企业会计委派制试点。据调查,2000年全国已有20个省、区、市对国有大中型工业企业进行了会计委派制试点,试点总数在618家,被委派人员大都处在企业财会体系的关键位置;其个人利益与派驻企业脱钩。实施会计委派制有助于提高会计信息的真实性,使政府对国有企业的财务监督力度进一步加大。这些措施都会有力促进对国有企业的监管,但这方面任务仍很艰巨。

第三,建立国有资产管理机构的改革实践在曲折中发展前进。如前所述,1988年建立国有资产管理局具有过渡性的特点,其作用也没有得到充分的发挥,但就其实现国家的社会经济管理职能与国有资产所有权职能的分离这个改革方向来说是正确的。到1998年国务院机构改革时,将独立的国有资产管理局并入财政部。这固然是出于精简庞大的政府机构的需要,但也反映了对原有的国有资产管理体制弊病及其改革方向的认识不清。就其实现国家社会经济管理职能与国有资产所有权职能合一的回归来说,是国有资产管理体制改革的一种倒退。当然,也应该看到:在1998年以后,政府在构建国有资产的管理、监督和经营体系,加强国有资产监管以及切实精简政府机构和转变

---

① 《经济日报》2000年8月18日,第2版。

政府职能方面做了大量工作，并取得显著成效。

但是，撤销独立的国家国有资产管理部门，是不符合国有资产管理体制的改革方向的。问题在于，在独立的国有资产管理局撤销以后，管理国有资产由政府各个职能部门分割行使：人事权在人事部、组织部或大企业工委，投资权在计委，国有企业的宏观调控和资产处置权在经贸委，资产收益权在财政部。有关国有资产的重大决策、选择经营者等权力，实质上仍然为各个部门所把握，国有资产管理部门或者根本不存在，或者有名无实，要实现政府双重职能的转变，在实践中由于专门的国有资产管理机构的缺失而无法操作。因此，在改革已经取得进展的情况下又引发了一系列问题，主要有三。①政府对国有资产管理又实行多头管理，管人、管事和管资产相脱节。例如，主管企业的干部考核部门不考核资产经营效益，却负责经营者的选择。国家经济综合部门监督着国有资产的运营，却不能选择经营者。这种人为的分割导致了国有资产运营效率低下等一系列问题。②国有资产无人真正负责，造成了国有企业的"内部人控制"问题，引发了国有资产流失、收入分配混乱、逃税、逃废银行债务等现象。③政府职能没有真正转变，干预企业的问题仍然存在，企业的自主经营权还没有真正落实。

造成上述问题是与撤销国有资产管理局相联系的。具体来说，有两方面：一是国有企业的出资人职能由不同部门分割行使，形成"九龙治水"的局面，名义上大家都负责，实际上谁也不负责，也负不了责，不能形成真正意义上的"问责"制度；二是政资不分，政府部门既承担社会经济管理者职能，又承担国有资产管理者职能，这造成了政府以国有资产管理者的身份干预企业的正常经营活动。

还需指出，由多个政府职能部门分割行使国有资产出资人职能，而没有一个专门的国有资产管理机构，似乎与计划经济体制下的国有资产管理机构设置有些相同之处。但是，那时国家是把国有企业的管理与对国有资产的管理捆在一起进行的，没有一个专门的国有资产管理机构，其弊端表现为管理效率低下，尽管如此，并没有出现管理真空和管理失控。但在1998年撤销国有资产管理局以后,一方面强调在微观上要给予国有企业自主权,要摆脱对国家投资企业的行政管理而转向产权管理;另一方面却没有统一的国有资产管理机构作为现实的产权主体。这种国有资产管理机构改革与国有企业改革的不配套,其结果就不仅仅是国有资产管理低效率,而更多的是内部人控制和严重的国有资产流失。在这种情况下,对国有资产管理机构的改革显得更加必要和紧迫。正是依据上述经验的总结和改革的要求,2002年召开的党的十六大提出建立国有资产管理机关。这当然不是1988年建立国有资产管理局的简单重复,而是在新的更高层次上的再建。关于这一点,拟在第五章分析。

第二节 深化集体经济改革

一 深化城镇集体经济改革

1993年,《中共中央关于建立社会主义市场经济体制若干问题的决定》指出:"现有城镇集体企业,也要理顺产权关系,区别不同情况可改组为股份合作制企业或合伙企业,有条件的也可以组建为有限责任公司,少数规模大、效益好的,也可以组建为股份有限公司或企业集团。"[1]在这个《决定》的指导下,城镇集体经济的改革得到了进一步深化。

(1)清产核资是深化集体企业改革的一项基础性工作。为了统筹协调这项工作,1995年国家成立了由国家经贸委、财政部、国家税务总局组成的城镇集体企业清产核资办公室。在清产办的统一组织下,全国各地开展了城镇集体企业清产核资工作,这是新中国成立以来的第一次。据清产办的统计,1996年6月底,全国城镇集体所有制企业、单位共有51.4万个。13313户清产核

---

[1]《中国经济年鉴》(1994),中国经济年鉴社,第5页。

资试点企业占全国城镇集体企业总数的 2.6%，其中大中型企业 588 户，工业企业 2538 户，涉及全国 226 个市（地）。1.3 万多户企业资产总额为 1417.1 亿元，其中，固定资产占 23.9%，流动资产占 66.1%，长期投资占 6.7%，无形资产占 0.9%，递延及其他资产占 2.4%。全部负债总额为 1173 亿元，资产负债率为 80.3%。企业所有者权益总额为 279.8 亿元，其中，实收资本 255.6 亿元，占 91.4%；资本公积金 37.2 亿元，占 13.3%；盈余公积金 54.8 亿元，占 19.6%；未分配利润赤字 67.8 亿元，占 24.2%。在实收资本中，集体资本、国家资本、法人资本、外商资本和个人资本分别占 77.2%、1.9%、13%、2%、5.9%。全部试点企业资产损失资金挂账总额为 155.1 亿元，其中，资产损失净额为 81.7 亿元，占 52.7%；资金挂账为 73.4 亿元，占 47.3%。1.3 万多户试点企业 1995 年实现销售收入 1237 亿元，利润 1.1 亿元，上缴税金总额 23.92 亿元。总资产报酬率为 0.08%，净资产利润率为 0.4%，人均创利 76.8 元。1997 年，城镇集体企业清产核资试点工作有了进一步扩大，1998 年以后在全国展开，并取得成效。

（2）界定产权是深化集体企业改革的另一项基础性工作。1996 年城镇集体企业产权界定工作取得重大进展。通过有关部门的共同努力，产权界定政策文件于 1996 年年初正式发布。主要文件有：财政部、国家经贸委和国家税务总局联合发布的《城镇集体所有制企业、单位清产核资财务处理暂行办法》《城镇集体所有制企业、单位清产核资产权界定暂行办法》，劳动部、国家国有资产管理局、国家税务总局联合发布的《劳动就业服务企业产权界定规定》，中国轻工总会、中华全国手工业合作总社、国家税务总局联合发布的《轻工业企业集体资产管理暂行规定》。这些办法和规定基本上解决了长期困扰城镇集体企业的产权关系界定上的矛盾，为集体企业的改革与发展创造了有利条件。有关规定在以下两个方面取得了政策性突破。①明确区分了国家政策优惠行为与投资行为的界限。这项规定从根本上否定了有关部门过去将国家对集体企业的政策优惠行为视为投资行为，进而要追索国有产权的错误做法。②明确区分了国有单位一般扶持行为与投资行为的界限。这些规定从根本上否定了有关部门和企业过去长期将国有单位对集体企业的扶持行为（包括贷款担保行为）当作投资行为，进而要索取集体企业产权的错误做法。[1]这些文件促进了界定产权工作的开展。

（3）在城镇集体企业中居于重要地位的小企业的改革有了重大进展。1990年代中期以来，许多地区对这类企业的改革采取了"兼并、租赁、转产、调整、扶持、拍卖、破产"等办法，区别企业不同情况，"一厂一策"，分类实施。在深化城镇集体企业改革中具有重要作用的股份合作制企业有了迅速的发展。有些规模大、经济效益好的企业继续向股份有限公司或企业集团发展。据1996年上半年对全国综合改革试点县（市）小企业（主要是城镇集体小企业）改革的调查，组建集团占1.69%，企业兼并占5.47%，组建公司占7.80%，股份合作制占35.13%，承包租赁占15.70%，委托经营占15.24%，出售转让占11.02%，合资经营占3.42%，破产处理占1.03%，其他占3.81%。[2]

但是，城镇集体企业在改革方面存在许多困难。重要的有：由于来自行政机关方面的阻力，难以实现政企分离；侵犯集体企业的财产和权益的事件屡有发生，导致集体资产流失；许多集体企业设备老化，缺乏资金、技术和管理人才，经济效益差；有些部门和地区还没有把城镇集体企业改革放在应有的位置；国家在保障、扶持和促进城镇集体企业的改革方面的法规、政策、管理机构和调控手段还很不完善。所有这些都造成集体企业活力不强，使得包括城镇集体工业在内的集体工业总产值由1992年的12135亿元下降到2000年的11907.9亿元，在工业总产值中的比重由35.1%下降到13.8%。[3]其中有统计口径变化的因素，但也反映了集体企业的活力不强。因而，亟须采取包括改革在内的措施，以增强集体企业的活力。

---

[1]《中国经济年鉴》（1997），中国经济年鉴社，第683~684页。
[2]《中国工业经济》1997年第3期，第10页。
[3]《新中国60年》，中国统计出版社，2009，第640页。

二 深化乡镇集体经济改革

1996年10月,我国政府颁布了《中华人民共和国乡镇企业法》(简称《乡镇企业法》)。[①]《乡镇企业法》的公布施行,确立了乡镇企业在国民经济中的法律地位,用法律的形式将党中央、国务院发展乡镇企业的一系列方针政策稳定了下来,明确了发展乡镇企业的基本方针、重要原则和主要任务,明晰了乡镇企业的产权关系,理顺了乡镇企业的管理体制。《乡镇企业法》还提出了很多国家促进和扶持乡镇企业发展的具体措施,对乡镇企业多年来的一些政策措施和成功经验也用法律的形式予以肯定。《乡镇企业法》规定,侵犯乡镇企业合法权益以及乡镇企业不履行义务、违反有关法律和行政法规规定的行为,应承担法律责任。《乡镇企业法》的公布施行,标志着乡镇企业的改革发展有了强有力的法律保证。

1992年3月国务院批转了《农业部关于促进乡镇企业持续健康发展的报告》。为了适应乡镇企业深化改革和健康发展的需要,在总结新的经验基础上,1997年3月,中共中央、国务院又转发了《农业部关于我国乡镇企业状况和今后改革与发展意见的报告》。[②] 这个报告系统地提出了今后15年乡镇企业改革和发展的主要措施。但这些措施是在1992年3月报告的基础上提出来的,并且是以总结1990年代以来的经验为依据的,因而实际上早已得到了实施,并取得了巨大成就。

在深化乡镇企业改革措施方面,这些文件提出,必须坚持以"三个有利于"为标准,认真贯彻党中央、国务院关于"积极支持、正确引导、总结经验、逐步规范"的原则,尊重农民的实践,积极探索创新,注重实际效果。改革的形式可以多种多样。有条件的企业可以组建有限责任公司、股份有限公司或企业集团;一般集体企业,可以完善承包制,也可以实行股份合作制;

[①]《经济日报》1996年10月31日,第2版。
[②]《经济日报》1997年4月24日,第2版。

小型、微利、亏损企业，可以通过租赁、拍卖、联合、兼并、破产等办法进行重组。不论哪种形式，都要坚持以下几点：①政企职责分开，政府从直接管理生产经营转向宏观规划、指导、管理、监督、协调、服务，使企业真正成为自主经营、自负盈亏、自我约束、自我发展的市场主体；②优化企业内部的经营机制和激励机制，使所有者、经营者、劳动者能够充分发挥积极性，主动为企业的发展多做贡献；③确保企业集体资产保值增值，不得流失。

股份合作制在1990年代乡镇企业改革中引人注目。1997年，全国乡镇企业中的股份合作制企业增加到16.9万个，股份制企业达到24621个，股票上市公司35家，全国性的企业集团达到1039家。

在发展乡镇企业方面，这些文件也提出了一系列措施。主要是：大力推进科技进步；切实加强经营管理；努力优化产业、产品结构；坚持实行大中小企业并举；积极引导集中连片发展；继续推进东西合作；重视资源和环境保护。

这些文件还提出，对乡镇企业实行"积极扶持、合理规划、分类指导、依法管理"的方针，努力创造乡镇企业改革和发展的政策环境。主要内容包括：坚持以集体经济为主导，多种经济成分共同发展；鼓励和重点扶持经济欠发达地区、革命老区和少数民族地区发展乡镇企业；鼓励支持乡镇企业按规定多形式、多渠道筹集发展资金；运用信贷、财政手段鼓励和扶持乡镇企业发展；积极鼓励和支持人才的培养；大力支持发展外向型经济；加快技术改造和科技开发；鼓励扶持治理环境污染；切实减轻乡镇企业负担。

上述政策措施，再加上我国整个国民经济高速增长的宏观环境，就使乡镇集体企业获得了高速增长。1992~2000年，乡镇企业增加值由4485.34亿元增加到27156.23亿元，其中集体企业增加产值由3007.94亿元增长到9424.87亿元；乡镇企业增速较高，而乡镇集体企业增速较低，因而前者在国内生产总值中的比重由1992年的16.7%上升到27.4%，而后者由11.2%下降到9.8%。①

---

① 《新中国60年》，中国统计出版社，2009；《乡镇企业年鉴》（有关年份），农业出版社。

第三节　非公有制经济持续发展

一　个体经济持续发展

1993~2000年，个体经济的发展获得了前所未有的有利的社会条件。①在邓小平1992年年初南方谈话和党的十四大以后，人们进一步解放思想，以"三个有利于"的标准正确认识个体经济的发展，以更积极的态度贯彻执行以公有制为主体、多种经济成分共同发展的方针。国家工商行政管理局于1993年发布了《关于促进个体经济私营经济发展的若干意见》，在从业人员、经营范围、经营方式和审批程序上都有不同程度的放宽。[①]这里还要特别提到：党的十五大报告指出，"公有制为主体、多种所有制共同发展，是我国社会主义初级阶段的一项基本经济制度"；"非公有制经济是我国社会主义市场经济的重要组成部分"。[②]这就为包括个体经济在内的非公有制经济做了正确的定性和定位，为其发展拓展了广阔的空间。②1993年以来，我国经济开始步入高速增长的阶段。这就为个体经济的迅速发展提供了有利的宏观经济环境。③1993年夏季以后，由于加强了宏观经济管理，混乱的市场秩序和"三乱"状况有了很大的改变。这就为个体经济的发展提供了一个有利的市场条件和社会条件。④1990年代以来，特别是90年代中期以来，城市个体工业比农村个体工业有了更快的发展，中西部个体工业比东部个体工业有了更快的发展，个体工业中的科技型工业有了更快的发展。这种城乡结构、地区结构和产业结构的变化，是个体工业迅速发展的一个重要因素。⑤改革初期，个体企业的从业人员主要是农民、城市待业人员和社会其他闲散人员。而1990年代以来，除了上述人员以外，有越来越多的大中专毕业生和研究生，原为国家机关企业、事业单位的管理人员、科技人员和工人（包

[①]《中国经济年鉴》（1994），中国经济年鉴社，第667页。
[②]《中国共产党第十五次全国代表大会文件汇编》，人民出版社，1997，第21~23页。

括离休、退休和停薪留职、辞职人员）投身个体企业。个体经济从业人员数量增加、结构变化和人员素质提高，也是个体经济迅速发展的一个重要因素。⑥1990年代以来，个体经济的规模迅速扩大。这也促进了个体经济的发展。⑦1998年6月中共中央、国务院在《关于切实做好国有企业下岗职工基本生活保障和再就业工作的通知》中指出：要大力发展集体和个体、私营经济，鼓励下岗职工自谋职业或组织起来就业。对下岗职工申请从事个体工商经营、家庭手工业或开办私营企业的，工商、城建等部门要及时办理有关手续，开业一年内减免工商管理等行政性收费；对符合产业政策、产品适销对路的，金融机构应给予贷款。① 这表明，发展个体经济已经成为国有企业下岗职工实现再就业的一条重要渠道。因而，进一步促进了个体经济的发展。

1992~2000年，个体工商户由1534万户增加到2571万户，增长67.6%；从业人员由2468万人增加到5070万人，增长105.4%；注册资金由601亿元增加到3315亿元，增长451.6%。②

个体经济结构仍呈现以下特点：主要分布在第三产业、农村和东部。2000年，在个体工商户的总户数中，第一、二、三产业的比重分别为5.4%、12%和82.6%；农村和城镇占的比重分别为56.2%和43.8%；东、中、西部占的比重分别为48.3%、34%和17.7%。③

但是，个体经济的发展也存在很多问题。主要是：不利于个体经济发展的"左"的思想尚未完全消除；对个体经济的多头行政管理，也有不利影响；"三乱"加重了个体经济的负担；个体经济的市场场地建设和融资等方面还有困难；个体经济本身的消极因素。

---

① 《经济日报》1998年6月23日，第3版。
② 《中国市场统计年鉴》（有关年份），中国统计出版社；《中国统计年鉴》（有关年份），中国统计出版社。
③ 《中国经济年鉴》（2001），中国经济年鉴社，第790页。

二 私营经济持续发展

私营企业的发展也获得了改革以来前所未有的有利条件。① 1992 年党的十四大以来，特别是党的十五大以来，私营经济和其他非公有制经济，不是被确定为社会主义经济必要的、有益的补充，而是被确定为社会主义市场经济的重要组成部分。这就为私营企业的发展营造了良好的政策环境。这种良好的政策环境，不仅是私营企业高速增长的最重要的条件，而且使早已存在的、大量的、以集体企业名义存在的私营企业纷纷摘掉"红帽子"，还原其真面目。② 1992 年年初邓小平南方谈话发表以后，我国改革步伐大大加快。1995 年党中央对国有企业改革提出了"抓大放小"的方针。这个方针对集体企业的改革也有指导意义。这样，无论是国有企业的"放小"，还是集体企业的改制，都要在坚持公有制为主体的前提下，采取多种方式。其中一种方式就是将一部分公有企业出卖给私营企业主。这就为私营企业的资本扩张提供了兼并的对象。但改革深化在促进私营企业方面还不仅限于这一点。比如，随着劳动制度改革的深化，就为私营工业发展释放出了大量的职工，特别是其中的经营管理人员和工程技术人员。而在 1998 年 6 月中共中央、国务院发出《关于切实做好国有企业下岗职工基本生活保障和再就业工作的通知》以后，发展私营经济又成为与国有企业深化改革相联系的下岗职工实现再就业的一条重要渠道。总之，深化改革的环境，是推动私营企业发展的一个重要因素。③ 1993 年以来，我国经济开始步入高速增长的阶段。这种宏观经济环境不仅在需求和供给等方面为私营工业的发展提供了条件，而且要求进一步利用和发挥包括私营经济在内的非公有制经济的生产资源，以推动整个社会生产力的发展。④ 1993 年夏季以后，随着宏观经济管理的加强，整顿市场秩序取得了进展，为私营企业的发展营造了较好的市场环境。

私营企业的发展呈现以下特点。①高速增长。1992~2000 年，私营企业户数由 139633 户增长到 1761769 户，增长 11.62 倍；从业人员由 232 万人增长到 2406 万人，增长 9.4 倍；注册资金由 221 亿元增长到 13307 亿元，增长

59.2 倍；产值由 205 亿元增长到 10739 亿元，增长 51.4 倍；消费品零售额由 91 亿元增长到 5813 亿元，增长 62.9 倍。②私营企业中有限责任公司的比重上升很快，占有主要地位。2000 年，在 1761769 户私营企业中，独资企业、合伙企业和有限责任公司分别占 28.4%、9.9% 和 61.7%。③私营企业虽然仍以小型企业为主，但规模迅速扩大，大型企业增速很快。1992~2000 年，私营企业户均注册资金由 15.7 万元增加到 75.6 万元。① ④在私营企业中，总体来说，管理、技术水平都低，但资金和技术密集型企业、科技型企业和出口创汇型企业迅速增长。1997 年，在科技型企业中，国有的占 21%，集体的占 47%，股份制和股份合作制占 9%，个体的和私营的也占到 13%。⑤在产业结构方面，私营企业仍以第三产业为主。2000 年，私营企业中，第一、二、三产业的户数比重分别为 2.3%、39.4% 和 58.3%。⑥相对于农村来说，城市私营企业发展速度更快些，并已经占了大部分；相对于东部来说，中部和西部发展更快些，但也没有根本改变原来存在的东部占主要地位的格局。到 2000 年，城市私营企业户数比重上升到 61.3%，农村户数比重下降到 38.7%；东部地区私营企业户数为 68.5%，中部为 18.1%，西部为 13.4%。② 这些情况表明，私营经济在经历了改革以来的初步发展以后，从 1992 年起进入了持续高速发展阶段。私营经济虽然发展很快，但我们在第三章有关节已经提到的那些问题并没有得到完全解决。

第四节　现代市场体系初步形成

伴随市场取向改革的深化和社会主义现代化建设的发展，现代市场体系

---

① 《中国市场统计年鉴》（有关年份），中国统计出版社；《中国统计年鉴》（有关年份），中国统计出版社。

② 《经济日报》1997 年 10 月 5 日，第 3 版；《中国经济年鉴》（2001），中国经济年鉴社，第 788~789 页。

初步形成。

商品市场的发展。2000 年，社会消费品零售总额由 1992 年的 10993.7 亿元增长到 39105.7 亿元；社会生产资料销售总额由 14769 亿元增长到 52000 亿元。由此根本改变了计划经济体制下形成的卖方市场，初步形成了买方市场。据对 613 种主要商品的调查，1997 年上半年供求基本平衡的商品的占比为 89.4%，供不应求和供过于求的商品的占比均为 5.5%。同时，商品价格又进一步市场化。1992~2000 年，社会商品零售总额中，市场调节价的比重由 93% 进一步上升到 95.8%；农副产品收购总额中，比重由 81.8% 上升到 92.5%；生产资料销售总额中，比重由 73.8% 上升到 87.4%。至此可以说，商品市场体系已经初步建立。

劳动力市场的发展。2000 年，全社会职工人数为 11257 万人。其中，国有经济单位职工为 8100 万人，随着劳动、工资制度改革的深化，其就业和工资已在不同程度上实现了市场化；非国有单位职工 3157 万人，其就业和工资基本上实现了市场化。[①]

金融市场的发展。一是在银行信贷市场方面，全国金融机构人民币存款余额和贷款余额分别由 1992 年的 23143.8 亿元增加到 2000 年的 133804.4 亿元，由 25742.8 亿元增加到 99371.1 亿元。二是货币市场的发展。2000 年，银行间拆借市场交易额达到 6728 亿元，银行间债券市场回购交易量达到 1.57 万亿元，商业汇票累计发生额达到 7445 亿元，贴现累计发生额达到 6447 亿元。三是证券市场的发展。1993~2000 年，境内外上市公司总数由 229 家增加到 1254 家，股票市价总值由 3531.01 亿元增加到 48090.94 亿元；国债发行额由 381.31 亿元增加到 4657 亿元；期货总成交额由 5521.99 亿元增加到 16082.29 亿元。2000 年，企业债券发行额和证券投资基金规模分别达到 83 亿元和 562 亿元。四是 2000 年外汇市场累计成交各种货币折合美元 422 亿元。五是 2000 年保险费收入达到 1595.9 亿元。其中，财产保险费收入 598.4 亿元，人身保

---

① 《中国物价年鉴》（有关年份），中国物价年鉴社；《新中国五十年统计资料汇编》，中国统计出版社，1999；《中国经济年鉴》（1998），中国经济年鉴社。

险费收入 997.5 亿元。当年支付财产险赔款 305.9 亿元，支付人寿赔款 221.5 亿元。①

房地产、技术和旅游市场的发展。1992~2000 年，实际销售商品房屋面积由 4288.86 万平方米增加到 18637.1 万平方米，商品房屋销售额由 4265938 万元增长到 39354423 万元；技术市场成交额由 1416182 万元增长到 6507519 万元；国际旅游收入由 394687 万美元增长到 1622460 万美元；2000 年国内旅游收入达到 3175.8 亿元。②

上述的商品市场和要素市场的发展规模和价格形成机制（详见后述）这两方面的基本情况表明：到 2000 年，中国现代市场体系已经初步形成。当然，在这方面也还存在许多亟待解决的问题。诸如要素市场（特别是要素市场的价格机制）发展滞后，地区封锁，市场分割，交易秩序和信用关系混乱，市场体系现代化程度低。

第五节　宏观经济管理体制框架初步建立

宏观经济管理体制改革取得了重大进展，其中有些方面还取得了突破性进展。

计划体制改革取得了重要进展。指令性计划大幅度缩小，指导性计划逐步成为计划的主要形式，市场逐步成为社会生产资源配置的主要方式。在生产方面，1979 年以前，国家计划对 25 种主要农产品产量实行指令性计划管理，到 20 世纪 90 年代末已全部取消。改革前，工业产品有 120 多种由国家计委下达指令性计划，到 90 年代末已减少到不足 5 种，占全国工业总产值的比重

---

① 《中国证券期货统计年鉴》(2004)，百家出版社；《中国经济年鉴》(2001)，中国经济年鉴社。
② 《新中国五十年统计资料汇编》，中国统计出版社，1999；《中国经济年鉴》(1998)，中国经济年鉴社。

由 70% 下降到不足 4%。在流通方面，国家计委负责平衡、分配的统配物资，1979 年为 256 种，国家计划收购和调度的农产品、工业消费品和农业生产资料为 65 种；到 90 年代末，二者分别减少到不足 5 种和不足 10 种。

投资体制改革尽管滞后，但也取得重要进展。改革以前，作为计划经济体制重要组成部分的投资体制，具有投资主体单一（主要是中央政府）、投资决策层次单一（主要也是中央政府）、投资方式单一（主要是中央政府财政拨款）、投资来源单一（主要是中央政府财政资金）和管理方式单一（主要是中央政府的行政指令）五个特点。经过 20 多年的改革，到 90 年代末，这五个方面都发生了巨大变化。一是投资主体多元化，形成了中央和地方政府、企业以及国内外私人等投资主体的多元化格局。二是投资决策多层次，形成了中央政府、地方政府、行业部门、企业和私人等多层次项目决策。三是投资方式多样化，形成了政府投资、合资、合作、股份合作、项目融资（BOT、TOT 等）、承包、租赁等多种方式。四是投资来源多渠道，形成了财政拨款、国内银行贷款、投资主体自有资金、发行债券、国外贷款、外商直接投资等多种资金来源渠道。五是管理方式间接化，国家在投资管理中逐步用指导性计划取代指令性计划；逐步依靠市场机制作用和运用经济杠杆来取代行政命令。但投融资体制仍不适应发展社会主义市场经济的要求，主要表现在：政府投资包揽过多，企业作为最重要的投资主体还缺乏充分的投资决策权，对非国有投资领域限制过多；国有资本的产权关系不够明晰，出资人不到位，激励和约束机制不健全，投资决策主体与投资责任主体不一致；直接融资和间接融资都还存在许多体制性障碍，融资渠道和融资方式不宽；市场秩序混乱，尚未形成公开、公平、有序的竞争局面；投资宏观管理体系不完善，特别是在投资项目管理上基本上还是沿用计划经济的行政审批制。因此，亟须深化改革。

价格改革继续取得重要进展。一是继续放开竞争性商品价格。①用先调后放的办法，各地区先后放开粮食和食用油的销价。这样，实行了约 40 年的低价供应城镇居民粮油制度，从此宣告结束，粮油购销价格倒挂问题得到较为彻底的解决。②继续放开尚未放开的工业消费品价格。③工业生产资料大部分并轨实行单一的市场价格。④大幅度地调高了农产品收购价格和能源、原材料价格。这样，到 2000 年，政府定价在社会商品零售总额中的比重，由 1992 年的 5.9% 下降到 3.2%；在农副产品收购总额中，则由 12.5% 下降到 4.7%；在生产资料销售总额中则由 18.7% 下降到 8.4%。① 据此，可以认为，产品价格改革已经基本完成。二是建立健全价格宏观调控体制。主要是初步建立了重要商品的价格调节基金制度和重要商品的储备制度；建立与价格宏观调控体制相适应的省、区、市一级调控体系；建立全面、准确、及时地反映价格总水平变动的价格指数体系，从宏观上监测市场价格的变化。

财税体制改革取得重大进展。第一，在财政体制改革方面，建立了以中央和地方分税制为基础的分级财政管理体制；停止财政向银行透支，中央财政赤字通过发行国债来弥补，地方财政不准打赤字；由单一预算逐步转向复式预算，开始建立中央财政向地方财政的转移支付制度，试行零基预算和国库集中统一支付制度。因而初步形成了公共财政制度框架。第二，税收体制改革的主要内容有：在商品课税方面，取消了原来的统一工商税，确立了以规范的增值税为核心，辅之以消费税、营业税的新流转税体系，原来对农、林、牧、水产业征收的产品税改为征收农林特产税；在所得税方面，将过去对不同所有制企业征收不同的所得税改为实行统一的内资企业所得税，并建立了普遍使用于中、外籍人员和城乡个体工商户的统一的个人所得税；在其他工商税制方面，扩大了资源税征收范围，开征了土地增值税，取消、合并了一些小税种；在税收征管制度方面，各地税务机构分设国税局和地方税务局。由此初步构建了新的税收制度的基本框架。

金融体制改革取得重大进展，在适度从紧调控下，初步建立了符合社会主义市场经济要求的金融体制框架。第一，１９９８年以前，中国金融组织体系由四类金融机构组成。①国家金融管理机构，就是中央银

---

① 《中国物价年鉴》(有关年份)，中国物价年鉴社。

行，即中国人民银行。中央银行享有货币发行垄断权，是唯一的货币发行银行；它代表政府依法监管全国的金融活动和金融机构，[①] 维护支付、清算系统的正常运行，持有、管理、经营国家外汇储备和黄金储备，代理国库收支和相关金融业务，代表政府从事有关国际金融活动，因而被称为政府的银行；它作为最后贷款人，在商业银行资金不足时，可向其发放贷款或提供再贴现，因而又被称为银行的银行；它负责制定和实施货币政策，调节全社会货币供应量，以保持货币币值的稳定，是国家重要的宏观经济调控机构。②商业银行，包括国有独资银行、股份制商业银行，是以经营存、贷款和办理转账为主要业务，以营利为主要目标的金融企业。③政策性银行。这是由政府设立的、以贯彻国家产业、区域和对外经济政策为目标的金融机构。中国设有三家政策性银行：国家开发银行、中国进出口银行和中国农业发展银行。政策性银行资金来源主要是财政拨款、发行政策性金融债券以及回收的贷款，不面向社会公众吸收存款，有特定的服务领域并往往提供有财政贴息的优惠贷款。但政策性银行的资金不同于财政资金，它的贷款也要还本付息，经营也要考虑盈亏，力求做到保本微利。④非银行金融机构。这主要包括保险公司、城市及农村信用合作社、信托投资公司、财务公司、证券公司、证券交易中心、基金管理公司、金融租赁公司、邮政储金汇业局和典当行等。第二，中央银行金融宏观调控体系初步建立。中国人民银行确定保持人民币币值的稳定，并以此促进经济的发展，作为货币政策的目标；推出了货币供应量指标体系，将货币供应量作为货币政策的中介目标；调控方式已基本实现了信贷规模管理这种直接调控向间接调控的转变，即运用存款准备金、再贴现、利率、公开市场操作、中央银行贷款等货币政策工具，控制货币供应量，调节信贷结构。

商业流通体制改革取得了重大进展。第一，公有制商业企业制度改革深化。其中，大企业推行公司制改造，小企业试行股份合作制。第二，非公有

---

① 从2003年4月28日起，中国人民银行的这项职能改由新建立的中国银行监督管理委员会承担。

制商业有进一步进展。1992~2000年，私营商业消费品零售额由91亿元增长到5813亿元，个体商业消费品零售额由1861亿元增长到11499亿元。① 第三，商品流通方面建立间接调控制度的进展。一是改革国家商业行政管理机制。适应政府转变职能的要求，1993年国务院机构改革时，撤销商业部和物资部，组建国内贸易部；1998年国务院机构改革时，又进一步将国内贸易部改组为国家经贸委的国内贸易局。二是加强商品流通方面的立法。三是建立重要商品的储备制度和重要农产品的风险基金。四是发展市场中介组织。

劳动、工资制度的改革也取得了重大进展。第一，在劳动制度改革方面，可以说市场择业已成为主导方式。改革的主要内容包括：一是大力发展就业服务事业；二是全面实施再就业工程；三是实施了农村劳动力跨地区流动有序化工程；四是加大宏观经济政策在扩大就业方面的力度。经过以上工作初步形成了国家政策指导，企业自主用人，个人自主择业，市场调节供求，社会提供服务的就业格局。② 第二，在工资制度的改革方面，到20世纪90年代末，伴随劳动就业的市场化，工资也市场化了。这时在工资的调控方面，全国各省、自治区、直辖市对未实行公司化改造的企业，改进了企业工资总额同经济效益挂钩的办法，把国有资产保值增值作为挂钩企业提取新增效益工资的决定指标；对已实行公司化改造的企业不实行挂钩办法，按工资总额增长低于经济效益增长、实际平均工资增长低于劳动生产率增长的原则调控工资水平；颁布或进一步调整了最低工资标准。还有许多地方政府进行了国有企业经营者实行年薪制试点工作。

社会保障制度改革取得的重大进展，除了继续建立健全有关的政策法规，进一步改革社会保障管理体制以外，主要对组成社会保障体系的各个项目，特别是对作为重点的养老、医疗和失业保险以及社会救济制度进行了重大改

---

① 《中国市场统计年鉴》（有关年份），中国统计出版社；《中国经济年鉴》（有关年份），中国经济年鉴社。
② 参见张卓元等主编《20年经济改革：回顾与展望》，中国计划出版社，1998，第151页、369页。

革。一是养老保险制度的改革。随着改革的进展，1997年，我国正式开始在全国建立统一的城镇企业职工基本养老保险制度，采取社会统筹与个人账户相结合的模式。企业缴费比例为工资总额的20%左右，个人缴费比例为本人工资的8%。企业缴费的基本养老保险费一部分用于建立统筹基金，一部分划入个人账户；个人缴纳的基本养老保险费计入个人账户。基本养老金由基础养老金和个人账户养老金组成，基础养老金由社会统筹基金支付，月基础养老金为职工社会平均工资的20%，月个人账户养老金为个人账户基金积累额的1/12。经过几年的推进，基本养老保险的参保职工已由1992年的9456.2万人增加到2000年的13617.4万人；但机关事业单位职工和退休人员仍实行原有的养老保障制度。此外，1991年，中国部分农村地区开始养老保险制度试点。农村养老保险制度以"个人缴费为主、集体补助为辅、政府给予政策扶持"为基本原则，实行基金积累的个人账户模式。到2001年年底，全国已有几千万农民参加了农村社会养老保险。二是医疗保险制度的改革。1998年，我国正式开始在全国建立城镇职工基本医疗保险制度。也采取社会统筹与个人账户相结合的模式。所有企业、国家行政机关、事业单位和其他单位及其职工必须履行缴纳基本医疗保险费的义务。用人单位的缴费比例为工资总额的6%左右，个人缴费比例为本人工资的2%。单位缴纳的基本医疗保险费一部分用于建立统筹基金，一部分划入个人账户；个人缴纳的基本医疗保险费计入个人账户。统筹基金主要用于支付住院和部分慢性病门诊治疗的费用；个人账户主要用于支付一般门诊费用。1994~2000年，参加基本医疗保险的职工人数由374.6万人增加到2862.8万人。三是失业保险制度的改革。自1986年开始，中国开始建立起失业保险制度，为职工失业后提供基本生活保障。1999年，中国又把失业保险推进到一个新的发展阶段。失业保险覆盖城镇所有企业、事业单位及其职工，所有企业、事业单位及其职工必须缴纳失业保险费。单位的缴费比例为工资总额的2%，个人缴费比例为本人工资的1%。失业保险待遇主要是失业保险金。失业保险金按月发放，标准低于最低工资标准、高于城市居民最低生活保障标准。从1992年到2000年，失业保险参保人数由7443万人扩大到10408.4万人。四是改革社会救济制度，建立最低生活保障制度。1993年，中国正式开始对城市社会救济制度进行改革，尝试建立最低生活保障制度。到1999年，全国所有城市和有建制镇的县城均建立了最低生活保障制度。地方政府根据当地维持城市居民基本生活所必需的费用来确定最低生活保障标准。家庭人均收入低于最低生活保障标准的城市居民均可申请领取最低生活保障待遇。到2001年，全国领域领取城市最低生活保障金的人数达1170.7万人。[①] 总结上述情况，我国以国有企业职工基本养老保险、失业保险、医疗保险和城市居民最低生活保障制度为重点的生活保障体系已经初步形成。但是，中国社会保障制度的改革和建设并未完成，并且面临多方面的严峻挑战：一是城市社会保障覆盖范围还不够大，大量城市集体、私营和外商投资企业的职工、自由职业者、个体工商户和进城农民工仍未纳入社会保障范围；二是社保资金筹集困难，逃缴拖欠保费现象严重，地方财政支出结构调整力度不够，对中央财政依赖性较大，一些补充社会保障基金的渠道尚未落实；三是人口老龄化和失业压力加大，对养老、失业和医疗保险提出更高要求，而资金积累和保障服务功能很不适应；四是农村和小城镇社会保障刚开始探索，大部分地区还是空白。

为适应经济改革和发展的需要，进行了两次政府机构改革。一是1993年的改革。与1982年和1988年两次改革相比较，这次改革的特点，第一，把适应建立社会主义市场经济体制的要求作为改革目标；第二，把转变政府职能作为改革重点。具体要求是：按照市场取向改革的要求，加强宏观经济调控和监督部门以及社会管理部门，减少行政事务和对企业的直接管理；合理划分各部门的职责权限，避免交叉重复，调整机构设置，并精简各部门的内设机构。这次改革是在试点基础上，由中央政府到地方政府逐步展开的，历时三年。这次改革取得了成效。这次改革前国务院机构再次膨胀到70个，改

[①] 参见《中国统计年鉴》（有关年份），中国统计出版社；《经济日报》2002年4月30日，第8版；《经济日报》2002年3月1日，第4版；《经济日报》2002年3月6日，第2版；《经济日报》2002年3月11日，第3版。

革后精简到59个,同时精简了内设机构。二是1998年的改革。这次改革按照发展社会主义市场经济的要求,根据精简、统一、效能的原则,转变政府职能,实现政企分开,建立办事高效、运转协调、行为规范的行政管理体系,完善国家公务员制度,建设高素质的专业化行政管理干部队伍。国务院机构改革的重点,是调整和撤销那些直接管理经济的专职部门,加强宏观调控和执法监管,按照权责一致的要求,调整部门的职责权限,明确划分部门之间职责分工,完善行政运行机制。这次改革在中央政府和地方政府方面取得了较大成效。就国务院来说,除国务院办公厅外,国务院组成从40个减少到29个。国务院直属机构与办事机构也进行相应的调整与改革。按照转变政府职能、实行政企分开的要求,国务院各部门转交给企业、社会中介组织和地方的职能有200多项;在部门之间调整转移的职能有100多项;部门内设的司局级机构减少200多个,精简1/4;人员编制总数减少47.5%。

总之,在此期间,现代宏观经济管理体制框架已初步建立。但也只是初步的,而且管理体制各组成部分改革进展也不平衡,如投资、金融和社会保障等方面改革滞后的状况,并未根本改变。

第六节 对外开放总体格局初步形成

"三资"企业在1993~2000年获得了持续高速增长。

(1)在1992年年初邓小平南方谈话以后,"三资"企业的发展也获得了前所未有的、宽松的政策环境。在党的十五大以后,"三资"企业也不再是只被看作社会主义经济必要的和有益的补充,而是被看作社会主义经济的重要组成部分。这就为"三资"企业的发展开辟了广阔的空间。

(2)20世纪90年代以来,我国经济开始步入高速增长阶段。这种宏观经济环境是"三资"企业高速增长的重要条件。这里值得着重提出:在1997年7月以后,亚洲一些国家先后发生了金融危机。这种危机对我国经济发展也产生了重大影响，但我国在承诺人民币不贬值，并给予一些国家以资金援助的条件下，仍然赢得了经济的高速增长。这也为"三资"企业的持续高速发展创造了一个重要条件。

（3）20世纪90年代中期，中共中央、国务院提出了对国有企业实行"三改一加强"。这一方针的贯彻执行，在许多方面和不同程度上都有赖于"三资"企业，同时也有利于"三资"企业的发展。

（4）20世纪90年代中期以来，我国利用外资政策不断调整，法规不断完善，也促进了"三资"企业的发展和提高。在改革开放初期，为了吸引外资，我国制定了许多对外商投资的优惠政策。但是，经过十多年的改革开放，我国已经吸收了大量的外资，形势的变化使我国必须对外资政策进行适当的调整。为了使外商投资符合我国的产业政策，国家计划委员会、国家经济贸易委员会和对外贸易经济合作部于1995年6月20日联合颁布了《指导外商投资方向暂行规定》，并同时发布了《外商投资产业指导目录》。其重要内容如下。①鼓励外商投资领域有所扩大。按照《90年代国家产业政策纲要》，结合外商投资的特点，《暂行规定》明确规定，属于农业新技术、农业综合开发和能源、交通、重要原材料工业建设的项目及其他五个方面的项目，列为鼓励类外商投资项目。《指导目录》按十八大类分列了172项鼓励外商投资的产业和项目。这就扩大了鼓励外商投资的范围。②对外商开放领域有所放宽。过去不对外商开放即禁止外商投资的一些领域，如航空运输、民用航空、商业、物资供销、对外贸易、金融、保险、证券、会计、审计、法律咨询服务，贵金属矿开采、冶炼、加工，金刚石及其他天然宝石等贵重非金属矿的勘探、开采及加工等，允许在一定范围内有步骤地进行吸收外商投资的试点。③吸引外商到中西部投资有优惠的规定。为了吸引外商到中西部地区投资，加快中西部地区的经济发展，《暂行规定》规定，属于能够发挥中西部地区的人力和资源优势，并符合国家产业政策的项目，列入鼓励类外商投资项目；属于国内已开发或者引进技术，生产能力已能满足国内市场需要的项目，如确能发挥中西部地区资源优势且符合国家产业政策的，可以适当放宽对外商投资的限制。1996年又对外商投资企业的减免税政策进行了调整。为了使内资企业与外商投资企业平等竞争，我国决定从1996年4月1日起，逐步取消对外商投资企业的资本性货物进口的税收优惠政策。在1997年7月以后，亚洲一些国家发生了金融危机。面对这种新的形势，我国在利用外资方面又做了有利于吸引外资的调整。[①]2000年10月又修改了《中华人民共和国合作经营法》和《中华人民共和国外资企业法》，以利于利用外资。

上述因素推动了"三资"企业的持续高速增长。2000年实际利用外资由1992年的192.02亿美元增长到593.56亿美元。其中，外商直接投资由110.07亿美元增长到407.15亿美元。在外商直接投资中，合资企业由61.15亿美元增长到143.43亿美元，合作企业由21.22亿美元增长到65.96亿美元，独资企业由25.02亿美元增长到192.64亿美元。1993~2000年，实际利用外资合计数分别相当于1979~1984年的24.5倍，1985~1992年的5.2倍。1993年以来，我国在引进外资方面连续多年居世界第二位（仅次于美国），居发展中国家第一位。

"三资"企业的发展具有以下重要特点。①从外商投资来源来看，尽管在实现投资来源多元化方面有了重大进展，但港澳台投资还占一半以上。到2000年年底，港澳台企业占外资企业总数的63.3%，占认缴资本额的53.3%。②从外商投资企业的形式来看，已经发生了重大变化。1984年，中外合作企业在外商直接投资中居第一位，中外合资企业居第二位，独资企业居第三位；到1992年，中外合资企业居第一位，独资企业居第二位，中外合作企业居第三位。到2000年，独资企业居第一位，中外合资企业居第二位，中外合作企业居第三位。③从外商投资企业的规模来看，以小型企业为主。2000年，新增外商投资企业20727户，其中3000万美元及以上的企业仅为118户，1000万~3000万美元的企业为1354户，其余19255户均为100万美元以下的企业。④就外商投资的产业布局来看，第二产业逐步上升到第一位，第三产业

[①] 《人民日报》1995年6月28日，第2版；《人民日报》1995年7月5日，第3版；《人民日报》1998年6月17日，第1版。

居第二位，第一产业仍居第三位。在 2000 年新增的外资企业中，第二产业为 15300 户（其中制造业就有 14901 户），居第一位；第三产业为 4799 户，居第二位；第一产业 628 户，居第三位。⑤就外商投资的地区布局来看，仍然保持东部第一、中部第二、西部第三的格局。在 2000 年新增的外资企业中，东部就占了 17816 户，中部为 2015 户，西部仅有 896 户。[①]⑥就外商投资企业的生产经营状况来看，总的情况是好的。据财政部对 46000 家外商投资工业企业 1995 年的财务报表统计，外商投资工业企业平均资本利润率和销售利润率分别为 6% 和 3.5%，均高于国有工业企业。如果考虑到一些外商投资企业通过转移价格方式降低利润的因素，其实际盈利状况还要好得多。以上各点表明：我国"三资"企业已经进入了一个持续高速发展的阶段。

随着"三资"企业的发展，它在我国社会经济生活中的重要地位趋于上升。这表现在增加投资、就业、出口和税收以及提高技术和管理等方面。比如，2000 年外商投资约为当年我国固定资产投资总额的 10.3%。

但是，"三资"企业的发展，不仅使原有的某些问题加重，而且带来了新的问题。诸如一些行业中的股权控制、市场支配和品牌收购损害了民族工业；以技术换市场在许多场合不能实现，市场转让了，但先进技术引进不到；对"三资"企业仍有优惠政策，使国内企业处于不平等的竞争地位；中方企业竞相合资，导致中方利益受损；外方采用价格手段，导致利润外流，虚亏实盈；有些中方股权代表的素质不高，也缺乏有效制约和监督机制，导致国有资产流失；在有些"三资"企业中，中方职工的物质福利得不到保证等。

对外开放的持续高速发展，还表现在对外贸易方面。为了促进对外贸易的发展，并适应外贸企业建立现代企业制度和复关谈判的要求，全面推行了外贸体制的改革。①取消指令性计划，国家对进出口总额、出口收汇和进口用汇制订指导性计划，政府通过经济、法律等手段引导外贸企业完成指导性计划指标。为确保进出口贸易和国际收支基本平衡，国家采取国

[①] 《新中国五十年统计资料汇编》，中国统计出版社，1999；《中国经济年鉴》（2001），中国经济年鉴社。

际贸易通行做法对之进行宏观调节。②进一步放开外贸经营权,加快授予有条件的国有工商企业和科研院所的外贸经营权。③加大外贸管理体制改革力度,进一步放开出口和进口商品的管理。④根据"产权清晰、权责明确、政企分开、管理科学"和分类指导、分步实施的原则,加快了外贸企业建立现代企业制度的步伐,推进公司化改造。⑤从1994年1月1日起我国外汇体制进行了重大改革。其一,改革现有的汇率制度,实现计划汇率和市场调剂汇率两种汇率并轨,建立以市场供求为基础的、单一的、有管理的浮动汇率制度。其特点是:以前一天外汇市场交易价格为基础,参照国际金融主要货币的变动情况,由中国人民银行公布人民币汇率。国家主要运用经济手段,如货币政策、利率政策,调节外汇供求,保持汇率的相对稳定。新的汇率制度为人民币将来成为可兑换货币打下了基础。从1994年4月1日起,中国人民银行每日公布人民币对美元等各种可自由兑换货币的人民币市场汇价中间价,作为当日银行间外汇市场外汇与人民币买卖的交易基准汇价。其二,改革外汇管理制度,实行人民币经常项目下有条件可兑换。汇率并轨后,相应取消了原来的外汇留成制度和上交外汇制度,实行银行结汇、售汇制;取消外汇指令性计划,国家主要运用经济、法律手段实现对外汇和国际收支的宏观调控。人民币经常项目下有条件可兑换的主要内容是,实行银行结汇、售汇制,即在实行法定计划制的基础上,取消经常项目正常对外支付用汇的计划审批,境内企事业单位、机关和社会团体可凭有效对外支付凭证,用人民币到外汇指定银行办理兑付。但对外国投资者利润汇出实行核准制;对向境外投资、贷款捐赠的汇出,继续实行审批制度。①

这些改革促进了进出口贸易的高速增长。2000年进出口贸易总额由1992年的9119.6亿元增长到39273.2亿元。其中,出口贸易由4676.3亿元增长到20634.4亿元,进口贸易由4443.3亿元增长到18638.8亿元。2000年,对外贸

---

① 参见张卓元等主编《20年经济改革:回顾与展望》,中国计划出版社,1998,第168~170页。

易依存度高达43.9%。由于1997年亚洲金融危机的影响,有的年份进出口贸易的增长速度呈现出很大差别。但总体来说,保持了高速增长的态势。

在深化改革和扩大开放的形势下,对外承包工程和劳务合作也有很大的发展。2000年,对外承包工程完成营业额由1992年的24.03亿美元增长到83.79亿美元,对外劳务合作完成营业额由6.46亿美元增长到28.13亿美元。[①]

以上情况表明,经过20多年的发展,到2000年,对外开放总体格局已经初步形成。

结　语

这期间初步建成了社会主义市场经济体制。其主要标志有三。一是以社会主义公有制为主体、多种所有制共同发展的格局已经初步形成。党的十一届三中全会以后,逐步推行了以社会主义公有制为主体的多种所有制共同发展的方针。经过20多年的发展,这种共同发展的格局已经初步形成。在2000年工业总产值中,国有工业产值只占47.3%,集体工业占13.8%,其他经济类型占38.9%。在1998年社会消费零售总额中,国有经济只占20.7%,集体经济占16.6%,其他经济类型占62.7%。在2000年建筑业产值中,国有经济只占40.4%,集体经济占32.3%,其他经济类型占27.3%。二是现代的企业制度、市场体系和宏观调控体系初步建成。三是对外开放的总体格局也已初步形成。

[①]《中国统计年鉴》(有关年份),中国统计出版社。

第五章 市场取向改革的制度完善阶段（2001~2011年）

导 语：在党的十五大报告的基础上，2002年召开的党的十六大提出："我们要在本世纪头二十年，集中力量，全面建设惠及十几亿人口的更高水平的小康社会。"在论述全面建设小康社会的目标时，十六大报告首先指出："在优化结构和提高效益的基础上，国内生产总值到2020年力争比2000年翻两番，综合国力和国际竞争力明显增强，基本实现工业化，建成完善的社会主义市场经济体制和更具活力、更加开放的经济体系。"[①]为了贯彻党的十六大精神，2003年召开的党的十六届三中全会审议通过了《关于完善社会主义市场经济若干问题的决定》，规定了完善社会主义市场经济体制的目标、任务、指导思想和原则，并就改革的各个主要方面做了系统的规定。[②]2007年党的十七大报告适应国内外形势的新变化，在十六大确立的全面建设小康社会目标的基础上对我国改革发展提出了新的更高要求。在经济发展改革的目标方面，报告指出：转变发展方式取得重大进展，在优化结构、提高效益、降低消耗、保护环境的基础上，实现人均

---

① 《中国共产党第十六次全国代表大会文件汇编》，人民出版社，2002，第17~41页。
② 详见《中共中央关于完善社会主义市场经济若干问题的决定》，人民出版社，2003，第12~32页。

国内生产总值到2020年比2000年翻两番。社会主义市场经济体制更加完善。①上述各点指导着这期间（2001~2011年）经济改革的历史进程。

第一节 以继续推进战略调整和建立现代企业制度为特征的国有经济改革

一 继续推进国有经济布局的战略调整

改革以来，特别是"九五"以来，在国有经济布局和结构调整方面已经取得重要成就，国有经济布局趋于优化。其主要表现是经营性国有资产向基础产业和大型企业集聚。2001年，国有基础产业资产占国有工商企业资产总量的62.2%，比重较1995年提高7.3个百分点；国有大型工商企业资产总量占国有工商企业国有资产总量的76.9%，比重较1995年提高16.6个百分点。而且，在国有经济布局调整过程中，国有资产继续增加。2001年年底我国国有净资产总量比1995年增长91.4%，年均增长11%。

但国有经济对国内生产总值的贡献率则逐步降低，由1978年的56%降低到1997年的42%。②其最重要原因就是这方面不合理状况并未根本改变。其主要表现有四。第一，改革以来，国有经济占国民经济的比重仍然偏大，而且布局和结构不合理。一是资产和增加值的比重偏大。2000年，国有及国有控股工业企业资产总量为84014.94亿元，占全国规模以上工业企业资产总额的66.6%；如果再加上其他方面（如金融业）的经营性资产、资源性资产、土地资产和无形资产，那么国有经济资产的比重就还要大得多。工业总产值

---

① 《中国共产党第十七次全国代表大会文件汇编》，人民出版社，2007，第14~21页。
② 《十六大报告辅导读本》，人民出版社，2002，第171页。

为 40554.37 亿元，占 47.3%。①二是国有经济分布的面过宽，不仅在竞争性行业占的比重过大，而且在垄断性行业占的比重也过大。在 608 个工业门类中，国有企业涉及 604 个，其中大中型国有企业涉及 533 个，占全部门类的 87.7%。按销售收入计算，国有经济在一些行业和领域所占比重分别为：石油 92.1%、石化 69.3%、电力 90.6%、汽车 72.0%、冶金 64.4%、铁路 83.1%，在军工、金融、民航、通信等领域均占 90% 以上。三是相对于东部地区来说，中部和西部地区国有经济占的比重更是偏大。当然，就国有经济绝对量来说，东部地区比中西部地区高得多。到 2002 年年底，全国 31 个省、区、市中，东部省份的国有经营性资产是中部省份的 3.29 倍，是西部省份的 5.14 倍。按营业收入计算，东部沿海地区国有经济的比重为 43.5%，中部地区和西部地区这一比重分别为 66.1% 和 64.9%。四是在重点企业中，国有经济的比重过大。在中央企业中更是如此，在这些企业中，国有资本比重超过 96%。五是与此相联系，在股权比重上，国有经济在许多有限责任公司和股份公司中比重过大。2001 年全国上市公司中第一大股东持股额占公司总股本超过 50% 的近 900 家，占全部上市公司总数的近 80%。大股东中绝大多数是国有股东和法人股东，而相当一部分法人股东也是国有资本控股的。第二，企业规模偏小。截至 2002 年年底，国有及国有控股大型企业 9436 户，净资产 52637.2 亿元，销售收入 56868.5 亿元，平均每户企业净资产 5.58 亿元，销售收入 6.03 亿元，规模偏小。当时进入世界 500 强的企业，销售额最少的在 100 亿美元以上。第三，国有企业不仅有大量辅业没有分离，也不仅承担大量的办社会职能，并有大量冗员，而且还有一大批需要关闭破产的企业没有退出市场。据统计，2002 年年末，全国国有企业所办各类社会机构有 2.8 万多个，其中，中小学校 1.1 万多所，公检法机构 3000 多个，医疗机构 6000 多所。在这些社会机构中，中央企业办社会机构有 1.22 万个，占 43.6%。全国国有企业 2002 年支付所办各类社会机构的补贴额 456 亿元，其中，中央企业支付的补贴额

---

① 《中国统计年鉴》（2012），中国统计出版社，第 508 页、518 页。

为352亿元，占77.2%。2002年全国国有企业职工由1997年的6975.6万人减少到4680.5多万人，下岗分流了2500多万人，但国有企业富余人员仍然过多。当时全国符合破产关闭条件的资源枯竭矿山和国有大中型企业还有2500多户，涉及职工近510万人，涉及金融债权2400多亿元。第四，以上各点必然造成国有企业整体素质不高，国际竞争力不强，以及经济效益不高的后果。根据粗略估计，21世纪初国有经济在社会总资产中的比重大约为60%，在银行新增流动资金贷款中的比重为70%~80%。但是国有经济对经济增长的贡献与其所占用资产的比重很不匹配，约占三分之一。2002年全部国有工业企业净资产收益率为2.9%，比规模以上非国有工业企业低2个百分点，而分布在一般竞争性行业的国有企业的净资产收益率为1.2%，比全部国有企业平均水平低1.7个百分点。2002年年末全国国有企业不良资产占总资产的比重达11.5%。[①] 这些问题严重影响国有经济主导作用的发挥和资源的优化配置，以及国际竞争力的提高。因此，坚持和继续强调推进国有经济布局和结构的战略性调整，仍然21新世纪深化经济改革的一项重要任务。

为此，需要确定和采取一系列的原则和措施。

第一，总体来说，就是要按照"有进有退、有所为有所不为"的原则，逐步收缩国有经济战线，加强重点，提高国有资本利用效率，解决国有资本战线过长、运营效率不高的问题，实现国有资本的优化配置，发挥国有经济在国民经济中的主导作用。具体来说，一是在国防军事工业的核心领域，国有资本必须保持绝对控制地位。对必须保留的国有独资军工企业，要精干主体，分离辅助，加大重组力度，转换机制；其他军工企业向军民品兼营的方向发展，逐步改组为国有控股和参股企业。二是在提供重要公共产品和服务以及自然垄断的领域，目前国有资本还要占据支配地位。对电网、供热、自来水、煤气等行业以及木材采运、陆上油气、贵金属和稀有稀土金属矿等领

[①] 中国新闻网，2003年11月19日；《经济日报》2003年12月8日，第6版；《经济日报》2004年1月16日，第9版；《经济日报》2004年4月29日，第1版；《经济日报》2004年8月1日，第2版。

域，国有资本对重点企业实行控股，同时吸引非国有资本进入。对食盐、烟草生产及批发业继续实行国家专营。三是在石油化工、汽车、信息产业、机械装备行业和高新技术等体现综合国力的领域，少数重要国有骨干企业国有资本要继续占据支配地位，同时鼓励各种经济成分共同发展。四是在高技术的关键和核心领域，国有资本要发挥带动作用。国家一般不再采取投资办厂的进入方式，重点放在项目资本金筹措、基础研究、应用研究等方面给予支持，并以此吸引社会公众投资和国际资本。五是在一般竞争性领域，主要运用市场机制提高国有资本的运营效率和整体素质。加大依法破产力度，探索不良债务处置的途径，积极疏通和规范企业退出市场的通道。①

第二，继续把"抓大放小"作为对国有经济进行战略调整的主要方针。在21世纪初，贯彻这个方针具有重要意义。2001年我国0.9万户国有大型和特大型企业资产总额为109643.8亿元，户均资产规模12.2亿元，占全部国有企业资产总额的65.8%，实现利润为2731亿元，占全部国有企业利润总额的97.1%。2000年全国国有中小型企业18.1万户，占全部国有企业总户数的94.8%，其中亏损企业9.4万户，亏损面为52%，国有中小亏损企业占全部国有亏损工商企业户数的96.9%，亏损额1086.8亿元，占全部国有工商企业亏损额的58.9%。在全部国有企业中，资不抵债（即负债大于资产）和空壳企业（即损失挂账大于所有者权益）合计为8.5万户，占全部国有企业总户数的44.5%，其中绝大部分也是国有中小企业。②这说明"抓大放小"对于从战略上调整国有经济具有十分重要的意义。

"抓大"要着力培育具有核心竞争力并拥有自主知识产权和知名品牌的大公司和大企业集团。为此，一是要遵循市场经济规律，以企业为主体，通过市场形成，不能搞"拉郎配"。二是加快股份制改革步伐，完善现代企业制度，建立规范的产权结构、公司治理结构和母子公司体制，并深化内部改革，加强内部监控，建立强有力的制衡、约束、激励和监督的机制。三是继续推

---

① 参见《经济日报》2001年11月20日，第2版。
② 《十六大报告辅导读本》，人民出版社，2002，第172~173页。

进企业重组、优化结构，实现优势互补。四是要减少集团管理层次，实现管理扁平化。五是要做强做大主业，实现主辅分离。六是要完善技术创新机制，实行人才强企战略，增加研发投入，加快技术创新，培育自主知识产权的名牌产品。七是要发挥资本、技术和管理优势，增强国际竞争力，实行"走出去"战略。多年来，由于逐步实行了这些措施，培育大公司和企业集团已经取得了重要进展。

在"放小"方面，继续实施和不断完善了各项放开搞活小企业的措施（详见本书第四章第一节），各地通过改组、联合、兼并、租赁、承包经营、股份合作、出售等多种形式加大了国有小企业改革的力度，改制面由2000年的81.4%扩大到2008年的90%以上。至此，放小任务已经基本完成。

第三，要把并购重组作为实现国有经济战略调整的主要形式，并采取以下措施。一是未来的一段时间内，把并购重点放在一般竞争性领域；二是有条件地吸收外商和民营企业的并购；三是企业管理层收购只适用于中小企业；四是采取的市场化运作方式，做到公开、公正、公平，严防国有资产的流失；五是依法严格保护出资人、债权人和职工的利益。

第四，继续制定法规，为促进国有资产的战略调整提供法律保障。在这方面，制定有关企业国有产权转让法规尤为重要。它有利于保障企业国有产权的有序流转，促进国有经济的战略调整，并防止国有资产的流失。

第五，继续推行政策性破产。在由计划经济体制向社会主义市场经济体制转变时期，需要在越来越大的程度上依靠市场机制实现企业破产。但在这个时期也需要实行政策性破产，使一批长期亏损、资不抵债的企业和资源枯竭的矿山退出市场。

多年来，由于贯彻执行了上述各项原则和措施，在国有经济的战略调整方面已经取得了重要进展。第一，国有资本向国有大型企业集中，实力增强。2000~2011年国有及国有控股工业企业由53489户减少到17051户，减少了68.1%；但户均资产规模由1.57亿元增加到16.51亿元，增长了9.52倍。需要说明的是，减少的企业主要是国有小企业和竞争性领域的经营亏损企业。

在 2003 年国资委成立时，其监管的中央企业为 196 户。经多次重组，2011 年减少到 117 户。但在国民经济重要行业和关键领域的中央企业户数占全部中央企业的 25%，而资产总额占 75%，实现利润占到 80%。第二，国有资本继续向国家安全部门和国民经济命脉的重要行业和关键领域集中。2011 年，中央企业 80% 的资产集中在石油石化、电力、国防、通信、运输、矿业、冶金和机械行业等重要行业和关键领域。[①]

二 继续建立现代企业制度

如前所述，2000 年在国有大中型骨干企业中初步建立了现代企业制度的基本框架，但与完善的现代企业制度的要求还相距甚远。其主要表现如下。第一，股权多元化还没有得到应有的发展，国有独资或一股独大的情况还相当普遍。这既不利于政企分开，又不利于规范法人治理结构，并损害股市的健康发展。第二，国有经济法人治理结构不规范的状况还很多。比较普遍的问题是：股东大会形同虚设，董事会不到位，不能很好地代表出资人的利益，存在"内部人控制"现象，即使是上市公司董事会也有不少是第一大股东控制。这些必然造成"内部人控制"，以至国有资产严重流失。第三，传统计划经济体制留下的企业劳动、人事和分配制度还未完全改革，适应市场经济要求的企业内部经营机制还未真正建立。

为了实现完善现代企业制度的任务，21 世纪以来进行了以下几个方面的工作。

第一，继续扩大股份制改造面，实现股权多元化，明晰产权关系。其一，无论是国有中央企业或地方企业的股份制改造面都在扩大。2011 年，国有企业股份制改造面提高到 80%。其二，不仅垄断行业（如电力、电信、民航等），而且在国民经济中处于中枢地位的银行业的股份制改造都取得了突破性

---

① 《中国经济年鉴》（2012），中国经济年鉴社，第 28 页、528 页；《中国统计年鉴》（2012），中国统计出版社，第 518 页。

进展。例如，四大商业银行（中国工商银行、中国银行、建设银行和中国农业银行）都实现了股份制改造，前三家已经成为上市公司；原来作为政策性银行的中国开发银行也已建立股份有限公司。其三，伴随我国事业单位改革的发展和文化事业的产业化，众多原来的国有事业单位也转变为公司制的企业。其四，处理了过去股份制改造中遗留下的股权分置问题。2006年后，全国除金融机构控股的上市公司外，801家国有控股上市公司就已有785家完成或启动了股改程序，占98%。这项任务已于2007年基本完成。

第二，建立规范的法人治理结构。为此，着重推进了以下工作。一是通过建立健全全国国有资产监管机构，确保出资人到位。不仅要做到不缺位，而且要做到不错位、不越位，既保证董事会、经理层和监事会有效地发挥作用，又防止"内部人控制"，确保国有资本的增值。二是发挥董事会在治理结构中的核心作用。为此，优化董事会的构成，设立真正发挥作用的外部董事和独立董事；并建立以为外部董事和独立董事为主组成的审计委员会、提名委员会和薪酬委员会等；避免董事会和总经理的交叉任职；实行董事会的集体决策和个人负责的决策机制；确定经理人员的薪酬制度，注重长效激励。到2011年，在国资委监管的中央企业中，建立规范的董事会的企业已达到42家。[1] 三是强化监事会的监督作用。还要发挥股东的监督作用。为此，要建立真实的、公开的、有效的信息披露制度，特别是健全股市。

第三，根本改革计划经济体制下形成的劳动、人事和工资制度，建立与现代企业制度相适应的经营机制。一是在改革劳动制度方面，实现了市场化。二是在改革人事制度方面也进行了有益实践。主要包括：对国有企业领导人员实行产权代表委任制和公司经理的聘任制，实行年度考核和任期考核，建立完善年薪制和持有股权等分配方式，强化监督约束机制等。三是在改革工资制度，建立现代薪酬制度方面，也进行了多方面实践。①转变政府对企业工资收入分配的管理方式。在调控方式上，从直接调控向间接调控转变；在

---

[1] 《中国经济年鉴》（2013），中国经济年鉴社，第28页、528页。

调控目标上，从总量调控向水平调控转变；在调控手段上，从以行政手段为主向以法律、经济手段为主转变。政府通过转变管理方式，为深化企业工资收入分配制度改革创造良好的外部环境。②进一步完善企业工资收入分配宏观调控体系。按照依法规范、加强指导、提供服务和实施监督的原则，完善以"三个指导、两项立法、一个监督"为重点的企业工资收入分配宏观调控体系。三个指导即建立指导企业工资分配的三项制度，包括工资指导线制度、劳动力市场工资指导价位制度和人工成本预测预警制度。两项立法即企业工资最低保障立法和工资支付立法。一个监督即政府对企业执行国家关于工资收入分配法律法规和政策情况进行监督，并依法对企业违规行为进行处理。③深化企业内部分配制度改革，大力推行岗位工资为主的基本工资制度，推行竞争上岗、以岗定薪、岗变薪变，岗位工资参照劳动力市场价位确定，职工工资收入主要由其岗位和工作实绩来决定，切实解决企业工资分配激励不足、约束不严的问题。④推进企业经营者收入分配制度改革。实行其收入与责任、业绩和风险相挂钩的岗位绩效工资，并探索多种激励形式相结合，长期激励与短期激励相结合的激励和约束机制，如实行年薪制和股权激励等。⑤探索建立市场化的、多种形式的工资决定机制。对一些未改制的国有企业和已经改制的国有独资公司，充分发挥职代会对工资分配的作用，通过完善厂务公开制度，建立工资分配的民主决定机制；对一些已按《公司法》规范改制的国有控股或参股的股份公司和有限责任公司，通过大力推行工资集体协商试点，探索建立适合国有控股或参股公司特点的工资决定机制。

第四，加强企业的科学管理。一是推行人才兴企战略，探索建立吸引人才、留住人才和发挥人才的机制，发挥人力资本在发展企业中的作用。二是继续推进企业管理的信息化。三是实行厂务公开，加强民主管理。四是加强企业文化建设。多年来，在继承党的思想政治工作和我国优良传统道德的基础上，吸收了现代企业管理理论的精华，依据以人为本的理念，推进了企业文化建设。

上述四个方面的措施，促进了现代企业制度的完善。

三 推进国有事业单位和存续企业的改革

尽管2000年国有大中型骨干企业初步建立了现代企业制度的框架，但不仅现代企业制度不完善，而且企业改制面还有待扩大。在这方面，最突出的是事业单位和存续企业改革滞后，亟须推进。

1. 推进国有事业单位的改革

在国有经济的改革中，国有事业单位重要地位仅次于国有企业。到21世纪初，中国全部事业单位130多万个，其中独立核算事业单位95.2万个，纳入政府事业单位编制的人员近3000万，占据60%的社会人才，三分之一的国有资产，三分之一的国家预算开支；而对国内生产总值的贡献率只有5%~10%。[①] 而且，当时我们国有事业单位构成很复杂：有提供公共产品和服务职能的（如科教文卫，以及与公共基础设施和公用事业相关的服务等），有承担各种市场中介职能的，甚至有直接承担政府职能的。这些事业单位不仅经济性质、隶属关系、资金来源和运作方式各异，而且改革发展很不平衡。因此，国有事业单位的改革，不仅很重要，而且任务很艰巨。

多年来，我国国有事业单位改革取得了一定的进展。但是，总体来看，相对于国有企业来说，国有事业单位改革更为滞后，适应社会主义市场经济要求的事业单位体制的框架还未建立。依据社会主义市场经济的要求和当时情况以及已有的改革经验，要采取以下措施推进国有事业单位的改革。一是改革后中国事业单位的定性应是：主要从事社会事业和公益事业的、独立于政府和企业之外的非营利组织。其基本特点是：非政府（也非"二政府"）、非企业（也非准企业）、非营利（也非变相营利）。二是大力调整事业单位结构。按照改革后事业单位的性质定位，从总体上收缩规模、调整结构。①能够

[①] 《经济日报》2004年4月12日，第5版；《经济日报》2004年8月9日，第10版。

撤销的，在做好相关善后工作的基础上坚决撤销。②当时已承担着政府职能且不宜撤销的，应明确转变为政府部门。公益性事务较少、可以改制为企业的，或者当时已从事大量市场经营活动，企业色彩比较浓重的事业单位，应明确转变为企业。承担着非沟通协调职能，其服务与市场经营活动密切相关的中介性事业单位，应明确转变为市场中介组织。③把国家财政全额拨款的事业单位减少到必要的限度，依此原则，对现有全额拨款的事业单位，通过合并、重组形式进行整合。④不宜再由政府出资兴办且有市场前途的事业单位，可通过招标拍卖的方式，让渡给其他投资者。三是创新机制，强化事业单位内部管理。①建立新型的法人治理结构。对财政全额拨款的事业单位，实行理事会领导下的执行人日常负责制度。其理事会应由通过竞争方式选出的，包括出资者、业内专家等在内的若干有代表性人士组成。日常运营由执行人负责。执行人由理事会向社会公开招聘选出，并向理事会负责。形成事业单位监管机构、理事会和执行人相互间的有效制衡机制。由多元投资形成的事业单位，可以参照企业建立董事会领导下的总经理负责制度。②全面实行管理者聘任制和全体职员竞争上岗、优胜劣汰的制度，并建立有效的激励和约束制度。四是加强对事业单位的监管。①科学设立监管机构。②切实做到依法监管。[①] 在推行以上各项改革的同时，配套措施（特别是社会保障制度的建设）要紧紧跟上。

国有事业单位改革是一个复杂的系统工程，它的完全实现需要经过一个长期的探索和实践过程。

2. 推进国有存续企业的改革

我国从20世纪90年代以来，为了加快国有企业改革，以及尽快地让国有企业能够上市融资，国有企业较为普遍地采用了存续分立改制的方式，即把企业核心业务及相关优良资产进行剥离、重组、改制上市。上市后以国有独资企业集团公司或母公司的形式存在的未上市企业，被称为国有存续企业。

[①] 参见《经济日报》2004年4月12日，第5版。

存续分立改制上市对推动国有企业改革起到了一定的作用，但国有存续企业是当时国有企业改制不彻底的产物。这种做法是将国有企业改革必须解决的问题集中到存续企业中，因此引发了国有存续企业改革问题。当时，国有存续企业普遍存在的问题，一是改革滞后，运行机制不适应市场经济发展的要求。二是存续企业接受的资产在规模及质量方面都明显地次于已上市的企业，大量的债务、非核心业务、离退休人员、下岗职工、规范改制企业的富余人员等，大都留在存续企业。三是存续企业的业务往往是依附于上市公司主业的附属业务，还有"办社会"职能，赢利能力低下甚至亏损。四是有些主业上市公司与存续的关系扭曲企业引发了一系列问题。例如，主业公司成了存续企业的"提款机"，或者是存续企业成了主业公司的"利润缓冲池"。五是有些企业对存续企业采用多级法人决策体系与行政管理相结合的体制。这种体制易于引发企业总部和下属单位关系不明确、总部对下属企业控制不到位，下属企业激励不足、短期行为普遍等问题。

为此，一是需要改变以往国有企业改革治标未治本，将矛盾集中在存续企业的做法。改制上市公司应推进彻底的、不留后遗症的改革。二是有关部门要加快消化国有存续企业的存量。主要是要进一步消化历史遗留问题；要理顺上市公司主业与存续企业的关系，加快市场化进程。三是相关国有企业应以业务分类重组为存续企业改革的主线。主要是明确存续企业的核心业务，有条件的企业对业务进行再次重组，重点支持其发展壮大；在进一步分离办社会职能的同时，对辅助生产、生活后勤进行优化重组。同时，将股权多元化作为存续企业改革的主要途径，加快产权制度改革。还有，要将员工身份置换及分流安置作为存续企业改革的基础，引导和鼓励员工整体带资分流、有偿解除劳动合同和参股、控股改制企业，深化劳动用工制度改革，建立起员工能进能出、能上能下的竞争机制。① 显然，实现这项改革是长期的过程。

---

① 参见《经济日报》2004年11月11日，第2版。

四 继续建立国有资产管理制度

改革以来，我国国有资产管理体制改革取得了一定的进展。但直到20世纪末，适应社会主义市场经济要求的国有资产管理体制的基本框架还未建立，国有资产管理体制性障碍还没有从根本上得到解决。国有资产存在的资产质量不高、运营效率低、产权转让不规范、资产流失等问题，其中一个根本原因就是国有资产管理体制改革滞后。突出表现为出资人没有真正到位和对国有资产多头管理。一方面，政府的公共管理职能与出资人职能没有分开，在内设机构和分工上既行使公共管理职能，又行使国有资产出资人职能。另一方面，监管国有资产的职能实际上分散在若干部门，权利、义务和职责不统一，管资产和管人、管事相脱节。这就使得职责不清、权责脱节的现象屡屡出现。为从根本上解决上述问题，2002年党的十六大提出，国家要制定法律法规，建立中央政府和地方政府分别代表国家履行出资人职责，享有所有者权益，权利、义务和责任相统一，管资产和管人、管事相结合的国有资产管理体制。十六届二中全会明确了国有资产监管机构的性质、职能、监管范围和与企业的关系等一系列重要问题。十六届三中全会进一步强调，要坚持政府的公共管理职能与国有资产出资人职能分开，国有资产监管机构对国家授权监管的国有资本履行出资人职责，并提出要建立国有经营预算制度和企业经营业绩考核体系，积极探索国有资产监管和经营的有效形式，完善授权经营制度。

依据党的十六大和十六届三中全会的精神，以及完善社会主义市场经济的要求，用三年或更多的时间，构建中央政府和地方政府分别代表国家履行出资人职责，享有所有者权益，权利、义务和责任相统一，管资产和管人、管事相结合的国有资产管理体制的基本框架，实现国有资产保值增值。在此基础上，争取到2010年，建立起适应社会主义市场经济体制要求的比较完善的国有资产管理、监督、运营体制和机制。①

依据党的十六大的精神,2003年5月国务院组建了国有资产监督管理委员会(简称国资委)。这是第一次在中央政府层面上真正做到了政府的公共管理职能与出资人职能分离,实现管资产与管人、管事相结合,表明代表国家股东的出资人机构已经到位。

国资委成立后,依据党的十六大精神,采取以下措施来构筑新的国有资产管理的基本框架。

第一,制定和完善国有资产监督管理的法律法规体系。为此,国资委成立以后,就配合国务院法制办着手起草《企业国有资产监督管理暂行条例》(简称《条例》)。该《条例》于2003年6月由国务院公布实施。《条例》关于企业国有资产监督管理体制的主要规定有:企业国有资产属于国家所有。国务院代表国家对关系国民经济命脉和国家安全的大型国有及国有控股、国有参股企业,重要基础设施和重要自然资源等领域的国有及国有控股、国有参股企业,履行出资人职责。省、自治区、直辖市人民政府和设区的市、自治州人民政府分别代表国家由国务院履行出资人职责以外的国有及国有控股、国有参股企业,履行出资人职责。同时,《条例》就国有资产管理机构的设立做出明确规定,国务院,省、自治区、直辖市人民政府,设区的市、自治州人民政府,分别设立国有资产监督管理机构。国有资产监督管理机构根据授权,按照"权利、义务和责任相统一,管资产与管人、管事相结合"的原则,依法履行出资人职责,依法对企业国有资产进行监督管理。《条例》还明确要求各级人民政府应当坚持政府的社会经济管理职能与国有资产出资人职能分开,坚持政企分开,实行所有权与经营权分离。国有资产监督管理机构不行使政府的社会经济管理职能,政府其他机构、部门不履行企业国有资产出资人职责。《条例》关于国有资产监督管理机构作为履行出资人职责的机构,对所出资企业国有资产实施监督管理的主要内容包括:一是对所出资企业负责

---

① 参见《〈中共中央关于完善社会主义市场经济体制若干问题的决定〉辅导读本》,人民出版社,2003,第68页、74页。

人实施管理;二是对所出资企业重大事项实施管理;三是对企业国有资产实施管理。《条例》规定,国有资产监督管理机构对企业国有资产采取不同的监管方式。国有资产监督管理机构依照法定程序,直接决定国有独资企业、国有独资公司的重大事项;对国有控股公司,国有资产管理监督机构依照公司法规定,通过派出的股东代表、董事,参加股东会、董事会,按照国有资产监督管理机构的指示发表意见,行使表决权,对企业国有资产实施监督管理。[1] 为了使《条例》得到有效实施,需要制定相配套的法规。2008年10月28日十一届全国人大常委会第五次会议通过的《企业国有资产法》,进一步完善了对国有资产的监督管理。到2011年,国资委共出台规章27件和规范化文件200多项。地方政府国资委也出台了大量规范文件。[2]

第二,切实做到出资人层层到位。为此,一是要建立健全权责明确、管理规范、上下协调、精干高效的中央和省、市(地)国有资产监管机构,在政府层面实现出资人到位。为此,2003年国资委组建以后,即着手组建省、市(地)级国有资产监管机构。到2005年,31个省、区、市的国有资产监管机构已经组建完毕;431个市(地)级国有资产监管机构有282个已经基本完成组建工作。二是要规范公司制、股份制改造,规范法人治理结构,理顺母子公司体制,把国有资产保值增值责任制落实到基层企业。为此,2003年12月国务院办公厅就已转发了国资委《关于规范国有企业改制工作的意见》,为国有企业改制重申或制定了以下规则:方案报批;清产核资;财务审计;资产评估;交易管理;定价管理;转让价款管理;依法保护责权人利益,维护职工合法权益,以及规范管理层收购。三是继续探索和完善国有资产的授权经营。国有资产出资人将由其行使的部分权利授予其所出资企业中具备条件的国有独资企业、国有独资公司行使。被授权企业对其全资、控股、参股企业中国家投资形成的国有资产依法进行经营、管理和监督,并承担企业国有资产保值增值责任。被授权企业要基本建立现代企业制度,并有健全的内部

---

[1]《经济日报》2004年11月11日,第2版。
[2]《中国经济年鉴》(2012),中国经济年鉴社,第68页。

管理制度。被授权经营的企业可以是从事生产经营的大公司、大企业集团，也可以是国有资产控股公司、国有资产经营公司、国有资产投资公司和金融资产管理公司等。改革以来，有些地方已经在这方面取得了一些有益经验。比如，到2003年，珠海市已经搭建了以国有资产管理部门为第一层，资产营运机构和授权经营主体为第二层，经营企业为第三层的"三层架构"，形成管理、运营、监督责权利明晰的"三层体系"。

第三，建立一套科学的国有资产经营责任制度。主要包括以下两方面，一是建立国有资本经营预算制度。国有资本经营预算是国有资产监管机构依据政府授权，以国有资产出资人身份依法取得国有资本经营收入、安排国有资本经营支出的专门预算，是政府预算的重要组成部分。收入主要包括国有资本经营收入、国有资产出售收入、公共财政预算转入收入、政府性基金收入及其他收入，支出主要包括投资性支出、各项补贴支出及其他支出。实行国有资本经营预算是国有资产监管机构履行国有资产出资人职责的重要方式，是对国有资本管理和运营进行评价考核的重要方面。编制国有资本经营预算要遵循收支平衡、量入为出的原则，并实现中央政府和地方政府国有资产监管机构分级编制、保值增值的原则。二是建立企业经营业绩考核体系。企业经营业绩考核体系是国有资产监管机构依法对出资企业经营业绩进行考核的一系列指标所构成的综合体系，是年度考核与任期考核相结合、结果考核与过程评价相统一、考核与奖惩紧密挂钩的新的考核体系。这是从总体上考核国有资产经营效率，实行国有资产经营目标管理，以及落实国有资产经营责任制度的重要手段。与经营业绩体系相配套，要建立企业国有资产统计评价体系。企业绩效评价体系是根据企业年度经营结果，以投入产出分析为核心，对企业绩效进行评价的一整套办法。还要建立符合社会主义市场基金要求的国有企业领导人员选拔任用和激励约束机制，建立有别于国家机关干部的企业领导人员选聘制度，逐步实现内部竞聘上岗、社会公开招聘、人才市场选聘等多种形式的经营者市场化配置，实行经营业绩与报酬挂钩。为此，国资委2003年11月公布了《中央企业负责人经营业绩考核暂行办法》，到2004

年 11 月就已完成了 187 户中央企业年度经营业绩责任书的签订工作。2007 年以来，国资委为了改进对中央企业负责人的考核，在上海、深圳等地试点，用"经济增加值"这个核心指标取代"净资产收益率"这个核心指标，并于 2010 年全面实行。这是借鉴国际先进经验，推行价值管理的一项重要措施。到 2008 年，中央企业先后分七批向国内外公开招聘了 103 名中央企业高级经营管理者，通过市场化方式选用的各级经营管理人才约占总数的 30%。[①] 国资委还建立健全国有资产流失的责任追究制度。

第四，继续推进国有企业监事会的工作。改革以来，在这方面已经取得一定进展。建立监事会制度，向国家重点企业派出监事会，是国务院从体制上加强对国有资产监督的一项重要决策。2003 年，就已派出监事会主席 42 位，专职监事 265 人，兼职监事 360 多人，聘请了会计师事务所工作人员 120 多人，特别技术助理 40 多人。为适应国有资产管理体制改革的需要，监事会由国务院派出调整为国资委派出，继续推进国有企业监事会工作。在监事会派出上，对中央企业中的国有独资企业、国有独资公司继续实行外派监事会制度；国有参股、国有控股企业中关系国计民生和国家安全的，经国务院批准，也应继续实行外派监事会制度；其他国有控股公司和参股公司，依照国家股权比例，由国资委派出监事，进入监事会。还进一步完善监事会制度，加强对国企的财务、审计监督和纪检监察，建立健全国有资产产权交易监督管理制度，研究制定对所出资企业重大事项的管理办法。

上述的继续推进国有经济布局和结构的战略性调整、建立和完善现代企业制度以及建立和健全国有资产管理制度，不仅使得国有资本逐步向大型企业集中，并向关系国家安全和国民经济命脉的重要行业和关键领域集中（数据已见前述），也使得国有企业在逐步做大的同时，向做强的方向发展。由此使得国有企业保值增值的活力增强，掌握社会资本的功能放大，对国民经济的控制力增强，在国民经济的主导作用也得到进一步发挥。这一点在国资委

---

① 国资委网，2009 年 9 月 26 日。

管理的中央企业方面,表现得尤为明显。2003年,国务院国资委成立时,中央企业进入美国《财富》500强的只有6家,到2011年增加到37家。就国有企业上市公司来看,其掌握社会资本的功能和经济实力大大增强,仅2011年企业通过境内外股市就筹集资金7506.23亿元。由于上述多重因素的积极作用,不仅中央企业在做大做强方面取得了丰硕成果,全国国有企业在总体上也呈现出这种良好的发展态势。2000~2011年,国有及国有控股工业企业由53489户减少到17052户,但工业总产值、资产总额、所有者权益、营业收入、上缴税金和利润分别由40554.37亿元增长到221036.25亿元,由84014.94亿元增长到281673.87亿元,由32714.81亿元增长到109233.21亿元,由42203.12亿元增加到228900.13亿元,由1105.28亿元增加到9053.12亿元,由2408.33亿元增加到16457.57亿元。[1]

但同时需要指出,在推进国有经济战略性调整、完善现代企业制度,以及健全国有资产管理体制三方面还存在诸多问题,由此必然造成积极效益低,其集中表现就是:2011年,国有及国有控股工业企业的总资产贡献率仅为13.69%,低于全国在这方面平均水平2.4个百分点。[2] 可见,国有经济还面临艰巨的深化改革的任务。

第二节　全面深化农村经济改革

1978年以来,我国经济改革首先在农村取得突破,此后又取得了进一步发展,从而推动了农业和农村经济的迅速发展。但这项改革没有也不可能迅即到位。而且伴随改革深化和经济发展,农村经济体制的原有弊端会进一步暴露出来,还产生了一些新问题。因此,深化农村体制改革,仍

---

[1]《中国经济年鉴》(2012),中国经济年鉴社,第528页、537页;《中国统计年鉴》(2012),中国统计出版社,第518页、520页。

[2]《中国统计年鉴》(2012),中国统计出版社,第511页、521页。

然是完善社会主义经济体制的一个重要方面，是一项关系改革、发展和稳定全局的重要任务。这期间主要从以下五个方面深化了农村经济体制改革。

一 实行最严格的耕地保护制度

实行最严格的耕地保护制度，不仅是由我国人多地少这一基本国情和农业作为国民经济基础的特殊重要地位决定的，而且是实行作为农村基本经营制度的土地家庭承包经营和确保作为基本国策的粮食安全战略的一个重要前提条件。但是，多年来，由于各种因素的作用，数量大得惊人的、作为最重要资源的耕地被占用。一是开发区设立得过多过滥，占用了大量耕地。二是城市建设过地占用了大量耕地。三是因调整农业结构减少了粮食播种面积。四是生态退耕退了一些不该退的耕地。因此，实行最严格的保护耕地制度，就成为一件十分迫切的事情。

实行这一制度，除了要对基本农田施行特殊保护政策（如基本农田保护区要落实到地块，实行严格的基本农田占用的审批制度）以外，还亟须控制征地规模。这方面的措施，一是严格区分公益性用地和经营性用地，并采取不同的政策。征地权是国家的行政权力，只能用于水利、交通、国防、义务教育、公共卫生、公检法设施等国家重点公共设施建设，而不能用于商业开发，更不能成为企业行为。企业用地只能在符合土地利用总体规划和城镇建设规划的前提下，通过向国家、向农民购买、租赁或以土地参股等市场方式取得，价格由市场决定。二是增强土地利用规划的约束力。地方各级政府都要制定和实施土地利用规划，把用地数量限制在规划数量范围之内。土地用途一旦确定，要严格执行，不允许商业开发。三是严格控制国家建设用地数量。城镇建设要尽量利用存量土地，控制盲目扩张。即使是国家重点建设也要尽可能节约用地。四是改进土地征用补偿方式。要及时足额给农村集体组织和农民合理的补偿，解决好被征地农民就业、住房和社会保障问题。五是坚决贯彻执行《中华人民共和国农村土地承包法》，把承包地的使用、收益、经营权的流转和产品处置等方面的权利真正交给农民，并对非法征用占用土地，依法追究责任。[①] 这些都是完善农村土地制度的重要内容，即要完善土地承包经营权的权能，依法保障农民对承包土地的占用、使用、收益等权利。这样，就能从主要方面构成维护耕地的市场主体，并提供法律保障，才能把最严格的保护耕地制度真正落到实处。

由于上述各项措施的贯彻，在制止大量占有耕地方面已初步显现成效。但是，实行最严格的耕地保护制度仍然是一项艰巨的任务。

二 完善农村土地经营制度

完善农村土地经营制度政策措施主要包括以下两个层面。

第一，稳定和完善作为农业基本经营制度基础层面的土地家庭承包经营制度。自20世纪80年代初农村普遍实行家庭承包经营以来，党和政府一直强调要长期稳定土地承包关系，并将此确定为党在农村的基本政策，还为此提供根本的和具体的法律保障。1999年九届人大二次会议，把这一农村基本政策写入了宪法。2003年实现的《中华人民共和国农村土地承包法》（简称《农村土地承包法》），对农村土地承包又做了具体规定，耕地承包期为三十年，草地承包期为三十年至五十年，林地承包期为三十年至七十年。这为我国农村经济发展和社会稳定奠定了坚实的法律基础。但多年来，有些地方侵犯农民的土地承包经营权益的情况常常发生。诸如随意缩短承包期、收回承包地和提高承包费；随意调整承包地，多留机动地；不尊重农民的生产经营自主权，强迫农民种这种那，强迫流转承包地等。因此，要加大《农村土地承包法》的执法力度，加强农村土地承包管理，依法保护农民的权益。

---

① 详见《经济日报》2000年8月30日，第9版。

但在稳定土地承包关系的前提下，根据市场经济发展规律的要求，需要进行土地承包经营权流转，逐步发展适度规模经营。《农村土地承包法》规定，通过家庭承包取得土地承包经营权可以依法采取转包、出租、互换、转让，或其他方式流转。国家保护承包方依法、自愿、有偿地进行土地承包经营权流转。这就是土地流转以及如何流转的法律依据。依法，即要按照土地承包法规定的原则和程序进行规范的流转。自愿，即尊重农民的自主权。土地是农民的"命根子"，土地流转必须看承包户是否真正愿意放弃经营土地。有偿，即土地承包经营权流转应当是有偿的。土地流转的转包费、转让费和租金等，应由农户与受让方或承租方商定，收益应归农户所有。实践证明：依法实行农民承包经营权流转，对保护农民权益具有重要意义。

随着市场经济的发展，一些农户的经营规模必然会逐步扩大。但在具体条件下，发展土地规模经营要特别注意同农村工业化、城镇化水平相适应，同农村劳动力转移同步，还要考虑人多地少的国情。因此，发展土地规模经营必须且只能是逐步的、适度的。实际上，直到2006年，流转承包地面积也只达到5551.2万亩，仅占全国承包总面积的4.6%；实行适度规模经营的耕地也只达到3571.4万亩。到2011年，流转承包地上升到2.3亿亩，占家庭承包总面积的17.9%。①

第二，完善作为农业基本经营制度的集体层面的经营制度。一是完善农村社区性集体经济组织。改革后，农村基层设立了农民的自治性组织——村民委员会，它是农村集体财产的所有者，也是在农村社区内部向农民提供各类服务的主要承担者。多年来，许多农村集体经济组织对本组织内承包户的家庭经营提供生产技术服务，同时使集体经济自身实力增长。但也有不少农村集体经济组织不仅不向农户提供生产技术服务，反而以各种名目向农户收钱，加重农民负担，导致经济发展滞后，干群关系紧张，影响农村稳定。这就要推进农村集体经济组织的制度改革，特别是在集体经济组织内部要加强

---

① 详见《经济日报》2002年8月30日，第9版。

民主管理和民主监督，实行村务公开，以增强集体经济组织的凝聚力。同时要明确集体经济组织的主要功能就是为农户的生产生活提供各种服务，就是要把农民一家一户办不了、办不好、办起来不合算的事情努力办好。比如，为农户提供灌溉、机耕、植保、种子、农资供应、农产品销售等服务。还要提到：据有的学者估计，2006年我国还有大约45.1%的村是集体无收入的"空壳村"。在这些地方恢复集体经济的活力，是一个亟待解决的问题。二是发展农民专业合作组织。伴随市场经济的发展，获得市场信息、优良品种和先进适用技术，以及提高进入市场的组织化程度、降低农产品生产和销售过程中的风险和成本等，就成为农民日益迫切的要求。这样，由农民自愿发起的各类农村专业合作组织，在改革以后就开始发展起来。到了21世纪初，在良好的政策、法律环境下，这种合作组织迎来了发展的新春天。2003年实施的《中华人民共和国农业法》规定：国家鼓励农民在家庭承包经营的基础上自愿组成各种专业合作经济组织；国家鼓励和支持农民专业合作经济组织参与农业产业化经营、农产品流通和加工以及农业技术推广等。为了规范农民专业合作社的发展，2007年又实施了《中华人民共和国农民专业合作法》。这就大大加速了各类农民专业合作社的发展。到2008年年底，全国实有农民专业合作社11.09万个，出资总额880.16亿元，实有成员总数141.7万人，其中农民成员133.94万人，占成员总数的94.51%。而且，合作社经营领域不断拓宽，服务内容不断增多。合作社在保持农业为主体（其中种植业和养殖业分别占49.0%和20.4%）的情况下，不断向第二、三产业发展，农产品加工和民俗旅游等专业合作社占的比例已经超过了20%，合作社为成员提供的产销服务、信息技术服务、运销服务和加工服务分别占到服务总量的44.3%、20.2%、8.8%和7.9%。有些合作社还开展信贷服务和保险服务。到2011年，全国实有农民专业合作社超过50万个，入社成员约为3479万人。[1]但总体来说，农民专业

---

[1] 张晓山：《中国农村改革30年研究》，经济管理出版社，2008，第58页、66页、129页；国家工商总局网，2009年3月20日；《十一届全国人大五次会议〈政府工作报告〉辅导读本》，人民出版社，2012，第291页。

合作组织的发展，还处于起步阶段，它在农户总数和农产品销售总额中的占比都很低，内部运行、治理结构和盈余分配等方面机制还很不完善，健全这种合作组织还是一项长期任务。

三 实行农村税费改革

改革以来，直到20世纪90年代末，农村税费制度和征收办法还很不合理，农民负担很重。这表现在以下方面。①农民"三乱"普遍存在。在收费方面，中小学学生就学、农民建房、农民结婚登记时的搭车收费现象比较严重；在集资方面，地方向农民集资修建道路、兴修水利、办电等。②高估虚报农民人均纯收入，多提村提留和乡统筹费。按规定，村提留和乡统筹费不得超过农民上年人均纯收入的5%。有的地方为了多提村提留和乡统筹费，在农民纯收入统计上弄虚作假，虚增收入，变相加重了农民的负担。③摊派严重。一是平摊农业特产税、屠宰税。一些地方不按税法规定依法征税，采取高估平摊办法，按人头、田亩数向农民征收农业特产税、屠宰税。有的地方为了增加农业特产税税源，甚至强迫农民种烟、种果等。二是报刊乱摊派。④"两工"政策弹性大，强行以资代劳现象较为严重。根据规定，可以要求每个农村劳动力每年承担5~10个农村义务工和10~20个劳动积累工，有条件的地方，经县级政府批准还可适当增加。该项政策在具体执行中，大多数地方固定要求农民无偿出工，有的地方甚至不让农民出工，而要求农民以资代劳。⑤不切实际的达标升级活动屡禁不止。往往是上面布置任务，基层出钱出物，这些负担最后都摊派到农民头上。这就大大加重了农民的负担。据有的专家计算，2000年农民除通过"剪刀差"为国家提供积累外，直接负担的税费共1778亿元（包括各种税、"三提五统"、"两工"、以资代劳等），平均每个农民负担199元，占人均纯收入的8.8%，比用于农业的支出多1000亿元。在上述情况下，推行农村税费改革就具有极重要的经济、政治意义，以至有的学者把它称作又一次重大改革。新中国成立之初实行了土地改革，实现了

"耕者有其田"。改革后实行了家庭承包经营，实现了"耕者有其权"。这次农村税费改革，实现了"耕者有其利"。[①]

按照党中央、国务院的部署，2000年以来，安徽等地进行了农村税费改革的试点。经过两年多的试点，取得了重要的阶段性成果。一是有效地遏制了农村"三乱"，明显减轻了农民负担。试点地区农民负担减幅一般在25%以上，得到了农民的衷心拥护。安徽省2001年全省减少农民政策性负担19.4亿元，农民人均政策性负担比改革前减少39元，减幅达35.6%。如果加上减少"两工"、规范涉农收费和制止农村"三乱"，减负效果更加明显。二是积极探索了农村义务教育和乡村两级运转必要经费的解决办法。安徽等试点地区通过精简机构、并乡并村等配套措施，以及调整财政支出结构和上级给予转移支付补助等办法，基本解决了乡村财力缺口问题，初步建立了农村中小学教师工资发放、学校公用经费和危房改造投入、乡镇五项事业费、村级三项费用的经费保障渠道。三是初步规范了农村税费征管。试点地区对农业税征管体制、征收程序、征收办法都进行了规范，普遍实行了纳税登记和纳税通知制度。

两年多的试点还在农村税费改革方面积累了许多经验。第一，为确保农村税费改革取得成功，需要做好以下相关配套改革：一是改革和精简乡村机构、压缩人员、节减开支，转变乡镇政府职能；二是加大中央和省两级财政转移支付力度，为农村税费改革提供必要的财力保证；三是严格规范农业税征收管理，促进农业税收征管的法制化；四是建立健全村级"一事一议"的筹资筹劳管理制度；五是切实执行中央减轻农民负担政策，建立有效的农民负担监督管理机制；六是认真研究和积极探索有效办法，妥善处理乡村不良债务。第二，确保农民负担得到明显减轻、不反弹，确保乡镇机构和村级组织正常运转，确保农村义务教育经费正常需要，是衡量农村税费改革成功的重要标志。为了做到"三个确保"，需要：建立完善"规范收费、公开透明、民主监督、责任追究"的农民负担监督机制；建立完善"政府办学、经费保

[①]《经济日报》2002年8月9日，第2版；《经济日报》2002年8月12日，第2版。

障、因地制宜、加强管理"的农村义务教育投入机制；建立完善"机构精简、职能转换、缺口上移、重心下移"的乡村政权组织正常运转机制。①

2002年，根据中央提出的"积极稳妥，分步实施"的方针，国务院决定2002年进一步扩大农村税费改革试点范围。扩大改革试点的省份主要是农业大省和粮食主产省，进行改革试点地区（包括进行局部试点地区）的农业人口约有6.2亿，占全国农业人口的四分之三以上，农村税费改革将向前迈进一大步。②

2003年，按照党的十六大以及中央经济工作会议和中央农村工作会议精神，国务院决定全面推进农村税费改革试点，并做出了《关于全面推进农村税费试点工作的意见》（2003年3月27日），就这项工作做了全面部署，③从而促进了这项工作的开展。

但是，当时农民负担水平依然偏高，种粮农民负担仍然较重，相关配套改革相对滞后，农民减负的基础还不牢固，甚至存在负担反弹情况。为此，2004年中央一号文件提出要继续推进农村税费改革。并依据改革试点经验在这方面提出了一系列切实可行的有效措施。要巩固和发展税费改革的成果，进一步减轻农民的税费负担，为最终实现城乡税制的统一创造条件。逐步降低农业税税率，2004年农业税税率总体上降低1个百分点，同时取消烟叶外的农村特产税。降低税率后减少的地方财政收入，沿海发达地区原则上由自己消化，粮食主产区和中西部地区由中央财政通过转移支付解决。有条件的地方，可以进一步降低农业税税率或免征农业税。各地要严格按照减税比例调减到户，真正让农民得到实惠；确保各级转移支付资金专款专用，及时足额下拨到位。要据实核减合法征占耕地而减少的计税面积。要加快推进配套改革，继续加强农民负担监督管理，防止农民负担反弹，巩固农村税费改革成果。进一步精简乡镇机构和财政供养人员，积极稳妥地调整乡镇建制，有

---

① 详见《经济日报》2002年8月14日，第21版；《经济日报》2002年8月20日，第2版；《经济日报》2002年8月22日，第2版。
② 《经济日报》2002年8月9日，第2版。
③ 详见《经济日报》2003年5月18日，第1版。

条件的可实行并村,提倡干部交叉任职。优化农村学校布局和教师队伍。进一步清理和规范涉农行政事业性收费。巩固治理利用职权发行报刊的成果。积极探索化解乡村债务的有效途径。尽快制定农业税的征管办法。①

到 2006 年,全国彻底取消了农业税。从此,这个实行了长达 2600 年的古老税种从此在我国就终结了。这是一个具有划时代意义的重大变革。农村税费改革不仅取消了原先 336 亿元的农业税赋,而且取消了 700 多亿元"三提五统"和农村教育集资等,还取消了各种不合理收费,农民得到了很大实惠。

为了配套进行这项改革,保证基层政权能够正常运转和农村义务教育得以实施,从 2006 年起,国家财政将每年拿出 1030 多亿元,用于这些支出。这就推动了农村综合改革。②

但是,巩固农村税费改革成果,还要使各项配套改革完全到位,政策和财政支持到位,监管和执法力度到位。当然,实现了这项任务,也只是农村税制改革的第一步,还需在这个基础上进一步实现统一的城乡税制。这当然是一项较为长期的任务。

四 深化农产品流通体制改革和供销合作社改革

1. 深化农产品流通体制改革

经过 20 多年的改革,我国农村商品流通体制改革取得了很大进展。概括来说,包括棉花和油料等在内的绝大多数农产品都实现了市场主体自主流通和市场定价,但直到 2000 年作为最主要农产品的粮食流通并没有真正完全放开。1998 年,在粮食供过于求、市场粮食价格持续下滑的情况下,为了保护农民的利益,国务院实行了"按保护价敞开收购农民余粮,粮食收购资金封闭运行,国有粮食购销企业收购的粮食顺价销售,深化国有粮食企业改革"的粮食流通政策。实行这项政策,有保护价的顶托,市场粮价下滑的幅

---

① 《经济日报》2004 年 2 月 9 日,第 6 版。
② 详见《中国经济年鉴》(有关年份),中国经济年鉴社。

度得到了控制，农民的利益受到了保护，对基本稳定粮食生产起到了积极作用。但这项政策并没有从根本上摆脱计划经济体制统购统销的思路，并不适合市场经济的要求，因而难以持久实行。事实上，由于市场供求规律的作用，在粮食供过于求的情况下，很难做到按保护价敞开收购，并顺价销售。于是，2001年国务院批准北京、天津、上海、江苏、浙江、福建、广东、海南等8个粮食主销区的省市于这年春开始实行粮食购销市场化改革。之后，粮食产销基本平衡的省区也陆续实行粮食购销市场化改革。2003年，除粮食主产区外，多数省、区、市的粮食收购已经实行了市场定价。并允许有资质的粮食收购企业实行自主购销的体制。这样，党的十六届三中全会《决定》进一步提出："完善农产品市场体系，放开粮食收购市场，把通过流通环节的间接补贴改为农民的直接补贴，切实保护种粮农民的利益。"[①]

依据上述决定精神，国务院于2004年5月26日发布了《粮食流通管理条例》，就粮食流通管理总则、粮食经营、宏观调控、监督检查和法律责任等方面做了规定。[②]2004年5月31日至6月1日温家宝总理主持召开了全国粮食流通体制改革工作会议，就这项改革做了全面部署。按照这个部署，深化粮食流通体制改革的原则，必须坚持有利于发展粮食生产，有利于种粮农民增收，有利于粮食市场稳定，有利于国家粮食安全。改革的总体目标是在国家宏观调控下，充分发挥市场机制在配置粮食资源中的基础性作用，实现粮食购销市场化和市场主体多元化；建立对种粮农民直接补贴的机制，保护粮食主产区和种粮农民的利益，加强粮食综合生产能力建设；深化国有粮食购销企业改革，切实转换经营机制，发挥国有粮食购销企业的主渠道作用；加强粮食市场管理，维护粮食正常流通秩序；强化粮食工作省长负责制，建立健全适应社会主义市场经济发展要求和符合我国国情的粮食流通体制，确保国家粮食安全。深化粮食流通体制改革的主要任务是，放开收购市场，直接补贴粮农，转换企业机制，

[①] 《中共中央关于完善社会主义市场经济体制若干问题的决定》，人民出版社，2003，第18页。
[②] 详见《经济日报》2004年6月4日，第7版。

维护市场秩序,加强宏观调控。当前和今后一个时期要重点做好以下几个方面工作。一是放开粮食收购和价格,健全粮食市场体系。进一步转换粮食价格形成机制,加快建立全国统一、开放、竞争、有序的粮食市场体系。二是建立直接补贴机制,保护种粮农民利益。从2004年起,全面实行对主产区种粮农民的直接补贴政策,调动主产区和农民种粮积极性。三是加快国有粮食购销企业改革,从根本上转换企业经营机制。放开粮食收购和价格后,要继续发挥国有粮食企业的主渠道作用。同时,要按照建立现代企业制度的要求,加快国有粮食购销企业产权制度改革和机制转换,妥善解决历史包袱问题,不断提高市场竞争力。四是加强和改善粮食宏观调控,确保国家粮食安全。切实保护和提高粮食综合生产能力,完善中央和省两级粮食储备调节制度,建立中长期粮食供求总量平衡机制和市场预警机制。五是建立粮食产销区之间长期稳定的产销协作关系。深化粮食流通体制改革,特别需要把加强粮食市场管理作为突出任务。要建立粮食市场准入制度,各类从事粮食收购的企业,都必须执行国家规定。要加强对非国有粮食购销企业的服务和监管,强化粮食批发、零售市场管理,大力整顿粮食市场秩序,建立粮食经营信息统计报告制度,完善粮食市场管理制度,做到放而不乱、活而有序。[①]

上述部署已经得到有力贯彻。比如,对种粮农民实行直接补贴,是粮食流通体制改革的一个配套政策。按照2004年中央一号文件精神,国家要从粮食风险基金中拿出不少于1/3的资金直接补贴粮食主产区的农民,非粮食主产区也要从风险基金中拿出一定的资金补贴本地的粮食主产县市,两项合计,2004年直接补贴种粮农民资金总额将达118亿元。加上15亿元良种补贴和6亿元化肥农资补贴,据平均测算,这些政策措施可以使每个农民平均增收50~55元。到2008年,国家财政用于粮食直补、农资综合补贴、良种补贴,农机购置补贴资金高达1030亿元。2011年,这项补贴资金增加到1309.89亿元。[②]

2004年放开了粮食收购价格,深化了粮食流通体制改革,我国就基本上

[①]《经济日报》2004年6月2日,第1版。
[②]《中国经济年鉴》(2004、2009、2012),中国经济年鉴社。

实现了适应市场经济要求的市场主体自主流通、市场定价的农产品流通体制。但做到了这一点，还不能算建立了完善的农产品市场体系。要建立这种体系，还要进行农产品市场自身建设，建立农产品市场运行规划，以及完善政府对农产品市场的调控。

2. 推进供销合作社的改革

长期以来，供销合作社一直是我国农村商品流通的重要力量。但在20世纪90年代以后，由于体制、机制不能适应市场经济要求，供销合作社的发展一度陷入低谷。从1995年供销总社恢复到1999年，全国供销合作社系统连续发生亏损，其中1998年达到最高值156.1亿元。为使供销社摆脱困境，1999年国务院下发了《关于解决当前供销合作社几个突出问题的通知》，要求供销社系统深化改革，创新机制。在这个精神指导下，多年来，供销合作社系统以立足服务"三农"为宗旨，实施以参与农业产业化经营改造基层社，以实行产权多元化改造社有企业，以实现社企分开、开放办社改造联合社，以发展现代流通方式改造经营网络为重点的"四项改造"，构筑为农服务新体系，使供销社在助农增收中焕发了活力，呈现出勃勃生机。

到2009年全系统累计分流安置190万富余人员，138万离退休职工老有所养，全系统职工基本养老保险问题初步解决。全系统4.8万个社有企业通过战略性重组和产权多元化改造，基本建立起现代企业制度。通过实施"新农村现代流通服务网络工程"，全国供销社系统发展连锁、配送企业4500多家，建成农资、日用品、农副产品、再生资源等各类经营服务网点65万个，其中80%以上分布在县及县以下，覆盖全国三分之一的行政村；全系统组织农民发展专业合作社5万多个、行业协会2万多个。经过改革发展，全系统主要经济指标连续多年保持两位数增长，2008年销售总额首次突破万亿元大关，达到10756亿元，实现利润112亿元。2009年，实现销售总额上升到12349.8亿元，实现利润达到130.2亿元。供销合作社整体上已迈入加快发展的良性轨道。

2009年11月国务院又出台了《关于加快供销合作社改革发展的若干意见》，指出了新形势下供销合作社改革发展的目标任务，加快推进供销合作社现代化流通网络建设，着力强化供销合作社服务功能，不断加强供销合作社组织建设，积极创新社有企业经营机制，切实加大对供销合作社改革发展的支持力度。[①] 这些措施正在进一步推动供销合作社的改革和发展。

五 改革和创新农村金融体制

改革以来，农村金融体制改革严重滞后，致使金融缺失成为制约农村经济发展的最大瓶颈。

在以建立社会主义市场经济体制为目标的改革推动下，农村金融体制改革尽管很慢，但还是逐步向前推进的。

改革以前，中国农业银行是附属于中国人民银行的，农村信用社则是中国人民银行在农村的基层组织。这样，农村的商业性金融、合作性金融和政策性金融都集中于中国人民银行。显然，这是不适应市场取向改革和经济发展要求的。

于是，国务院决定在1979年3月正式恢复中国农业银行。由它办理农村各项存贷款，并领导农村信用社。这时，中国农业银行承担了农村的商业性金融和政策性金融双重任务，农村信用社又成了中国农业银行的基层机构。

相对于原来的状况而言，虽然前进了一步，但远不能适应改革和发展的要求。因此，1994年4月国务院决定：成立中国农业发展银行，将政策性金融业务从中国农业银行分离出来，并要求农村信用社与中国农业银行脱钩。这样，就在公有制的范围内初步形成了商业性金融、合作社金融和政策性金融的分离的组织框架。

进入21世纪以后，党中央先后提出了"改革和创新农村金融体制""建

[①] 参见新华网，2009年11月5日、17日；《中国经济时报》2010年3月24日。

立现代农村金融制度"的任务。①在这个精神的指导下，农村金融体制逐步得到了深化。

第一，作为农村金融最重要主导力量的中国农业银行，经过多年改造，终于在2009年3月正式建成了中国农业股份有限公司，完成了由国有独资商业银行向国家控股的股份制商业银行的转变。2008年总资产已超过6.6万亿元，2010年5月和7月又分别在上海和香港上市，机构网点2.8万个，员工45万人。就机构网点来说，是世界上1000家大银行中最大的银行。2009年，中国农业银行各项存款增加1.75万亿元，增幅达27.7%；各项贷款增加1.03万亿元，同比多增6589亿元。

第二，作为政策性金融的农业发展银行以国家信用为基础，大量筹措支农资金，成为政府支农的有效金融工具和引导社会资金回流农村的主要载体。为了加快建立现代政策性银行的步伐，2004年7月以来，农发行全面推进内部综合改革，初步形成了符合"三农"发展需要的现代银行的框架体系。到2009年7月末，贷款规模达到13743亿元，比建行初期的2592亿元翻了两番多，比2004年7月增加了6849亿元，年均增长15%以上。同时，农发行经营绩效显著提高，2008年农发行经营利润达到204亿元，比2004年增加180亿元，年均增长7.1%。资产质量明显改善，2009年7月末不良贷款率为4.01%，资本充足率为6.11%，核心资本充足率达到3.95%。②当然，作为政策性银行的农业发展银行也还有进一步深化改革的任务。

第三，作为农村金融最主要载体的农村信用社的改革取得了决定性进展。为了推进农村金融改革，2003年6月，国务院做出了深化农村信用社改革试点的决策，确定江西等8个省（市）作为第一批试点单位。2004年8月国务院在总结前一阶段试点工作的基础上，决定把北京等21个省、区、市作为进一步深化农村信用社改革试点单位，试点取得成效。一是试点地区农村信用社省级管理机构已经建立，省级政府对农村信用社的管理责任得以明确，"国

---

① 详见《中国经济年鉴》（2004、2008），中国经济年鉴社。
② 新华网，2009年10月12日。

家宏观调控、加强监管，省级政府依法管理、落实责任，信用社自我约束、自担风险"的新的监督管理体制基本形成。二是农村信用社产权制度改革取得初步效果。各地通过股份制、股份合作制和合作制等多种形式，推行股权结构多样化和投资主体的多元化。三是把以前实行的县乡（镇）两级法人，统一改为县联社一级法人。四是转换信用社的经营机制，实行自主经营、自我约束、自担风险、自我发展，并在劳动和分配方面推行竞争上岗和绩效挂钩的改革。五是在政府金融、税收等一系列政策支持下，农村信用社历史包袱和金融风险得到初步化解，经营状况明显改善。有关研究资料显示，2003年到2007年，中央财政对农村信用社的资金支持总计超过3000亿元。2008年，农村信用社不良信誉款比例为7.9%，比2002年下降了2个百分点；资本充足率为14.1%，提高了22.7个百分点。所有这些都推动了农村信用社改革的深化。到2008年，全国农村信用社资产总额达到7.1亿元，比2002年增长2.2倍；存款余额5.7万亿元，增长近2倍；贷款余额3.7万亿元，增长1.6倍。到2011年，全国农村信用社达到2265家。

以上三点，主要是原有农村金融组织的改革。改革以来，特别是21世纪以来，农村金融还有一系列的创新。第一，2006年12月，经国务院同意，银监会批准中国邮政储蓄银行正式开业，与此同时小额贷款就扩展到包括农村在内的全国范围。同月，银监会还决定在四川、湖北等6省试点设立三类新型农村银行业金融机构：一是村镇银行，包括设在县、县级市和乡镇的村镇银行；二是社区性信用合作组织，主要设在村和乡镇一级；三是专营贷款业务的子公司，由农村商业银行和农村合作银行设立。同年，中国人民银行在山西省平遥县和四川省广元市等5个地区进行了小额贷款公司的试点。小额贷款公司实行股份制，通过招标吸收有实力的法人或自然人入股，利率实行市场化。总体看来，这些试点效果良好。第二，在金融创新上，还有一个重要方面，就是农村的民间金融的发展。它分为两类：一是以个人为主体的借贷，包括互助性、高利贷性和中介性三类；二是以组织为主体的金融，包括互助组织、地下钱庄和集资公司。据估计，目前前者在民间融资总额中约占

90%，而民间借贷为正规借贷的 2 倍左右。到 2011 年年底，全国已组建新型农村金融机构 786 家，贷款公司 10 家，农村金融互助社 50 家。[①]

总之，改革以来，在农村金融方面已经初步形成了国有（或国家控股的）金融为主导的、多种所有制金融并存，政策性金融、商业性金融和合作性金融并存以及大中小型金融组织并存的框架，但这种框架还需要完善。因此，相对于农村其他各项改革来说，深化农村金融体制改革，具有更紧迫的意义。

这期间农村经济改革明显促进了农业生产的发展，其突出表现如下。① 2011 年粮食生产又一次创历史新高，达到 11424 亿公斤，比上年增产 495 公斤，实现了新中国成立后半个世纪以来首次连续 8 年增产。② 2004~2011 年累计增产 2810 亿公斤，年均增产 350 亿公斤。这是新中国成立以来增产幅度最大的时期。③粮食单产也再创历史新高。2011 年达到 344.4 公斤，比上年增产 12.8 公斤，8 年提高 55.6 公斤，年均提高 7 公斤，是新中国成立以来单产提高最快的时期之一。④到 2011 年粮食产量第一次连续 5 年达到 10000 亿公斤以上，它表明我国粮食综合生产能力已经稳定地登上 10000 亿公斤的新台阶。[②]

当然，也应看到科技进步在实现农业增产中所起的重要作用。2011 年，我国科技进步对农业的贡献率已经达到了 53.5%。[③]

第三节　继续深化集体经济改革

改革开始以后，相对于国有企业来说，集体企业活力较强，而非公有制企业还没有发展起来。从 20 世纪 70 年代到 90 年代中期，集体工业发展速度

---

① 参见张晓山《中国农村改革 30 年研究》，经济管理出版社，2008，第 203~210 页；《中国经济时报》2010 年 1 月 25 日，第 1 版；《中国经济年鉴》(2012)，中国经济年鉴社，第 32 页、42 页。
② 《中国统计年鉴》（相关年份），中国统计出版社。
③ 《十一届全国人大五次会议〈政府工作报告〉辅导读本》，人民出版社，2012，第 224 页。

较快，在工业总产值的比重呈上升趋势。但是，由于国有企业改革深化，活力趋于增强，特别是由于非公有经济发展很快，市场竞争加剧，而集体工业由于各种历史的和现实的原因，改革滞后，并存在许多特殊困难，再加上产业结构调整加快等方面的原因，致使规模以上包括城乡在内的集体工业产值下降，企业资产负债率高，职工收入普遍较低，下岗职工生活困难。但是，集体企业在我国社会经济生活中具有不容忽视的地位，亟须积极发展集体经济。

多年来，城镇集体企业萎缩的根本原因是改革滞后，以至严重影响了它的发展。第一，产权关系不清。所有者不明确，表现是：企业职工人人都是所有者，但人人又不实际拥有企业财产权益；城镇集体资产的占有、使用、收益和分配，在一定程度上还是由上级主管部门说了算；上级单位行使所有权，厂长和经理行使经营权和管理权，但谁也不承担风险责任。第二，管理机构不健全。从中央到地方还没有建立一个健全的、统一的指导集体企业改革的部门，甚至在许多地方仍用"二国营"的传统办法来管理集体企业。第三，法规建设滞后。城镇集体企业长期沿用1991年9月颁布的《城镇集体所有制企业条例》。这个条例曾经起过重要的作用，但在许多方面已经不能适应当前城镇集体企业深化改革的需要。第四，政策支持不到位。在税收、融资和兼并破产等方面，都缺乏支持集体企业改革的政策，以至这项改革举步维艰。第五，许多集体企业难以支付改革成本，特别是安置职工和离退休人员需要的生活费、养老费、失业保险费和医疗费等费用。乡镇集体企业在很多方面也存在这种情况。

解决集体企业困难的根本出路是深化改革。针对上述情况，党的十六届三中全会提出："以明晰产权为重点深化集体企业改革，发展多种形式的集体经济。"[1] 党的十七大又一次重申："推进集体企业改革，发展多种形式的集体经济、合作经济。"[2] 依据这种根本思路采取了相应的措施。第一，明晰产权。首先，产权界定。企业在实行转制、出售、兼并、合并、分立等产权变更时，

---

[1] 《中共中央关于完善社会主义市场经济体制若干问题的决定》，人民出版社，2003，第14页。
[2] 《中国共产党第十七次全国代表大会文件汇编》，人民出版社，2007，第25页。

必须按国家法规进行产权界定，按照"谁投资谁所有、谁积累谁所有"原则，合理划分投资积累和劳动积累比例，切实保证劳动群众和企业投资人的权益。其次，所有权确认和行使。集体资产在明晰产权归属时必须确立所有权人。所有权人属于法人或自然人，其是出资人；所有者是劳动群众集体时，就应由职工大会行使所有权。最后，资产量化。通过资产量化，实现产权主体人格化，明确企业所有权、经营权和收益权归属，消除产权模糊的弊端。第二，在建立现代企业制度的同时，发展多种形式的集体经济。要根据企业具体情况，除少数以出售形式转制外，大部分可采用收购、兼并、合资合作、存量折股等形式，改组改造为多种形式的股份制企业（包括有限责任公司和股份有限公司）、股份合作制企业，或者以劳动者资本联合为主的供销、信用社等合作经济组织。第三，要切实实行政企分开，割断政府部门干预集体企业经营的资产纽带。第四，建立资产监督管理体系。在建立现代企业制度中，要建立运营与监管机制，明确城镇集体资产的所有者、经营者、管理者和监督者的各自职责与权益，各司其职，各负其责。第五，加强立法，规范企业的改革。第六，要在税收、融资、兼并破产和解除职工劳动关系等方面制定相应的政策，解决集体企业改革中的困难，并使得职工（包括退休职工和解除劳动关系的职工）的合法权益得到保障。第七，要切实明确统一管理集体企业改革的政府部门。在深化改革的基础上，企业本身也要从加强经营和民主管理、产品调整、技术改造和职工培训等方面下大功夫，以巩固改革成果，并推进集体经济的发展。

上述改革已经开始取得积极成效。一是企业产权归属实现了明晰化。许多企业已成为新型集体经济，成为资产归职工个人所有、企业集体占有的，产权明晰的市场主体。二是企业组织形式上实现了多样化。主要有以下新的实现形式。①集体资本共同所有的企业，包括联合经济组织全额投资兴办的集体企业。②职工持股的股份合作制企业。这类企业，职工既是劳动者，又是所有者，职工与企业形成了命运共同体。③以集体资产、职工资产参股、控股与国有、私人资产共同组建的混合所有制企业。④集体资本参股、控股的中外合资企业。三是企业管理机制有了新突破。城镇集体企业通过改革，实现了政企分开，成为独立的市场主体。这些改革使新型的集体企业充满了活力，但城镇集体企业的改革仍然任重道远。

在乡镇集体企业方面，21世纪以来，继续在改革和发展方面采取了许多措施，以促进乡镇集体企业的发展。第一，深化乡镇企业改革。实现了各种形式的产权制度改革，其中包括转成了股份制和股份合作制企业以及个体私营企业。第二，继续推进产业结构调整。第三，发展规模经济的同时，加快技术进步。第四，布局进一步集中，聚集效应显现。第五，企业职工素质、管理水平、产品质量和信用状况都得到了改善。这些都促进了乡镇集体经济的发展。

但乡镇企业发展仍然面临很多困难。第一，产权不明晰和法人治理结构不健全的问题仍然广泛存在。第二，自身素质有待提高。乡镇企业以中小型企业为主，技术创造力不强；品牌意识、知识产权意识、自觉维护市场经济秩序的意识不强，这使许多企业既不能适应激烈的市场竞争，又常常受到监督部门的制裁与处罚。第三，结构调整有待加强。传统产业占的比重大，大多数乡镇企业产业趋同，集中在市场竞争激烈的行业，无序竞争现象比较普遍；布局分散，区域性特色经济发展不够；地区间发展很不平衡，东部与中西部的差距进一步拉大。第四，发展环境有待改善。贷款难，成为制约乡镇企业发展的"瓶颈"。乡镇企业在出口配额、用地政策、股票上市等诸多方面不能完全享受正常待遇。企业负担过重，各种规费项目过多、标准过高等普遍存在。第五，服务体系有待建立。乡镇企业行政管理部门多年来工作条件差、服务手段弱的问题一直没有解决，无法网罗社会资源，建立起乡镇企业的社会化服务体系。因此，需要针对上述情况采取有效措施，促进乡镇集体企业的发展。特别需要继续按照党的十六届三中全会的精神，以明晰产权为重点深化集体企业的改革，发展多种形式的集体经济。同时要建立健全从中央到地方的、负责指导这项改革的机构，加强这方面的法制建设，健全有关政策。

正是上述的城乡集体企业生产经营上的困难状况，致使规模以上的集体工业产值又由2000年的11907.9亿元下降到2011年的11059亿元，在工业生产总值中的占比由13.8%下降到1.3%。这种趋势在2012年以后也无变化。2012~2015年集体工业主营业务收入由11148亿元下降到6947.5亿元，其占比由1.3%下降到0.6%。[①] 当然，改革进展（如集体所有制转变为混合所有制和私有制等）和结构调整（如由工业转变为第三产业等）也是决定这种下降的重要因素。这也反映了集体工业在生产经营上的困难，这又是由集体工业发展的外部环境（如经济体制改革不到位）及其内部条件（如企业改革和管理上的问题）决定的。预计包括集体工业在内的集体经济的这种趋势在若干年内还难以改变。

正是基于集体经济的这种变化趋势，本书第六章不设专门节叙述集体经济在此期间的历史发展过程。

第四节 非公有制经济持续快速发展

1997年党的十五大提出："非公有制经济是我国社会主义市场经济的重要组成部分。"[②] 2002年党的十六大进一步提出："充分发挥个体、私营等非公有制经济在促进经济增长、扩大就业和活跃市场等方面的重要作用。放宽国内民间资本的市场准入领域，在投融资、税收、土地使用和对外贸易等方面采取措施，实现公平竞争。依法加强监督和管理，促进非公有制经济健康发展。完善保护私人财产的法律制度。"[③] 后来，《中共中央关于修改宪法部分内容的建议》将这些指导思想进一步上升为根本大法。这个建议提出：宪法第十一条第二款修改为："国家保护个体经济、私营经济等非公有制经济的合法的权利和利益。国家鼓励、支持和引导非公有制经济的发展，并对非公有制

[①]《中国统计年鉴》(2012)，中国统计出版社，第501页；国家统计局网。
[②]《中国共产党第十五次全国代表大会文件汇编》，人民出版社，1997，第22~23页。
[③]《中国共产党第十六次全国代表大会文件汇编》，人民出版社，2002，第26页。

经济依法实行监督和管理。"建议还提出，宪法第十三条修改为："公民的合法的私有财产不受侵犯。""国家依照法律规定保护公民的私有财产权和继承权。""国家为了公共利益的需要，可以依照法律规定对公民的私有财产实行征收或者征用，并给予补偿。"这些建议已经2004年3月十届全国人大二次会议高票通过。①

国务院及其有关部门依据上述决议和新修订的宪法规定制定了一系列的促进个体私营经济发展的政策。2002年1月，国家计委颁发了《关于促进和引导民间投资的若干意见》。这份文件提出，凡是鼓励和允许外商投资进入的领域，均鼓励和允许民间投资进入；在实行优惠政策的投资领域，其优惠政策对民间投资同样适用；鼓励和引进民间投资以独资、合作、联营、参股、特许经营等方式，参与经营性的基础设施和公益事业项目建设；鼓励和引导民间投资参与供水、污水和垃圾处理、道路、桥梁等城市基础设施建设；鼓励有条件的民间投资者到境外投资。要求国有商业银行要把支持民间投资作为信贷工作的重要内容，对民间投资者的贷款申请要一视同仁。鼓励建立为民间投资服务的信用和贷款担保机构。要求证券监管部门在健全完善核准制的基础上，为民间投资项目上市融资提供平等的机会。要积极稳妥地发展风险投资基金，为民间投资者进行高技术项目投资提供资金支持。要求各地区、各有关部门对与民间投资有关的税费科目进行清理和规范，调整不公平的税赋，取消不合理的收费，切实减轻民间投资者的负担。要进一步完善法律法规，依法保护民间投资者的合法权益。民间投资者在评定职称、评选先进、户籍管理、子女就业以及因商务和技术交流需办理出国（境）手续等方面，享有与国有单位人员同等的待遇。②还在市场准入、投资领域、税收、信贷、中小企业板块上市、粮食收购和外贸等方面，对非公有制实行同等待遇采取了一系列措施。还要提到，2011年政府还颁布了《个体工商户条件》成为促进个体工商户发展的重要指导性文件。

---

① 《经济日报》2004年4月5日，第5版。
② 《经济日报》2002年1月31日，第2版。

这样，就从作为国家根本大法的宪法到各项具体政策为个体、私营经济的发展营造了更宽松的法律和政策环境。这些环境，加上个体私营企业在加强经营管理、实现技术进步、调整产品结构和培训人才等方面所做的努力，在21世纪头11年，个体、私营经济继续获得了快速发展。

2011年，个体工商户户数由2000年的2571万户增加到3756.47万户，从业人员也由5070万人增长到7945.28万人，注册资金由3315亿元增长到16177.57亿元。[①] 个体经济结构的变化表现出以下特点。一是在地区分布上仍是东部多，中部次之，西部少。2011年，东部个体工商户户数所占比重为48.92%，注册资金所占比重为53.8%；中部户数和注册资金的比重分别为30.71%和30.3%；西部这二者比重分别为20.37%和15.6%。二是由于城市化加速，城镇个体工商户比重逐年上升，农村个体工商户比重逐年下降。到2011年年底，全国城镇个体工商户户数、从业人员和资金的比重分别达到66.51%、65.78%和64.9%；农村个体工商户户数、从业人员和资金的比重分别为33.49%、34.22%和35.1%。三是第一、二产业比重进一步下降，第三产业比重增长。2011年第三产业户数占总户数的比重为90.23%，占注册资金总额的79.7%；第二产业户数占总户数的比重为8.12%，占注册资金总额的13.6%；第一产业户数占总户数的比重为1.65%，占注册资金总额的6.18%。

私营经济也快速发展。2011年，全国登记的私营企业由2000年的176.17万户增长到967.68万户；注册资本由13307亿元增长到257900亿元；从业人员由2406万人增长到10400人。这期间是私营企业登记以来增长最快的年份。

私营经济发展呈现以下特点。第一，私营企业经营规模迅速扩大。2011年，全国私营企业户均注册资本由2000年的117.47万元增长到266.49万元。第二，在企业组织形式方面，私营有限责任公司作为私营企业主要组织形式的特征更趋明显。2011年，私营有限责任公司达808.68万户，占总户数的83.57%；注册资金22.48万亿元，占注册资本总额的87.16%。第三，在地区

[①]《中国经济年鉴》(2012)，中国经济年鉴社，第568~569页。

发展不平衡方面,东强西弱的格局没有变化。2011年,东部地区有私营企业632.47万户,比重为65.40%;西部地区私营企业户数为138.6万户,比重为14.32%;中部地区私营企业户数为196.61万户,比重为20.32%。第四,在城乡分布方面,城镇私营企业户数所占比重继续上升。2011年,城镇私营企业户数为703.5万户,所占比重上升到72.7%;农村私营企业户数为264.18万户,比重下降到27.3%。第五,在产业结构方面,仍以第三产业为主。2011年,私营企业中,第一产业为24.46万户,所占比重为2.53%,注册资金5200亿元,所占比重为2.02%;第二产业269.47万户,比重为27.85%,注册资金80700亿元,比重为31.29%;第三产业673.75万户,比重为69.63%,注册资金172000亿元,比重为66.69%。[①]

伴随个体、私营经济的发展,它们在我国经济中的地位显著上升。这充分体现在它们提供的增加值、投资、吸纳就业、进出口以及税收在全国总数中的占比上升等方面。

但是,个体、私营经济的发展,还存在许多问题。就企业层面来说,诸如企业规模小,技术水平低,经营管理能力差,产品结构趋同,人才缺乏和竞争力不强,以及制假贩假,信用缺失,偷税漏税和劳资关系不协调等不同程度地、相当普遍地存在。就政府层面来说,在市场准入、投资领域、税收、融资等方面,对私营经济实行国民待遇政策的落实,也还需要经过一个艰难的较长过程。但个体、私营经济作为我国产业经济一支重要力量的发展趋势则是不可逆转的。

第五节 完善现代市场体系

伴随整个社会主义市场经济和社会主义现代化建设的发展,现代市场体

[①]《中国经济年鉴》(2012),中国经济年鉴社,第566~568页。

系也趋于完善。

2000~2011年，社会消费品零售额由3.9万亿元增长到18.4万亿元，社会生产资料销售总额由5.2万亿元增长到45.6万亿元。现代物流、商业业态（包括商业批发环节的配送中心和零售环节的连锁经营等）、期货以及电子商务也迅速发展，2011年，社会物流总额达到158.4万亿元。网络购物总额达到7566亿元。同时，价格进一步趋向市场化（详见第六节）。

2000~2011年我国就业人员由72085万人增加到76420万人，增加了4335万人。这表明劳动力市场总量大大增长。不仅如此，劳动力市场化程度也趋于提高。其一，国有经济单位和城镇集体经济单位减少了，非公有经济单位增加了。这表明劳动力市场化程度相对较高的非公有经济所用的劳动力在增加，而相对较低的公有经济用人在减少。在公有经济内部，伴随劳动工资制度改革的深化，劳动力市场化的程度也在提高。其二，就业形式灵活多样，非全日制就业、季节性就业、在多个用人单位就业、弹性就业等形式在迅速兴起。其三，在就业总数中，初次就业者通过市场双向选择的比重越来越大。这些情况说明，以劳动者作为供给主体、以企业作为用人主体、劳动力价格走向市场化的劳动力市场正在进一步趋于发展。

在金融机构人民币的信贷市场方面，2000~2011年存款余额由123804.4亿元增加到809368亿元，贷款余额由99371.1亿元增加到547947亿元。在货币市场方面，2008年，银行间同业拆借成交就达到15.0万亿元，债券回购成交58.1万亿元，现券成交37.1万亿元，商业票据承兑超过20万亿元。总之，我国由同业拆借市场、债券市场和公开市场业务等子市场构成的货币市场体系已基本形成，并逐步完善。在证券市场方面，2011年，境内上市公司总数达到2342家；境内上市外资股公司（B股）108家，境外上市公司（H股）171家，股票市价总值达到214758亿元。创业板于2009年上市。2011年，国债发行额达到17100亿元，企业债券发行额达到21850.71亿元，证券投资基金规模增加到26510.37亿元，期货总成交额增加到1375162.44亿元。2011年，保险费收入增加到14339.3亿元。这表明，我国以银行业、证券业和保险业为主体的金融体系正在形成,同时价格趋于市场化。此外,2011年外汇市场和黄金市场的即期、远期交易都有很大增长。其中,人民币外汇远期市场累计成交2146亿美元。[1]

土地市场有了迅速的发展。我国土地市场在要素市场中居于很重要的地位。据估算,我国至少有25万亿元的国有土地资产。但在计划经济下,土地使用是无偿的、没有期限限制的、不能流动的。只是在改革以后,土地使用才逐步变成有偿的、有期限限制的、可以流动的;土地市场规模也趋于扩大。仅1997~2007年,我国出让土地收入就超过42805亿元。[2]

产权市场也有进一步发展。这一点,在上海表现得尤为明显。1994年成立上海城乡产权交易所,2003年该所和上海技术产权交易所合并为上海联合产权交易所。十多年来,上海产权交易市场为国有企业的改革和国有经济结构的战略调整提供了服务平台,为国有资本的有序流动提供了有效的渠道,吸引了大量社会资本对各相关领域的投入,促进了上海社会与经济的发展。上海产权交易市场发展呈现以下几个特点。一是市场交易量持续增长。二是市场运作不断完善。三是市场交易主体多元化。由原来单一服务国有资本发展到成为国资、民资和外资对接的市场平台;由原来单一服务有形产权转让发展到成为技术产权、知识产权交易的服务平台;由原来以本地交易为主发展成为异地交易的服务平台;由原来单一服务国内产权交易发展成为国际并购的服务平台。四是交易的方式不断创新。从原来协议转让方式发展到拍卖、招投标和适合产权交易特点的竞价交易方式,充分发挥产权市场的价值发现功能。[3]2008年,全国权证市场总成交额达到6.97万亿元。

2000~2011年,全国商品房屋销售面积由18637.1万平方米增加到109366.8万平方米;销售额由3935.44亿元增加到58588.86亿元;技术市场

---

[1] 《中国统计年鉴》(有关年份),中国统计出版社;《中国经济年鉴》(有关年份),中国经济年鉴社。
[2] 裴长洪主编《中国对外开放与流通体制改革30年研究》,经济管理出版社,2008,第496页。
[3] 参见《经济日报》2004年12月12日,第9版。

成交额由 650.8 亿元增长到 4763.6 亿元；国际旅游收入由 162 亿美元增长到 485 亿美元，国内旅游收入由 3175.3 亿元增长到 19305.4 亿元。[①] 这期间文化市场也迅速发展。

可见，我国现代市场体系（包括产品市场、服务市场和要素市场等）趋于完善。但距统一、开放、平等、有序的现代市场体系的要求还甚远。第四章有关节提到的其存在的问题并没有得到根本解决，还有很多工作要做。第一，要进一步发展商品市场，特别是要素市场（尤其是其中的产权市场和金融市场），并要进一步实现价格的市场化，特别是资本等要素价格的市场化。第二，要根本打破地区封锁和行业分割，形成统一、开放的市场。第三，要根本打破垄断和消除市场歧视，形成平等竞争的市场。第四，要根本改变交易秩序混乱和信用缺失的状况，形成有序的市场。第五，要大力发展电子商务、连锁经营、物流配送等现代流通方式。

第六节　完善宏观经济管理体制

作为计划经济体制重要组成部分，而改革又相对滞后的投资体制改革，开始迈出实质性步伐。如前所述，改革以来，已经对传统投资体制进行了一系列改革，打破了高度集中的投资管理体制，初步形成了投资主体多元化，资金来源多渠道，投资方式多样化，项目建设市场化的新格局。但投资体制还存在诸多问题，特别是企业投资决策权还没有完全落实，政府投资决策的科学化、民主化水平需要进一步提高，投资宏观调控和监督的有效性需要提高。为此，国务院于 2004 年 7 月发布了《关于投资体制改革的决定》，其要点如下。一是改革投资管理制度，确立企业投资主体地位。要按照"谁投资、谁决策、谁收益、谁承担风险"的原则，落实企业投资自主权。对企业

[①]《中国统计年鉴》（有关年份），中国统计出版社。

不使用政府投资建设的项目,一律不再实行审批制,区别不同情况实行核准制和备案制。进一步扩大大型企业的投资决策权,拓宽企业投资项目融资渠道。国家鼓励社会投资,允许社会资本进入法律法规未禁止进入的行业和领域。金融机构要改进和完善固定资产贷款制度,不断提高自主审贷的能力和水平,切实防范金融风险。二是完善政府投资体制,提高政府投资的社会效益和效率。政府投资主要用于关系国家安全和市场不能有效配置资源的经济和社会领域。要提高投资决策的科学化、民主化水平,建立政府投资责任追究机制,合理划分审批权限,简化规范审批程序,规范投资资金管理,改进建设实施方式。对非经营性政府投资项目加快推行"代建制"。各级政府要创造条件,吸引社会资本投资公益事业和基础设施项目建设。三是加强和改善投资宏观调控,促进总量平衡和结构优化。要综合运用经济的、法律的和必要的行政手段,用好价格、利率、税收等经济杠杆,对全社会投资进行间接调控。要通过规划和政策引导,信息发布和规范市场准入,引导社会投资方向。四是加强和改进投资的监督管理,规范和维护投资与建设的市场秩序。要建立和完善对企业投资、政府投资,以及对投资中介服务机构的监管体系。加强投资立法,严格执法监督,依法规范各类投资主体的行为。[①] 这个决定的发布和实施,是我国投资体制改革进入实质性改革的标志。这突出表现在实行投资主体多元化方面。2000~2011年,全社会固定资产投资实际到位资金由33110.3亿元增加到345984.2亿元。其中国家预算资金占比由6.4%下降到4.7%,国内贷款(包括向银行和非银行金融机构的各种贷款)占比由20.3%下降到13.4%,自筹资金(包括企业、事业单位自筹的资金)和其他资金(包括社会集资和个人资金等)占比由68.2%上升到80.9%。[②]

价格改革总趋向仍然是市场化,即继续缩小政府行政指令价,扩大政府指导价和市场调节价。2000~2007年,在社会商品零售总额中,政府定价

[①]《经济日报》2004年7月23日,第1版;《经济日报》2004年7月26日,第6版。
[②]《中国统计年鉴》(2012),中国统计出版社,第161页。

的比重由3.2%下降到2.6%，政府指导价和市场调节价的比重由96.8%上升97.4%；在农副产品收购总额中，政府定价的比重由4.7%下降到1.1%，政府指导价和市场调节价的比重由95.3%上升到98.9%；在生产资料销售总额中，政府定价的比重由8.4%下降到5.4%，政府指导价和市场调节价的比重由91.6%上升到94.6%。[①] 至此，产品价格改革已经大体实现。价格改革的突出进展有以下几点。一是自2001年起，改革了实行近50年的粮食购销的政府定价，先后放开了粮食收购价格和销售价格，并继续实行粮食收购的保护价。二是伴随一些重要垄断行业（包括电力、铁路、民航、电信和石油等）和公用事业（包括城市供水、供气和交通等）以及教育和卫生事业改革的进展，调整和改革了这些行业的价格管理体制。特别是推进了资源性产品（包括电、油、水等）价格改革。还加快了建立矿产资源有偿使用和生态补偿机制的进程。三是加大了价格方面的立法和司法力度，规范了政府的价格管理行为，并整顿了市场价格秩序。四是建立和完善重要商品价格的监测、预警和应急机制。

在20世纪末初步建立公共财政体制的基础上，财税改革又取得了进展。财政方面的进展主要有：取消了农业税，并加大了对"三农"和公共产品的投入；完善了分税制和转移支付制度。这样，就在实现城乡统一的、基本公共服务均等化，中央和地方在事权和财权相互匹配的公共财政体制方面又向前迈出了重要的一步。在预算方面的进展主要有：部门预算制度逐步建立，国库集中收付制度改革逐步推开，"收支两条线"管理稳步推进，政府采购制度改革也基本实现了由试点到全面实施的转变。

税收方面的进展主要有如下方面。一是所得税收入分享改革。从2002年1月1日起，实施所得税收入分享改革。除少数特殊行业或企业外，绝大部分企业所得税和全部个人所得税实行中央与地方按比例分享，分享范围和比例全国统一。二是农村税费改革已经取得成功。三是实现了增值税由生产型向

[①]《中国物价年鉴》（有关年份），中国物价年鉴社。

消费型的转变。这项改革是在2004~2008年完成的。四是完善了出口退税机制，多次调整了出口税率。五是统一了内外资企业所得税。六是实行了综合和分类相结合的个人所得税。七是调整和完善了消费税。八是着手推进统一规范的物业税（即房地产税）的实施。

主要从四个方面推进了金融体制的改革，一是推进了多种所有制结构、多种金融机构并存的金融企业体系的形成。这个体系主要包括国家控股商业银行、政策性银行和邮政储蓄银行，股份制商业银行，城市商业银行和城市信用社，农村信用社和农村商业银行；证券公司和保险公司，信托投资公司、财务公司、金融租赁公司、基金管理公司、期货经纪公司和资产经营管理公司；以及外资金融机构。二是深化以国有商业银行为重点的金融企业改革。2003年，国有商业银行总资产为15.6亿元，占金融机构资金来源总额的69.4%，[1]但以建立现代企业制度为目标的国有商业银行的改革远没有到位。因此，推进国有商业改革具有十分重要的意义。国务院于2003年12月30日决定，先对中国银行和建设银行进行股份制改造试点，希望用三年左右的时间将其改造成为符合现代企业制度要求的、具有国际先进水平的股份制商业银行。其具体步骤如下。①充实资本金和处理不良资产。为此，成立中央汇金投资有限公司，向两家银行注资450亿美元。同时，两家试点银行累计核销损失类贷款1993亿元，处置可疑类贷款2787亿元；正式启动次级债的发行工作，中国银行已经发行次级债260亿元，建设银行已经发行次级债233亿元，增强了资本金实力。截至2004年9月末，中国银行、中国建设银行不良贷款比率已经分别降至5.16%和3.84%，资本充足率分别提高到8.18%和9.39%，不良贷款拨备覆盖率也分别提高到68.35%和87.70%。②在股权多元化基础上，建立股份有限公司。中国银行股份有限公司和中国建设银行股份有限公司已分别在2004年8月和9月注册成立。③两家银行按照现代公司治理结构规范设置了内部结构。中国银行和中国建设银行的股东大会、董

---

[1] 《中国统计年鉴》（2004），中国统计出版社，第761页、767页。

事会、监事会和高管人员基本按照现代公司治理结构的框架设置。①④2005年，中国建设银行在香港上市。2006年中国银行也在香港上市。中国工商银行经过股份制改造以后，也于2006年在香港和上海上市。2009年，中国农业银行也完成了股份制改造，2010年5月和7月分别在上海和香港上市；国家开发银行也已改造成为国家控股的商业银行。三是完善金融监管体制。改革以来，初步形成了以《中华人民共和国中国人民银行法》《中华人民共和国证券法》《中华人民共和国保险法》等金融法律为核心的金融监管法律体系框架。并先后建立了中国证券监督管理委员会和中国保险监督管理委员会。2003年又成立了中国银行业监督管理委员会（简称银监会）。至此，中国银行业、证券业和保险业的分业经营和分业监管体制就完全形成了。银监会根据十届人大常委会二次会议的有关决定，统一监督管理银行、金融资产管理公司、信托投资公司及其他存款类金融机构，维护银行业的合法、稳健运行。银监会的主要职责是：制定有关银行业金融机构监管的规章制度和办法；审批银行业金融机构及分支机构的设立、变更、终止及其业务范围；对银行业金融机构实行现场和非现场监管，依法对违法违规行为进行查处；审查银行业金融机构高级管理人员任职资格；负责统一编制全国银行数据、报表，并按照国家有关规定予以公布；会同有关部门提出存款类金融机构紧急风险处置的意见和建议；负责国有重点银行业金融机构监事会的日常管理工作；承担国务院交办的其他事项。②银监会成立以后，中国银监会、中国证监会、中国保监会三家监管机构之间已经建立了合作监管框架，互通信息，协调解决相关问题。四是健全金融调控机制。主要是在中央银行运用货币政策引导市场利率的同时，建立健全由市场供求决定利率形成机制，使市场机制在金融资源配置中发挥基础性作用。改革以来，先后放开了同业拆借利率、债券回购利率、转贴现利率、国债和政策性金融债券发行利率；扩大了金融

---

① 《经济日报》2004年9月21日，第11版；《经济日报》2004年11月29日，第2版；《经济日报》2004年12月8日，第5版。
② 《经济日报》2003年5月9日，第1版。

机构贷款利率浮动权。2004年10月中国人民银行又在实施上调人民币基准利率的同时，进一步放宽了金融机构贷款利率的浮动区间，还首次允许存款利率下浮。这是人民币利率市场化的一个重要步骤。但从总体上说，我国利率远未充分反映资金市场的供求关系。根据我国国情，我国利率市场化改革的总体思路是：先外币、后本币；先贷款、后存款；先长期、大额，后短期、小额。

劳动体制改革获得了进一步的发展。多年来，我国已经形成了劳动者自主择业、市场调节和政府促进就业的方针。这是一个适应现代市场经济要求的、实现劳动体制改革的完整方针。关于劳动者自主择业和市场调节就业前已涉及。这里仅述政府促进就业。在这方面，已经采取了一系列措施。第一，把扩大就业放在经济社会发展更加突出的位置，把降低失业率作为宏观经济调控的重要目标。第二，把经济改革发展和调整与扩大就业紧密结合起来。在改革方面，从市场准入、税收、融资和保险等方面，鼓励劳动者自主创业和企业创造更多的就业岗位。其中，包括鼓励非公有经济和中小企业的发展，也包括支持国有企业实现主业和辅业分离，并实现辅业改制，以减少下岗分流人员。在发展方面，注意保持经济的持续快速增长，以增加就业人数。在调整方面，注重发展劳动密集型产业，以扩大就业容量。第三，增加财政用于促进就业的资金投入，并将对城镇失业人员资金投入的重点，逐步从失业保障转到促进就业人员就业，以推行积极的就业政策。第四，扩大和加强就业技能培训，提高劳动者的就业和再就业能力。第五，建立健全就业服务体系。第六，依法规范企业用工行为，保障劳动者合法权益。第七，省（自治区、直辖市）在劳动就业方面都建立了政府目标责任制。这些就使得我国在劳动就业方面取得了显著成效。多年来，与国有企业和集体企业改革深化相联系的数以千万计的职工下岗，再加上新增劳动力的大幅增长，就业形势很严峻，但还能把城镇登记失业率控制在维系社会稳定还能承受的限度内。2011年，城镇就业人员由2000年的23151万人增加到35914万人，城镇登记失业率为4.1%，比2000年的3.1%上升了1个百分点，但比 1952 年的 13.2% 下降了 9.1 个百分点，比 1978 年的 5.3% 下降了 1.2 个百分点。①

改革以来，原来在公有经济中存在的平均主义的工资制已经基本上被打破了。但我国适应社会主义市场经济要求的工资制度还没有建立起来。突出问题是城乡之间、地区之间、垄断行业与非垄断行业之间工资差别过大。其原因主要是城乡二元体制，国有企业（特别是在垄断行业）和财税体制等方面的改革还没有真正到位。为此，加快了城乡二元体制的改革；加快垄断行业的改革，并对其收入分配加强监管；加快公共财政的建设，加大转移支付的力度；建立健全个人收入监测办法，并强化个人所得税的征管，但并没有扭转收入差距扩大的趋势。比如，城乡居民收入之比（即城镇居民人均可支配收入与农村居民人均纯收入之比），从 2000 年的 2.79 上升到 2009 年的 3.33，达到峰值。② 因此，这方面的改革任务还很艰巨。

继续推进社会保障制度的各项改革，并取得了重要进展。2000~2011 年，全国城镇职工和居民基本养老保险参保人数由 1.4 亿人增加到 6.2 亿人，城镇职工失业保险参保人数由 1.0 亿人增加到 1.4 亿人，基本医疗保险参保人数由 0.4 亿人增加到 4.7 亿人，参加工伤保险人数由 0.4 亿人增加到 1.8 亿人，参加生育保险人数由 0.3 亿人增加到 1.4 亿人。③

推进行政管理体制的改革。其重要内容之一，就是进行了两次政府机构改革。2003 年进行的国务院机构改革，是要按照完善社会主义市场经济体制和推进政治体制改革的要求，坚持政企分开、精简、统一、效能和依法行政的原则，进一步转变政府职能，调整和完善政府机构设置，理顺政府部门职能分工，提高政府管理水平，形成行为规范、运转协调、公正透明、廉洁高效的行政管理体制。这次国务院机构改革的主要任务是：①深化国有资产管理体制改革，设立国务院国有资产监督管理委员会；②完善宏观调控体系，

---

① 《中国统计年鉴》（有关年份），中国统计出版社。
② 《国家行政学院学报》2015 年第 6 期，第 7 页。
③ 《中国经济年鉴》（2012），中国经济年鉴社，第 70 页。

将国家发展计划委员会改组为国家发展和改革委员会；③健全金融监管体制，设立中国银行业监督管理委员会；④继续推进流通管理体制改革，组建商务部；⑤加强食品安全和安全生产监管体制建设，在国家药品监督管理局的基础上组建国家食品药品监督管理局，将国家经济贸易委员会管理的国家安全生产监督管理局改为国务院直属机构；⑥将国家计划生育委员会更名为国家人口和计划生育委员会；⑦不再保留国家经济贸易委员会、对外贸易经济合作部。这次改革以后，国务院共设置53个部门，其中组成部门28个，直属机构18个，办事机构7个。[1]

2008年又进行了一次政府机构改革。这次改革的重点是：①加强和改善宏观调控，促进科学发展；②保障和改善民生，加强社会管理和公共部门服务；③依据职能有机统一的大部门体制的要求，对一些职能相近的部门进行整合，综合设置，理顺关系。在这次改革中，国务院新组建了工业和信息化部、交通运输部、人力资源和社会保障部、环境保护部、住房和城乡建设部。改革涉及调整变动的机构近20个，增减相抵，国务院正部级机构减少6个。[2] 2008年国务院机构改革基本完成，并推进了地方政府机构改革。

行政管理体制改革的另一项重要内容，就是依据发展市场经济、转变政府职能和实现公共管理的要求，到2004年国务院先后分三批取消和调整的行政审批项目达到了1806项；到2008年，国务院又取消和调整了186项审批项目。[3]

这期间在完善宏观经济管理体制方面取得了重要进展，但这方面的改革还面临艰巨的长期的任务。

---

[1]《经济日报》2003年3月11日，第2版。
[2] 详见《十一届全国人大二次会议〈政府工作报告〉辅导读本》，人民出版社，2009，第432~433页。
[3]《经济日报》2004年9月15日，第3版；《中国经济年鉴》（2008），中国经济年鉴社，第96页。

第七节　对外开放总体格局的发展

2001年12月11日我国正式加入了世界贸易组织。入世也是推动对外开放总体格局进一步发展的重要动力，它从扩大利用外资、对外贸易和对外技术经济合作等方面大大促进了对外开放的发展。在此期间外商投资企业又有进一步的发展，这主要得益于下列因素和措施。第一，改革以来，我国逐渐形成了一系列比较优势。如全球潜力最大的市场、高素质和低成本的巨大人力资源、社会政治稳定和经济快速增长、竞争力强的工业基础、良好的基础设施、不断完善的法律环境和增强的开放意识等。第二，抓住了新一轮全球产业转移的重大机遇。20世纪80年代，我国抓住了国际上以轻纺产品为代表的劳动密集型产业向发展中国家转移的机遇；20世纪90年代，我国又一次抓住了国际产业转移的机遇，促进了机电产业发展；世纪之交，我国抓住加入世贸组织带来的新机遇，成为全球跨国投资的首选之地，新一轮以信息产业为代表的高科技产业生产制造环节大规模向我国转移，长江三角洲、珠江三角洲、环渤海湾、福厦沿海地区初步形成了各具特色的信息产业基地。第三，提出了利用外资的新思路，并采取相应办法。诸如，吸引外资向有条件的地区和符合国家产业政策的领域扩展，力争再形成若干个外资密集、内外结合、带动力强的经济增长带。具体来说，长江三角洲地区要建设成为重要的经济、金融和贸易中心，成为高新技术产业研发和制造基地；珠江三角洲地区要着力加快产业升级步伐，发展广深高新技术产业带，逐步建成技术水平较高的全球制造业基地；京津塘地区要发挥科研和人才优势，重点发展技术和知识密集型产业；东北等老工业基地要鼓励发展装备制造业和重化工业，结合大力改造传统产业，有选择性地发展高新技术产业，逐步建成开放型的工业基地；山东半岛要依托一批骨干企业，加快发展一批特色突出的产业集群和现代农业基地；以成都、重庆、西安、武汉等中心城市为龙头的中西部地区，要根据各自特点，有重点地发展高新技术产业，并主动利用沿海地区产业转移的机遇加快发展，努力建设一批资源产业、特色产业和现代农业的基地。① 为了把吸引外资同我国产业结构调整和实施西部大开发战略结合起来，经国务院批准，国家计委、国家经贸委和外经贸部于2002年3月公布新的《外商投资产业指导目录》及附件。新目录分鼓励、允许、限制和禁止四类，共列371个条目。其特点，一是坚持扩大对外开放，积极鼓励外商来华投资。鼓励类由186条增加到262条，限制类由112条减少到75条，放宽外商投资的股比限制，将原禁止外商投资的电信和燃气、热力、供排水等城市管网首次列为对外开放领域。二是与我国加入世贸组织的承诺相衔接，按照承诺的地域、数量、经营范围、股比要求和时间表，进一步开放银行、保险、商业、外贸、旅游、电信、运输、会计、审计、法律等服务贸易领域。三是鼓励外商投资西部地区，放宽外商投资西部地区的股比和行业限制。四是发挥市场竞争机制作用，将一般工业产品划入允许类，通过竞争促进我国产业、产品结构的升级。② 为了把吸引外资同国有经济调整和改革结合起来，2003年3月，由外经贸部、国家税务总局、国家工商总局和国家外汇管理局联合发布的《外商投资并购境内企业暂行规定》，规范了外资以购买股权、购买资产等方式并购境内企业，在相对完整的意义上建立了我国外资并购的法律规范。③ 2011年，又修订并公布了《外商投资产业指导目录》，进一步明确了外商投资的产业导向。第四，为了给吸引外资提供更完善的法律环境，2001年修改和实施了《中华人民共和国中外合资企业法》《中华人民共和国中外合作企业法》《中华人民共和国外资企业法》三个关于外商直接投资的基本法律及其实施细则。这些法律进一步体现了对外资企业实施的国民待遇原则。第五，为了推进吸引外资工作，2002年以来，建立了外商投资企业注册局，并修订了全国统一的新式外商投资企业登记注册表格，开通了《中国外资登记网》，完善了外资登记管理法规体系（如出台了《关于外商投资企业创业投资管理

---

① 《〈中共中央关于完善社会主义市场经济体制若干问题的决定〉辅导读本》，人民出版社，2003，第296~297页。
② 《中国经济年鉴》（有关年份），中国经济年鉴社。
③ 《经济日报》2003年11月12日，第3版。

规定》和《关于外国投资者并购国内企业的规定》等）。①第六，为了在外汇方面给吸引外资创造有利条件，继续推行了汇率和人民币在资本项目下可兑换的改革。改革以来，我国先后采取了调整国家外汇牌价、实行贸易结算价、允许外汇调剂市场按供求确定汇率等多种改革措施。1994年汇率并轨以后，我国开始实行以市场供求为基础的、单一的、有管理的浮动汇率制度，初步确立了市场配置外汇资源的基本框架。我国已于1996年年底正式接受国际货币基金组织协定第八条款的义务，实现了人民币经常项目可兑换。2005年又进一步实行以市场供求为基础、参考"一篮子"货币、有管理的人民币汇率制度。国际货币基金组织将资本项目交易划分为43项。当时，我国已有19项不受限制或只有较少限制，有24项受到较多限制或严格管制。②因此，我国已经实现了资本项目的部分可兑换。此后任务就是从部分可兑换过渡到基本可兑换，最后到完全可兑换。资本项目可兑换，就实现了人民币完全可兑换。我国按照改革的整体部署，从本国实际需要出发，积极创造条件，稳步地推进汇率形成机制改革以及人民币在资本项目下的基本可兑换。

以上各点推动了外商投资企业的发展。2000~2011年，外商直接投资由407.15亿美元增长到1160.11亿美元。其中，中外合资企业由143.43亿美元增长到214.15亿美元，中外合作企业由65.96亿美元下降到17.57亿美元，独资企业由192.64亿美元增长到912.05亿美元。③2011年，我国在吸引外商直接投资方面不仅连续居发展中国家第一位，而且上升到世界前列。

就2011年的情况来看，外商投资企业发展具有以下特点。第一，就外商投资的地区来源来看，以亚洲投资居多，占外商投资总额的77.1%。第二，就外商企业形式来看，独资企业继续居第一位，合资企业和合作企业继续分别居第二、三位，而且独资企业占外商直接投资比重进一步上升，合资企业特别是合作企业的比重进一步下降。第三，就外商投资的规模看，企业平均

---

① 《中国经济年鉴》（有关年份），中国经济年鉴社。
② 李扬等：《中国金融改革开放30年研究》，经济管理出版社，2008，第98页。
③ 《中国统计年鉴》（2012），中国统计出版社，第259页。

投资数量增大，大型企业比重上升。当时全球最大的500家跨国公司中大部分已在华投资。跨国公司在华投资呈现以下特点：一是单项投资规模大；二是一揽子合作或跨行业关联性投资明显增多；三是投资呈系统化、多功能，具有较强的战略意图；四是跨国公司对华投资的主要方式是并购。第四，就外商投资企业的产业布局来看，在2011年外商投资中，第二产业占50.7%，其中制造业占44.9%；第三产业占47.2%；第一产业占1.7%。第五，就外商投资企业的地区分布来看，在2011年外商投资中，东部地区占83.3%，中部地区占6.7%，西部地区占10.0%。[①]

伴随外商投资企业的发展，它在我国经济生活中的作用也趋于上升。这体现在外资企业工业产值占全国总额的占比、进出口额占全国进出口额的占比、缴纳税收占全国税收总额的占比以及吸纳就业人员占全国就业人员总数的占比等方面。

当然，我国吸收外资的领域还需扩大，外资企业的技术水平还需提高，外资企业的产业结构和地区布局还需优化，引进外资的方式还需创新，这方面的法律法规还需完善，监管还需加强，要维护国家经济安全。

对外开放格局的进一步发展，还表现在进出口贸易的增长上。促进外贸增长的主要措施如下。第一，世界贸易组织实行的最惠国待遇和国民待遇等项原则体现了现代市场经济的基本要求，是在世界范围内实现资源优化配置的有效机制，是打破国际贸易（包括货物贸易和服务贸易）壁垒的强有力杠杆。所以，我国于2001年12月11日加入世界贸易组织，是扩大外贸的最有效措施。第二，为了适应入世的要求，仅在2002~2004年，我国修订的涉外法律法规达到2500多个。其中，包括2004年4月经过修订后颁布实施的《中华人民共和国对外贸易法》。[②] 这些就为扩大对外贸易提供了更有力的法律保证。第三，进一步推进了外贸体制的改革。主要是加快了国有外贸企业旨在建立现代企业制度的改革，对非公有制企业放开了外贸经营权，积极推进

---

① 《中国经济年鉴》（2012），中国经济年鉴社，第56页。
② 详见《经济日报》2004年4月7日，第11版；《经济日报》2004年12月12日，第2版。

生产企业自营出口和出口由收购制到代理制的转变，以及降低外贸市场进入门槛；规范和整顿外贸市场秩序；根本改革外贸方面不合理的行政审批制度。外贸方面多种所有制平等竞争、共同发展的格局也已初步形成。这是推动外贸发展的最重要动力。第四，在进口方面，按照入世的承诺，逐步降低关税、减少进口许可证管理的商品品种和放开投资领域。在出口方面，在退税、融资和保险等方面也采取了一系列积极推进的措施。第五，继续推进出口多元化战略，巩固和扩大了传统市场，开辟了新的市场，推进地区之间经贸关系的发展。第六，继续实施科技兴贸和以质取胜的战略，提高出口产品科技含量和附加值。第七，从发展、改革和管理等方面采取多项措施促进企业提高产品的国际竞争力。第八，进一步发挥了人力资源丰富和劳动力成本低的两大优势，这是外贸连年大幅增长的基本因素。

我国进出口总额获得了高速增长。2000~2011年，我国进出口总额由4742.9亿美元增长到36918.6亿美元，其中，出口总额由2492亿美元增长到18983.8亿美元，进口总额由2250.9亿美元增长到17934.8亿美元。这样，我国进出口贸易总额居世界位次就急剧上升。1980年居世界第32位，2000年居第七位，2007年上升到第二位。2009年以后，不仅进出口总额保持了世界第二位，而且出口总额上升到世界第一位。同时，进一步实现了出口商品结构的优化。改革以来，我国出口商品结构经历了两次转变。一次是1986年实现了由初级产品为主到工业制成品为主的转变，这标志着出口商品从资源密集型为主向劳动密集型为主的转变。1978~1986年，前者占出口比重由53.5%下降到36.4%，后者由46.5%上升到63.6%。另一次是1995年机电产品取代纺织品和服装成为第一大出口商品，这标志着出口商品开始从劳动密集型为主向资本技术密集型为主的转变。到2009年，机电产品已占出口总额的59.3%。而机电产品中高新技术产品出口的迅猛增长，则是21世纪初出口的显著特征。2009年我国高新技术产品出口占机电产品出口总额的比重提高到52.9%。还要提到：21世纪以来，服务贸易已经成为对外贸易新的增长点。2011年服务贸易的进出口额已经达到4191亿美元，占进出口总额的比重上升到 11.5%。

对外贸易规模扩大和结构优化,意味着对外贸易从扩大市场、创造就业、增加税收和引进国外先进技术设备等方面促进了我国经济增长,成为这方面的一支很重要力量。我国出口占国内生产总值的比重,1978 年只有 4.6%,2011 年达到 25.2%。但是,我国还只能算是贸易大国,并不是贸易强国。其主要表现如下。一是当前我国人均外贸额低于世界人均水平。二是贸易增长方式相对粗放,而且长期依赖低劳动成本、高物耗、少收益的增长方式也难以为继。三是缺乏自有品牌、营销网络以及具有自主知识产权和核心技术的产品。四是不少出口产品层次偏低,不少产品仍处于国际分工价值链的低端环节,附加值不高。五是尚未形成大批综合实力强,能够深度参与国际竞争与合作的企业。六是外资企业的加工贸易在外贸总额中(特别是在高新技术产品出口中)占了大部分。到 2010 年,加工贸易还占外贸总额的 53.8%。①

对外开放格局的发展,还表现在对外投资的迅速增长方面。改革以来,已从资金、技术和人才等方面为中国实现"走出去"战略奠定了基础,而且改革深化和现代化建设发展也要求进一步充分利用两种市场和两种资源。因此,21 世纪初我国加大了实施"走出去"战略的力度。而且,已经和正在按照以市场为主导、以企业为主体、政府提供服务的原则,加快建立中国对外经济合作的管理服务体系。一是形成稳定、透明的涉外经济管理体制,创造公平和可预见的法制环境,为中国企业开展规范的对外经济合作提供制度保障。二是建立新型的对外经济合作的管理服务体系。三是帮助对外经济合作的中介机构准确定位,完善功能。四是为中外企业的合作创造较好的国际环境。

如此一来,我国对外投资就获得了迅速发展。一是投资地区和行业分布广泛。从 20 世纪 80 年代集中于美欧日等少数发达国家和中国港澳地区,发

---

① 《中国统计年鉴》(有关年份),中国统计出版社;《中国经济年鉴》(有关年份),中国经济年鉴社;《经济参考报》2010 年 1 月 13 日,第 1 版;国家统计局网,2010 年 2 月 25 日。

展到亚洲、非洲、拉丁美洲以及东欧独联体等；投资领域也由初期的进出口贸易、航运和餐饮等少数领域拓展到加工制造、资源利用、工程承包、农业合作和研究开发等的领域。二是境外资源开发取得积极进展。这一点突出表现为在境外参与油气项目、矿产项目和远洋渔业项目的开发。三是境外加工贸易业务发展迅速。主要涉及纺织、家电、机电、化工、制药等行业。四是经营主体迅速壮大，大型企业作用明显。我国从事跨国投资与经营的各类企业已发展到数万家；一些大企业已成为跨国公司。五是投资方式日趋多样化，经营层次逐步提高。跨国并购方式的投资迅速增长。2008年，跨国并购占境外投资的比重达到了46%。境外收购销售网络、特许经营权、建立研发中心的投资也大大增加。六是营业额和投资规模迅速增长。2011年非金融领域对外直接投资上升到601亿美元，累计达到3220亿美元。

与上述情况相联系，2000~2011年，对外承包工程完成额也由83.79亿美元增长到5034.24亿美元。[①]

对外开放总体格局的进一步发展还表现在如下方面。第一，以外向型经济为主导的天津滨海新区和广西北部湾地区的建设和发展。20世纪90年代中期提出建设天津滨海新区，21世纪以来，该区经济有了很大发展。有望成为继20世纪80年代珠江三角洲的经济特区、90年代上海浦东新区之后的第三个经济增长极。2006年1月国务院批准实施《广西北部湾区域发展规划》，该区经济发展也很快，将成为另一个重要的经济增长极。第二，2003年以来，自由贸易区从无到有的迅速发展。到2008年，我国与世界五大洲的29个国家和地区已经和正在建设的自由贸易区达到了12个，其贸易额占到我国外贸总额的20%以上。另外，近年来，我国还与129个国家和地区、13个国际组织建立了180多个双边联委会机制，与123个国家签订了双边投资保护协定。还需着重提到：2010年1月1日，中国－东盟自由贸易区正式全面建成。这是涵盖19亿人口、6万亿美元国民生产总值、4.5万亿美元贸易额的位居世界

[①]《中国统计年鉴》(2016)，中国统计出版社，第380页；《中国经济年鉴》(2012)，中国经济年鉴社，第56~57页。

第三的自由贸易区，是 21 世纪以来我国对外贸易进一步发展的一个重要的标志性事件。①

结　语

这期间在完善社会主义市场经济体制方面迈出了重要步伐，其主要表现是：国有经济继续推进了以战略调整和完善现代企业制度为特征的经济改革，深化了农村经济改革；继续推进了集体经济改革和非公有经济发展，进一步发展了以国有经济为主导的、多种所有制共同发展的格局；继续完善了现代市场体系和宏观经济管理体制；进一步扩大了对外开放的总体格局。就规模以上工业来说，国有及国有控股企业在主营业务收入中的占比由 2000 年的 50.2% 下降到 2011 年的 27.2%，私营企业的占比由 5.7% 上升到 29.0%，外资企业的占比由 26.8% 下降到 25.7%。②

---

① 《十一届全国人大一次会议〈政府工作报告〉辅导读本》，人民出版社，2008，第 126 页；《中国经济时报》2010 年 2 月 22 日，第 1 版。
② 《中国统计年鉴》（2015），中国统计出版社，第 431 页、445 页、447 页。

第六章　以市场取向改革为重点的全面深化改革阶段（2012~2018年）[*]

导　语：2012年召开的党的十八大提出："根据我国经济社会发展实际，要在十六大、十七大确立的全面建设小康社会目标的基础上努力实现新的要求。"适应这个要求，提出全面建成小康社会，必须深化重要领域改革，使各方面制度更加成熟更加定型。要加快完善社会主义市场经济体制，加快推进社会主义民主政治制度化、规范化、程序化，加快完善文化管理体制和文化生产经营体制，加快形成科学有效的社会管理体制，加快建立生态文明制度。[①]据此，2013年召开的党的十八届三中全会做出了《关于全面深化改革若干重大问题的决定》。《决定》提出"全面深化改革的总目标是完善和发展中国特色社会主义制度，推进国家治理体系和治理能力现代化"。《决定》要求深化经济体制改革、深化政治体制改革、深化社会体制改革、加快建立生态文明制度和深化党的建设制度改革。《决定》提出："经济体制改革是全面深化改革的重点，核心问题是处理好政府和市场的关系，使市场在资源配置中起决定性作用和更好发挥政府作用，市场决定资源配置是市场经济的一般规律，健全社会主义市场经济

---

[*] 按照党的十八大以来的规定，这个阶段的经济改革任务预期到2020年实现，但本书只叙述到2017年。

[①] 详见《中国共产党第十八次全国代表大会文件汇编》，人民出版社，2012，第16~19页。

体制必须遵循这条规律，着力解决市场体系不完善、政府干预过多和监管不到位问题。"《决定》要求"到二〇二〇年，在重要领域和关键环节改革上取得决定性成果，完成本决定提出的改革任务，形成系统完备、科学规范、运行有效的制度体系，使各方面制度更加成熟更加定型"。党的十八大以及十八大以后党中央还提出了"五位一体"的总体部署、"四个全面"的战略布局、"五大发展理念"和"四个自信"等一系列治国理政新理念新思想新战略。这是作为中国社会主义初级阶段根本指导思想的中国特色社会主义理论的重大发展。这期间的改革进程就是在上述决定和指导思想的引领下实现的。

第一节 以主要管资本和加快发展混合所有制企业为特征的国有经济改革

一 深化国有企业改革的顶层设计

如前所述，改革以来包括国有经济改革在内的整个经济体制改革已经取得了巨大成就。但这方面的改革还没有真正完全到位。作为改革重点的国有企业改革更是如此。其突出表现就是国有经济调整、国有企业改组和建立现代企业制度都没有完成，特别是国家对企业的监管还没有从根本上摆脱传统计划经济体制下国家管企业的思路。诚然，改革以来，这方面的改革也是在逐步推进的。但一直没有实现由主要管企业到主要管资本的转变。而这种转变正是实现政企分开和确立企业主体地位的根本前提。

2012年党的十八大提出了全面深化经济体制改革的任务。2013年党的十八届三中全会做出了《关于全面深化改革若干重大问题的决定》。在国有经济改革方面，《决定》在提出积极发展混合所有制的同时，还提出：完善国有资产管理体制,以管资本为主加强国有资产监管,改革国有资本授权经营体制,组成若干国有资本运营公司,支持有条件的国有企业改组为国有资本投资公司;国有资本投资运营要服务于国家战略目标,更多投向关系国家安全、国民经济命脉的重要行业和关键领域,重点提供公共服务、发展重要前瞻性战略性产业、保护生态环境、支持科技进步、保障国家安全;推动国有企业完善现代企业制度;准确界定不同国有企业功能;健全协调运转、有效制衡的公司法人治理结构。[①]就党中央的文献来看,这是第一次提出以管资本为主加强国有资产监管。

2015年,中共中央、国务院又发布了《关于深化国有企业改革的指导意见》,包括当前深化国有企业改革各个重要方面,是这方面完整的指导文件。其主要内容如下。

1. 主要目标

到2020年,在国有企业改革首要领域和关键环节取得决定性成果,形成更加符合我国基本经济制度和社会主义市场经济发展要求的国有资产管理体制、现代企业制度、市场化经营机制,国有资本布局结构更趋合理,造就一大批德才兼备、善于经营、充满活力的优秀企业家,培育一大批具有创新能力和国际竞争力的国有骨干企业,国有经济活力、控制力、影响力、抗风险能力明显增强。

国有企业公司制改革基本完成,发展混合所有制经济取得积极进展,法人治理结构更加健全,优胜劣汰、经营自主灵活、内部管理人员能上能下、员工能进能出、收入能增能减的市场化机制更加完善。

国有资产监管制度更加成熟,相关法律法规更加健全,监管手段和方式不断优化,监管的科学性、针对性、有效性进一步提高,经营性国有资产实现集中统一监管,国有资产保值增值责任全面落实。

国有资本配置效率显著提高,国有经济布局结构不断优化、主导作用有

[①] 详见《中共中央关于全面深化改革若干重大问题的决定》,人民出版社,2013,第5~10页。

效发挥，国有企业在提升自主创新能力、保护资源环境、加快转型升级、履行社会责任中的引领和表率作用充分发挥。

企业党的建设全面加强，反腐倡廉制度体系、工作体系更加完善，国有企业党组织在公司治理中的法定地位更加巩固，政治核心作用充分发挥。

2. 分类推进国有企业改革

划分国有企业不同类别，根据国有资本的战略定位和发展目标，结合不同国有企业在经济社会发展中的作用、现状和发展需要，将国有企业分为商业类和公益类。通过界定功能、划分类别，实行分类改革、分类发展、分类监管、分类定责、分类考核，提高改革的针对性、监管的有效性、考核评价的科学性，推动国有企业同市场经济深入融合，促进国有企业经济效益和社会效益有机统一。

推进商业类国有企业改革。商业类国有企业按照市场化要求实行商业化运作，以增强国有经济活力、放大国有资本功能、实现国有资产保值增值为主要目标，依法独立自主开展生产经营活动，实现优胜劣汰、有序进退。

主业处于充分竞争行业和领域的商业类国有企业，原则上都要实行公司制股份制改革，积极引入其他国有资本或各类非国有资本实现股权多元化，国有资本可以绝对控股、相对控股，也可以参股，并着力推进整体上市。对这些国有企业，重点考核经营业绩指标、国有资产保值增值和市场竞争能力。

主业处于关系国家安全、国民经济命脉的重要行业和关键领域、主要承担重大专项任务的商业类国有企业，要保持国有资本控股地位，支持非国有资本参股。对自然垄断行业，实行以政企分开、政资分开、特许经营、政府监管为主要内容的改革，根据不同行业特点实行网运分开、放开竞争性业务，促进公共资源配置市场化；对需要实行国有全资的企业，也要积极引入其他国有资本实行股权多元化；对特殊业务和竞争性业务实行业务板块有效分离、独立运作、独立核算。对这些国有企业，在考核经营业绩指标和国有资产保值增值情况的同时，加强对服务国家战略、保障国家安全和国民经济运行、发展前瞻性战略性产业以及完成特殊任务的考核。

推进公益类国有企业改革。公益类国有企业以保障民生、服务社会、提供公共产品和服务为主要目标，引入市场机制，提高公共服务效率和能力。这类企业可以采取国有独资形式，具备条件的也可以推行投资主体多元化，还可以通过购买服务、特许经营、委托代理等方式，鼓励非国有企业参与经营。对公益类国有企业，重点考核成本控制、产品服务质量、营运效率和保障能力，根据企业不同特点有区别地考核经营业绩指标和国有资产保值增值情况，考核中要引入社会评价。

3. 完善现代企业制度

推进公司制股份制改革。加大集团层面公司制改革力度，积极引入各类投资者实现股权多元化，大力推动国有企业改制上市，创造条件实现集团公司整体上市。根据不同企业的功能定位，逐步调整国有股权比例，形成股权结构多元、股东行为规范、内部约束有效、运行高效灵活的经营机制。允许将部分国有资本转化为优先股，在少数特定领域探索建立国家特殊管理股制度。

健全公司法人治理结构。重点是推进董事会建设，建立健全权责对等、运转协调、有效制衡的决策执行监督机制，规范董事长、总经理行权行为，充分发挥董事会的决策作用、监事会的监督作用、经理层的经营管理作用、党组织的政治核心作用，切实解决一些企业董事会形同虚设、"一把手"说了算的问题，实现规范的公司治理。要切实落实和维护董事会依法行使重大决策、选人用人、薪酬分配等权利，保障经理层经营自主权，法无授权任何政府部门和机构不得干预。加强董事会内部的制衡约束，国有独资、全资公司的董事会和监事会均应有职工代表，董事会外部董事应占多数，落实一人一票表决制度，董事对董事会决议承担责任。改进董事会和董事评价办法，强化对董事的考核评价和管理，对重大决策失误负有直接责任的要及时调整或解聘，并依法追究责任。进一步加强外部董事队伍建设，拓宽来源渠道。

建立国有企业领导人员分类分层管理制度。坚持党管干部原则与董事会依法产生、董事会依法选择经营管理者、经营管理者依法行使用人权相结合，不断创新有效实现形式。上级党组织和国有资产监管机构按照管理权限加强对国有企业领导人员的管理，广开推荐渠道，依规考察提名，严格履行选用程序。根据不同企业类别和层级，实行选任制、委任制、聘任制等不同选人用人方式。推行职业经理人制度，实行内部培养和外部引进相结合，畅通现有经营管理者与职业经理人身份转换通道，董事会按市场化方式选聘和管理职业经理人，合理增加市场化选聘比例，加快建立退出机制。推行企业经理层成员任期制和契约化管理，明确责任、权利、义务，严格任期管理和目标考核。

实行与社会主义市场经济相适应的企业薪酬分配制度。企业内部的薪酬分配权是企业的法定权利，由企业依法依规自主决定，完善既有激励又有约束、既讲效率又讲公平、既符合企业一般规律又体现国有企业特点的分配机制。建立健全与劳动力市场基本适应、与企业经济效益和劳动生产率挂钩的工资决定和正常增长机制。推进全员绩效考核，以业绩为导向，科学评价不同岗位员工的贡献，合理拉开收入分配差距，切实做到收入能增能减和奖惩分明，充分调动广大职工积极性。对国有企业领导人员实行与选任方式相匹配、与企业功能性质相适应、与经营业绩相挂钩的差异化薪酬分配办法。对党中央、国务院和地方党委、政府及其部门任命的国有企业领导人员，合理确定基本年薪、绩效年薪和任期激励收入。对市场化选聘的职业经理人实行市场化薪酬分配机制，可以采取多种方式探索完善中长期激励机制。健全与激励机制相对称的经济责任审计、信息披露、延期支付、追索扣回等约束机制。严格规范履职待遇、业务支出，严禁将公款用于个人支出。

深化企业内部用人制度改革。建立健全企业各类管理人员公开招聘、竞争上岗等制度，对特殊管理人员可以通过委托人才中介机构推荐等方式，拓宽选人用人视野和渠道。建立分级分类的企业员工市场化公开招聘制度，切实做到信息公开、过程公开、结果公开。构建和谐劳动关系，依法规范企业各类用工管理，建立健全以合同管理为核心、以岗位管理为基础的市场化用工制度，真正形成企业各类管理人员能上能下、员工能进能出的合理流动机制。

4. 完善国有资产管理体制

以管资本为主推进国有资产监管机构职能转变。国有资产监管机构要准确把握依法履行出资人职责的定位，科学界定国有资产出资人监管的边界，建立监管权力清单和责任清单，实现以管企业为主向以管资本为主的转变。该管的要科学管理、决不缺位，重点管好国有资本布局、规范资本运作、提高资本回报、维护资本安全；不该管的要依法放权、决不越位，将依法应由企业自主经营决策的事项归位于企业，将延伸到子企业的管理事项原则上归位于一级企业，将配合承担的公共管理职能归位于相关政府部门和单位。大力推进依法监管，着力创新监管方式和手段，改变行政化管理方式，改进考核体系和办法，提高监管的科学性、有效性。

以管资本为主改革国有资本授权经营体制。改组组建国有资本投资、运营公司，探索有效的运营模式，通过开展投资融资、产业培育、资本整合，推动产业集聚和转型升级，优化国有资本布局结构；通过股权运作、价值管理、有序进退，促进国有资本合理流动，实现保值增值。科学界定国有资本所有权和经营权的边界，国有资产监管机构依法对国有资本投资、运营公司和其他直接监管的企业履行出资人职责，并授权国有资本投资、运营公司对授权范围内的国有资本履行出资人职责。国有资本投资、运营公司作为国有资本市场化运作的专业平台，依法自主开展国有资本运作，对所出资企业行使股东职责，按照责权对应原则切实承担起国有资产保值增值责任。开展政府直接授权国有资本投资、运营公司履行出资人职责的试点。

以管资本为主推动国有资本合理流动优化配置。坚持以市场为导向、以企业为主体，有进有退、有所为有所不为，优化国有资本布局结构，增强国有经济整体功能和效率。紧紧围绕服务国家战略，落实国家产业政策和重点产业布局调整总体要求，优化国有资本重点投资方向和领域，推动国有资本向关系国家安全、国民经济命脉和国计民生的重要行业和关键领域、重点基础设施集中，向前瞻性战略性产业集中，向具有核心竞争力的优势企业集中。发挥国有资本投资、运营公司的作用，清理退出一批、重组整合一批、创新发展一批国有企业。建立健全优胜劣汰市场化退出机制，充分发挥失业救济和再就业培训等的作用，解决好职工安置问题，切实保障退出企业依法实现关闭或破产，加快处置低效无效资产，淘汰落后产能。支持企业依法合规通过证券交易、产权交易等资本市场，以市场公允价格处置企业资产，实现国有资本形态转换，变现的国有资本用于更需要的领域和行业。推动国有企业加快管理创新、商业模式创新，合理限定法人层级，有效压缩管理层级。发挥国有企业在实施创新驱动发展战略和制造强国战略中的骨干和表率作用，强化企业在技术创新中的主体地位，重视培养科研人才和高技能人才。支持国有企业开展国际化经营，鼓励国有企业之间以及与其他所有制企业以资本为纽带，强强联合、优势互补，加快培育一批具有世界一流水平的跨国公司。

以管资本为主推进经营性国有资产集中统一监管。稳步将党政机关、事业单位所属企业的国有资本纳入经营性国有资产集中统一监管体系，具备条件的进入国有资本投资、运营公司。加强国有资产基础管理，按照统一制度规范、统一工作体系的原则，抓紧制定企业国有资产基础管理条例。建立覆盖全部国有企业、分级管理的国有资本经营预算管理制度，提高国有资本收益上缴公共财政比例，2020年提高到30%，更多用于保障和改善民生。划转部分国有资本充实社会保障基金。

5. 发展混合所有制经济

推进国有企业混合所有制改革。以促进国有企业转换经营机制，放大国有资本功能，提高国有资本配置和运行效率，实现各种所有制资本取长补短、相互促进、共同发展为目标，稳妥推动国有企业发展混合所有制经济。对通过实行股份制、上市等途径已经实行混合所有制的国有企业，要着力在完善现代企业制度、提高资本运行效率上下功夫；对于适宜继续推进混合所有制改革的国有企业，要充分发挥市场机制作用，坚持因地施策、因业施策、因企施策，宜独则独、宜控则控、宜参则参，不搞拉郎配，不搞全覆盖，不设时间表，成熟一个推进一个。改革要依法依规、严格程序、公开公正，切实保护混合所有制企业各类出资人的产权权益，杜绝国有资产流失。

引入非国有资本参与国有企业改革。鼓励非国有资本投资主体通过出资入股、收购股权、认购可转债、股权置换等多种方式，参与国有企业改制重组或国有控股企业上市公司增资扩股以及企业经营管理。实行同股同权，切实维护各类股东合法权益。在石油、天然气、电力、铁路、电信、资源开发、公用事业等领域，向非国有资本推出符合产业政策、有利于转型升级的项目。依照外商投资产业指导目录和相关安全审查规定，完善外资安全审查工作机制。开展多类型政府和社会资本合作试点，逐步推广政府和社会资本合作模式。

鼓励国有资本以多种方式入股非国有企业。充分发挥国有资本投资、运营公司的资本运作平台作用，通过市场化方式，以公共服务、高新技术、生态环保、战略性产业为重点领域，对发展潜力大、成长性强的非国有企业进行股权投资。鼓励国有企业通过投资入股、联合投资、重组等多种方式，与非国有企业进行股权融合、战略合作、资源整合。

探索实行混合所有制企业员工持股。坚持试点先行，在取得经验基础上稳妥有序推进，通过实行员工持股建立激励约束长效机制。优先支持人才资本和技术要素贡献占比较高的转制科研院所、高新技术企业、科技服务型企业开展员工持股试点，支持对企业经营业绩和持续发展有直接或较大影响的科研人员、经营管理人员和业务骨干等持股。员工持股主要采取增资扩股、出资新设等方式。完善相关政策，健全审核程序，规范操作流程，严格资产评估，建立健全股权流转和退出机制，确保员工持股公开透明，严禁暗箱操作，防止利益输送。[1]

据此，中共中央、国务院办公厅和国资委发布了多项配套文件。国务院国有企业改革领导小组为了探索贯彻《指导意见》的有效操作方式，还在

---

[1] 详见《中共中央、国务院关于深化国有企业改革的指导意见》，中央政府网，2015年9月13日。

已有实践经验基础上,进一步开展了十项试点,以期在国有企业改革重点难点问题上尽快实现突破。这十项试点是:①落实董事会职权试点;②市场代选聘经营管理者试点;③推行职业经理人制度试点;④企业薪酬分配差异化试点;⑤国有资本投资运营试点;⑥中央企业兼并重组试点;⑦部分重点领域混合所有制改革试点;⑧混合所有制企业员工持股试点;⑨国有企业信息公开工作试点;⑩剥离企业办社会和解决历史遗留问题试点。[1] 整体来说,2015~2017年这些试点正在有序进行的过程中。

二 实现以管企业为主向以管资本为主的转变

为了贯彻党中央、国务院提出的实现以管企业为主向以管资本为主的转变,国务院办公厅于2017年4月27日转发了《国务院国资委以管资本为主推进职能转变方案》。其主要内容如下。

1. 基本原则

(1)坚持准确定位。按照政企分开、政资分开、所有权与经营权分离要求,科学界定国有资产出资人监管的边界,国务院国资委作为国务院直属特设机构,根据授权代表国务院依法履行出资人职责,专司国有资产监管,不行使社会公共管理职能,不干预企业依法行使自主经营权。

(2)坚持依法监管。按照有关法律法规规定,建立和完善出资人监管的权力和责任清单,健全监管制度体系,重点管好国有资本布局、规范资本运作、提高资本回报、维护资本安全。全面加强国有资产监督,充实监督力量,完善监督机制,严格责任追究,切实防止国有资产流失。

(3)坚持搞活企业。遵循市场经济规律和企业发展规律,突出权责一致,确保责任落实,将精简监管事项与完善国有企业法人治理结构相结合,依法落实企业法人财产权和经营自主权,激发企业活力、创造力和市场竞争力,

---

[1] 详见《中国经济年鉴》(2016),中国经济年鉴社,第516~517页。

打造适应市场竞争要求、以提高核心竞争力和资源配置效率为目标的现代企业。

（4）坚持提高效能。明确国有资产监管重点，调整优化监管职能配置和组织设置，改进监管方式和手段，整合监管资源，优化监管流程，提高监管效率，加强监管协同，推进监管信息共享和动态监管，实现依法监管、分类监管、阳光监管。

（5）坚持党的领导。坚持党对国有企业政治领导、思想领导、组织领导的有机统一，发挥国有企业党组织的领导核心和政治核心作用，把方向、管大局、保落实。健全完善党建工作责任制，落实党建工作主体责任，为国有企业改革发展提供坚强有力的政治保证、组织保证和人才支撑。

2. 调整优化监管职能

（1）强化管资本职能，落实保值增值责任。①完善规划投资监管。服从国家战略和重大决策，落实国家产业政策和重点产业发展总体要求，调整优化国有资本布局，加大对中央企业投资的规划引导力度，加强对发展战略和规划的审核，制定并落实中央企业国有资本布局结构整体规划。改进投资监管方式，通过制定中央企业投资负面清单、强化主业管理、核定非主业投资比例等方式，管好投资方向，根据投资负面清单探索对部分企业和投资项目实施特别监管制度。落实企业投资主体责任，完善投资监管制度，开展投资项目第三方评估，防止重大违规投资，依法依规追究违规责任。加强对中央企业国际化经营的指导，强化境外投资监管体系建设，加大审核把关力度，严控投资风险。②突出国有资本运营。围绕服务国家战略目标和优化国有资本布局结构，推动国有资本优化配置，提升国有资本运营效率和回报水平。牵头改组组建国有资本投资、运营公司，实施资本运作，采取市场化方式推动设立国有企业结构调整基金、国有资本风险投资基金、中央企业创新发展投资引导基金等相关投资基金。建立健全国有资本运作机制，组织、指导和监督国有资本运作平台开展资本运营，鼓励国有企业追求长远收益，推动国有资本向关系国家安全、国民经济命脉和国计民生的重要行业和关键领域、重点基础设施集中，向前瞻性战略性产业集中，向具有核心竞争力的优势企业集中。③强化激励约束。实现业绩考核与薪酬分配协同联动，进一步发挥考核分配对企业发展的导向作用，实现"业绩升、薪酬升，业绩降、薪酬降"。改进考核体系和办法，突出质量效益与推动转型升级相结合，强化目标管理、对标考核、分类考核，对不同功能定位、不同行业领域、不同发展阶段的企业实行差异化考核。严格贯彻落实国有企业负责人薪酬制度改革相关政策，建立与选任方式相匹配、与企业功能性质相适应、与经营业绩相挂钩的差异化薪酬分配办法。

（2）加强国有资产监督，防止国有资产流失。①坚持出资人管理和监督的有机统一。健全规范国有资本运作、防止国有资产流失的监管制度，加强对制度执行情况的监督检查。增加监督专门力量，分类处置和督办发现的问题，组织开展国有资产重大损失调查，形成发现、调查、处理问题的监督工作闭环。进一步强化监督成果在业绩考核、薪酬分配、干部管理等方面的运用。②强化外派监事会监督。进一步加强和改进监事会监督，完善监督工作体制机制，明确外派监事会由政府派出、作为出资人监督专门力量的职责定位。突出监督重点，围绕企业财务和重大决策、运营过程中可能造成国有资产流失的事项和关键环节以及董事会和经理层依法依规履职情况等重点，着力强化当期和事中监督。改进监事会监督方式，落实外派监事会纠正违规决策、罢免或者调整领导人员的建议权，建立外派监事会可追溯、可量化、可考核、可问责的履职记录制度，提升监督效能。③严格落实责任。建立健全违法违规经营投资责任追究制度体系，完善责任倒查和追究机制，构建权责清晰、约束有效的经营投资责任体系。加大对违法违规经营投资责任的追究力度，综合运用组织处理、经济处罚、禁入限制、党纪政纪处分和追究刑事责任等手段，依法依规查办违法违规经营投资导致国有资产重大损失的案件。

（3）精简监管事项，增强企业活力。包括：取消一批监管事项；下放一批监管事项；授权一批监管事项；移交一批社会公共管理事项。

（4）整合相关职能，提高监管效能。包括：整合国有企业改革职能；整合经济运行监测职能；整合推动科技创新职能。

（5）全面加强党的建设，强化管党治党责任。包括：建立健全党建工作责任制；加强党的领导与完善公司治理相统一；坚持党管干部原则与市场化机制相结合；加大纪检监察工作力度。

3. 改进监管方式手段

按照事前制度规范、事中跟踪监控、事后监督问责的要求，积极适应监管职能转变和增强企业活力、强化监督管理的需要，创新监管方式和手段，更多采用市场化、法治化、信息化监管方式，提高监管的针对性、实效性。包括：①强化依法监管；②实施分类监管；③推进阳光监管；④优化监管流程。

4. 切实抓好组织实施

国务院国资委要依据本方案全面梳理并优化调整具体监管职能，相应调整内设机构，明确取消、下放、授权的监管事项，加快制定出资人监管的权力和责任清单，按程序报批后向社会公开。要坚持试点先行，结合企业实际，继续推进简政放权、放管结合、优化服务改革，分类放权、分步实施，确保放得下、接得住、管得好。要积极适应职能转变要求，及时清理完善涉及的国有资产监管法规和政策文件。①

组建国有资本投资运营公司，是实现以管资本为主的一个重要方面。2014年以来，国资委就进行了这方面的试点。试点企业主要从三方面进行积极探索：首先，发展国有资本专业化运营，同时探索有效的投资运营模式；其次，探索国资委与企业的关系，完善国有资产监管方式；最后，推进国有资本投资运营公司内部改革，探索市场化的企业经营机制。

2014年从诚通集团、中国国新率先启动国有资本运营公司试点，到2017年国投、中粮、神华、宝武、五矿、招商局、中交、保利8家央企试点国有资本投资公司，试点企业已达10家。地方相关试点改革也在加速进行。37家

---

① 详见中国政府网，2017年5月10日。

省级国资委中，有21家改组组建了52户国有资本投资运营公司。两年多来，10家中央企业不断推进改革试点工作，在试体制、试机制、试模式等关键环节勇于探索和突破，试点起步良好，取得了阶段性成果。10家试点企业2016年实现利润总额2450亿元，较上年增加765亿元，同比增加45%，远超央企平均水平。①

按照国资委的要求，2017年国有资本运营公司试点争取取得更大的突破性进展。下一步试点工作，一要细化落实责任。二要强化战略规划，以优化中央企业国有资本布局结构、提高国有资本配置效率为目标，指导和推动结构调整基金开展资本运作。要成为战略性新兴产业转型升级的"引导者"，成为具备综合金融功能的"服务商"，抓好重大专项任务的落实。三要加大改革力度，打造市场化运作的专业平台。要加大去行政化的力度，严守市场规则，完善市场化经营机制。四要善于总结提炼，尽快形成可复制、可推广的经验，加大宣传力度，积极回应社会关切。但不是所有的国有企业都必须装入投资运营公司。国资委将按照"一企一策"的原则，按照以"管资本"为主加强国有资产管理的要求，明确对国有资本运营公司授权的内容、范围和方式，拓展授权内容，加大授权力度，坚持责权对等、放管结合，下一步国企改革的重要方面，就是将原本的国有资产管理架构由目前的两级变为国资监管机构、国有资本投资运营公司和经营性国企三级，逐步实现政企分开，将政府和企业剥离开来，以产权管理为纽带，突出国有资本运作，最终实现国资委从"管企业"向"管资本"转变。②

三 加快发展混合所有制经济

就党中央的文献来看，1997年党的十五大第一次做出了发展混合所有制经济的决定。党的十五大提出："公有制经济不仅包括国有经济和集体经济，

---

① 详见《经济参考报》2017年7月12日。
② 详见《经济参考报》2017年4月28日。

还包括混合所有制经济中的国有成分和集体成分。"[1] 这意味着混合所有制经济是公有制经济的实现形式。1999 年，党的十五届四中全会通过的《关于国有企业改革和发展若干重大问题的决定》进一步提出："国有大中型企业尤其是优势企业，宜于实行股份制的，要通过规范上市、中外合资和企业互相参股等形式，改为股份制企业，发展混合所有制经济，重要的企业由国家控股。"[2] 此后，党的十六大、十六届三中全会和党的十七大又发展了发展混合所有制经济的思想。2013 年党的十八届三中全会《关于全面深化改革若干重大问题的决定》进一步做出了"积极发展混合所有制经济"的决策。[3] 2015 年，《中共中央、国务院关于深化国有企业改革的指导意见》将发展混合所有制经济列为其中的主要内容。[4] 同年，国务院发布《关于国有企业发展混合所有制经济的意见》，就国有企业混合所有制做了全面部署。其主要内容如下。

1. 分类推进国有企业混合所有制改革

稳妥推进主业处于充分竞争行业和领域的商业类国有企业混合所有制改革。按照市场化、国际化要求，以增强国有经济活力、放大国有资本功能、实现国有资产保值增值为主要目标，以提高经济效益和创新商业模式为导向，充分运用整体上市等方式，积极引入其他国有资本或各类非国有资本实现股权多元化。坚持以资本为纽带完善混合所有制企业治理结构和管理方式，国有资本出资人和各类非国有资本出资人以股东身份履行权利和职责，使混合所有制企业成为真正的市场主体。

有效探索主业处于重要行业和关键领域的商业类国有企业混合所有制改革。对主业处于关系国家安全、国民经济命脉的重要行业和关键领域、主要承担重大专项任务的商业类国有企业，要保持国有资本控股地位，支持非国有资本参股。对自然垄断行业，实行以政企分开、政资分开、特许经营、政

---

[1] 《中国共产党第十五次全国代表大会文件汇编》，人民出版社，1997，第 21 页。
[2] 《中共中央关于国有企业改革和发展若干重大问题的决定》，人民出版社，1999，第 8 页。
[3] 《中共中央关于全面深化改革若干重大问题的决定》，人民出版社，2013，第 8 页。
[4] 《中共中央、国务院关于深化国有企业改革的指导意见》，中国政府网，2015 年 9 月 13 日。

府监管为主要内容的改革,根据不同行业特点实行网运分开、放开竞争性业务,促进公共资源配置市场化,同时加强分类依法监管,规范营利模式。

引导公益类国有企业规范开展混合所有制改革。在水电气热、公共交通、公共设施等提供公共产品和服务的行业和领域,根据不同业务特点,加强分类指导,推进具备条件的企业实现投资主体多元化。通过购买服务、特许经营、委托代理等方式,鼓励非国有企业参与经营。政府要加强对价格水平、成本控制、服务质量、安全标准、信息披露、营运效率、保障能力等方面的监管,根据企业不同特点有区别地考核其经营业绩指标和国有资产保值增值情况,考核中要引入社会评价。

2. 分层推进国有企业混合所有制改革

引导在子公司层面有序推进混合所有制改革。对国有企业集团公司二级及以下企业,以研发创新、生产服务等实体企业为重点,引入非国有资本,加快技术创新、管理创新、商业模式创新,合理限定法人层级,有效压缩管理层级。明确股东的法律地位和股东在资本收益、企业重大决策、选择管理者等方面的权利,股东依法按出资比例和公司章程规定行权履职。

探索在集团公司层面推进混合所有制改革。在国家有明确规定的特定领域,坚持国有资本控股,形成合理的治理结构和市场化经营机制;在其他领域,鼓励通过整体上市、并购重组、发行可转债等方式,逐步调整国有股权比例,积极引入各类投资者,形成股权结构多元、股东行为规范、内部约束有效、运行高效灵活的经营机制。

鼓励地方从实际出发推进混合所有制改革。各地区要认真贯彻落实中央要求,区分不同情况,制定完善改革方案和相关配套措施,指导国有企业稳妥开展混合所有制改革,确保改革依法合规、有序推进。

3. 鼓励各类资本参与国有企业混合所有制改革

鼓励非公有资本参与国有企业混合所有制改革。非公有资本投资主体可通过出资入股、收购股权、认购可转债、股权置换等多种方式,参与国有企业改制重组或国有控股上市公司增资扩股以及企业经营管理。非公有资本投资主体可以货币出资，或以实物、股权、土地使用权等法律法规允许的方式出资。企业国有产权或国有股权转让时，除国家另有规定外，一般不在意向受让人资质条件中对民间投资主体单独设置附加条件。

支持集体资本参与国有企业混合所有制改革。明晰集体资产产权，发展股权多元化、经营产业化、管理规范化的经济实体。允许经确权认定的集体资本、资产和其他生产要素作价入股，参与国有企业混合所有制改革。研究制定股份合作经济（企业）管理办法。

有序吸收外资参与国有企业混合所有制改革。引入外资参与国有企业改制重组、合资合作，鼓励通过海外并购、投融资合作、离岸金融等方式，充分利用国际市场、技术、人才等资源和要素，发展混合所有制经济，深度参与国际竞争和全球产业分工，提高资源全球化配置能力。按照扩大开放与加强监管同步的要求，依照外商投资产业指导目录和相关安全审查规定，完善外资安全审查工作机制，切实加强风险防范。

推广政府和社会资本合作（PPP）模式。优化政府投资方式，通过投资补助、基金注资、担保补贴、贷款贴息等，优先支持引入社会资本的项目。以项目运营绩效评价结果为依据，适时对价格和补贴进行调整。组合引入保险资金、社保基金等长期投资者参与国家重点工程投资。鼓励社会资本投资或参股基础设施、公用事业、公共服务等领域项目，使投资者在平等竞争中获取合理收益。加强信息公开和项目储备，建立综合信息服务平台。

鼓励国有资本以多种方式入股非国有企业。在公共服务、高新技术、生态环境保护和战略性产业等重点领域，以市场选择为前提，以资本为纽带，充分发挥国有资本投资、运营公司的资本运作平台作用，对发展潜力大、成长性强的非国有企业进行股权投资。鼓励国有企业通过投资入股、联合投资、并购重组等多种方式，与非国有企业进行股权融合、战略合作、资源整合，发展混合所有制经济。支持国有资本与非国有资本共同设立股权投资基金，参与企业改制重组。

探索完善优先股和国家特殊管理股方式。国有资本参股非国有企业或国有企业引入非国有资本时,允许将部分国有资本转化为优先股。在少数特定领域探索建立国家特殊管理股制度,依照相关法律法规和公司章程规定,行使特定事项否决权,保证国有资本在特定领域的控制力。

探索实行混合所有制企业员工持股。坚持激励和约束相结合的原则,通过试点稳妥推进员工持股。员工持股主要采取增资扩股、出资新设等方式,优先支持人才资本和技术要素贡献占比较高的转制科研院所、高新技术企业和科技服务型企业开展试点,支持对企业经营业绩和持续发展有直接或较大影响的科研人员、经营管理人员和业务骨干等持股。完善相关政策,健全审核程序,规范操作流程,严格资产评估,建立健全股权流转和退出机制,确保员工持股公开透明,严禁暗箱操作,防止利益输送。混合所有制企业实行员工持股,要按照混合所有制企业实行员工持股试点的有关工作要求组织实施。

4. 建立健全混合所有制企业治理机制

进一步确立和落实企业市场主体地位。政府不得干预企业自主经营,股东不得干预企业日常运营,确保企业治理规范、激励约束机制到位。落实董事会对经理层成员等高级经营管理人员选聘、业绩考核和薪酬管理等职权,维护企业真正的市场主体地位。

健全混合所有制企业法人治理结构。混合所有制企业要建立健全现代企业制度,明晰产权,同股同权,依法保护各类股东权益。规范企业股东(大)会、董事会、经理层、监事会和党组织的权责关系,按章程行权,对资本监管,靠市场选人,依规则运行,形成定位清晰、权责对等、运转协调、制衡有效的法人治理结构。

推行混合所有制企业职业经理人制度。按照现代企业制度要求,建立市场导向的选人用人和激励约束机制,通过市场化方式选聘职业经理人依法负责企业经营管理,畅通现有经营管理者与职业经理人的身份转换通道。职业经理人实行任期制和契约化管理,按照市场化原则决定薪酬,可以采取多种方式探索中长期激励机制。严格职业经理人任期管理和绩效考核,加快建立

5. 建立依法合规的操作规则

严格规范操作流程和审批程序。健全国有资产定价机制。切实加强监管，政府有关部门要加强对国有企业混合所有制改革的监管，完善国有产权交易规则和监管制度。

6. 营造国有企业混合所有制改革的良好环境

加强产权保护。健全多层次资本市场。完善支持国有企业混合所有制改革的政策。加快建立健全法律法规制度。[1]

在上述政策措施指导和推动下，混合所有制的企业得到了迅速发展。[2] 从发挥国有经济的主导作用来看，国有控股工业企业是最重要的混合所有制经济。它是整个国民经济最重要的主导力量。2013年，国有控股工业企业为18179个，占全部工业企业总数的4.9%。但其资产为342689.2亿元，占全部工业企业资产总额的39.4%；其所有者权益为130538.3亿元，占全部工业企业所有者权益总额的38.4%；其主营业务收入为258242.6亿元，占全部工业企业主营业务收入总额的24.9%；其利润额为68378.9亿元，占全部工业企业利润总额的22.2%。[3]

以上仅是就工业而言，对包括工商业的全部企业来说，混合所有制经济的发展也是很快的。截至2014年底，全国工商登记注册存续企业共有1819.28万户。其中，非国有投资企业1782.11万户，占97.96%；国有投资企业37.17万户，占2.04%。在37.17万户国有投资企业中，国有全资企业20.03万户，占53.89%；混合所有制企业17.14万户，占46.11%。大致来说，1/3的混合所有制企业为国有资产存量改制形成的，2/3的为国有资本与非国有资本共同出资新设成立的。尽管国有投资企业及混合所有制企业数量少，但规

---

[1] 详见《国务院关于国有企业发展混合所有制经济的意见》，中国政府网，2015年9月24日。
[2] 在我国社会主义市场经济条件下，无论从概念的科学性来说，还是从党的文献的内容来看，混合所有制经济都只能而且必须界定为公有制经济和非公有制经济共同出资的企业，那种超出这个范围的观点，是值得斟酌的。
[3] 《中国工业发展报告（2015）》，经济管理出版社，2015，第453页。

模大。从注册资本来看，国有投资企业占全部企业的37.28%，混合所有制企业占50.15%。所以，无论从数量还是注册资本来看，在国有投资企业中混合所有制企业已经占到一半左右。①

"十二五"以来，混合所有制企业发展呈现以下特点。①增长速度快。2011~2014年，混合所有制企业由11.88万户增长到17.14万户，年均增速为9.6%，比"十一五"时期提高4.77个百分点。②中央企业对混合所有制企业发展的作用上升，混合所有制企业占比由"十一五"初期的8.77%上升到2014年的17.63%。③在地区分布方面，五成以上的混合所有制企业集中在东部地区，中部和西部各占两成以上。④各类混合所有制企业呈现竞相发展的格局。近10年含私营成分的混合所有制企业增加3.28万户，年均增速为7.81%；含外资成分的混合所有制企业增加0.6万户，年均增速为4.9%；含自然人投资的混合所有制企业增加2.06万户，年均增速为4.62%。②

但在有关国民经济命脉领域发展混合所有制企业以及由员工持股的混合所有制企业等方面，在实践上仍有众多问题需要探索。为此，国务院国资委和地方国资委在这些方面继续进行了试点。从2016年到2017年上半年，国务院国资委已经在这方面确定了三批改革试点。前两批共19家试点企业，涉及配售电、电力装备、高速铁路、铁路装备、航空物流、民航信息服务、基础电信、国防军工、重要商品、金融等重点领域，特别是军工领域较多，有7家企业。从行业代表性来看，这些企业都是本行业的代表企业或领军企业，具有典型性，在这些企业开展混改试点能够发挥示范作用。从股权结构来看，试点企业混改后股权结构都将发生质的变化，有的从国有独资改为国有绝对控股，有的从国有绝对控股改为国有相对控股，有的探索国家特殊管理股制度。从混合模式来看，包括民企入股国企、国企入股民企、中央企业与地方国企混合、国企与外资混合、PPP模式等，各有特色。在第三批试点企业中，石油、天然气领域将成为重点试点领域。

---

① 《中国经济时报》2016年3月1日。
② 《中国工商时报》2015年12月16日。

地方国企混改也在提速。目前包括北京、天津、上海、山东等超过20个省区市，均将进一步推进国企混改，各省份根据自身情况制定了改革路线图和时间表，多地提出要吸引民营资本，电力、电信、交通、石油、天然气、市政公用等垄断领域将进一步向社会资本开放。而且，目前包括北京、上海、天津、陕西、湖南、湖北、四川、山东、重庆等近20个省份都明确提出，要推进地方国企员工持股试点，多个省份正在研究制定混合所有制企业开展员工持股试点的方案，设定改革时间表。比如，天津市国资委2017年5月2日印发《开展国有控股混合所有制企业员工持股试点的实施意见》，将确定5~10户试点企业，探索推进国有控股混合所有制企业员工持股试点。《实施意见》提出，将优先支持人才资本和技术要素贡献占比较高的转制科研院所、高新技术企业、科技服务型企业开展员工持股试点。开展试点的企业需满足四个条件：一是主业处于充分竞争行业和领域的竞争类企业；二是股权结构合理，非公有资本股东所持股份不低于10%，公司董事会中有非公有资本股东推荐的董事；三是公司治理结构健全，建立市场化的劳动人事分配制度和业绩考核评价体系；四是上一年度营业收入和利润的90%以上来源于所在企业集团外部市场。《实施意见》还规定，员工持股总量原则上不高于公司总股本的30%，单一员工持股比例原则上不高于公司总股本的1%。《实施意见》为正在进行的员工持股改革试点工作设立了"时间表"，提出2018年年底进行阶段性总结，待形成可复制、可推广的经验后，适时扩大试点。[①]

这些措施加快了发展混合所有制企业的步伐。据国资委统计，截至2016年底，中央企业集团及下属企业混合所有制企业（含参股）占比达到了68.9%，上市公司的资产、营业收入和利润总额在中央企业"总盘子"中的占比分别达到61.3%、62.8%和76.2%。省级国资委所出资企业及各级子企业混合所有制企业占比达到了47%。不仅速度更快，混改层级也在提升。中央企

---

① 详见《经济参考报》2017年4月14日；《经济参考报》2017年5月3日；《经济参考报》2017年5月4日；《第一财经日报》2017年3月21日。

业二级企业混合所有制企业户数占比达到 22.5%，截至 2017 年 3 月底，126 家省级国资委监管的一级企业集团层面完成了混合所有制改革。①

四 进一步推进国有企业的结构调整和重组

改革以来，经过调整和重组，国有企业的结构和布局不合理状况已有显著改善。但国有企业的产业分布过广、比重过大、规模不经济、产业集中度低和层级过多等方面的问题仍很突出。到 2016 年底，全国国有企业资产总额 131.7 万亿元，所有者权益合计 44.7 万亿元，2016 年国有企业实现营业总收入 45.9 万亿元，实现利润总额 2.3 万亿元。从产业结构上看，国有企业不仅完全主导了自然垄断行业、基础设施、城市公用事业，而且遍及农业、工业、服务业的各个具体行业。从主营业务上看，超过 70% 的国有企业属于竞争性行业（商业类），真正分布于基础性行业（公益类）的国有企业不足 30%。就工业而言，国有企业遍及工业类全部行业。国有企业产业结构显然过于宽泛。国有企业不仅遍布国民经济各行各业，而且遍布大中小微各种规模的企业。2015 年在全部国有企业中，大型企业只占 5.8%，中型企业也仅占 18.1%，小微企业占 76%。②

为贯彻落实党中央、国务院关于深化国有企业改革的决策部署，进一步优化国有资本配置，促进中央企业转型升级，经国务院同意，国务院办公厅于 2016 年 7 月 17 日发布了《关于推动中央企业结构调整与重组的指导意见》。其主要内容如下。

1. 基本原则

（1）坚持服务国家战略。中央企业结构调整与重组，要服务国家发展目标，落实国家发展战略，贯彻国家产业政策，以管资本为主加强国资监管，不断推动国有资本优化配置。

---

① 《经济参考报》2017 年 6 月 5 日；《经济参考报》2017 年 7 月 5 日。
② 《经济参考报》2017 年 3 月 15 日。

（2）坚持尊重市场规律。遵循市场经济规律和企业发展规律，维护市场公平竞争秩序，以市场为导向，以企业为主体，以主业为主，因地制宜、因业制宜、因企制宜，有进有退、有所为有所不为，不断提升中央企业市场竞争力。

（3）坚持与改革相结合。在调整重组中深化企业内部改革，建立健全现代企业制度，形成崭新的体制机制，打造充满生机活力的新型企业。加强党的领导，确保党的建设与调整重组同步推进，实现体制、机制、制度和工作的有效对接。

（4）坚持严格依法规范。严格按照有关法律法规推进中央企业结构调整与重组，切实保护各类股东、债权人和职工等相关方的合法权益。加强国有资产交易监管，防止逃废金融债务，防范国有资产流失。

（5）坚持统筹协调推进。突出问题导向，处理好中央企业改革、发展、稳定的关系，把握好调整重组的重点、节奏与力度，统筹好巩固加强、创新发展、重组整合和清理退出等工作。

2. 主要目标

到2020年，中央企业战略定位更加准确，功能作用有效发挥；总体结构更趋合理，国有资本配置效率显著提高；发展质量明显提升，形成一批具有创新能力和国际竞争力的世界一流跨国公司。具体目标如下。

（1）功能作用有效发挥。在国防、能源、交通、粮食、信息、生态等关系国家安全的领域保障能力显著提升；在重大基础设施、重要资源以及公共服务等关系国计民生和国民经济命脉的重要行业控制力明显增强；在重大装备、信息通信、生物医药、海洋工程、节能环保等行业的影响力进一步提高；在新能源、新材料、航空航天、智能制造等产业的带动力更加凸显。

（2）资源配置更趋合理。通过兼并重组、创新合作、淘汰落后产能、化解过剩产能、处置低效无效资产等途径，形成国有资本有进有退、合理流动的机制。中央企业纵向调整加快推进，产业链上下游资源配置不断优化，从价值链中低端向中高端转变取得明显进展，整体竞争力大幅提升。中央企业间的横向整合基本完成，协同经营平台建设加快推进，同质化经营、重复建设、无序竞争等问题得到有效化解。

（3）发展质量明显提升。企业发展战略更加明晰，主业优势更加突出，资产负债规模更趋合理，企业治理更加规范，经营机制更加灵活，创新驱动发展富有成效，国际化经营稳步推进，风险管控能力显著增强，国有资本效益明显提高，实现由注重规模扩张向注重提升质量效益转变，从国内经营为主向国内外经营并重转变。

3. 重点工作

（1）巩固加强一批。巩固安全保障功能。对主业处于关系国家安全、国民经济命脉的重要行业和关键领域、主要承担国家重大专项任务的中央企业，要保证国有资本投入，增强保障国家安全和国民经济运行能力，保持国有资本控股地位，支持非国有资本参股。对重要通信基础设施、重要江河流域控制性水利水电航电枢纽等领域，粮食、棉花、石油、天然气等国家战略物资储备领域，实行国有独资或控股。对战略性矿产资源开发利用，石油天然气主干管网、电网等自然垄断环节的管网，核电、重要公共技术平台、地质等基础数据采集利用领域，国防军工等特殊产业中从事战略武器装备科研生产、关系国家战略安全和涉及国家核心机密的核心军工能力领域，实行国有独资或绝对控股。对其他服务国家战略目标、重要前瞻性战略性产业、生态环境保护、共用技术平台等重要行业和关键领域，加大国有资本投资力度，发挥国有资本引导和带动作用。

（2）创新发展一批。①搭建调整重组平台。改组组建国有资本投资、运营公司，探索有效的运营模式，通过开展投资融资、产业培育、资本整合，推动产业集聚和转型升级，优化中央企业国有资本布局结构；通过股权运作、价值管理、有序进退，促进国有资本合理流动。将中央企业中的低效无效资产以及户数较多、规模较小、产业集中度低、产能严重过剩行业中的中央企业，适度集中至国有资本投资、运营公司，做好增量、盘活存量、主动减量。②搭建科技创新平台。强化科技研发平台建设，加强应用基础研究，完善研发体系，突破企业技术瓶颈，提升自主创新能力。构建行业协同创新平台，推进产业创新联盟建设，建立和完善开放高效的技术创新体系，突破产业发展短板，提升集成创新能力。建设"互联网+"平台，推动产业互联网发展，促进跨界创新融合。建立支持创新的金融平台，充分用好各种创投基金支持中央企业创新发展，通过市场化方式设立各类中央企业科技创新投资基金，促进科技成果转化和新兴产业培育。把握世界科技发展趋势，搭建国际科技合作平台，积极融入全球创新网络。鼓励企业搭建创新创业孵化和服务平台，支持员工和社会创新创业，推动战略性新兴产业发展，加快形成新的经济增长点。鼓励优势产业集团与中央科研院所企业重组。③搭建国际化经营平台。以优势企业为核心，通过市场化运作方式，搭建优势产业上下游携手走出去平台、高效产能国际合作平台、商产融结合平台和跨国并购平台，增强中央企业联合参与国际市场竞争的能力。加快境外经济合作园区建设，形成走出去企业集群发展优势，降低国际化经营风险。充分发挥现有各类国际合作基金的作用，鼓励以市场化方式发起设立相关基金，组合引入非国有资本、优秀管理人才、先进管理机制和增值服务能力，提高中央企业国际化经营水平。

（3）重组整合一批。①推进强强联合。统筹走出去参与国际竞争和维护国内市场公平竞争的需要，稳妥推进装备制造、建筑工程、电力、钢铁、有色金属、航运、建材、旅游和航空服务等领域企业重组，集中资源形成合力，减少无序竞争和同质化经营，有效化解相关行业产能过剩。鼓励煤炭、电力、冶金等产业链上下游中央企业进行重组，打造全产业链竞争优势，更好发挥协同效应。②推动专业化整合。在国家产业政策和行业发展规划指导下，支持中央企业之间通过资产重组、股权合作、资产置换、无偿划转、战略联盟、联合开发等方式，将资源向优势企业和主业企业集中。鼓励通信、电力、汽车、新材料、新能源、油气管道、海工装备、航空货运等领域相关中央企业共同出资组建股份制专业化平台，加大新技术、新产品、新市场联合开发力度，减少无序竞争，提升资源配置效率。③加快推进企业内部资源整合。鼓励中央企业依托资本市场，通过培育注资、业务重组、吸收合并等方式，利用普通股、优先股、定向发行可转换债券等工具，推进专业化整合，增强持续发展能力。压缩企业管理层级，对五级以下企业进行清理整合，将投资决策权向三级以上企业集中，积极推进管控模式与组织架构调整、流程再造，构建功能定位明确、责权关系清晰、层级设置合理的管控体系。④积极稳妥开展并购重组。鼓励中央企业围绕发展战略，以获取关键技术、核心资源、知名品牌、市场渠道等为重点，积极开展并购重组，提高产业集中度，推动质量品牌提升。建立健全重组评估机制，加强并购后企业的联动与整合，推进管理、业务、技术、市场、文化和人力资源等方面的协同与融合，确保实现并购预期目标。并购重组中要充分发挥各企业的专业化优势和比较优势，尊重市场规律，加强沟通协调，防止无序竞争。

（4）清理退出一批。①大力化解过剩产能。严格按照国家能耗、环保、质量、安全等标准要求，以钢铁、煤炭行业为重点，大力压缩过剩产能，加快淘汰落后产能。对产能严重过剩行业，按照减量置换原则从严控制新项目投资。对高负债企业，以不推高资产负债率为原则严格控制投资规模。②加大清理长期亏损、扭亏无望企业和低效无效资产力度。通过资产重组、破产清算等方式，解决持续亏损三年以上且不符合布局结构调整方向的企业退出问题。通过产权转让、资产变现、无偿划转等方式，解决三年以上无效益且未来两年生产经营难以好转的低效无效资产处置问题。③下大力气退出一批不具有发展优势的非主营业务。梳理企业非主营业务和资产，对与主业无互补性、协同性的低效业务和资产，加大清理退出力度，实现国有资本形态转换。变现的国有资本除按有关要求用于安置职工、解决历史遗留问题外，集中投向国有资本更需要集中的领域和行业。④加快剥离企业办社会职能和解决历史遗留问题。稳步推进中央企业职工家属区"三供一业"分离移交，实现社会化管理。对中央企业所办医疗、教育、市政、消防、社区管理等公共服务机构，采取移交、撤并、改制或专业化管理、政府购买服务等多种方式分类进行剥离。加快推进厂办大集体改革。对中央企业退休人员统一实行社会化管理。

4. 保障措施

包括：①加强组织领导；②加强行业指导；③加大政策支持；④完善配套措施。①

这个文件虽然是关于中央企业结构调整和重组的指导意见，但其基本精神对地方国有企业结构的调整和重组也是适用的。

2012年以来，在推进中央企业并购重组方面取得了明显进展。主要有：中国港中旅集团与中国国旅集团重组；成立中国航空发展集团；成立铁塔公司；中国南车和中国北车实现合并；中粮集团有限公司与中国华孚集团有限公司重组；南光（集团）有限公司与珠海振戎公司重组；中国机械工业集团有限公司和中国第二重型机械集团公司重组后深度整合；大唐国际发电股份有限公司煤化工项目重组转让；中国建筑材料集团公司与中国中材集团公司重组；宝钢集团有限公司与武汉钢铁集团公司实施重组等。据统计，2012年以来，国务院国资委推动了18组34家中央企业的重组。经过重组，国务院国资委监管的中央企业已由2003年成立时的196家，减少到2011年的117家，2017年再减少到98家。②

这期间地方国资委也加快了对国有企业的重组步伐。比如，上海市计划在国有资本布局调整方面，围绕四大关键领域把国资集中度逐步提高到80%。据统计，截至2016年底，上海国资系统集团层面整体上市公司有7家，包括上港集团、上汽集团、上海建工、交运股份、隧道股份等，占上海国资产业集团的1/3。到2017年底，天津90%的国有资本聚集到重要行业和关键领域，国有资本布局聚集到40个行业左右，600家低效企业退出市场，集团数量调整到35家左右。③

重组的经济效益已经开始显露。例如，中国远洋海运在波罗的海指数创

---

① 详见中国政府网。
② 《中国经济年鉴》（2015~2016），中国经济年鉴社；《经济参考报》2017年2月24日；《经济参考报》2017年4月14日；《经济参考报》2017年6月5日；中国经济网，2017年8月30日。
③ 《经济参考报》2017年7月10日。

新低的情况下，利润逆势上扬，2016 年实现利润总额 161 亿元，同比增加 47.3%；2017 年 1~4 月，实现利润总额 54 亿元，同比增加 17.7%。同时，通过内部整合，重组前的重复投资、恶性竞争、力量分散等问题得到有效解决，协同效应不断显现。宝钢、武钢重组前亏损上百亿元，重组后实现盈利 70 亿元。而且，通过整合推动研发资源有效集中，技术创新进一步加快，重组也增强了企业规模实力。很多中央企业借助重组契机，加快实施产业结构调整，做强做优主业。

2017 年，国务院国资委继续推进中央企业重组，其路径有以下几条。①继续推进中央企业集团层面重组，深化中央企业兼并重组试点，加强重组后的整合效果评估。稳妥推进煤电、重型装备制造、钢铁等领域重组，探索海外资产整合，集中资源形成合力，更好发挥协同效应。②推动中央企业以优势龙头企业和上市公司为平台，加强企业间相同业务板块的资源整合。鼓励中央企业围绕发展战略，以获取关键技术、核心资源、知名品牌、市场渠道等为重点，积极开展并购重组。支持中央企业之间通过资产重组、股权合作、资产置换、无偿划转、战略联盟、联合开发等方式，将资源向优势企业和主业企业集中。③发挥中国国有企业结构调整基金、中国国有资本风险投资基金的引导带动作用，支持中央企业转型升级、重组整合、创新发展，引导国有资本向关系国家安全、国民经济命脉的重要行业、关键领域和战略性新兴产业集中。①

五 完善国有企业法人治理结构

改革以来，多数国有企业已初步建立现代企业制度，但从当前情况来看，现代企业制度仍不完善，部分企业尚未形成有效的法人治理结构，权责不清、约束不够、缺乏制衡等问题较为突出，一些董事会形同虚设，未能发挥应有

---

① 详见《经济参考报》2017 年 6 月 5 日。

作用。国务院办公厅为改进国有企业法人治理结构，完善国有企业现代企业制度，经国务院同意，于2017年4月24日提出《关于进一步完善国有企业法人治理结构的指导意见》。其主要内容如下。

1. 基本原则

（1）坚持深化改革。尊重企业市场主体地位，遵循市场经济规律和企业发展规律，以规范决策机制和完善制衡机制为重点，坚持激励机制与约束机制相结合，体现效率原则与公平原则，充分调动企业家积极性，提升企业的市场化、现代化经营水平。

（2）坚持党的领导。落实全面从严治党战略部署，把加强党的领导和完善公司治理统一起来，明确国有企业党组织在法人治理结构中的法定地位，发挥国有企业党组织的领导核心和政治核心作用，保证党组织把方向、管大局、保落实。坚持党管干部原则与董事会依法选择经营管理者、经营管理者依法行使用人权相结合，积极探索有效实现形式，完善反腐倡廉制度体系。

（3）坚持依法治企。依据《公司法》《企业国有资产法》等法律法规，以公司章程为行为准则，规范权责定位和行权方式；法无授权，任何政府部门和机构不得干预企业正常生产经营活动，实现深化改革与依法治企的有机统一。

（4）坚持权责对等。坚持权利、义务、责任相统一，规范权力运行、强化权利责任对等，改革国有资本授权经营体制，深化权力运行和监督机制改革，构建符合国情的监管体系，完善履职评价和责任追究机制，对失职、渎职行为严格追责，建立决策、执行和监督环节的终身责任追究制度。

2. 主要目标

2017年年底前，国有企业公司制改革基本完成。到2020年，党组织在国有企业法人治理结构中的法定地位更加牢固，充分发挥公司章程在企业治理中的基础作用，国有独资、全资公司全面建立外部董事占多数的董事会，国有控股企业实行外部董事派出制度，完成外派监事会改革；充分发挥企业家作用，造就一大批政治坚定、善于经营、充满活力的董事长和职业经理人，培育一支德才兼备、业务精通、勇于担当的董事、监事队伍;党风廉政建设主体责任和监督责任全面落实,企业民主监督和管理明显改善;遵循市场经济规律和企业发展规律,使国有企业成为依法自主经营、自负盈亏、自担风险、自我约束、自我发展的市场主体。

3. 规范主体权责

(1)理顺出资人职责,转变监管方式。①股东会是公司的权力机构。股东会主要依据法律法规和公司章程,通过委派或更换董事、监事(不含职工代表),审核批准董事会、监事会年度工作报告,批准公司财务预决算、利润分配方案等方式,对董事会、监事会以及董事、监事的履职情况进行评价和监督。出资人机构根据本级人民政府授权对国家出资企业依法享有股东权利。②国有独资公司不设股东会,由出资人机构依法行使股东会职权。以管资本为主改革国有资本授权经营体制,对直接出资的国有独资公司,出资人机构重点管好国有资本布局、规范资本运作、强化资本约束、提高资本回报、维护资本安全。对国有全资公司、国有控股企业,出资人机构主要依据股权份额通过参加股东会议、审核需由股东决定的事项、与其他股东协商作出决议等方式履行职责,除法律法规或公司章程另有规定外,不得干预企业自主经营活动。③出资人机构依据法律法规和公司章程规定行使股东权利、履行股东义务,有关监管内容应依法纳入公司章程。按照以管资本为主的要求,出资人机构要转变工作职能、改进工作方式,加强公司章程管理,清理有关规章、规范性文件,研究提出出资人机构审批事项清单,建立对董事会重大决策的合规性审查机制,制定监事会建设、责任追究等具体措施,适时制定国有资本优先股和国家特殊管理股管理办法。

(2)加强董事会建设,落实董事会职权。①董事会是公司的决策机构,要对股东会负责,执行股东会决定,依照法定程序和公司章程授权决定公司重大事项,接受股东会、监事会监督,认真履行决策把关、内部管理、防范风险、深化改革等职责。国有独资公司要依法落实和维护董事会行使重大决策、选人用人、薪酬分配等权利,增强董事会的独立性和权威性,落实董事会年度工作报告制度；董事会应与党组织充分沟通，有序开展国有独资公司董事会选聘经理层试点，加强对经理层的管理和监督。②优化董事会组成结构。国有独资、全资公司的董事长、总经理原则上分设，应均为内部执行董事，定期向董事会报告工作。国有独资公司的董事长作为企业法定代表人，对企业改革发展负首要责任，要及时向董事会和国有股东报告重大经营问题和经营风险。国有独资公司的董事对出资人机构负责，接受出资人机构指导，其中外部董事人选由出资人机构商有关部门提名，并按照法定程序任命。国有全资公司、国有控股企业的董事由相关股东依据股权份额推荐派出，由股东会选举或更换，国有股东派出的董事要积极维护国有资本权益；国有全资公司的外部董事人选由控股股东商其他股东推荐，由股东会选举或更换；国有控股企业应有一定比例的外部董事，由股东会选举或更换。③规范董事会议事规则。董事会要严格实行集体审议、独立表决、个人负责的决策制度，平等充分发表意见，一人一票表决，建立规范透明的重大事项信息公开和对外披露制度，保障董事会会议记录和提案资料的完整性，建立董事会决议跟踪落实以及后评估制度，做好与其他治理主体的联系沟通。董事会应当设立提名委员会、薪酬与考核委员会、审计委员会等专门委员会，为董事会决策提供咨询，其中薪酬与考核委员会、审计委员会应由外部董事组成。改进董事会和董事评价办法，完善年度和任期考核制度，逐步形成符合企业特点的考核评价体系及激励机制。④加强董事队伍建设。开展董事任前和任期培训，做好董事派出和任期管理工作。建立完善外部董事选聘和管理制度，严格资格认定和考试考察程序，拓宽外部董事来源渠道，扩大专职外部董事队伍，选聘一批现职国有企业负责人转任专职外部董事，定期报告外部董事履职情况。国有独资公司要健全外部董事召集人制度，召集人由外部董事定期推选产生。外部董事要与出资人机构加强沟通。

（3）维护经营自主权，激发经理层活力。①经理层是公司的执行机构，依法由董事会聘任或解聘，接受董事会管理和监事会监督。总经理对董事会负责，依法行使管理生产经营、组织实施董事会决议等职权，向董事会报告工作，董事会闭会期间向董事长报告工作。②建立规范的经理层授权管理制度，对经理层成员实行与选任方式相匹配、与企业功能性质相适应、与经营业绩相挂钩的差异化薪酬分配制度，国有独资公司经理层逐步实行任期制和契约化管理。根据企业产权结构、市场化程度等不同情况，有序推进职业经理人制度建设，逐步扩大职业经理人队伍，有序实行市场化薪酬，探索完善中长期激励机制，研究出台相关指导意见。国有独资公司要积极探索推行职业经理人制度，实行内部培养和外部引进相结合，畅通企业经理层成员与职业经理人的身份转换通道。开展出资人机构委派国有独资公司总会计师试点。

（4）发挥监督作用，完善问责机制。①监事会是公司的监督机构，依照有关法律法规和公司章程设立，对董事会、经理层成员的职务行为进行监督。要提高专职监事比例，增强监事会的独立性和权威性。对国有资产监管机构所出资企业依法实行外派监事会制度。外派监事会由政府派出，负责检查企业财务，监督企业重大决策和关键环节以及董事会、经理层履职情况，不参与、不干预企业经营管理活动。②健全以职工代表大会为基本形式的企业民主管理制度，支持和保证职工代表大会依法行使职权，加强职工民主管理与监督，维护职工合法权益。国有独资、全资公司的董事会、监事会中须有职工董事和职工监事。建立国有企业重大事项信息公开和对外披露制度。③强化责任意识，明确权责边界，建立与治理主体履职相适应的责任追究制度。董事、监事、经理层成员应当遵守法律法规和公司章程，对公司负有忠实义务和勤勉义务；要将其信用记录纳入全国信用信息共享平台，违约失信的按规定在"信用中国"网站公开。董事应当出席董事会会议，对董事会决议承担责任；董事会决议违反法律法规或公司章程、股东会决议，致使公司遭受严重损失的，应依法追究有关董事责任。经理层成员违反法律法规或公司章程，致使公司遭受损失的，应依法追究有关经理层成员责任。执行董事和经理层成员未及时向董事会或国有股东报告重大经营问题和经营风险的，应依法追究相关人员责任。企业党组织成员履职过程中有重大失误和失职、渎职行为的，应按照党组织有关规定严格追究责任。按照"三个区分开来"的要求，建立必要的改革容错纠错机制，激励企业领导人员干事创业。

（5）坚持党的领导，发挥政治优势。①坚持党的领导、加强党的建设是国有企业的独特优势。要明确党组织在国有企业法人治理结构中的法定地位，将党建工作总体要求纳入国有企业章程，明确党组织在企业决策、执行、监督各环节的权责和工作方式，使党组织成为企业法人治理结构的有机组成部分。要充分发挥党组织的领导核心和政治核心作用，领导企业思想政治工作，支持董事会、监事会、经理层依法履行职责，保证党和国家方针政策的贯彻执行。②充分发挥纪检监察、巡视、审计等监督作用，国有企业董事、监事、经理层中的党员每年要定期向党组（党委）报告个人履职和廉洁自律情况。上级党组织对国有企业纪检组组长（纪委书记）实行委派制度和定期轮岗制度，纪检组组长（纪委书记）要坚持原则、强化监督。纪检组组长（纪委书记）可列席董事会和董事会专门委员会的会议。③积极探索党管干部原则与董事会选聘经营管理人员有机结合的途径和方法。坚持和完善双向进入、交叉任职的领导体制，符合条件的国有企业党组（党委）领导班子成员可以通过法定程序进入董事会、监事会、经理层，董事会、监事会、经理层成员中符合条件的党员可以依照有关规定和程序进入党组（党委）；党组（党委）书记、董事长一般由一人担任，推进中央企业党组（党委）专职副书记进入董事会。在董事会选聘经理层成员工作中，上级党组织及其组织部门、国有资产监管机构党委应当发挥确定标准、规范程序、参与考察、推荐人选等作用。积极探索董事会通过差额方式选聘经理层成员。

4. 做好组织实施

包括：①及时总结经验，分层有序实施；②精心规范运作，做好相互衔接。[①]改革以来，国有企业公司化改革（包括法人治理结构）已有很大的发展。

---

① 详见中国政府网。

2016年公司制股份制改革全面提速，年底中央企业各级子企业公司制改制面超过92%，混合所有制企业家数占比达到68%；省级国资委监管企业的改制面超过90%。其中国务院国资委监管的中央企业东方电气集团、中广核、上海贝尔3家企业全面完成了公司制改革，中国国电、中国一重、中国铁建、建筑设计集团、中国航信、武汉邮科院、华侨城集团7家中央企业二级及以下子企业全面完成改制；辽宁、吉林、江苏、福建等19个地方国资委所监管的一级企业全部完成公司制改制。同时，董事会建设加快推进，大多数中央企业建立了外部董事占多数的规范董事会，董事会选人用人、重大决策、薪酬分配等职权逐步落实。到2017年5月，101家中央企业中建立规范董事会的达到83家，占比超过80%；中央企业外部董事人才库已经达到417人，专职外部董事增加到33人。各省（区、市）国资委所监管的一级企业中有88%已经建立了董事会，其中外部董事占多数的企业占比为13.1%。央企市场化选人用人力度加大。据调查问卷统计，截至2016年底，中央企业集团及下属企业中，由董事会市场化选聘和管理的经理层成员约占5.1%，其中，中央企业二级企业中，由董事会选聘和管理的经理层成员约占7.4%。省级国资委单位所出资的企业及下属企业中，通过市场化选聘并管理的经理层成员占14%。招商局、中国建材等50多家中央企业和上海、广东等20多个省级国资委在二、三级企业探索实施了职业经理人制度。[①]

但完成中央企业公司制改革的任务仍很艰巨和紧迫。2017年7月国务院办公厅印发了《中央企业公司制改制实施方案》，要求2017年底前，按照《全民所有制工业企业法》登记、国务院国资委监管的中央企业（不含中央金融、文化企业）要全部改制为按照《公司法》登记的有限责任公司或股份有限公司，加快形成有效制衡的公司法人治理结构和灵活高效的市场化经营机制。但目前101家中央企业中，仍有69家集团公司为全民所有制企业；近5万家

[①]《中国经济年鉴》（2016），中国经济年鉴社，第517页；《经济参考报》2017年2月24日；《经济参考报》2017年6月8日；《经济参考报》2017年6月27日；《经济参考报》2017年7月4日。

中央企业各级子企业中，仍有约3200家为全民所有制企业。前者总资产达到近8万亿元，后者总资产达到5.66万亿元。①

六　全面深化国有垄断行业改革

国有垄断行业居于国民经济命脉的地位，它在经济改革和发展中都具有极端重要性。这样，在以市场取向改革为重点的全面深化阶段，全面深化国有垄断行业的改革就显得异常迫切。为此，2010年以来，党中央、国务院先后发布了深化电力体制改革、石油天然气体制和盐业体制改革等多项文件。但鉴于国有垄断行业改革涉及面宽，而且复杂，基于限制篇幅的考虑，这里仅以地位重要、改革进展较快的电力行业体制改革为例，做历史叙述。

我国电力行业改革经历了四个阶段。②

第一阶段，1978~1984年为改革的起步阶段。这个阶段主要为贯彻经济调整方针的需要着力解决当时面临的电力供应严重不足问题，推行了"集资办电"的方针，以解决电力建设资金不足问题，实行部门与地方和部门与部门联合办电、集资办电、利用外资办电等办法，并对集资新建的电力项目按还本付息的原则核定电价水平，打破了单一的电价模式，开始培育按照市场规律定价的机制。

第二阶段，1985~2001年为改革的展开阶段。这个阶段为解决政企合一问题，提出"政企分开，省为实体，联合电网，统一调度，集资办电"的方针，将电力联合公司改组为电力集团公司，组建了华北、东北、华东、华中、西北五个电力集团。1997年，中国国家电力公司成立。这个按现代企业制度组建的大型国有公司的诞生，标志着我国电力工业管理体制由计划经济向社会主义市场经济的转变。其后，随着电力工业部的撤销，其行政管理和行业管理职能分别被移交至国家经贸委和中国电力企业联合会，电力工业实现了

---

① 详见《经济参考报》2017年7月27日。
② 国际能源网，2016年8月23日。

在中央层面的政企分开。

第三阶段，2002~2012年为改革的深化阶段，即厂网分开与电力市场初步发育阶段。2002年国务院下发了《电力体制改革方案》，提出了"厂网分开、主辅分离、输配分开、竞价上网"的方针，并制定了改革路径。其总体目标是"打破垄断，引入竞争，提高效率，降低成本，健全电价机制，优化资源配置，促进电力发展，推进全国联网，构建政府监督下的政企分开、公平竞争、开放有序、健康发展的电力市场体系"。随着该方案的实行，厂网分开、电价机制等一系列改革开始推进。总的来说，这期间的改革，使得电力行业破除了独家办电的体制束缚，从根本上改变了指令性计划体制和政企不分、厂网不分等问题，初步形成了电力市场主体多元化竞争格局。在发电方面，组建了多种所有制、多区域的发电企业；在电网方面，除国家电网和南方电网外，还组建了内蒙古电网等地方电网企业；在辅业方面，组建了中国电建、中国能建两家设计施工一体化的企业。同时，电价形成机制逐步完善。在发电环节实现了发电上网标杆电价，在输配环节逐步核定了大部分省份的输配电价，在销售环节相继出台差别电价和惩罚性电价、居民阶梯电价等政策。还积极探索了电力市场化交易和监管。相继开展了竞价上网、大用户与发电企业直接交易、发电权交易、跨省区电能交易等方面的试点，电力市场化交易取得重要进展，电力监管积累了重要经验。

但电力行业发展还面临一些亟须通过改革解决的问题，主要有以下方面。①市场交易机制缺失，资源利用效率不高。售电侧有效竞争机制尚未建立，发电企业和用户之间市场交易有限，市场配置资源的决定性作用难以发挥。节能高效环保机制不能充分利用，弃水、弃风、弃光现象时有发生，个别地区窝电和缺电并存。②价格关系没有理顺，市场化定价机制尚未完全形成。电价管理仍以政府定价为主，电价调整往往滞后于成本变化，难以及时反映用电成本、市场供求状况、资源稀缺程度和环境保护支出。③政府职能转变不到位，各类规划协调机制不完善。各类专项发展规划之间、电力规划的实际执行与规划偏差过大。④发展机制不健全，新能源和可再生能源开发利用面临困难。光伏发电等新能源产业设备制造产能和建设、运营、消费需求不匹配，没有形成研发、生产、利用相互促进的良性循环，可再生能源发电、保障性收购制度没有完全落实，新能源和可再生能源发电无歧视、无障碍上网问题未得到有效解决。⑤立法修法工作相对滞后，制约电力市场化和健康发展。现有的一些电力法律法规已经不能适应发展的现实需要，有的配套改革政策迟迟不能出台，亟待修订有关法律、法规、政策、标准，为电力行业发展提供依据。因此，深化电力体制改革是一项紧迫的任务，事关我国能源安全和经济社会发展全局。

党的十八届三中全会提出，国有资本继续控股经营的垄断行业，实行以政企分开、政资分开、特许经营、政府监管为主要内容的改革。《中共中央全面深化改革领导小组2014年工作要点》对深化电力体制改革提出了新使命、新要求。社会各界对加快电力体制改革的呼声也越来越高。这样，深化电力体制改革就具备了有利条件。

正是在这种背景下，2015年3月中共中央、国务院发布了《关于进一步深化电力体制改革的若干意见》。[①] 这个文件的发布，标志着我国电力体制改革进入了第四阶段，即全面深化阶段（2013~2020年）。其主要内容如下。

1. 深化电力体制改革的总体思路和基本原则

（1）总体思路。深化电力体制改革的指导思想和总体目标是：坚持社会主义市场经济改革方向，从我国国情出发，坚持清洁、高效、安全、可持续发展，全面实施国家能源战略，加快构建有效竞争的市场结构和市场体系，形成主要由市场决定能源价格的机制，转变政府对能源的监管方式，建立健全能源法制体系，为建立现代能源体系、保障国家能源安全营造良好的制度环境，充分考虑各方面诉求和电力工业发展规律，兼顾改到位和保稳定。通过改革，建立健全电力行业"有法可依、政企分开、主体规范、交易公平、价格合理、监管有效"的市场体制，努力降低电力成本、理顺价格形成机制，

---

① 详见中国政府网，2015年3月31日。

逐步打破垄断、有序放开竞争性业务，实现供应多元化，调整产业结构、提升技术水平、控制能源消费总量，提高能源利用效率、提高安全可靠性，促进公平竞争、促进节能环保。深化电力体制改革的重点和路径是：在进一步完善政企分开、厂网分开、主辅分开的基础上，按照管住中间、放开两头的体制架构，有序放开输配以外的竞争性环节电价，有序向社会资本开放配售电业务，有序放开公益性和调节性以外的发用电计划；推进交易机构相对独立，规范运行；继续深化对区域电网建设和适合我国国情的输配体制研究；进一步强化政府监管，进一步强化电力统筹规划，进一步强化电力安全高效运行和可靠供应。

（2）基本原则。①坚持安全可靠。体制机制设计要遵循电力商品的实时性、无形性、供求波动性和同质化等技术经济规律，保障电能的生产、输送和使用动态平衡，保障电力系统安全稳定运行和电力可靠供应，提高电力安全可靠水平。②坚持市场化改革。区分竞争性和垄断性环节，在发电侧和售电侧开展有效竞争，培育独立的市场主体，着力构建主体多元、竞争有序的电力交易格局，形成适应市场要求的电价机制，激发企业内在活力，使市场在资源配置中起决定性作用。③坚持保障民生。结合我国国情和电力行业发展现状，充分考虑企业和社会承受能力，保障基本公共服务的供给。妥善处理交叉补贴问题，完善阶梯价格机制，确保居民、农业、重要公用事业和公益性服务等用电价格相对平稳，切实保障民生。④坚持节能减排。从实施国家安全战略全局出发，积极开展电力需求侧管理和能效管理，完善有序用电和节约用电制度，促进经济结构调整、节能减排和产业升级。强化能源领域科技创新，推动电力行业发展方式转变和能源结构优化，提高发展质量和效率，提高可再生能源发电和分布式能源系统发电在电力供应中的比例。⑤坚持科学监管。更好发挥政府作用，政府管理重点放在加强发展战略、规划、政策、标准等的制定实施，加强市场监管。完善电力监管机构、措施和手段，改进政府监管方法，提高对技术、安全、交易、运行等的科学监管水平。

2. 近期推进电力体制改革的重点任务

（1）有序推进电价改革，理顺电价形成机制。①单独核定输配电价。政府定价的范围主要限定在重要公用事业、公益性服务和网络自然垄断环节。政府主要核定输配电价，并向社会公布，接受社会监督。输配电价逐步过渡到按"准许成本加合理收益"原则，分电压等级核定。用户或售电主体按照其接入的电网电压等级所对应的输配电价支付费用。②分步实现公益性以外的发售电价格由市场形成。放开竞争性环节电力价格，把输配电价与发售电价在形成机制上分开。合理确定生物质能电补贴标准。参与电力市场交易的发电企业上网电价由用户或售电主体与发电企业通过协商、市场竞价等方式自主确定。参与电力市场交易的用户购电价格由市场交易价格、输配电价（含线损）、政府性基金三部分组成。其他没有参与直接交易和竞价交易的上网电量，以及居民、农业、重要公用事业和公益性服务用电，继续执行政府定价。③妥善处理电价交叉补贴。结合电价改革进程，配套改革不同种类电价之间的交叉补贴。过渡期间，由电网企业申报现有各类用户电价间交叉补贴数额，通过输配电价回收。

（2）推进电力交易体制改革，完善市场化交易机制。①规范市场主体准入标准。按照接入电压等级、能耗水平、排放水平、产业政策以及区域差别化政策等确定并公布可参与直接交易的发电企业、售电主体和用户准入标准。按电压等级分期分批放开用户参与直接交易，参与直接交易企业的单位能耗、环保排放均应达到国家标准，不符合国家产业政策以及产品和工艺属于淘汰类的企业不得参与直接交易。进一步完善和创新制度，支持环保高效特别是超低排放机组通过直接交易和科学调度多发电。准入标准确定后，省级政府按年公布当地符合标准的发电企业和售电主体目录，对用户目录实施动态监管，进入目录的发电企业、售电主体和用户可自愿到交易机构注册成为市场主体。②引导市场主体开展多方直接交易。有序探索对符合标准的发电企业、售电主体和用户赋予自主选择权，确定交易对象、电量和价格，按照国家规定的输配电价向电网企业支付相应的过网费，直接洽谈合同，实现多方直接交易，短期和即时交易通过调度和交易机构实现，为工商业企业等各类用户提供更加经济、优质的电力保障。③鼓励建立长期稳定的交易机制。构建体现市场主体意愿、长期稳定的双边市场模式，任何部门和单位不得干预市场主体的合法交易行为。直接交易双方通过自主协商决定交易事项，依法依规签订电网企业参与的三方合同。鼓励用户与发电企业之间签订长期稳定的合同，建立并完善实现合同调整及偏差电量处理的交易平衡机制。④建立辅助服务分担共享新机制。适应电网调峰、调频、调压和用户可中断负荷等辅助服务新要求，完善并网发电企业辅助服务考核新机制和补偿机制。根据电网可靠性和服务质量，按照谁受益、谁承担的原则，建立用户参与的辅助服务分担共享机制。用户可以结合自身负荷特性，自愿选择与发电企业或电网企业签订保供电协议、可中断负荷协议等合同，约定各自的辅助服务权利与义务，承担必要的辅助服务费用，或按照贡献获得相应的经济补偿。⑤完善跨省跨区电力交易机制。按照国家能源战略和经济、节能、环保、安全的原则，采取中长期交易为主、临时交易为补充的交易模式，推进跨省跨区电力市场化交易，促进电力资源在更大范围优化配置。鼓励具备条件的区域在政府指导下建立规范的跨省跨区电力市场交易机制，促使电力富余地区更好地向缺电地区输送电力，充分发挥市场配置资源、调剂余缺的作用。积极开展跨省跨区辅助服务交易。待时机成熟时，探索开展电力期货和电力场外衍生品交易，为发电企业、售电主体和用户提供远期价格基准和风险管理手段。

（3）建立相对独立的电力交易机构，形成公平规范的市场交易平台。①遵循市场经济规律和电力技术特性定位电网企业功能。改变电网企业集电力输送、电力统购统销、调度交易为一体的状况，电网企业主要从事电网投资运行、电力传输配送，负责电网系统安全，保障电网公平无歧视开放，按国家规定履行电力普遍服务义务。继续完善主辅分离。②改革和规范电网企业运营模式。电网企业不再以上网电价和销售电价价差作为收入来源，按照政府核定的输配电价收取过网费。确保电网企业稳定的收入来源和收益水平。规范电网企业投资和资产管理行为。③组建和规范运行电力交易机构。将原来由电网企业承担的交易业务与其他业务分开,实现交易机构相对独立运行。电力交易机构按照政府批准的章程和规则为电力市场交易提供服务。相关政府部门依据职责对电力交易机构实施有效监管。④完善电力交易机构的市场功能。电力交易机构主要负责市场交易平台的建设、运营和管理,负责市场交易组织,提供结算依据和服务,汇总用户与发电企业自主签订的双边合同,负责市场主体的注册和相应管理,披露和发布市场信息等。

(4) 推进发用电计划改革,更多发挥市场机制的作用。①有序缩减发用电计划。根据市场发育程度,直接交易的电量和容量不再纳入发用电计划。鼓励新增工业用户和新核准的发电机组积极参与电力市场交易,其电量尽快实现以市场交易为主。②完善政府公益性调节性服务功能。政府保留必要的公益性调节性发用电计划,以确保居民、农业、重要公用事业和公益性服务等用电,确保维护电网调峰调频和安全运行,确保可再生能源发电依照规划保障性收购。积极开展电力需求侧管理和能效管理,通过运用现代信息技术、培育电能服务、实施需求响应等,促进供需平衡和节能减排。加强老少边穷地区电力供应保障,确保无电人口用电全覆盖。③进一步提升以需求侧管理为主的供需平衡保障水平。政府有关部门要按照市场化的方向,从需求侧和供应侧两方面入手,搞好电力电量整体平衡。提高电力供应的安全可靠水平。常态化、精细化开展有序用电工作,有效保障供需紧张情况下居民等重点用电需求不受影响。加强电力应急能力建设,提升应急响应水平,确保紧急状态下社会秩序稳定。

(5) 稳步推进售电侧改革,有序向社会资本放开售电业务。①鼓励社会资本投资配电业务。按照有利于促进配电网建设发展和提高配电运营效率的要求,探索社会资本投资配电业务的有效途径。逐步向符合条件的市场主体放开增量配电投资业务,鼓励以混合所有制方式发展配电业务。②建立市场主体准入和退出机制。根据放开售电侧市场的要求和各地实际情况,科学界定符合技术、安全、环保、节能和社会责任要求的售电主体条件。明确售电主体的市场准入、退出规则,加强监管,切实保障各相关方的合法权益。电网企业应无歧视地向售电主体及其用户提供报装、计量、抄表、维修等各类供电服务，按约定履行保底供应商义务，确保无议价能力用户也有电可用。③多途径培育市场主体。允许符合条件的高新产业园区或经济技术开发区，组建售电主体直接购电；鼓励社会资本投资成立售电主体，允许其从发电企业购买电量向用户销售；允许拥有分布式电源的用户或微网系统参与电力交易；鼓励供水、供气、供热等公共服务行业和节能服务公司从事售电业务；允许符合条件的发电企业投资和组建售电主体进入售电市场，从事售电业务。④赋予市场主体相应的权责。售电主体可以采取多种方式通过电力市场购电，包括向发电企业购电、通过集中竞价购电、向其他售电商购电等。售电主体、用户、其他相关方依法签订合同，明确相应的权利义务，约定交易、服务、收费、结算等事项。鼓励售电主体创新服务，向用户提供包括合同能源管理、综合节能和用能咨询等增值服务。各种电力生产方式都要严格按照国家有关规定承担电力基金、政策性交叉补贴、普遍服务、社会责任等义务。

（6）开放电网公平接入，建立分布式电源发展新机制。①积极发展分布式电源。分布式电源主要采用"自发自用、余量上网、电网调节"的运营模式，在确保安全的前提下，积极发展融合先进储能技术、信息技术的微电网和智能电网技术，提高系统消纳能力和能源利用效率。②完善并网运行服务。加快修订和完善接入电网的技术标准、工程规范和相关管理办法，支持新能源、可再生能源、节能降耗和资源综合利用机组上网，积极推进新能源和可再生能源发电与其他电源、电网的有效衔接，依照规划认真落实可再生能源发电保障性收购制度，解决好无歧视、无障碍上网问题。加快制定完善新能源和可再生能源研发、制造、组装、并网、维护、改造等环节的国家技术标准。③加强和规范自备电厂监督管理。规范自备电厂准入标准，自备电厂的建设和运行应符合国家能源产业政策和电力规划布局要求，严格执行国家节能和环保排放标准，公平承担社会责任，履行相应的调峰义务。拥有自备电厂的企业应按规定承担与自备电厂产业政策相符合的政府性基金、政策性交叉补贴和系统备用费。完善和规范余热、余压、余气、瓦斯抽排等资源综合利用类自备电厂支持政策。规范现有自备电厂成为合格市场主体，允许在公平承担发电企业社会责任的条件下参与电力市场交易。④全面放开用户侧分布式电源市场。积极开展分布式电源项目的各类试点和示范。放开用户侧分布式电源建设，支持企业、机构、社区和家庭根据各自条件，因地制宜投资建设太阳能、风能、生物质能发电以及燃气"热电冷"联产等各类分布式电源，准许接入各电压等级的配电网络和终端用电系统。鼓励专业化能源服务公司与用户合作或以"合同能源管理"模式建设分布式电源。

（7）加强电力统筹规划和科学监管，提高电力安全可靠水平。①切实加强电力行业特别是电网的统筹规划。政府有关部门要认真履行电力规划职责，优化电源与电网布局，加强电力规划与能源等规划之间、全国电力规划与地方电力规划之间的有效衔接。提升规划的覆盖面、权威性和科学性，增强规划的透明度和公众参与度，各种电源建设和电网布局要严格按规划有序组织实施。电力规划应充分考虑资源环境承载力，依法开展规划的环境影响评价。规划经法定程序审核后，要向社会公开。建立规划实施检查、监督、评估、考核工作机制，保障电力规划的有效执行。②切实加强电力行业及相关领域科学监督。完善电力监管组织体系，创新监管措施和手段，有效开展电力交易、调度、供电服务和安全监管，加强电网公平接入、电网投资行为、成本及投资运营效率监管，切实保障新能源并网接入，促进节能减排，保障居民供电和电网安全可靠运行。加强和完善行业协会自律、协调、监督、服务的功能，充分发挥其在政府、用户和企业之间的桥梁纽带作用。③减少和规范电力行业的行政审批。进一步转变政府职能、简政放权，取消、下放电力项目审批权限，有效落实规划，明确审核条件和标准，规范简化审批程序，完善市场规划，保障电力发展战略、政策和标准有效落实。④建立健全市场主体信用体系。加强市场主体诚信建设，规范市场秩序。有关部门要建立企业法人及其负责人、从业人员信用记录，将其纳入统一的信用信息平台，使各类企业的信用状况透明、可追溯、可核查。加大监管力度，对企业和个人的违法失信行为予以公开，违法失信行为严重且影响电力安全的，要实行严格的行业禁入措施。⑤抓紧修订电力法律法规。根据改革总体要求和进程，抓紧完成电力法的修订及相关行政法规的研究起草工作，充分发挥立法对改革的引导、推动、规范、保障作用。加强电力依法行政。加大可再生能源法的实施力度。加快能源监管法规制定工作，适应依法监管、有效监管的要求，及时制定和修订其他相关法律、法规、规章。

3. 加强电力体制改革工作的组织实施

电力体制改革工作关系经济发展、群众生活和社会稳定，要加强组织领导，按照整体设计、重点突破、分步实施、有序推进、试点先行的要求，调动各方面的积极性，确保改革规范有序、稳妥推进。

2016年，国家发改委、国家能源局认真贯彻中共中央、国务院《关于进一步深化电力体制改革的若干意见》精神，全面落实各项改革任务，推动电力体制改革取得了重要进展。①改革主体责任全面落实，多模式试点格局初步形成。截至2017年7月，除西藏自治区正在制定试点方案外，已有21个省（区、市）开展了电力体制改革综合试点，9个省（区、市）和新疆生产建设兵团开展了售电侧改革试点，3个省（区）开展了可再生能源就近消纳试点，形成了以综合试点为主、多模式探索的格局。②输配电价改革实现省级电网全覆盖，为多方直接交易奠定了坚实基础。2015年以来，输配电价试点范围逐步扩大到除西藏以外的所有省级电网和华北区域电网，2017年上半年输配电价核定工作已基本完成。③全面完成交易机构组建工作，为电力市场化交易搭建了公平规范的交易平台。区域层面，组建了北京、广州电力交易中心，成立了市场管理委员会。省级层面，南方电网公司营业范围内，云南、贵州、广东、广西、海南五省（区）全部以股份制形式成立了电力交易机构；国家电网公司范围内，山西、湖北、重庆三省（市）也完成了股份制电力交易机构组建工作。④加快向社会资本放开配售电业务，竞争性电力市场初具规模。一方面，建立了市场主体准入退出机制和以信用监管为核心的新型监管制度。

另一方面，组织开展增量配电业务改革试点，公布了 105 个增量配电业务改革试点项目，为社会资本参与增量配电业务提供了示范。⑤有序放开发用电计划，更多发挥市场机制在资源配置中的作用。2016 年，全国包括直接交易在内的市场化交易电量突破 1 万亿千瓦时，约占全社会用电量的 19%。每度电平均降低电价约 7.23 分，为用户节约电费超过 573 亿元。① 但完成电力体制改革的任务，还需经过多年的努力。

第二节　推进以"三权分置"为特征的农村经济体制改革②

一　全面推进农村集体林权制度的改革

就农村以"三权分置"为特征的经济体制改革历史来看，林业在这方面的改革是先于作为农业主体的种植业的，而且前者的改革为后者的改革提供了有益的启示和经验。故在叙述这方面的改革历史时先从林业开始。

为了根本改革农村人民公社制度对发展林业生产的束缚，在 20 世纪 80 年代初启动了农村集体林权的改革。1981 年，中共中央、国务院《关于保护森林发展林业若干问题的决定》指出，应当要稳定山权林权，划分自留山自留地；落实林业生产责任，实行尽职尽责、按劳分配的原则，将林地包到组、包到户、包到劳动力。这项改革可以简要地概括为"三定"，即划定自留地、稳定山权林权、确定林业生产责任制。

处于起步阶段的这项集体林权制度改革，曾经起过积极作用，但有很大局限性。其关键是没有触及产权，林地使用权和林木所有权不明晰、经营主体不落实、经营机制不灵活、利益分配不合理，制约了林业生产力的发展。

---

① 详见中国政府网，2017 年 1 月 19 日；《经济参考报》2017 年 7 月 26 日。
② "三权分置"是指土地所有权仍归集体所有，但把农民的承包权分割为承包权和经营权。在承包权不变的情况下，其经营权是可以流转的。

其集中表现就是农民经营林业的积极性不高，森林资源质量低，林地产出率低，农民收益水平低，乱砍盗伐现象普遍存在。但我国农业的一个重要特点就是耕地少、林地多。因而广大农民在承包耕地解决温饱后，看到了山林的巨大潜力，产生了经营山林、发家致富的强烈愿望，迫切要求实行新一轮集体林权制度改革。

正是在这种形势下，1998年，福建省永安市洪田村率先将山林承包到户，全村人均林业收入成倍增加。随后，江西、辽宁、浙江等省先后开展林改试点，并得到了党中央的充分肯定。在认真总结试点经验的基础上，2008年6月，中共中央、国务院发布了《关于全面推进集体林权制度改革的意见》。

按照《关于全面推进集体林权制度改革的意见》的要求，集体林权制度改革的核心内容是，在坚持集体林地所有权不变的前提下，依法将林地承包经营权和林木所有权，通过家庭承包的方式落实到本集体经济组织的农户，确立农民作为林地承包经营权人的主体地位。改革主要有五个环节。一是明晰产权。以均山到户为主，以均股、均利为补充，把林地使用权和林木所有权承包到农户。二是勘界发证。在勘验"四至"（指某块土地与四周相邻土地的界线）的基础上，核发全国统一式样的林权证，做到图表册一致、人地证相符。三是放活经营权。对商品林，农民可依法自主决定经营方向和经营模式。对公益林，在不破坏生态功能的前提下，可依法合理利用林地资源。四是落实处置权。在不改变集体林地所有权和林地用途的前提下，允许林木所有权和林地使用权依法出租、入股、抵押和转让。五是保障收益权。承包经营的收益，除按国家规定和合同约定交纳的费用外，归农户和经营者所有。集体林权制度改革的基本原则是，坚持农村基本经营制度，确保农民平等享有集体林地承包经营权；坚持统筹兼顾各方利益，确保农民得实惠、生态受保护；坚持尊重农民意愿，确保农民的知情权、参与权、决策权；坚持依法办事，确保改革规范有序；坚持分类指导，确保改革符合实际。集体林权制度改革的目标是，从2008年起，用5年左右时间，基本完成明晰产权、承包到户的改革任务。在此基础上，通过深化改革，完善政策，健全服务，规范管理，逐步形成充满活力的集体林业发展机制，实现资源增长、农民增收、生态良好、林区和谐的目标。

按照《关于全面推进集体林权制度改革的意见》的要求，这次集体林权制度改革的主要措施如下。①各地党委政府把集体林权制度改革作为贯彻落实科学发展观的重大实践，真正摆上全局工作的战略位置。各地党委政府认真贯彻落实中央林业工作会议精神，把集体林权制度改革作为生态立省、生态强省、生态兴省的战略举措，作为破解"三农"问题的重要途径，作为贯彻落实科学发展观、推动经济社会全面发展的重要内容，采取了一系列扎实有效的措施。特别是各省（区、市）党委书记、省长亲自调研、谋划、部署，形成了五级书记抓林业、五大班子搞林改的生动局面。②各级林业部门大力加强工作指导和宣传培训，为推进林改提供有力保障。一是实行分类指导。在西北地区，针对林业特点与南方不同的实际，提出了有利于保护生态的改革办法，农民表现出与南方农民一样的热情和积极性。在西北、西南少数民族地区，遵循了"积极稳妥，确保稳定"原则，做到了发扬民主更加充分、工作程序更加细致，呈现出少数民族衷心拥护林改、积极投身林改、以林改促和谐的生动景象。二是加强宣传培训。编写了培训教材和实践案例，累计培训林改骨干2300多万人次。三是深入一线服务。广大林改工作人员不辞千辛万苦，走进千家万户，深入宣讲政策，指导方案制订，解答疑难问题，调处林权纠纷，进行现场勘界，规范档案管理，强化了对关键环节的指导与服务。③各有关部门认真落实支持林业改革发展的政策措施，形成推动林改、服务林改的强大合力。各部门高度重视，积极主动围绕林改开展工作，提供服务。中共中央办公厅、国务院办公厅对中央10号文件和中央林业工作会议精神的贯彻落实情况进行了督查。中农办认真研究、积极协调有关政策；国家发展改革委、财政部等部门主动支持，落实了林改工作经费，启动了中幼林抚育和森林保险保费补贴试点，完善了林业贷款中央财政贴息政策，降低了育林基金征收比例，提高了森林生态效益补偿标准；中国人民银行、财政部、中国银监会、中国保监会等部门联合发布了加强金融服务工作的指导意见。这些政策含金量高、扶持力度大，形成了推动林改的强大合力。④广大基层干部和农民群众衷心拥护、积极参与，确保集体林权制度改革顺利推进。各地坚持尊重农民意愿，把改革的知情权、参与权、决策权和监督权交给农民，创造了"干部深入到户、资料发放到户、法规宣传到户、政策解释到户、问题解决到户"等鲜活经验。农民群众积极拥护自主决定方案、自主确权勘界、自主调处纠纷，充分行使当家做主的权利，确保了林改稳妥、顺利推进。⑤始终坚持依法依规办事，做到公开、公平、公正、有序实施改革。严格按照《森林法》、《农村土地承包法》、《物权法》、《村民委员会组织法》和中央关于林业的一系列方针政策操作，坚持严格依法办事不违规、严格执行政策不走样、严格按程序操作不缺项，坚持群众不了解政策不实施、情况不明不动手、公示有异议方案不审批。广泛推行"六签名"（村民小组会议通知签名、村民小组会议报到签名、村民小组实施方案签名、林地界线确认书签名、合同签名、村民委员会对村民小组实施方案决议签名）、"四公示"（村民小组实施方案公示、林改工作程序公示、林权现状公示、林改结果公示）制度。各地还充分运用现代信息技术开展勘界确权、林权档案管理等工作，不仅保证了公平客观，而且提高了工作效率和科学化、精细化水平。

在上述政策措施的推动下，这次集体林权制度改革取得了显著成效。截至2010年底，已有20个省（区、市）基本完成明晰产权、承包到户的改革任务，全国共承包到户的集体林地24.31亿亩（林木蓄积40亿立方米），占总面积的88.6%，发证面积20.1亿亩，占总面积的73.4%，7260万农户拿到林权证，3亿多农民直接受益，受到了人民群众和社会各界的普遍赞誉。到2012年，集体林权主体改革基本完成。

这次改革在促进林业生产、增加农民收入和实现社会稳定等方面取得了多方面的积极成果。第一，激发了农民造林育林护林的热情，森林资源得到有效保护和发展。林地承包到户后，农民真正成为山林的主人，蕴藏在农民中的积极性和巨大潜能得到有效释放。农民精心经营林业，效益显著增长。全国林地直接产出率由2003年的84元/亩提高到2010年的198元/亩。林改中不仅没有出现乱砍滥伐问题，反而出现了全家护林、合作护林、昼夜护林的景象。林改后，福建、江西、辽宁、浙江等省造林规模连创历史新高，成活率和保存率达 90% 以上。重庆市 2009 年造林 798 万亩，超过前 10 年的总和。山西省近 5 年森林面积由 1700 万亩增加到 3400 万亩，人均森林面积由 0.5 亩增加到 1 亩。第七次全国森林资源清查结果表明，截至 2008 年底全国森林面积达 29.25 亿亩，比上次（截至 2002 年底）清查净增 3.08 亿亩；森林覆盖率达 20.36%，净增 2.15 个百分点；活立木蓄积量达 149.13 亿立方米，净增 11.28 亿立方米；人工林面积 9.3 亿亩，净增 1.26 亿亩，继续保持世界首位。第二，促进了林业产业的快速发展，社会就业渠道得到有效拓宽。林改搞活了林地经营权和林木所有权，林业成为新的投资热点，种苗培育、经济林果、竹藤花卉等产业不断壮大，森林旅游、木本粮油以及林下种菌、种菇、种药、种菜等种植业和林下养鸡、养猪、养兔、养蛙等养殖业迅速兴起。全国林业总产值由 2006 年的 1.07 万亿元增加到 2010 年的 2.09 万亿元，5 年翻了一番。浙江省安吉县以全国 2% 的竹林资源占有了全国 20% 的竹产品市场，2009 年产值超过 120 亿元，竹产业已成为县域经济的第一支柱。集体林权制度改革和林业产业的快速发展，还创造了大量的就业岗位。据统计，当时 19 个全面推开林改的省份共创造就业机会 3600 万个，对维护社会稳定做出了重要贡献。第三，增加了农民的财产和收入，农民群众得到巨大实惠。林改将林地使用权和林木所有权确权到户，让农民有了稳定的财产性收入。我国 27.37 亿亩集体林地有森林蓄积 45.74 亿立方米，经济价值达数十万亿元，分山到户后，户均拥有森林资源资产近 10 万元。同时，林改促进农民开辟了新的致富门路，增加了生产性收入。据统计，全国 2550 多个林改县农民人均年林业收入占年收入的比重达到 14.6%，重点林区县超过 60%。2011 年，全国有 26 个省份开展了林权抵押贷款，林业贷款总额突破 1000 亿元。第四，调处了大量林权纠纷，农村不稳定因素得到有效改善。林改前，由于复杂的历史原因，各地形成了大量有山无证、有证无山、一山多证、证地不符和租期过长、面积过大、租金过低的现象。各省（区、市）均成立了林权纠纷调处机构，抽调了大量干部，细致耐心地开展工作。他们奔走在山间地头认真丈量，翻阅大量档案细致核查，反复沟通耐心协调，把重新核发的林权证办成"铁证"，彻底解决了长期以来遗留的大量林权纠纷。据统计，全国累计调处山林权属纠纷80多万起，调处率达97%，群众满意率达98%，促进了农村和谐。第五，改善了农村干群关系，农村社会管理水平得到全面提升。据统计，全国共有2000多万基层干部和技术人员投身林改一线，为群众办实事、解难事，赢得了群众的信任和拥护，基层干部也由此增强了法制意识、民主意识、服务意识和执政为民意识，涌现出一大批优秀干部。各地结合实际创新的许多有效机制和办法，既推进了林改工作，又丰富和完善了村级民主自治机制，提升了农村社会管理能力。①

另据2013年国家林业局随机抽查的10个省（区）、20个县、40个乡（镇）、80个村800个农户的问卷数的统计分析，也可以进一步证明这次改革的显著成效。经对调查数据进行统计分析，80个样本村集体林地总面积7.16万公顷，确权面积7.12万公顷，确权率为99.34%。确权面积中，自留山0.32万公顷，家庭承包6.03万公顷，联户承包0.15万公顷，农户家庭承包经营率为91.31%；集体统一经营0.40万公顷，占确权面积的5.65%；其他形式承包0.22万公顷，占确权面积的3.04%。800个样本户中，35.63%的农户有自留山，86.38%的农户通过"分林到户"承包了林地，11.38%的农户有联户承包林地。明晰产权主要以家庭承包为主。80个村林权证发证面积为6.93万公顷，发证率为97.36%。共发放林权证2.86万本，其中发到农户2.79万本，占总本数的97.60%。抽查的农户基本都签订了承包合同，800个样本户中有723户拿到了林权证，占90.38%。分林到户后农民造林和护林的积极性显著提升，分别达到了98%和99%。②

福建省是这次集体林业产权改革试点开展最早的地区，而且这方面工作

---

① 详见《国务院关于集体林权制度改革工作情况的报告》，全国人民代表大会网，2011年4月20日。
② 《西北农林科技大学学报》（社会科学版）2017年第5期，第143~145页。

做得好，其成效尤为明显。据报道，该省 2002 年至 2016 年净增林木 1.72 亿立方米，森林覆盖率由 62.96% 增加到 65.97%。2016 年林业总产值达 616 亿元，约占全国的 1/10；以林农为主体的农民人均可支配收入达到 13850 元，同比增长 9.5%。①

这次集体林权制度改革的重要意义，并不只是限于林业本身，它还为之后推行的以"三权分置"为特征的，并在农业中居于主要地位的种植业的集体产业制度改革提供了有益启示和宝贵经验。

上述情况表明：2008 年以来，我国集体林权制度改革取得了重大成果，集体林业焕发出新的生机，1 亿多农户直接受益，实现了"山定权、树定根、人定心"。但是，还存在产权保护不严格、生产经营自主权落实不到位、规模经营支持政策不完善、管理服务体系不健全等问题。为巩固和扩大集体林权制度改革成果，充分发挥集体林业在维护生态安全、实施精准脱贫、推动农村经济社会可持续发展中的重要作用，经国务院同意，2016 年 11 月 16 日国务院办公厅发布了《关于完善集体林权制度的意见》。其主要内容如下。

（1）提出完善集体林权制度的总体要求。①指导思想。认真落实党中央、国务院决策部署，坚持和完善农村基本经营制度，落实集体所有权，稳定农户承包权，放活林地经营权，推进集体林权规范有序流转，促进集体林业适度规模经营，完善扶持政策和社会化服务体系，创新产权模式和国土绿化机制，广泛调动农民和社会力量发展林业，充分发挥集体林生态、经济和社会效益。②基本原则。坚持农村林地集体所有制，巩固集体林地家庭承包基础性地位，加强农民财产权益保护；坚持创新体制机制，拓展和完善林地经营权能，构建现代林业产权制度；坚持生态、经济和社会效益相统一，开发利用集体林业多种功能，实现增绿、增质和增效；坚持发挥市场在资源配置中的决定性作用和更好发挥政府作用，充分调动社会资本发展林业的积极性，增强林业发展活力。③总体目标。到 2020 年，集体林业良性发展机制基本形

---

① 中央电视台《新闻联播》，2017 年 5 月 29 日。

成，产权保护更加有力，承包权更加稳定，经营权更加灵活，林权流转和抵押贷款制度更加健全，管理服务体系更加完善，实现集体林区森林资源持续增长、农民林业收入显著增加、国家生态安全得到保障的目标。

（2）提出稳定集体林地承包关系。①进一步明晰产权。继续做好集体林地承包确权登记颁证工作。对承包到户的集体林地，要将权属证书发放到户，由农户持有。对采取联户承包的集体林地，要将林权份额量化到户，鼓励建立股份合作经营机制。对仍由农村集体经济组织统一经营管理的林地，要依法将股权量化到户、股权证发放到户，发展多种形式的股份合作。探索创新自留山经营管理体制机制。对新造林地要依法确权登记颁证。②加强林权权益保护。逐步建立集体林地所有权、承包权、经营权分置运行机制，不断健全归属清晰、权能完整、流转顺畅、保护严格的集体林权制度，形成集体林地集体所有、家庭承包、多元经营的格局。依法保障林权权利人合法权益，任何单位和个人不得禁止或限制林权权利人依法开展经营活动。确因国家公园、自然保护区等生态保护需要的，可探索采取市场化方式对林权权利人给予合理补偿，着力破解生态保护与林农利益间的矛盾。全面停止天然林商业性采伐后，对集体和个人所有的天然商品林，安排停伐管护补助。在承包期内，农村集体经济组织不得强行收回农业转移人口的承包林地。有序开展进城落户农民集体林地承包权依法自愿有偿退出试点。③加强合同规范化管理。承包和流转集体林地，要签订书面合同，切实保护当事人的合法权益。基层林业主管部门要加强指导，推广使用示范文本，完善合同档案管理。合同应明确规定当事人造林育林、保护管理、森林防火、林业有害生物防治等责任，促进森林资源可持续经营。农村集体经济组织要监督林业生产经营主体依照合同约定的用途，合理利用和保护林地。

（3）提出放活生产经营自主权。①落实分类经营管理。完善商品林、公益林分类管理制度，简化区划界定方法和程序，优化林地资源配置。建立公益林动态管理机制，在不影响整体生态功能、保持公益林相对稳定的前提下，允许对承包到户的公益林进行调整完善。全面推行集体林采伐公示制度，地方政府要及时公示采伐指标分配详细情况。②科学经营公益林。在不影响生态功能的前提下，按照"非木质利用为主，木质利用为辅"的原则，实行公益林分级经营管理，合理界定保护等级，采取相应的保护、利用和管理措施，提高综合利用效益。推动集体公益林资产化经营，探索公益林采取合资、合作等方式流转。③放活商品林经营权。完善森林采伐更新管理制度，进一步改进集体人工用材林管理，赋予林业生产经营主体更大的生产经营自主权，充分调动社会资本投入集体林开发利用。大力推进以择伐、渐伐方式实施森林可持续经营，培育大径级材，提高林地产出率。④优化管理方式。简化林业行政审批环节和手续，明确禁止性和限制性行为，减少政府对集体林微观生产经营行为的管制，充分释放市场活力。林业主管部门要完善全国林地"一张图"管理，将集体林地保护等级落实到山头地块、明确林业生产经营主体，向社会公示并提供查询服务。

（4）提出引导集体林适度规模经营。①积极稳妥流转集体林权。鼓励集体林权有序流转，支持公开市场交易。鼓励和引导农户采取转包、出租、入股等方式流转林地经营权和林木所有权，发展林业适度规模经营。创新流转和经营方式，引导各类生产经营主体开展联合、合作经营。积极引导工商资本投资林业，依法开发利用林地林木。建立健全对工商资本流转林权的监管制度，对流转条件、用途、经营计划和违规处罚等做出规定，加强事中事后监管，并纳入信用记录。林权流转不能搞强迫命令，不能违背承包农户意愿，不能损害农民权益，不能改变林地性质和用途。②培育壮大规模经营主体。采取多种方式兴办家庭林场、股份合作林场等，逐步扩大其承担的涉林项目规模。大力发展品牌林业，开展公益宣传活动，引导生产经营主体面向市场加快发展。鼓励地方开展林业规模生产经营主体带头人和职业森林经理人培训行动。③建立健全多种形式利益联结机制。鼓励工商资本与农户开展股份合作经营，推进农村一、二、三产业融合发展，带动农户从涉林经营中受益。建立完善龙头企业联林带户机制，为农户提供林地林木代管、统一经营作业、订单林业等专业化服务。引导涉林企业发布服务农户社会责任报告。加大对重点生态功能区的扶持力度,支持林业生产公益性基础设施建设、地方特色优势产业发展、林业生产经营主体能力建设等,推动集中连片特困地区精准脱贫。④推进集体林业多种经营。加快林业结构调整,充分发挥林业多种功能,以生产绿色生态林产品为导向,支持林下经济、特色经济林、木本油料、竹藤花卉等规范化生产基地建设。大力发展新技术新材料、森林生物质能源、森林生物制药、森林新资源开发利用、森林旅游休闲康养等绿色新兴产业。鼓励林业碳汇项目产生的减排量参与温室气体自愿减排交易,促进碳汇进入碳交易市场。⑤加大金融支持力度。建立健全林权抵质押贷款制度,鼓励银行业金融机构积极推进林权抵押贷款业务,适度提高林权抵押率,推广"林权抵押+林权收储+森林保险"贷款模式和"企业申请、部门推荐、银行审批"运行机制,探索开展林业经营收益权和公益林补偿收益权市场化质押担保贷款。加大开发性、政策性贷款支持力度,完善林业贷款贴息政策。鼓励和引导市场主体对林权抵押贷款进行担保,并对出险的抵押林权进行收储。各地可采取资本金注入、林权收储担保费用补助、风险补偿等措施支持开展林权收储工作。完善森林保险制度,建立健全森林保险费率调整机制,进一步完善大灾风险分散机制,扩大森林保险覆盖面,创新差别化的商品林保险产品。研究探索森林保险无赔款优待政策。林业主管部门要与保险机构协同配合,联合开展防灾减灾、宣传培训等工作。

(5)提出加强集体林业管理和服务。①提升集体林业管理水平。加强基层林业业务技术人员培训,提升林权管理服务机构能力和服务水平。充分利用现代信息技术手段,建立全国联网、实时共享的集森林资源、权属、生产经营主体等信息于一体的基础信息数据库和管理信息系统,推广林权集成电路卡(IC卡)管理服务模式,方便群众查询使用。依托林权管理服务机构,搭建全国互联互通的林权流转市场监管服务平台,发布林权流转交易信息,提供林权流转交易确认服务,维护流转双方当事人合法权益。②健全经营纠纷调处机制。县级以上地方人民政府要加强对农村林地承包经营纠纷调解和仲裁工作的指导,制定纠纷调解仲裁人员培训计划,加强法律法规和政策培训。妥善处理各类纠纷，做好重大纠纷案件的应急处理工作，切实维护社会和谐稳定。探索建立纠纷调解激励办法。建立律师、公证机构参与纠纷处置的工作机制，将矛盾化解纳入法治轨道。开设林业法律救助绿色通道，依法依规向低收入家庭和贫困农户提供法律援助和司法救助。③完善社会化服务体系。加快基层林业主管部门职能转变，强化公共服务，逐步将适合市场化运作的林业规划设计、森林资源资产评估、市场信息、技术培训等服务事项交由社会化服务组织承担。研究探索通过政府购买服务方式，支持社会化服务组织开展森林防火、林业有害生物统防统治、森林统一管护等生产性服务。鼓励有条件的地方加大对包括整地造林、抚育等关键环节在内的林业机械购置补贴力度。将林产品市场纳入农产品现代流通体系建设范围。积极发展林业电子商务，健全林产品交易市场服务体系，鼓励引导电商企业与家庭林场、股份合作林场、农民合作社对接，建立特色林产品直采直供机制。实施林业社会化服务支撑工程，支持基层公共服务机构和社会化服务组织的基础设施建设。

（6）提出加强组织保障。①强化组织领导。国家林业局要加强统筹协调，推动完善集体林权制度的各项政策措施落到实处。各有关部门要按照职责分工，继续完善相关政策，形成支持集体林业发展的合力。各省（区、市）要制定完善集体林权制度的实施方案，将集体林权制度改革成效作为地方各级领导班子及有关领导干部考核内容。加强集体林权管理队伍建设，改善工作条件。按照国家有关规定，对发展集体林业贡献突出的单位和个人予以表彰。②鼓励积极探索。加强舆论宣传引导，营造有利于完善集体林权制度的良好氛围。充分利用各种改革试验示范平台，支持在加强林权权益保护、放活商品林经营权、优化林木采伐管理、科学合理利用公益林、完善森林生态效益补偿等方面进行深入探索。建立第三方评估机制，不断总结好经验好做法，及时进行交流和推广。①

① 详见《国务院办公厅关于完善集体林权制度的意见》，中国政府网，2016年11月16日。

《关于完善集体林权制度的意见》规定了系统的、有效的措施，它的贯彻执行必将在完善集体林权制度方面发挥重要作用。

二 积极推进"三权分置"的农村集体土地经营制度改革[①]

在20世纪70年代末首先实现改革突破的农村经济改革是以"二权分置"为特点的农村集体土地制度改革。改革以前，作为农业基本生产资料的土地，其所有权和经营权都是归集体所有，二者是结合在一起的。历史已经充分证明：这种所有权与经营权合一的土地制度，尽管在历史上起过重要作用，但伴随社会生产力的发展，它成为农业生产发展的严重阻力，并不是适应社会主义市场经济要求的有效实现形式。为了适应社会生产力发展的要求，我国实行了土地所有权归集体所有，土地承包经营权归农民的"二权分置"的改革。这种以"二权分置"为特征的农村集体土地制度改革在当时是适合生产力发展要求的，是适应社会主义市场经济要求的社会主义集体所有制的有效实现形式。但伴随着工业化、农业现代化和城镇化的发展，它又变得不适应社会生产力发展的要求。这一点尤为突出地表现在它不适应土地适度规模经营的要求。

据测算，当前我国农业适度规模经营，其规模可以大到当地户均规模的10~15倍。我国土地承包农户家庭平均耕地7.5亩，按照10~15倍计算，适度规模经营面积就是75~100亩。这个规模要与当地经济社会发展的条件、劳动力转移程度，以及农业科技水平相适应。比如，南方地区一年两熟，北方地区一年一熟，如果南方地区一个家庭可以经营100亩，那么北方地区一个家庭大约可以经营200亩。粮食生产，扣除所有成本，南方地区100亩的年收入可达8万~10万元，好的可达15万~20万元，北方地区200亩的年收入也是这个水平，与南方地区家庭农场收入相差不大。一个四口之家，有两三个

---

① 本部分叙述的农村集体土地经营制度改革，只包括以种植业为主的农业，不包括林业。

劳动力，平均每个劳动力年收入3万~5万元，和当地从事非农产业的人相比，这个收入只多不少，这就符合适度的要求。①

显然，农业适度规模不仅是发展农业生产、增加农民收入、实现农业现代化的必然选择，而且是推进城镇化和工业化的客观要求。但要实现土地适度规模经营，就必须把经营权从承包权中分离出来，以便为土地的流转，从而为土地适度规模经营创造必要条件。这样，实现集体土地所有权、承包权和经营权分离的"三权分置"的改革，就成为实现农业现代化、城镇化和工业化的客观要求。这种以"三权分置"为特征的农村土地制度也就成为现阶段适应社会主义市场经济要求的农村集体经济的有效实现形式。

正是在这种客观形势下，2013年党的十八届三中全会提出："稳定农村土地承包经营关系并保持长久不变，在坚持和完善最严格的耕地保护制度前提下，赋予农民对承包地占有、使用、流转及承包经营权抵押、担保权能，允许农民以承包经营权入股发展农业化经营。鼓励承包经营权在公开市场上向专业大户、家庭农场、农业合作社、农业企业流转，发展多种形式规模经营。"②2015年党的十八届五中全会进一步明确指出："稳定农村土地承包关系，完善土地所有权、承包权、经营权分置办法，依法推进土地经营权有序流转。构建培育新型农业经营主体的政策体系。"③据此，并依据推行"三权分置"经验的总结，2016年中共中央办公厅、国务院办公厅印发了《关于完善农村土地所有权承包权经营权分置办法的意见》。④其主要内容如下。

（1）阐述了"三权分置"的重要意义。改革开放之初，在农村实行家庭联产承包责任制，将土地所有权和承包经营权分设，所有权归集体，承包经营权归农户，极大地调动了亿万农民积极性，有效解决了温饱问题，农村改

---

① 参见张红宇《农村土地"三权分置"政策解读》，2017年5月26日。
② 《党的十八届三中全会〈决定〉学习辅导百问》，党建读物出版社、学习出版社，2013，第14页。
③ 《中共中央关于制定国民经济和社会发展第十三个五年规划的建议》，人民出版社，2015，第14页。
④ 详见中国政府网，2016年10月30日。

革取得重大成果。现阶段深化农村土地制度改革，顺应农民保留土地承包权、流转土地经营权的意愿，将土地承包经营权分为承包权和经营权，实行所有权、承包权、经营权（以下简称"三权"）分置并行，着力推进农业现代化，是继家庭联产承包责任制后农村改革又一重大制度创新。"三权分置"是农村基本经营制度的自我完善，符合生产关系适应生产力发展的客观规律，展现了农村基本经营制度的持久活力，有利于明晰土地产权关系，更好地维护农民集体、承包农户、经营主体的权益；有利于促进土地资源合理利用，构建新型农业经营体系，发展多种形式适度规模经营，提高土地产出率、劳动生产率和资源利用率，推动现代农业发展。各地区各有关部门要充分认识"三权分置"的重要意义，妥善处理"三权"的相互关系，正确运用"三权分置"理论指导改革实践，不断探索和丰富"三权分置"的具体实现形式。

（2）提出了实现"三权分置"的总体要求。①在指导思想方面，认真落实党中央、国务院决策部署，围绕正确处理农民和土地关系这一改革主线，科学界定"三权"内涵、权利边界及相互关系，逐步建立规范高效的"三权"运行机制，不断健全归属清晰、权能完整、流转顺畅、保护严格的农村土地产权制度，优化土地资源配置，培育新型经营主体，促进适度规模经营发展，进一步巩固和完善农村基本经营制度，为发展现代农业、增加农民收入、建设社会主义新农村提供坚实保障。②在基本原则方面，要尊重农民意愿。坚持农民主体地位，维护农民合法权益，把选择权交给农民，发挥其主动性和创造性，加强示范引导，不搞强迫命令、不搞一刀切。要守住政策底线。坚持和完善农村基本经营制度，坚持农村土地集体所有，坚持家庭经营基础性地位，坚持稳定土地承包关系，不能把农村土地集体所有制改垮了，不能把耕地改少了，不能把粮食生产能力改弱了，不能把农民利益损害了。要坚持循序渐进。充分认识农村土地制度改革的长期性和复杂性，保持足够历史耐心，审慎稳妥推进改革，由点及面开展，不操之过急，逐步将实践经验上升为制度安排。要坚持因地制宜。充分考虑各地资源禀赋和经济社会发展差异，鼓励进行符合实际的实践探索和制度创新，总结形成适合不同地区的"三权分置"具体路径和办法。

（3）要求逐步形成"三权分置"格局。①始终坚持农村土地集体所有权的根本地位。农村土地农民集体所有，是农村基本经营制度的根本，必须得到充分体现和保障，不能虚置。土地集体所有权人对集体土地依法享有占有、使用、收益和处分的权利。农民集体是土地集体所有权的权利主体，在完善"三权分置"办法过程中，要充分维护农民集体对承包地发包、调整、监督、收回等各项权能，发挥土地集体所有的优势和作用。农民集体有权依法发包集体土地，任何组织和个人不得非法干预；有权因自然灾害严重毁损等特殊情形依法调整承包地；有权对承包农户和经营主体使用承包地进行监督，并采取措施防止和纠正长期抛荒、毁损土地、非法改变土地用途等行为。承包农户转让土地承包权的，应在本集体经济组织内进行，并经农民集体同意；流转土地经营权的，须向农民集体书面备案。集体土地被征收的，农民集体有权就征地补偿安置方案等提出意见并依法获得补偿。通过建立健全集体经济组织民主议事机制，切实保障集体成员的知情权、决策权、监督权，确保农民集体有效行使集体土地所有权，防止少数人私相授受、谋取私利。②严格保护农户承包权。农户享有土地承包权是农村基本经营制度的基础，要稳定现有土地承包关系并保持长久不变。土地承包权人对承包土地依法享有占有、使用和收益的权利。农村集体土地由作为本集体经济组织成员的农民家庭承包，不论经营权如何流转，集体土地承包权都属于农民家庭。任何组织和个人都不能取代农民家庭的土地承包地位，都不能非法剥夺和限制农户的土地承包权。在完善"三权分置"办法过程中，要充分维护承包农户使用、流转、抵押、退出承包地等各项权能。承包农户有权占有、使用承包地，依法依规建设必要的农业生产、附属、配套设施，自主组织生产经营和处置产品并获得收益；有权通过转让、互换、出租（转包）、入股或其他方式流转承包地并获得收益，任何组织和个人不得强迫或限制其流转土地；有权依法依规就承包土地经营权设定抵押、自愿有偿退出承包地，具备条件的可以因保护承包地获得相关补贴。承包土地被征收的，承包农户有权依法获得相应补偿，符合条件的有权获得社会保障费用等。不得违法调整农户承包地，不得以退出土地承包权作为农民进城落户的条件。③加快放活土地经营权。赋予经营主体更有保障的土地经营权，是完善农村基本经营制度的关键。土地经营权人对流转土地依法享有在一定期限内占有、耕作并取得相应收益的权利。在依法保护集体所有权和农户承包权的前提下，平等保护经营主体依流转合同取得的土地经营权，保障其有稳定的经营预期。在完善"三权分置"办法过程中，要依法维护经营主体从事农业生产所需的各项权利，使土地资源得到更有效合理的利用。经营主体有权使用流转土地自主从事农业生产经营并获得相应收益，经承包农户同意，可依法依规改良土壤、提升地力，建设农业生产、附属、配套设施，并依照流转合同约定获得合理补偿；有权在流转合同到期后按照同等条件优先续租承包土地。经营主体再流转土地经营权或依法依规设定抵押，须经承包农户或其委托代理人书面同意，并向农民集体书面备案。流转土地被征收的，地上附着物及青苗补偿费应按照流转合同约定确定其归属。承包农户流转出土地经营权的，不应妨碍经营主体行使合法权利。加强对土地经营权的保护，引导土地经营权流向种田能手和新型经营主体。支持新型经营主体提升地力、改善农业生产条件、依法依规开展土地经营权抵押融资。鼓励采用土地股份合作、土地托管、代耕代种等多种经营方式，探索更多放活土地经营权的有效途径。④逐步完善"三权"关系。农村土地集体所有权是土地承包权的前提，农户享有承包经营权是集体所有的具体实现形式，在土地流转中，农户承包经营权派生出土地经营权。支持在实践中积极探索农民集体依法依规行使集体所有权、监督承包农户和经营主体规范利用土地等的具体方式。鼓励在理论上深入研究农民集体和承包农户在承包土地上、承包农户和经营主体在土地流转中的权利边界及相互权利关系等问题。通过实践探索和理论创新，逐步完善"三权"关系，为实施"三权分置"提供有力支撑。

（4）要求确保"三权分置"有序实施。①扎实做好农村土地确权登记颁证工作。确认"三权"权利主体，明确权利归属，稳定土地承包关系，才能确保"三权分置"得以确立和稳步实施。要坚持和完善土地用途管制制度，在集体土地所有权确权登记颁证工作基本完成的基础上，进一步完善相关政策，及时提供确权登记成果，切实保护好农民的集体土地权益。加快推进农村承包地确权登记颁证，形成承包合同网签管理系统，健全承包合同取得权利、登记记载权利、证书证明权利的确权登记制度。提倡通过流转合同鉴证、交易鉴证等多种方式对土地经营权予以确认，促进土地经营权功能更好实现。②建立健全土地流转规范管理制度。规范土地经营权流转交易，因地制宜加强农村产权交易市场建设，逐步实现涉农县（市、区、旗）全覆盖。健全市场运行规范，提高服务水平，为流转双方提供信息发布、产权交易、法律咨询、权益评估、抵押融资等服务。加强流转合同管理，引导流转双方使用合同示范文本。完善工商资本租赁农地监管和风险防范机制，严格准入门槛，确保土地经营权规范有序流转，更好地与城镇化进程和农村劳动力转移规模相适应，与农业科技进步和生产手段改进程度相适应，与农业社会化服务水平相适应。加强农村土地承包经营纠纷调解仲裁体系建设，完善基层农村土地承包调解机制，妥善化解土地承包经营纠纷，有效维护各权利主体的合法权益。③构建新型经营主体政策扶持体系。完善新型经营主体财政、信贷保险、用地、项目扶持等政策。积极创建示范家庭农场、农民专业合作社示范社、农业产业化示范基地、农业示范服务组织，加快培育新型经营主体。引导新型经营主体与承包农户建立紧密利益联结机制，带动普通农户分享农业规模经营收益。支持新型经营主体相互融合，鼓励家庭农场、农民专业合作社、农业产业化龙头企业等联合与合作，依法组建行业组织或联盟。依托现代农业人才支撑计划，健全新型职业农民培育制度。④完善"三权分置"法律法规。积极开展土地承包权有偿退出、土地经营权抵押贷款、土地经营权入股农业产业化经营等试点，总结形成可推广、可复制的做法和经验，在此基础上完善法律制度。加快农村土地承包法等相关法律修订完善工作。认真研究农村集体经济组织、家庭农场发展等相关法律问题。研究健全农村土地经营权流转、抵押贷款和农村土地承包权退出等方面的具体办法。

在上述政策措施的推动下，我国农村土地流转已有很大的发展。有数据显示，到 2016 年底，在全国拥有承包地的 2.03 亿农户中，已有近 7000 万户部分或全部流转了承包经营权；农村流转的土地已经达到了 4.7 亿多亩，超过了承包地总数的 35%。这就大大促进了农村各类新型市场主体的发展。据报道，至 2016 年底，全国各类新型经营主体有家庭农场 87.7 万家，各种合作社 179 万家，各种产业化经营企业 36 万家，其中龙头企业 12 万家。龙头企业是能带动大量农民发展的企业。大型的有伊利、蒙牛、双汇、四川希望和广东温氏集团。①

但实现土地适度规模经营还是一个长期的、艰巨的任务。据计算，2017 年我国农村约有 40% 的耕地是由 280 万家各类新型经营主体经营的，余下的约 60% 的耕地仍由规模很小的农户经营。②

三 协调推进农村"三块地"制度改革试点

农村"三块地"制度的改革，即农村土地征收制度、集体经营性建设用地入市制度和宅基地制度的改革。

这项改革是农村经济改革的一个重要方面，是健全城乡一体化体制的重要方面。它对于赋予农民拥有更多财产权利和增加农民财产性收入，以及盘活农村土地资源和提高土地要素的运营效益都有重要意义。

据有关部门统计，全国共有集体建设用地 16.5 万平方公里，其中超过 70% 是农户宅基地，属于经营性建设用地即乡镇企业占地的只有 10% 左右。另有数据表明，现阶段农村拥有的存量建设用地多达 2.5 亿亩。③ 我国是一个人多地少的国家，正处在加速推进工业化和城镇化的阶段。就这方面来说，

---

① 详见张红宇《农村土地"三权分置"政策解读》，2017 年 5 月 26 日；国家统计局网，2017 年 7 月 14 日。
② 《经济参考报》2017 年 4 月 24 日。
③ 详见《财经》2016 年 7 月 5 日；《经济参考报》2017 年 6 月 23 日。

推进农村"三块地"制度的改革,是一项重要而又紧迫的任务。

2013年十八届三中全会提出,要"保障农户宅基地用益物权,改革完善农村宅基地制度,选择若干试点,慎重稳妥推进农民住房财产权抵押、担保、转让,探索农民增加财产性收入渠道"。①

2015年初,中共中央办公厅、国务院办公厅印发《关于农村土地征收、集体经营性建设用地入市、宅基地制度改革试点工作的意见》,对农地入市有清晰的界定,规定试点的截止日期到2017年底。②

"三块地"制度改革的共同方向是赋予农民更多财产权利,同时建立城乡一体化的土地市场。其中,土地征收制度改革的基本思路是缩小土地征收范围,规范土地征收程序,完善对被征地农民合理、规范、多元保障机制;集体经营性建设用地入市制度改革的基本思路是允许农村集体经营性建设用地,在符合规划、用途管制和依法取得的前提下,可以出让、租赁、入股;宅基地制度改革的基本思路是探索宅基地有偿使用制度和自愿有偿退出机制,探索农民住房财产权抵押、担保、转让的有效途径。③

2015年,根据党中央要求和全国人大授权,有关部门在全国选取了33个县(区)进行农村土地征收、集体经营性建设用地入市和宅基地制度等三项改革试点。但全国33个县(区)的"三块地"改革试点被分别赋予不同的任务。其中,有15个县(区)试点农村集体经营性建设用地入市改革,15个县(区)试点宅基地制度改革,3个县(区)试点土地征收制度改革。2017年中央一号文件提出"统筹协调推进农村土地征收、集体经营性建设用地入市、宅基地制度改革试点"。④据此,有关部门决定扩大试点范围,把农村集体经营性建设用地入市和土地征收制度改革这两项试点推广到全部33个试点

---

① 《党的十八届三中全会〈决定〉学习辅导百问》,学习出版社、党建读物出版社,2013,第15页。
② 详见《财经》2016年7月5日。
③ 详见《民主与法制日报》2016年8月2日。
④ 人民网,2017年2月6日。

县（区）。①

"三块地"制度改革试点已初见成效。据国土资源部资料，2017年4月，农村集体经营性建设用地入市地块目前各试点共计完成278宗，总价款约50亿元人民币。这意味着每亩地的平均入市价格约为110万元。据统计，2015年到2017年上半年，四川郫都区已完成30宗353亩农村集体经营性建设用地入市交易，获得成交价款2.1亿元。入市项目的加快建设，带动发展规模以上养生养老中心、创意农业基地、农耕体验园160多家，催生了一批农、文、旅共融的新兴产业、新兴业态和幸福美丽新村。②浙江德清县农村集体经营性建设用地入市试点工作领导小组办公室提供的数据显示，截止到2017年7月底，德清全县已完成入市土地131宗855.55亩，成交金额1.88亿元，农民和农村集体经济组织获得土地入市收益1.53亿元，已惠及49个村集体经济组织和88000余农民，覆盖面达35%。③

改革试点已经开始证明：农村"三块地"制度改革，对于完善农村土地集体所有制形式，增加农民财产收入，提高土地资源利用效率，推进城乡社会主义现代化建设都有重要意义。

但这项改革涉及的各市场主体利益关系很复杂，它的推行还涉及已有的多项法规的修改。因此，这项改革的正式推行和完成，还是一项艰巨的、长期的任务。

第三节　加速发展非公有制经济

在以往党的文件的基础上，党的十八大进一步提出："毫不动摇鼓励、支持引导非公有制经济发展，保证各种所有制经济依法平等使用生产要素，公

---

① 详见《第一财经日报》2017年6月12日；《经济参考报》2017年6月28日。
② 《经济参考报》2017年6月23日。
③ 《中国经济时报》2017年8月7日。

平参与市场竞争、同等受到法律保护。"① 党的十八届三中全会进一步提出："公有制为主体、多种所有制共同发展的基本经济制度，是中国特色社会主义制度的重要支柱，也是社会主义市场经济的根基。公有制经济和非公有制经济都是社会主义市场的重要组成部分，都是我国经济社会发展的重要基础。"② 这就把非公有制经济的地位提高到一个新的高度。

在这种政策精神的指导下，推进了商事制度改革。比如，2014 年对《个体独资企业登记管理办法》、《个体工商户登记管理办法》两部规章进行了修改，将年检验照制度改为年度报告公示制度。2015 年又深入进行了商事制度改革，主要是完成了"三证合一、一照一码"的改革，加快推进了"先照后证"的改革。2016~2017 年进一步推进商事制度改革，实行多证合一，扩大"证照分离"试点。这样，非公有制经济发展就有了更为宽松的政策和法律环境，从而得到了快速发展。

但在这期间非公有制经济的加速发展，还得力于小微企业的迅猛发展和大众创业、万众创新的快速铺开。

按照国家统计局 2011 年发布的大中小微型企业的划分标准，在工业中，大型企业的从业人员为等于和大于 1000 人，营业收入为等于和大于 40000 万元；中型企业的从业人员为等于和大于 300 人、小于 1000 人，营业收入为等于和大于 2000 万元、小于 40000 万元；小型企业的从业人员为等于和大于 20 人、小于 300 人，营业收入为等于和大于 300 万元、小于 2000 万元；微型企业的从业人员为小于 20 人，营业收入为小于 300 万元。③

依此标准，2014 年我国大中小型企业单位数分别为 9893 个、55408 个、312578 个，分别占企业单位总数的 2.62%、14.66%、82.72%；三者主营业务收入分别为 436746 亿元、268281 亿元、402005 亿元，分别占主营业务收入

---

① 《中国共产党第十八次全国代表大会文件汇编》，人民出版社，2012，第 19 页。
② 《中共中央关于全面深化改革若干重大问题的决定》，人民出版社，2013，第 7~8 页。
③ 国家统计局网，2011 年 9 月 2 日。

总额的39.45%、24.23%、36.31%。①

实践表明：小微企业在稳增长、促创新、转方式、调结构、扩就业、惠民生、保稳定等方面都有不可替代的重要作用。

为此，国务院于2014年10月31日发布了《关于扶持小型微型企业健康发展的意见》，其提出以下几点。①充分发挥现有中小企业专项资金的引导作用，鼓励地方中小企业扶持资金将小型微型企业纳入支持范围。②认真落实已经出台的支持小型微型企业税收优惠政策，根据形势发展的需要研究出台继续支持的政策。小型微型企业从事国家鼓励发展的投资项目，进口项目自用且国内不能生产的先进设备，按照有关规定免征关税。③加大中小企业专项资金对小企业创业基地（微型企业孵化园、科技孵化器、商贸企业集聚区等）建设的支持力度。鼓励大中型企业带动产业链上的小型微型企业，实现产业集聚和抱团发展。④对小型微型企业吸纳就业困难人员就业的，按照规定给予社会保险补贴。⑤鼓励各级政府设立的创业投资引导基金积极支持小型微型企业。积极引导创业投资基金、天使基金、种子基金投资小型微型企业。符合条件的小型微型企业可按规定享受小额担保贷款扶持政策。⑥进一步完善小型微型企业融资担保政策。大力发展政府支持的担保机构，引导其提高小型微型企业担保业务规模，合理确定担保费用。进一步加大对小型微型企业融资担保的财政支持力度，综合运用业务补助、增量业务奖励、资本投入、代偿补偿、创新奖励等方式，引导担保、金融机构和外贸综合服务企业等为小型微型企业提供融资服务。⑦鼓励大型银行充分利用机构和网点优势，加大小型微型企业金融服务专营机构建设力度。引导中小型银行将改进小型微型企业金融服务和战略转型相结合，科学调整信贷结构，重点支持小型微型企业和区域经济发展。引导银行业金融机构针对小型微型企业的经营特点和融资需求特征，创新产品和服务。各银行业金融机构在商业可持续和有效控制风险的前提下，单列小型微型企业信贷计划。在加强监管前提下，

---

① 《中国统计年鉴》（2015），中国统计出版社，第425页。

大力推进具备条件的民间资本依法发起设立中小型银行等金融机构。⑧高校毕业生到小型微型企业就业的，其档案可由当地市、县一级的公共就业人才服务机构免费保管。⑨建立支持小型微型企业发展的信息互联互通机制。依托工商行政管理部门的企业信用信息公示系统，在企业自愿申报的基础上建立小型微型企业名录，集中公开各类扶持政策及企业享受扶持政策的信息。通过统一的信用信息平台，汇集工商注册登记、行政许可、税收缴纳、社保缴费等信息，推进小型微型企业信用信息共享，促进小型微型企业信用体系建设。通过信息公开和共享，利用大数据、云计算等现代信息技术，推动政府部门和银行、证券、保险等专业机构提供更有效的服务。从小型微型企业中抽取一定比例的样本企业，进行跟踪调查，加强监测分析。⑩大力推进小型微型企业公共服务平台建设，加大政府购买服务力度，为小型微型企业免费提供管理指导、技能培训、市场开拓、标准咨询、检验检测认证等服务。①

发展小型微型企业与推进大众创业、万众创新是有区别的。但二者不仅存在密切联系，而且在很大程度上是融合在一起的。从这方面来说，推进大众创业、万众创新的政策也就是发展小型微型企业的改革。

2015年6月11日国务院发布了《关于大力推进大众创业万众创新若干政策措施的意见》，其主要内容如下。

（1）创新体制机制，实现创业便利化。①完善公平竞争市场环境。进一步转变政府职能，增加公共产品和服务供给，为创业者提供更多机会。逐步清理并废除妨碍创业发展的制度和规定，打破地方保护主义。加快出台公平竞争审查制度，建立统一透明、有序规范的市场环境。依法反垄断和反不正当竞争，消除不利于创业创新发展的垄断协议和滥用市场支配地位以及其他不正当竞争行为。清理规范涉企收费项目，完善收费目录管理制度，制定事中事后监管办法。建立和规范企业信用信息发布制度，制定严重违法企业名单管理办法，把创业主体信用与市场准入、享受优惠政策挂钩，完善以信用

---

① 详见《关于扶持小型微型企业健康发展的意见》，中国政府网。

管理为基础的创业创新监管模式。②深化商事制度改革。加快实施工商营业执照、组织机构代码证、税务登记证"三证合一"、"一照一码",落实"先照后证"改革,推进全程电子化登记和电子营业执照应用。支持各地结合实际放宽新注册企业场所登记条件限制,推动"一址多照"、集群注册等住所登记改革,为创业创新提供便利的工商登记服务。建立市场准入等负面清单,破除不合理的行业准入限制。开展企业简易注销试点,建立便捷的市场退出机制。依托企业信用信息公示系统建立小微企业名录,增强创业企业信息透明度。③加强创业知识产权保护。研究商业模式等新形态创新成果的知识产权保护办法。积极推进知识产权交易,加快建立全国知识产权运营公共服务平台。完善知识产权快速维权与维权援助机制,缩短确权审查、侵权处理周期。集中查处一批侵犯知识产权的大案要案,加大对反复侵权、恶意侵权等行为的处罚力度,探索实施惩罚性赔偿制度。完善权利人维权机制,合理划分权利人举证责任,完善行政调解等非诉讼纠纷解决途径。④健全创业人才培养与流动机制。把创业精神培育和创业素质教育纳入国民教育体系,实现全社会创业教育和培训制度化、体系化。加快完善创业课程设置,加强创业实训体系建设。加强创业创新知识普及教育,使大众创业、万众创新深入人心。加强创业导师队伍建设,提高创业服务水平。加快推进社会保障制度改革,破除人才自由流动制度障碍,实现党政机关、企事业单位、社会各方面人才顺畅流动。加快建立创业创新绩效评价机制,让一批富有创业精神、勇于承担风险的人才脱颖而出。

(2)优化财税政策,强化创业扶持。①加大财政资金支持和统筹力度。各级财政要根据创业创新需要,统筹安排各类支持小微企业和创业创新的资金,加大对创业创新支持力度,强化资金预算执行和监管,加强资金使用绩效评价。支持有条件的地方政府设立创业基金,扶持创业创新发展。在确保公平竞争前提下,鼓励对众创空间等孵化机构的办公用房、用水、用能、网络等软硬件设施给予适当优惠,减轻创业者负担。②完善普惠性税收措施。落实扶持小微企业发展的各项税收优惠政策。落实科技企业孵化器、大学科技园、研发费用加计扣除、固定资产加速折旧等税收优惠政策。对符合条件的众创空间等新型孵化机构适用科技企业孵化器税收优惠政策。按照税制改革方向和要求，对包括天使投资在内的投向种子期、初创期等创新活动的投资，统筹研究相关税收支持政策。修订完善高新技术企业认定办法，完善创业投资企业享受70%应纳税所得额税收抵免政策。抓紧推广中关村国家自主创新示范区税收试点政策，将企业转增股本分期缴纳个人所得税试点政策、股权奖励分期缴纳个人所得税试点政策推广至全国范围。落实促进高校毕业生、残疾人、退役军人、登记失业人员等创业就业税收政策。③发挥政府采购支持作用。完善促进中小企业发展的政府采购政策，加强对采购单位的政策指导和监督检查，督促采购单位改进采购计划编制和项目预留管理，增强政策对小微企业发展的支持效果。加大创新产品和服务的采购力度，把政府采购与支持创业发展紧密结合起来。

（3）搞活金融市场，实现便捷融资。①优化资本市场。支持符合条件的创业企业上市或发行票据融资，并鼓励创业企业通过债券市场筹集资金。积极研究尚未盈利的互联网和高新技术企业到创业板发行上市制度，推动在上海证券交易所建立战略新兴产业板。加快推进全国中小企业股份转让系统向创业板转板试点。研究解决特殊股权结构类创业企业在境内上市的制度性障碍，完善资本市场规则。规范发展服务于中小微企业的区域性股权市场，推动建立工商登记部门与区域性股权市场的股权登记对接机制，支持股权质押融资。支持符合条件的发行主体发行小微企业增信集合债等企业债券创新品种。②创新银行支持方式。鼓励银行提高针对创业创新企业的金融服务专业化水平，不断创新组织架构、管理方式和金融产品。推动银行与其他金融机构加强合作，对创业创新活动给予有针对性的股权和债权融资支持。鼓励银行业金融机构向创业企业提供结算、融资、理财、咨询等一站式系统化的金融服务。③丰富创业融资新模式。支持互联网金融发展，引导和鼓励众筹融资平台规范发展，开展公开、小额股权众筹融资试点，加强风险控制和规范管理。丰富完善创业担保贷款政策。支持保险资金参与创业创新，发展相互保险等新业务。完善知识产权估值、质押和流转体系，依法合规推动知识产权质押融资、专利许可费收益权证券化、专利保险等服务常态化、规模化发展，支持知识产权金融发展。

（4）扩大创业投资，支持创业起步成长。①建立和完善创业投资引导机制。不断扩大社会资本参与新兴产业创投计划参股基金规模，做大直接融资平台，引导创业投资更多向创业企业起步成长的前端延伸。不断完善新兴产业创业投资政策体系、制度体系、融资体系、监管和预警体系，加快建立考核评价体系。加快设立国家新兴产业创业投资引导基金和国家中小企业发展基金，逐步建立支持创业创新和新兴产业发展的市场化长效运行机制。发展联合投资等新模式，探索建立风险补偿机制。鼓励各地方政府建立和完善创业投资引导基金。加强创业投资立法，完善促进天使投资的政策法规。促进国家新兴产业创业投资引导基金、科技型中小企业创业投资引导基金、国家科技成果转化引导基金、国家中小企业发展基金等协同联动。推进创业投资行业协会建设，加强行业自律。②拓宽创业投资资金供给渠道。加快实施新兴产业"双创"三年行动计划，建立一批新兴产业"双创"示范基地，引导社会资金支持大众创业。推动商业银行在依法合规、风险隔离的前提下，与创业投资机构建立市场化长期性合作。进一步降低商业保险资金进入创业投资的门槛。推动发展投贷联动、投保联动、投债联动等新模式，不断加大对创业创新企业的融资支持。③发展国有资本创业投资。研究制定鼓励国有资本参与创业投资的系统性政策措施，完善国有创业投资机构激励约束机制、监督管理机制。引导和鼓励中央企业和其他国有企业参与新兴产业创业投资基金、设立国有资本创业投资基金等，充分发挥国有资本在创业创新中的作用。研究完善国有创业投资机构国有股转持豁免政策。④推动创业投资"引进来"与"走出去"。抓紧修订外商投资创业投资企业相关管理规定，按照内外资一致的管理原则，放宽外商投资准入，完善外资创业投资机构管理制度，简化管理流程，鼓励外资开展创业投资业务。放宽对外资创业投资基金投资限制，鼓励中外合资创业投资机构发展。引导和鼓励创业投资机构加大对境外高端研发项目的投资，积极分享境外高端技术成果。按投资领域、用途、募集资金规模，完善创业投资境外投资管理。

（5）发展创业服务，构建创业生态。①加快发展创业孵化服务。大力发展创新工场、车库咖啡等新型孵化器，做大做强众创空间，完善创业孵化服务。引导和鼓励各类创业孵化器与天使投资、创业投资相结合，完善投融资模式。引导和推动创业孵化与高校、科研院所等技术成果转移相结合，完善技术支撑服务。引导和鼓励国内资本与境外合作设立新型创业孵化平台，引进境外先进创业孵化模式，提升孵化能力。②大力发展第三方专业服务。加快发展企业管理、财务咨询、市场营销、人力资源、法律顾问、知识产权、检验检测、现代物流等第三方专业化服务，不断丰富和完善创业服务。③发展"互联网+"创业服务。加快发展"互联网+"创业网络体系，建设一批小微企业创业创新基地，促进创业与创新、创业与就业、线上与线下相结合，降低全社会创业门槛和成本。加强政府数据开放共享，推动大型互联网企业和基础电信企业向创业者开放计算、存储和数据资源。积极推广众包、用户参与设计、云设计等新型研发组织模式和创业创新模式。④研究探索创业券、创新券等公共服务新模式。有条件的地方继续探索通过创业券、创新券等方式对创业者和创新企业提供社会培训、管理咨询、检验检测、软件开发、研发设计等服务，建立和规范相关管理制度和运行机制，逐步形成可复制、可推广的经验。

（6）建设创业创新平台，增强支撑作用。①打造创业创新公共平台。加强创业创新信息资源整合，建立创业政策集中发布平台，完善专业化、网络化服务体系，增强创业创新信息透明度。鼓励开展各类公益讲坛、创业论坛、创业培训等活动，丰富创业平台形式和内容。支持各类创业创新大赛，定期办好中国创新创业大赛、中国农业科技创新创业大赛和创新挑战大赛等赛事。加强和完善中小企业公共服务平台网络建设。充分发挥企业的创新主体作用，鼓励和支持有条件的大型企业发展创业平台、投资并购小微企业等，支持企业内外部创业者创业，增强企业创业创新活力。为创业失败者再创业建立必要的指导和援助机制，不断增强创业信心和创业能力。加快建立创业企业、天使投资、创业投资统计指标体系，规范统计口径和调查方法，加强监测和分析。②用好创业创新技术平台。建立科技基础设施、大型科研仪器和专利信息资源向全社会开放的长效机制。完善国家重点实验室等国家级科研平台（基地）向社会开放机制，为大众创业、万众创新提供有力支撑。鼓励企业建立一批专业化、市场化的技术转移平台。鼓励依托三维（3D）打印、网络制造等先进技术和发展模式，开展面向创业者的社会化服务。引导和支持有条件的领军企业创建特色服务平台，面向企业内部和外部创业者提供资金、技术和服务支撑。加快建立军民两用技术项目实施、信息交互和标准化协调机制，促进军民创新资源融合。③发展创业创新区域平台。支持开展全面创新改革试验的省（区、市）、国家综合配套改革试验区等，依托改革试验平台在创业创新体制机制改革方面积极探索，发挥示范和带动作用，为创业创新制度体系建设提供可复制、可推广的经验。依托自由贸易试验区、国家自主创新示范区、战略性新兴产业集聚区等创业创新资源密集区域，打造若干具有全球影响力的创业创新中心。引导和鼓励创业创新型城市完善环境，推动区域集聚发展。推动实施小微企业创业基地城市示范。鼓励有条件的地方出台各具特色的支持政策，积极盘活闲置的商业用房、工业厂房、企业库房、物流设施和家庭住所、租赁房等资源，为创业者提供低成本办公场所和居住条件。

（7）激发创造活力，发展创新型创业。①支持科研人员创业。加快落实高校、科研院所等专业技术人员离岗创业政策，对经同意离岗的可在3年内保留人事关系，建立健全科研人员双向流动机制。进一步完善创新型中小企业上市股权激励和员工持股计划制度规则。鼓励符合条件的企业按照有关规定，通过股权、期权、分红等激励方式，调动科研人员创业积极性。支持鼓励学会、协会、研究会等科技社团为科技人员和创业企业提供咨询服务。②支持大学生创业。深入实施大学生创业引领计划，整合发展高校毕业生就业创业基金。引导和鼓励高校统筹资源，抓紧落实大学生创业指导服务机构、人员、场地、经费等。引导和鼓励成功创业者、知名企业家、天使和创业投资人、专家学者等担任兼职创业导师，提供包括创业方案、创业渠道等创业辅导。建立健全弹性学制管理办法，支持大学生保留学籍休学创业。③支持境外人才来华创业。发挥留学回国人才特别是领军人才、高端人才的创业引领带动作用。继续推进人力资源市场对外开放，建立和完善境外高端创业创新人才引进机制。进一步放宽外籍高端人才来华创业办理签证、永久居留证等条件，简化开办企业审批流程，探索由事前审批调整为事后备案。引导和鼓励地方对回国创业高端人才和境外高端人才来华创办高科技企业给予一次性创业启动资金，在配偶就业、子女入学、医疗、住房、社会保障等方面完善相关措施。加强海外科技人才离岸创业基地建设，把更多的国外创业创新资源引入国内。

（8）拓展城乡创业渠道，实现创业带动就业。①支持电子商务向基层延伸。引导和鼓励集办公服务、投融资支持、创业辅导、渠道开拓于一体的市场化网商创业平台发展。鼓励龙头企业结合乡村特点建立电子商务交易服务平台、商品集散平台和物流中心，推动农村依托互联网创业。鼓励电子商务第三方交易平台渠道下沉，带动城乡基层创业人员依托其平台和经营网络开展创业。完善有利于中小网商发展的相关措施，在风险可控、商业可持续的前提下支持发展面向中小网商的融资贷款业务。②支持返乡创业集聚发展。结合城乡区域特点，建立有市场竞争力的协作创业模式，形成各具特色的返乡人员创业联盟。引导返乡创业人员融入特色专业市场，打造具有区域特点的创业集群和优势产业集群。深入实施农村青年创业富民行动，支持返乡创业人员因地制宜围绕休闲农业、农产品深加工、乡村旅游、农村服务业等开展创业，完善家庭农场等新型农业经营主体发展环境。③完善基层创业支撑服务。加强城乡基层创业人员社保、住房、教育、医疗等公共服务体系建设，完善跨区域创业转移接续制度。健全职业技能培训体系，加强远程公益创业培训，提升基层创业人员创业能力。引导和鼓励中小金融机构开展面向基层创业创新的金融产品创新，发挥社区地理和软环境优势，支持社区创业者创业。引导和鼓励行业龙头企业、大型物流企业发挥优势,拓展乡村信息资源、物流仓储等技术和服务网络,为基层创业提供支撑。①

在上述政策措施的引导和推动下,我国小型微型企业的发展呈铺天盖地之势。2015年,全国新登记市场主体高达1479.8万户;而在2012~2014年的三年间,新增市场主体为410.8万户。② 而这年新增的市场主体均为小型微型企业。据百县万家小微企业调查,2015年第一季度新设立的小微企业发展形势总体良好。一是从开业情况来看,企业开业率达到71.4%,其中初次创业企业占84.6%。二是从经营状况来看,八成开业企业已有收入,创新和触网的小微企业盈利比例较高。特别是,开业企业中超过半数的企业已纳税。纳税额在1万元以下的最多,占22.1%,纳税额在1万~3万元的占14.2%,纳税额在10万元以上的占5.3%。三是从就业来看,企业从业人员由开业时平均每户7.7人增加到8.5人,其中高校应届毕业生、失业人员再就业人员分别占12.5%、12.4%,对扩大就业具有重要贡献。③

以非公有制经济为主体的小微企业的迅猛发展,推动了非公有制经济的加速发展。

2011~2015年,个体工商业的户数由3756.47万户增加到5467.92万户,人数由7945.28万人增加到11682.20万人,资金由16177.57亿元增加到36996.54亿元。

在产业分布方面,仍集中在第三产业,所占比重超过90%的格局基本未变。2015年第一产业个体工商户134.99万户,占个体工商户总数的2.5%;第二产业个体工商户372.22万户,占个体工商户总数的6.88%;第三产业个体工商户4900.74万户,占个体工商户总数的90.62%。在第三产业中,信息技术和金融等现代服务业的占比上升,结构趋于优化。

在区域分布方面,截至2015年底,东部地区实有个体工商户2228.9万

---

① 详见《关于大力推进大众创业万众创新若干政策措施的意见》,中国政府网。
② 《中国统计年鉴》(2015),中国统计出版社,第18页;《中国经济时报》2016年3月2日。
③ 详见《国家工商总局2016年一季度新闻发布会》,国家工商总局网,2016年4月15日。

户,占全国个体工商户总户数的41.22%;中部地区实有个体工商户1279.71万户,占全国个体工商户总户数的23.66%;西部地区实有个体工商户1435.86万户,占全国个体工商户总户数的26.55%;东北地区实有个体工商户463.46万户,占全国总数的8.57%。

在城乡分布方面,仍是城镇居多、农村居少的格局。2014年在个体工商户从业人员中,城镇个体工商户从业人员7009.31万人,占个体工商户从业人员的66.22%;农村个体工商户从业人员3575.25万人,占个体工商户从业人员的33.78%。

在这期间私营企业也得到了持续快速发展。其一,2011~2015年全国实有私营企业由967.68万户增加到1908.23万户,注册资本由25.79万亿元增加到90.55万亿元,从业人员由1.04亿人增加到1.64亿人。其中,投资者人数3560.59万人,雇工人数1.28亿人。其二,2010年以来,私营企业数量和资本所占企业总体比重不断上升。截至2015年底,全国实有私营企业数量占企业总体的比重为87.31%,资本总额所占比重为47.91%。其三,在户均资本规模方面,私营企业户均资本由2010年末的227.14万元增长为2015年的474.55万元。其四,2015年全国新登记私营企业421.17万户,同比增长22.03%;新增私营企业注册资本合计22.75万亿元,同比增长55.44%。2015年全国新登记私营企业数量和资本总额同比增速均创历年新高。

私营企业的基本结构如下。①产业结构。2015年,私营企业在第一产业实有73.16万户,占私营企业总户数的3.83%;注册资本2.21万亿元,占私营企业总注册资本的2.44%。第二产业实有私营企业414.1万户,占全国私营企业总户数的21.7%;注册资本21.39万亿元,占私营企业总注册资本的23.51%。私营企业在第三产业实有1420.96万户,占全国私营企业总户数的74.47%;注册资本67.06万亿元,占私营企业总注册资本的74.06%。②区域结构。2015年西部地区实有私营企业376.29万户,占全国私营企业实有总户数的19.72%;东部地区实有私营企业1111.66万户,占全国私营企业总户数的58.26%;中部地区实有私营企业315.31万户,占全国私营企业总户数的

16.53%。③城乡结构。2015年全国城镇实有私营企业1369.43万户，占全国私营企业总户数的71.76%；投资者人数2630.53万人，雇工人数8549.17万人；注册资本69.65万亿元。农村实有私营企业538.81万户，占全国私营企业总户数的28.24%；投资者人数930.06万人，雇工人数4285.11万人；注册资本20.90万亿元。①

2016年以来，全国仍然保持了以非公有制经济为主体的小微企业迅猛发展的态势。2016年年底，全国实有各类市场主体8705.4万户，全年新设市场主体1651.3万户，比上一年增长11.6%，平均每天新登记企业达4.51万户。新增市场主体仍均为小微企业。小微企业活力不断提升，初次创业小微企业占新设小微企业的85.8%，新设小微企业周年开业率达70.8%，近八成开业企业实现营业收入。由此推动了非公有制经济的加速发展。2016年，个体、私营经济从业人员增长到3.1亿人，比2015年增加了2781.1万人。②

第四节 继续完善现代市场体系

伴随这期间我国整个经济体制改革步伐的加快和社会主义现代化建设的持续健康发展，现代市场体系也进一步趋于完善。

2011~2016年，社会消费品零售额由18.4万亿元增长到33.2万亿元，社会生产资料销售总额由45.6万亿元增长到57万亿元。商业与信息化的融合进一步深化。2016年，网上商品零售额达到4.2万亿元，比上年增长25.6%，占社会商品零售额的比重上升到12.6%。同时，价格市场化的改革进一步深化（详见本章第五节）。

这期间我国就业人员由76420万人增加到77603万人。在经济增长减速的情况下，就业人员的总数仍然增加了1183万人。而且新增就业人员的绝大

---

① 《中国经济年鉴》（2016），中国经济年鉴社，第505~508页。
② 国家工商总局网，2017年1月19日。

部分都是由劳动力市场化较高的非公有制经济吸纳的。这表明我国劳动力市场化程度又进一步得到了提高。

在金融机构人民币的信贷市场方面，2011~2016年，存款余额由809308亿元增加到1555427亿元，各项贷款由547947亿元增加到1120552亿元。在证券市场方面，2011~2015年，股票上市公司由2342家增加到2827家，股票筹资额由4134.38亿元增加到10974.85亿元；国债发行额由17100亿元增加到54908亿元；企业债券发行额由21850.71亿元增加到67704.24亿元；证券投资基金规模由26510.37亿元增加到76674.13亿元；期货总成交额由1375162.44亿元增加到5542346.94亿元。在保险市场方面，2011~2015年，保险公司总资产由59828.94亿元增加到123597.76亿元，保险费收入由14339.3亿元增加到24282.5亿元。2016年，上市公司在境内市场筹资23342亿元，比上年增加5088亿元；中小企业转让系统新增挂牌公司5034家，筹资1391亿元，增长14.4亿元；企业发行债券8.22万亿元，比上年增加1.5万亿元；保险公司保费收入30959亿元，比上年增加27.5%。以上情况表明：这期间我国以银行业、证券业和保险业为主体的金融体系又有进一步发展。

2011~2016年，商品房销售额由55589亿元增加到117627亿元；技术市场成交额由4763.6亿元增长到11407亿元。国际旅游收入由485亿美元增长到1200亿美元，国内旅游收入由19305.4亿元增长到39390亿元。

21世纪以来，伴随城镇化的进一步发展，以及农村以"三权分置"为特征的经济改革进一步深化，土地市场也得到了进一步扩大。2011~2016年，土地出让合同价款由31500亿元增长到35600亿元。①

以上情况表明：这期间我国现代市场体系加快了继续趋于完善的步伐，但我们在第四章有关节中提到的我国现代市场体系发展中的众多问题并没有真正得到完全解决，解决这方面的问题还需经过多年的努力。

---

① 《中国经济年鉴》（有关年份），中国经济年鉴社；国家统计局网，2017年2月28日。其中，2016年生产资料销售总额是预计数，详见中国物流信息中心网，2017年7月2日。

第五节　全面深化宏观经济管理体制改革

转变政府职能，实现计划经济体制下社会生产资源主要由政府行政指令配置到主要由市场配置的转变，是市场取向改革的基本内容。推行行政体制改革，实行简政放权，是转变政府职能的最重要方面。党的十八届三中全会提出："必须切实转变政府职能，深化行政体制改革。""进一步简政放权，深化行政审批制度改革，最大限度减少中央政府对微观事务的管理，市场机制能有效调节的经济活动，一律取消审批，对保留的行政审批事项要规范管理，提高效率；直接面向基层，量大面广，由地方管理更方便的经济社会事项，一律下放给地方和基层管理。"[①] 在全面深化改革阶段的2012~2015年，这方面改革步伐大大加快。在2008~2013年国务院各部门取消和调整审批事项498项的基础上，2013年取消和下放了416项行政审批事项；2014年再取消和下放了246项行政审批事项；2015年又取消和下放了311项行政审批事项，取消了123项职业资格许可和认定事项，彻底终结了非行政许可审批。工商登记前置审批精简85%，全面实施"三证合一、一照一码"。同时加强事中事后监管，优化公共服务流程。2016年再取消165项国务院部门及其指定地方实施的审批事项，清理规范192项中介服务事项、220项职业资格许可和认定事项。深化商事制度改革。全面推行"双随机、一公开"，增强事中事后监管有效性，推进"互联网+政务服务"。[②]

这期间投资体制改革进一步深化。十八届三中全会决定提出："深化投资体制改革，确立企业投资主体地位。企业投资项目，除关系国家安全和生态安全、涉及全国重大生产力布局、战略性资源开发和重大公共利益等项目外，

[①]《中共中央关于全面深化改革若干重大问题的决定》，人民出版社，2013，第16~18页。
[②] 详见《十二届全国人大一、二、三、四、五次会议〈政府工作报告〉辅导读本》（2013~2017），人民出版社。

一律由企业依法依规自主决策，政府不再审批。"①

2014年，国务院发布的《关于创新重点领域投融资机制鼓励社会投资的指导意见》又提出："为推进经济结构战略性调整，加强薄弱环节建设，促进经济持续健康发展，迫切需要在公共服务、资源环境、生态建设、基础设施等重点领域进一步创新投融资机制，充分发挥社会资本特别是民间资本的积极作用。"

《意见》提出的基本原则是：实行统一市场准入，创造平等投资机会；创新投资运营机制，扩大社会资本投资途径；优化政府投资使用方向和方式，发挥引导带动作用；创新融资方式，拓宽融资渠道；完善价格形成机制，发挥价格杠杆作用。

《意见》还提出：创新生态环保投资运营机制；鼓励社会资本投资运营农业和水利工程；推进市政基础设施投资运营市场化；改革完善交通投融资机制；鼓励社会资本加强能源设施投资；推进信息和民用空间基础设施投资主体多元化；鼓励社会资本加大社会事业投资力度；建立健全政府和社会资本合作（PPP）机制；充分发挥政府投资的引导带动作用，创新融资方式，拓宽融资渠道。②

这些政策措施的贯彻执行，大大激发了企业（特别是民间企业）投资的积极性，其主要表现如下。一是民间投资更加活跃。2011~2016年，固定资产投资中民间投资由175649亿元增长到365219亿元，占全部投资的比重由58.2%提高到61.2%；国有控股投资由107584亿元增长到213096亿元，占全部投资的比重由36.6%下降到35.7%；外商及港澳台商控股投资由9436亿元增长到12015亿元，占全部投资的比重由3.1%下降到2.0%。二是投资资金来源更加多样。2011~2016年，投资到位资金由334218亿元增长到606969亿元。按资金渠道分，其中自筹资金由220376亿元增长到404767亿元，占

---

① 《中共中央关于全面深化改革若干重大问题的决定》，人民出版社，2013，第17页。
② 详见《关于创新重点领域投融资机制鼓励社会投资的指导意见》，中国政府网，2014年11月16日。

全部到位资金的比重由 65.94% 提高到 66.69%，在全部到位资金中占比最高；国家预算资金由 14413 亿元增长到 36212 亿元，占全部到位资金的比重由 4.31% 提高到 5.97%；国内贷款由 45281 亿元增长到 66767 亿元，占全部到位资金的比重由 13.55% 下降到 11.0%；利用外资由 5087 亿元下降到 2270 亿元，占全部到位资金的比重由 1.52% 下降到 0.37%。资金结构的变化反映出投资资金来源的日益多样化，以社会资本为主的自筹资金日益成为投资资金的主导力量。① 这些数据表明：原来作为计划经济体制最重要组成部分的投资体制大大削弱，而由市场调节的投资大大增长。

这期间价格体制改革也得到了进一步深化。党的十八届三中全会决定提出："凡是能由市场形成价格的都交给市场，政府不进行不当干预。推进水、石油、天然气、电力、交通、电信等领域价格改革，放开竞争性环节价格改革。政府定价范围主要限定在重要公用事业、公益性服务、网络型自然垄断环节，提高透明度，接受社会监督。"②

2015 年，中共中央、国务院发布了《关于推进价格机制改革的若干意见》。《意见》提出的基本原则是：坚持市场决定；坚持放管结合；坚持改革创新；坚持稳慎推进。

《意见》提出的主要目标是：到 2017 年，竞争性领域和环节价格基本放开，政府定价范围主要限定在重要公用事业、公益性服务、网络型自然垄断环节；到 2020 年，市场决定价格机制基本完善，科学、规范、透明的价格监管制度和反垄断执法体系基本建立，价格调控机制基本健全。

《意见》还提出，深化重点领域价格改革，充分发挥市场决定价格作用。完善农产品价格形成机制；加快推进能源价格市场化；完善环境服务价格政策；理顺医疗服务价格；健全交通运输价格机制；创新公用事业和公益性服务价格管理。建立健全政府定价制度，使权力在阳光下运行。推进政府定价项目清单化；规范政府定价程序；加强成本监审和成本信息公开。加强市场

---

① 国家统计局网，2017 年 3 月 3 日。
② 《中共中央关于全面深化改革若干重大问题的决定》，人民出版社，2013，第 12~13 页。

价格监管和反垄断执法,逐步确立竞争政策的基础性地位。健全市场价格行为规则;推进宽带网络提速降费;加强市场价格监管;强化反垄断执法;完善价格社会监督体系。充分发挥价格杠杆作用,更好服务宏观调控;加强价格总水平调控;健全生产领域节能环保价格政策;完善资源有偿使用制度和生态补偿制度;创新促进区域发展的价格政策。[1]

以上这些政策措施的实行,使得2012年以来价格改革又取得了重要进展,主要包括如下方面。①政府定价大幅减少。全部电信业务资费、非公立医院医疗服务价格、社会资本投资新建铁路货运和客运专线价格、绝大部分药品价格、绝大部分专业服务价格都已经放开。新修订的中央定价目录与2001年目录相比,政府定价由13种(类)缩减到7种(类),具体定价项目压减了约80%。已完成修订的28个省份地方定价目录,具体定价项目平均压减了约50%。②农产品价格形成机制不断完善。政府确定的烟叶收购价格于2015年放开后,全部农产品价格都由市场竞争形成。③新一轮电价市场化改革启动。包括:放开了跨区跨省电能交易价格;输配电价改革试点已由深圳市和蒙西电网扩大到安徽、湖北、宁夏、云南、贵州五省(区)。④天然气价格形成机制进一步完善。实现了非居民用天然气存量气和增量气价格并轨。放开直供用户天然气价格后,实行市场调节价的天然气占消费总量的40%。⑤铁路货运价格基本理顺,实现了铁路与公路货运保持合理比价关系的改革目标。建立货物运价上下浮动的机制,上浮不超过10%、下浮不限,进一步增强运价弹性,为铁路运输企业灵活应对市场环境变化,提供了更宽松的政策环境。⑥居民阶梯价格制度顺利推进。居民阶梯电价制度已在除新疆、西藏外的全部省(区、市)实施,26个省(区、市)的289个城市已建立居民阶梯水价制度,14个省(区、市)的58个城市已建立居民阶梯气价制度,其余城市正在积极有序推进。⑦清理收费、公布清单。清理规范涉企的各类收费,制定收费目录清单。通过清理不合理收费,降低偏高收费标准,近3年

---

[1] 详见《关于推进价格机制改革的若干意见》,人民网,2015年10月16日。

共减少企业支出近400亿元。⑧调整资源环保价格。各地合理调整水资源费、排污费、污水处理费等资源环保价格，对高耗能、高污染和产能严重过剩行业实行差别电价、水价和排污费收费标准，促进节能减排、结构调整和转型升级。

但在简政放权的同时，努力做到放管结合、优化服务。一是逐步建立了经济、法律手段为主，行政手段为辅的价格调控机制，促进了价格总水平的基本稳定。二是不断强化市场价格监管和反垄断执法，查处了一批重大案件。2013年以来，全国共查处价格违法案件8.25万件，实施经济处罚193.95亿元。其中，退还消费者20.19亿元，没收违法所得46.03亿元，罚款127.73亿元。①

党的十八大提出了"加快财税改革"的任务。②党的十八届三中全会就此做了部署，提出"改造预算管理制度"，"完善税收制度"，"建立事权和支出责任相适应的制度"。③2014年国务院发布了《关于深化预算管理制度的决定》。《决定》提出的基本原则是：遵循现代国家治理理念；划清市场和政府的边界；着力推进预算公开透明；坚持总体设计、协同推进。《决定》提出全面推进深化预算管理制度改革的各项工作：①完善政府预算体系，积极推进预算公开；②改进预算管理和控制，建立跨年度预算平衡机制；③加强财政收入管理，清理规范税收优惠政策；④优化财政支出结构，加强结转结余资金管理；⑤加强预算执行管理，提高财政支出绩效；⑥规范地方政府债务管理，防范化解财政风险；⑦规范理财行为，严肃财经纪律。《决定》还提出切实做好深化预算管理制度改革的实施保障工作。④

2014年国务院还发布了《关于改革和完善中央对地方转移支付制度的意见》。《意见》提出的基本原则是：加强顶层设计，做好分步实施；合理划分事权，明确支出责任；清理整合规范，增强统筹能力；市场调节为主，促进

---

① 《经济参考报》2016年3月2日；智坤教育，www.zhikunedu.com。
② 《中国共产党第十八次全国代表大会文件汇编》，人民出版社，2012，第19页。
③ 《中共中央关于全面深化改革若干重大问题的决定》，人民出版社，2013，第19~21页。
④ 详见《关于深化预算管理制度的决定》，中国政府网，2014年9月26日。

公平竞争；规范资金管理，提高资金效率。

《意见》还提出如下方面。①优化转移支付结构。合理划分中央和地方事权与支出责任，逐步推进转移支付制度改革，形成以均衡地区间基本财力、由地方政府统筹安排使用的一般性转移支付为主体，一般性转移支付和专项转移支付相结合的转移支付制度。②完善一般性转移支付制度。清理整合一般性转移支付；建立一般性转移支付稳定增长机制；加强一般性转移支付管理。③从严控制专项转移支付。清理整合专项转移支付；逐步改变以收定支专项管理办法；严格控制新设专项；规范专项资金管理办法。④规范专项转移支付分配和使用。规范资金分配；取消地方资金配套要求；严格资金使用。⑤逐步取消竞争性领域专项转移支付。取消部分竞争性领域专项；研究用税收优惠政策替代部分竞争性领域专项；探索实行基金管理等市场化运作模式。⑥强化转移支付预算管理。及时下达预算；推进信息公开；做好绩效评价；加大政府性基金预算和一般公共预算的统筹力度；将一般性转移支付纳入重点支出统计范围。⑦调整优化中央基建投资专项；完善省以下转移支付制度；加快转移支付立法和制度建设。①

2014年中共中央政治局审议通过了财政部提交的《财税体制改革总体方案》。《方案》在税制改革方面包括以下几点。①推进增值税改革。包括四个方面：一是按照税收中性原则，建立规范的消费型增值税制度；二是全面实行营改增，将营改增范围逐步扩大到生活服务业、建筑业、房地产业、金融业等各个领域；三是清理增值税优惠政策，结合将不动产纳入抵扣范围，简并增值税税率，将四档税率简并为三档或两档税率，全面优化增值税制度；四是落实税收法定原则，适时完成增值税立法，提升增值税的法律级次。②完善消费税制度。包括五个方面：一是加强调控，调整范围；二是征管可控、后移环节；三是合理负担、优化税率；四是因地制宜、下放税权；五是总体设计、分步实施。③加快资源税改革。包括五个方面：一是2014年10月起在

---

① 详见《关于改革和完善中央对地方转移支付制度的意见》，中国政府网，2014年12月20日。

全国范围内实施煤炭资源税从价计征改革，按 2%~10% 的税率从价计征（具体税率由各省级政府结合试点前税费负担水平确定），同时清理煤炭及已实行从价计征的原油、天然气相关收费基金；二是 2015 年起实施其他品目资源税从价计征改革，并全面取消矿产资源补偿费，清理取消价格调节基金等相关收费基金，理顺资源产品税费关系；三是逐步将资源税征收范围扩展到占用或开发水流、森林、草原、滩涂等自然生态空间；四是海洋石油资源税收入归中央，其他资源税作为省级收入；五是适时启动资源税立法工作。④建立环境保护税制度。包括四个方面：一是通过实施费改税将现行排污费改为环境保护税，由全国人大立法后开征；二是按照现行排污费收费项目设置税目，包括大气污染物、水污染物、固体废物、噪声等，择机对二氧化碳排放征收环境保护税；三是将排放量作为主要计税依据；四是对征税的污染物不再征收排污费，原由排污费安排的支出通过财政预算安排。⑤加快房地产税立法并适时推进改革。包括四个方面：一是加快推进房地产税立法，统筹考虑税收与收费等因素，合理设置房地产建设、交易和保有环节的税负水平，在保障基本居住需求的基础上，将城乡个人住房及工商业房地产全部纳入征税范围，按房地产评估价值确定计税依据；二是对个人住房实行幅度比例税率，并授权省级政府在幅度内确定本地区适用税率，实行纳税人自行申报、税务部门核实征收的征管模式；三是对工商业房地产按评估值征收房地产税，实行全国统一的比例税率，促进工商业节约集约使用土地；四是改革后房地产税逐步成为地方政府持续稳定的财政收入来源和县（市）级主体税种。⑥逐步建立综合与分类相结合的个人所得税制度。包括四个方面：一是合并部分税目；二是完善税前扣除；三是适时引入家庭支出申报制度；四是优化税率结构。

《方案》在调整中央与地方政府间财政关系方面提出了七项措施：一是全国实施营改增后，合理确定中央增值税分享比例；二是进口环节征收的消费税收入为中央收入，其他环节征收的消费税收入改为中央与地方共享收入；三是海洋原油天然气资源税收入仍为中央收入，其他资源税收入为地方收入并调整为省级收入，市、县级政府不再参与分享，对财政困难市县可由省级财政通过转移支付办法解决；四是房地产税作为市县财政收入；五是证券交易印花税收入全部为中央收入；六是大幅降低出口退税地方负担比例；七是中央与地方继续共享个人所得税和企业所得税。上述收入经过划分调整后，地方形成的财力缺口，由中央财政通过税收返还方式解决。同时，启动建立事权与支出责任相适应制度改革，合理划分政府间事权与支出责任，适当提高中央财政直接支出比重。①

在上述政策措施的推动下，2013年扩大了"营改增"试点，取消和免征行政事业性收费348项，减轻企业负担1500多亿元。2014年在深化财税改革总体方案获得中共中央政治局会议审议通过后，财税改革各方面获得了进一步发展。一是预算管理制度改革全面推开。除经国务院批准，印发深化预算体制改革决定等文件以外，还加大了预算公开力度，中央预决算和部门预决算公开到了"项"级科目，专项转移支付预算公开到了具体项目。各省（区、市）全部公开了本地区一般公共预算和本级部门预算。全国社会保险基金预算首次编入预算草案。中央国有资本经营预算调入一般公共预算的比例提高5个百分点。中央对地方专项转移支付项目比2013年减少1/3以上。地方政府债券自发自还试点顺利推进等。二是税收改革实现突破。①平稳有序推进税制改革。在3个税种改革上取得新进展：持续平稳扩大"营改增"试点范围，铁路运输、邮政和电信业相继纳入试点，"营改增"政策效应进一步显现，全年减税1918亿元；深化资源税改革。煤炭资源清费正税、从价计征改革在全国推开；实施成品油等税目消费税改革。②放管结合，深化税务行政审批制度改革。全年取消和下放了45项审批事项。同时，配套修订税务规章并全面清理税收规范性文件。改进审批方式，推进网上审批，提高审批效率。③提出和落实税收优惠政策。新出台较大的税收优惠政策12类26项，加大了减免税力度。④加快推进税收法律制度建设。2015年财税改革深入推进。中央

---

① 详见《中华工商时报》2015年8月28日。

对地方专项转移支付项目又减少1/3，一般性转移支出规模增加。"营改增"稳步实施，资源税从价计征的范围继续扩大。从2012年开展"营改增"试点以来，截至2015年底，全国"营改增"试点累计实现减税6412亿元。预计2016年和2017年，"营改增"和清理收费可以再为社会减负5000多亿元和10000亿元。[①] 实际结果，为社会减负数字远远超过了预计。

党的十八届三中全会提出了"完善金融市场体系"的任务。"扩大金融业对内对外开放，在加强监管的前提下，允许具备条件的民间资本依法发起设立中小型银行等金融机构。推行政策性金融机构改革。健全多层次资本市场体系，推进股票发行注册制改革，多渠道推动股权融资，发展并规范债券市场，提高直接融资比重。完善保险经济补偿机制，建立巨灾保险制度。发展普惠金融。鼓动金融创新，丰富金融层次和产品。""完善人民币汇率市场化形成机制，加快推进利率市场化，健全反映市场供求关系的国债收益率曲线。推动资本市场双向开放，有序提高跨境资本和金融交易可兑换程度，建立健全宏观审慎管理框架下的外债和资本流动管理体系，加速实现人民币资本项目可兑换。""落实金融监管改革措施和稳健标准，完善监管协调机制，界定中央和地方金融监管责任和风险处置责任。建立存款保险制度，完善金融市场化退出机制。加强金融基础设施建设，保障金融市场安全高效运行和整体稳定。"[②]2014年以来，国务院还发布了《关于进一步促资本市场健康发展的若干意见》和《关于加快发展现代保险服务业的若干意见》等项文件。在这些政策措施的引领和推动下，这期间，金融改革全面深化。

在银行业方面，一是国家开发银行、中国银行和中国进出口银行三家政策性、开发性金融机构改革取得突破；中国工商银行、中国农业银行、中国建设银行和交通银行这些大型商业银行继续深化改革，公司治理进一步完善。

[①] 《十二届全国人大二、三、四、五次会议〈政府工作报告〉辅导读本》（2014~2017），人民出版社；《中国经济年鉴》（2015），中国经济年鉴社，第21~24页；《中国经济时报》2016年3月25日；《中国经济时报》2017年5月29日。

[②] 《中共中央关于全面深化改革若干重大问题的决定》，人民出版社，2013，第13~14页。

二是在2013年全面放开贷款利率管制的基础上，2014年将人民币利率浮动区间上限由基准利率的1.1倍扩大至1.2倍。2015年取消存款利率上浮限制。这表明利率市场化取得决定性进展。三是存款保险制度建设取得进展。2015年存款保险覆盖在中国境内设立的商业银行、农村合作银行、农村信用合作社等吸收存款的银行业金融机构。存款保险实行基准费率与风险差别费率相结合的制度。四是汇率市场化也迈出重大步伐。2014年，银行间即期外汇市场人民币兑美元交易价浮动幅度由1%扩大至2%，并取消银行对客户美元挂牌买卖价差管理，至此银行对客户外币挂牌汇价区间限制全部取消。央行基本退出常态外汇干预，市场供求在汇率形成中发挥更大作用。五是这期间强化了审慎监管。在监管内容方面，包括宏观审慎监管、公司治理与内部控制、资本监管、信用风险监管、流动性风险监管、操作风险监管、信息科技风险监管、市场风险监管、国别风险监管和声誉风险监管。在监管方式方面，包括市场准入、非现场监管、现场检查、风险处置与市场退出和监管问责与处罚。

在证券业方面，一是多层次资本市场快速发展；二是完善资本市场体制机制建设；三是深化行政审批制度改革；四是加大信息披露监管和风险防控力度；五是拓展证券期货业发展空间；六是强化稽查执法的核心职责；七是加强投资者保护工作；八是资本市场双向开放取得进展。

在保险业方面，主要是：①保险市场迅速发展；②行业发展活力增强；③严监管防风险；④保险消费者权益保护工作取得进展；⑤推进保险监管现代化建设。[①]

这期间继续贯彻了改革后多年实行的劳动者自主择业、市场调节和政府促进就业的方针，并着重强调和实施了新形势下就业创业的政策。2015年4月国务院发布了《关于进一步做好新形势下就业创业工作的意见》。《意见》提出如下几点。①深入实施就业优先战略。坚持扩大就业发展战略；发展吸

---

① 详见《中国经济年鉴》（2015），中国经济年鉴社，第26~31页。

纳就业能力强的产业；发挥小微企业就业主渠道作用；积极预防和有效调控失业风险。②积极推进创业带动就业。营造宽松便捷的准入环境；培育创业创新公共平台；拓宽创业投融资渠道；支持创业担保贷款发展；加大减税降费力度；调动科研人员创业积极性，鼓励农村劳动力创业；营造大众创业良好氛围。③统筹推进高校毕业生等重点群体就业。鼓励高校毕业生多渠道就业；加强对困难人员的就业援助；推进农村劳动力转移就业；促进退役军人就业。④加强就业创业服务和职业培训。强化公共就业创业服务；加快公共就业服务信息化；加强人力资源市场建设；加强职业培训和创业培训；建立健全失业保险、社会救助与就业的联动机制；完善失业登记办法。⑤强化组织领导。健全协调机制；落实目标责任制；保障资金投入；建立健全就业创业统计监测体系；注重舆论引导。①

这些政策充分表明：这期间我国劳动就业制度有了很大的发展。尽管这期间我国仍然面临严峻的就业形势，但这方面的工作还是取得了巨大成就。2016年，城镇就业人员由2011年的35914万人增加到41428万人；而城镇登记失业率由4.10%下降到4.05%。②

这期间我国收入分配制度的改革也进一步深化。2013年2月3日国务院批转了国家发展改革委等部门的《关于深化收入分配制度改革的若干意见》。《意见》提出深化收入分配制度改革的主要目标是：城乡居民收入实现倍增；力争中低收入者收入增长更快一些，人民生活水平全面提高；收入分配差距逐步缩小。城乡、区域和居民之间收入差距较大的问题得到有效缓解，扶贫对象大幅减少，中等收入群体持续扩大，"橄榄型"分配结构逐步形成；收入分配秩序明显改善。合法收入得到有力保护，过高收入得到合理调节，隐性收入得到有效规范，非法收入予以坚决取缔；收入分配格局趋于合理。居民收入在国民收入分配中的比重、劳动报酬在初次分配中的比重逐步提高，社会保障和就业等民生支出占财政支出的比重明显提升。《意见》的主要内容如下。

---

① 详见中国政府网，2015年4月27日。
② 《中国统计年鉴》(2015)，中国统计出版社，第111页；国家统计局网，2017年2月28日。

（1）继续完善初次分配机制。完善劳动、资本、技术、管理等要素按贡献参与分配的初次分配机制。实施就业优先战略和更加积极的就业政策，扩大就业创业规模，创造平等就业环境，提升劳动者获取收入能力，实现更高质量的就业。深化工资制度改革，完善企业、机关、事业单位工资决定和增长机制。推动各种所有制经济依法平等使用生产要素、公平参与市场竞争、同等受到法律保护，形成主要由市场决定生产要素价格的机制。

（2）加快健全再分配调节机制。加快健全以税收、社会保障、转移支付为主要手段的再分配调节机制。健全公共财政体系，完善转移支付制度，调整财政支出结构，大力推进基本公共服务均等化。加大税收调节力度，改革个人所得税，完善财产税，推进结构性减税，减轻中低收入者和小型微型企业税费负担，形成有利于结构优化、社会公平的税收制度。全面建成覆盖城乡居民的社会保障体系，按照全覆盖、保基本、多层次、可持续方针，以增强公平性、适应流动性、保证可持续性为重点，不断完善社会保险、社会救助和社会福利制度，稳步提高保障水平，实行全国统一的社会保障卡制度。

（3）建立健全促进农民收入较快增长的长效机制。坚持工业反哺农业、城市支持农村和多予少取放活方针，加快完善城乡发展一体化体制机制，加大强农惠农富农政策力度，促进工业化、信息化、城镇化和农业现代化同步发展，促进公共资源在城乡之间均衡配置、生产要素在城乡之间平等交换和自由流动，促进城乡规划、基础设施、公共服务一体化，建立健全农业转移人口市民化机制，统筹推进户籍制度改革和基本公共服务均等化。

（4）推动形成公开透明、公正合理的收入分配秩序。大力整顿和规范收入分配秩序，加强制度建设，健全法律法规，加强执法监管，加大反腐力度，加强信息公开，实行社会监督，加强基础工作，提升技术保障，保护合法收入，规范隐性收入，取缔非法收入。①

这些政策和措施的贯彻执行取得了显著成效。一是2016年全年全国居民

---

① 详见《关于深化收入分配制度改革的若干意见》，中国政府网。

人均可支配收入达到23821元，比2012年提高了72%。二是这期间全国居民可支配收入在国民收入中的占比上升。1996~2008年，这一占比由69.0%下降到57.2%；2009~2013年，这一占比由57.2%回升到61.3%；2014~2017年仍然延续了这一上升态势。比如，2016年全国居民可支配收入实际增长8.1%，比国内生产总值增速要快1.2个百分点。这意味着这一占比仍在上升。三是城乡居民收入相对差距呈缩小趋势。2000~2009年，城乡居民收入之比由2.79上升到3.33；2009~2016年，二者之比由3.33下降到2.71。四是居民收入基尼系数也呈回落态势。2004~2008年，这一系数由0.473上升到0.491；2008~2014年，这一系数由0.491下降到0.469。[①]

这期间社会保障制度进一步趋于完善。2012年6月14日，国务院批转了人力资源和社会保障部等的《关于社会保障"十二五"规划纲要》。《纲要》提出未来五年社会保障事业发展的主要目标是：社会保障制度基本完备，体系比较健全，覆盖范围进一步扩大，保障水平稳步提高，历史遗留问题基本得到解决，为全面建设小康社会提供水平适度、持续稳定的社会保障网。《纲要》的主要内容如下。

大力推进社会保障制度建设，基本解决制度缺失问题。加快健全养老保险制度；加快完善医疗、工伤、失业、生育保险制度体系；实施应对人口老龄化的社会保障政策；建立健全家庭养老支持政策；健全残疾人社会保障制度；大力发展补充保险；进一步健全社会救助制度。

加快城乡社会保障统筹，稳步推进保障制度和管理服务一体化建设。统筹城乡社会保障体系；进一步提高统筹层次；切实做好社会保险关系转移接续工作。

进一步扩大社会保障覆盖范围，基本养老、基本医疗保险保障人群实现基本覆盖。

逐步提高保障标准，增强保障能力。根据经济社会发展情况，逐步提高

---

① 《国家行政学院学报》2015年第6期，第6~7页；国家统计局网，2017年2月28日。

各项社会保障水平，缩小城乡、区域、群体之间的社会保障待遇差距。统筹建立基本养老金正常调整机制，继续提高企业退休人员基本养老金水平，提高新农保和城镇居民社会养老保险基础养老金标准。以基层医疗卫生机构为依托，普遍开展和推进城镇居民基本医疗保险、新农合门诊医疗费用统筹，逐步将门诊常见病、多发病纳入保障范围。逐步提高基本医疗保险最高支付限额和住院费用支付比例，均衡职工基本医疗保险、城镇居民基本医疗保险、新农合的待遇水平。逐步提高各级财政对新农保、城镇居民社会养老保险、城镇居民基本医疗保险和新农合的补助标准。进一步完善失业保险金申领发放办法，健全失业保险金正常调整机制。建立健全职业康复标准、劳动能力鉴定标准和伤残辅助器具配置标准。健全城乡低保标准动态调整机制，逐步提高城乡最低生活保障水平。

建立健全社会救助体系，大力发展福利和慈善事业。

加强社会保障管理与监督，提升管理服务水平。严格基金监管；进一步加强医疗保险基金支付管理；改进和加强社会保障管理服务。

强化基础保障，确保《纲要》实施。加强社会保障法制建设；加大政府公共财政对社会保障的投入；健全社会保障公共服务体系；推行社会保障一卡通；继续做大做强社会保障战略储备资金；加强社会保障科学研究和宣传；加强社会保障国际交流与合作；实施社会保障重大项目。[1]

这期间《纲要》的贯彻实施取得了巨大成就。2016年末，全国参加城镇职工基本养老保险人数高达37862万人，比2015年末增加2501万人。参加城乡居民基本养老保险人数50847万人，增加375万人。参加城镇基本医疗保险人数74839万人，增加8276万人。其中，参加职工基本医疗保险人数29524万人，增加636万人；参加城镇居民基本医疗保险人数45315万人，增加7640万人。参加失业保险人数18089万人，增加763万人。2016年末全国领取失业保险金人数230万人。参加工伤保险人数21887万人，增加483万

---

[1] 详见《关于社会保障"十二五"规划纲要》，中国政府网。

人，其中参加工伤保险的农民工 7510 万人，增加 21 万人。参加生育保险人数 18443 万人，增加 674 万人。2016 年末全国共有 1479.9 万人享受城市居民最低生活保障，4576.5 万人享受农村居民最低生活保障，农村五保供养 496.9 万人。2016 年全年资助 5620.6 万城乡困难群众参加基本医疗保险。按照每人每年 2300 元（2010 年不变价）的农村扶贫标准计算，2016 年农村贫困人口 4335 万人，比 2015 年减少 1240 万人。①

总体来说，这期间我国在全面深化宏观经济管理体制改革方面已经迈出了坚实的巨大一步。所以，尽管当前在经济改革方面还面临着艰巨的改革任务，但这期间的实践经验表明我国完全可以实现党的十八届三中全会的预定目标："到 2020 年，在重要领域和关键环节改革上取得决定性成果，完成本决定提出的改革任务，形成系统完备、科学规范、运行有效的制度体系，使各方面制度更加成熟更加完整。"②

第六节　对外开放总体格局发展的新阶段

从 20 世纪 70 年代末到目前，我国改革开放和社会主义现代化建设经历了近 40 年的发展，为对外开放总体格局发展到新阶段，创造了比较雄厚的物质基础，形成了比较完善的制度，积累了比较丰富的经验。这是其一。其二，尽管 2008 年国际金融危机发生以来，世界各主要经济体的经济长期限于停滞状况，复苏步伐缓慢，对我国对外开放造成了不利影响，但也有积极因素，值得提出的是：2015 年人民币加入国际货币基金组织特别提款权货币篮子。这显然是中国扩大开放的一个强有力工具。其三，更重要的是党的十八大以来，党中央提出并实施了一系列推进我国对外开放的改革和发展战略：2012 年党的十八大提出了"全面提高开放型经济水平"的战略任务；2013 年党的

---

① 国家统计局网，2017 年 2 月 28 日。
② 《中共中央关于全面深化改革若干重大问题的决定》，人民出版社，2013，第 7 页。

十八届三中全会提出了"构建开放型经济新体制"。① 正是这些有利因素使我国对外开放总体格局步入了以构建开放型经济新体制为特征的新阶段。为了建立开放型经济新体制，采取了一系列政策措施。

第一，2015年5月，国务院印发《关于构建开放型经济新体制的若干意见》，这成为我国开放型经济建设的顶层规划和"施工路线图"。

第二，2016年5月，经党中央、国务院同意，济南市、南昌市、唐山市、漳州市、东莞市、防城港市，以及浦东新区、两江新区、西咸新区、大连金浦新区、武汉城市圈、苏州工业园区等12个城市、区域，被列为开展构建开放型经济新体制综合试点试验地区。与开放型经济新体制综合试点试验地区并行推进的，还有不断扩容的自贸试验区。从2013年上海自贸试验区，到2014年底获批的天津、广东、福建，再到2016年8月辽宁、浙江、河南、湖北、重庆、四川、陕西七地获批，我国自贸试验区已经发展到11个。自贸试验区已成为我国新一轮开放的重要平台。除了综合试点试验地区和自贸试验区之外，地方层面也在结合实际构建具有当地特色的开放型经济。湖南、陕西等内陆省份均提出打造内陆开放新高地。因此，在综合试点试验地区、自贸试验区、地方平台等多轮驱动下，我国构建开放型经济新体制全面提速，取得显著成效。根据商务部的数据，自2013年启动以来，自贸试验区用两万分之一的土地面积吸引了全国十分之一的外资，自贸试验区取得的114项试点经验已经复制推广到全国。②

第三，2013年提出建设丝绸之路经济带、21世纪海上丝绸之路的战略构想，并大力付诸实施。由于"一带一路"涉及面广，为国际合作开拓了广阔的新空间和新领域。它覆盖了全球60多个国家和地区，总人口超过44亿，约占全球的63%；经济总量超过20万亿美元，约占全球的29%。另据世界银行的数据，2013年至2015年，"一带一路"沿线国家GDP平均增长5.3%，

---

① 详见《中国共产党第十八次全国代表大会文件汇编》，人民出版社，2012，第22页；《中共中央关于全面深化改革若干重大问题的决定》，人民出版社，2013，第25~27页。
② 详见《经济参考报》2017年7月27日。

高于世界同期平均水平 2 个百分点，GDP 总额占世界的比重从 29.1% 上升至 30.3%。在共商、共建、共享原则的指导下，三年来，"一带一路"建设不仅体现了中国在发展对外关系方面以互利共赢为核心的基本原则，也适应了沿线国家的发展需求。这就大大拓展了中国对外经济关系的发展。到 2017 年上半年，已有 100 多个国家和国际组织积极响应支持，40 多个国家和国际组织同中国签署合作协议。有数据显示，2013 年 6 月至 2016 年 6 月这三年，我国与"一带一路"沿线国家货物贸易额为 3.1 万亿美元，占我国对外贸易总额的 26%；我国与"一带一路"沿线国家新签服务外包合同金额 94.1 亿美元；我国对"一带一路"沿线国家累计投资已达 511 亿美元，占同期对外直接投资总额的 12%。另有数据显示，2017 年第一季度，中国对"一带一路"沿线国家进出口 1.66 万亿元，同比增长 26.2%，高于同期中国整体外贸增速 4.4 个百分点，占外贸总额的 26.7%；我国企业在"一带一路"沿线的 43 个国家新增非金融类直接投资 29.5 亿美元，占同期对外投资总额的 14.4%，较 2016 年同期上升 5.4 个百分点；与"一带一路"沿线的 61 个国家新签对外承包工程项目合同 952 份，完成营业额 143.9 亿美元，同比增长 44.7%，占同期总额的 49.2%。①

第四，在利用外资方面进一步放宽了政策。2016 年进一步提出全面实行准入前国民待遇加负面清单管理制度，基本形成开放型经济新体制新格局。2017 年 1 月，国务院发布了《关于扩大开放积极利用外资若干措施的通知》，加大了对利用外资的政策支持力度。2017 年 5 月，进一步修订了《外商投资产业指导目录》，并强调修订外商投资产业指导目录，是落实党中央构建开放型经济体制、推进新一轮高水平对外开放的重要举措。要坚持对外开放，适应国际通行规则，按照负面清单模式，推进重点领域开放，放宽外资准入，提高服务业、制造业、采矿业等领域对外开放水平，取消内外资一致的限制性措施，保持鼓励类政策总体稳定。②2017 年 8 月 16 日，国务院又印发了《关

---

① 《中国经济时报》2017 年 4 月 20 日；《中国经济时报》2017 年 5 月 8 日。
② 新华网，2017 年 5 月 24 日。

于促进外资增长若干措施的通知》。《通知》从进一步减少外资准入限制、制定财税支持政策、完善国家级开发区综合投资环境、便利人才出入境、优化营商环境五个方面提出促进外资增长的政策措施。《通知》提出的具体举措共22条,其中"进一步减少外资准入限制"居于首位,具体措施包括尽快在全国推行自由贸易试验区试行过的外商投资负面清单,持续推进专用车和新能源汽车制造、船舶设计、支线和通用飞机维修、国际海上运输、铁路旅客运输、加油站、互联网上网服务营业场所、呼叫中心、演出经纪、银行业、证券业、保险业等领域对外开放,明确对外开放时间表、线路图等。《通知》还加大财税政策扶持力度。对境外投资者从中国境内居民、企业分配的利润直接投资于鼓励类投资项目,凡符合规定条件的,实行递延纳税政策,暂不征收预提所得税。[①]

第五,为了适应经济发展的形势,提出了一系列发展对外经济关系的新战略。这期间先后提出:坚持出口和进口并重,利用外资和对外投资并举;推动对外贸易从规模扩展向质量效益转变、从成本和价格优势向综合优势转变,促进形成以技术、品牌、质量、服务为核心的出口竞争新优势;坚持把利用外资与对外投资结合起来,支持企业"走出去",拓展经济发展的新空间;加快对外贸易优化升级,从外贸大国迈向贸易强国;推动外贸向优质优价、优进优出转变,壮大装备制造等新的出口主导产业,发展服务贸易;支持企业扩大对外投资,推动装备、技术、标准、服务走出去,深度融入全球产业链、价值链、物流链,建设一批大宗商品境外生产基地、培育一批跨国企业。[②]

上述政策的实施,推动我国对外开放取得了新的重大成就,发展到一个新阶段。

在吸收外资方面,2011~2016年,外商非金融类直接投资由1160.11亿美

[①] 中国政府网,2017年8月16日。
[②] 详见《十二届全国人大一次会议〈政府工作报告〉辅导读本》(2013),人民出版社、中国言实出版社;《中共中央关于制定国民经济和社会发展第十三个五年规划的建议》,人民出版社。

元增加到 1269.01 亿美元。2016 年，新设外商投资企业 27900 家。其中，中外合资企业为 6662 家，中外合作企业为 126 家，外资企业为 21024 家，外商投资股份制企业 86 家。[①]2016 年，我国已经连续多年成为世界第三大吸引外资国。2017 年 1~4 月，外商非金融类直接投资 427.32 亿美元。其中，中外合资企业为 98.15 亿美元，中外合作企业为 3.91 亿元，外资企业为 299.94 亿美元，外商投资股份制企业为 25.32 亿美元。新设外商投资企业 9726 家。其中，中外合资企业为 2632 家，中外合作企业 33 家，外资企业 7026 家，外商投资股份制企业 36 家。

2016 年，外商投资企业呈现以下特点。第一，新设立和增资的大型企业数量较多。新设立投资总额 1 亿美元以上的大型外商投资企业超过 840 家，增资 1 亿美元以上的外商投资企业超过 450 家。而且所投资行业覆盖众多新兴产业、高科技行业及高端服务业。第二，主要投资来源地分布多元化。美国、欧盟 28 国、中国澳门特区、韩国保持较高增速，日本对华投资止跌回稳。美欧对华投资继续保持较快增长势头。美国、欧盟 28 国对华实际投资同比分别增长 52.6% 和 41.3%。欧盟 28 国中，英国、德国、卢森堡、瑞典对华实际投资同比分别增长 113.9%、80.9%、125% 和 43.8%。在亚洲投资来源地中，中国澳门特区、韩国实际投入金额同比分别增长 290.3% 和 23.8%；日本全年实际投资同比增长 1.7%，逆转了连续两年大幅下跌态势。第三，在投资地区结构方面，西部地区吸收外资小幅增长，产业结构不断完善；东部地区保持稳定增长。西部地区实际使用外资金额 626.9 亿元人民币，同比增长 1.6%。其中，农、林、牧、渔业，制造业，电力、燃气及水的生产和供应业，信息传输、计算机服务和软件业，租赁和商务服务业实际使用外资同比分别增长 457.7%、11.3%、30.6%、115.6% 和 24.9%。农、林、牧、渔业，制造业和服务业的外资比重分别为 7.6%、34.3% 和 58%。东部地区实际使用外资金额 7047 亿元人民币，同比增长 7.6%。第四，在外商投资的产业结构方面，

---

① 商务部网，2017 年 2 月 4 日。

延续了向高端产业聚集的态势。服务业实际使用外资金额5715.8亿元人民币，同比增长8.3%，占外资总量的70.3%。其中，信息、咨询服务业，计算机应用服务业，综合技术服务业，分销服务，零售业实际使用外资同比分别增长59.8%、112.8%、66.4%、42.9%和83.1%。高技术服务业实际使用外资955.6亿元人民币，同比增长86.1%。在制造业中，医药制造业、医疗仪器设备及仪器仪表制造业实际使用外资同比分别增长55.8%和95%。高技术制造业实际使用外资598.1亿元人民币，同比增长2.5%。[①]2017年前7个月，实际使用外资金额4854.2亿元人民币，同比下降1.2%。在总量增速有所下降的同时，高技术制造业和高技术服务业吸收外资继续增长。据统计，高技术制造业实际使用外资373.9亿元人民币，同比增长8.3%。其中，计算机及办公设备制造业、医药制造业、电子及通信设备制造业实际使用外资同比分别增长85.4%、9.8%和6.3%。高技术服务业实际使用外资703.1亿元人民币，同比增长16.8%。其中，信息服务、研发与设计服务、科技成果转化服务实际使用外资同比分别增长13.6%、8.9%和47.3%。[②]

在对外投资方面，呈现迅速铺开的态势。2003年国家统计局开始发布对外直接投资的数据。2003年非金融类对外直接投资为28.5亿美元。但到2016年，我国对外直接投资创下1701.1亿美元的历史最高值。这就根本改变了此前外商直接投资和对外直接投资二者悬殊的情况。2003年外商直接投资高达535.04亿美元，而我国对外直接投资仅有28.54亿美元，二者相差506.5亿美元。但到2016年，我国对外直接投资却超过了外商直接投资441.1亿美元。2016年我国连续两年成为世界第二大对外投资国。2017年1~4月，我国非金融类对外直接投资仍然高达263.7亿美元。就2016年的情况来说，我国对外直接投资产业布局是：第一产业为29.7亿美元，第二产业为422.6亿美元，第三产业为1248.8亿美元；三者分别占对外投资总额的1.7%、24.9%、

---

① 商务部网，2017年5月2日。
② 《经济参考报》2017年8月17日。

73.4%。①

以上情况表明：这期间我国不仅保持了吸引外资的大国地位，而且根本改变了净投资输入国的局面，从而跃升为对外直接投资大国，并成为净投资输出大国。

在对外贸易方面，2011~2016 年，我国货物进出口总额由 236402 亿元增长到 243386 亿元。其中，出口总额由 123240.6 亿元增长到 138455 亿元，进口总额由 113161.4 亿元下降到 104932 亿元。可见，尽管这期间世界经济处于低迷状态，我国经济增速也趋于合理下降，但货物进出口总额和出口总额仍然保持了增长势头，只是进口总额略有下降。但货物进出口的结构还是延续了优化态势。其表现，一是一般贸易进出口增长，比重提升。2016 年，我国一般贸易进出口 13.39 万亿元，占我国进出口总额的 55%，比 2015 年提升 1 个百分点，贸易方式结构有所优化。二是 2016 年机电产品和高新技术产品的进出口额分别达到 130805 亿元和 74494 亿元，分别占进出口总额的 53.7% 和 30.6%。这表明货物进出口的产品结构保持了优化势头。②

2016 年服务进出口总额达到 53484 亿元，其中，服务业出口 18193 亿元，增长 2.3%；服务进口 35291 亿元，增长 21.5%。2016 年服务进出口总额在整个对外贸易总额中的占比由 2011 年的 11.5% 上升到 18.0%。③ 这也是外贸结构优化的一个重要方面。2016 年对外承包工程业务完成额由 2011 年的 1034.24 亿美元迅速增长到 1594 亿美元。④ 2017 年上半年，我国进出口总额同比增长 19.6%。其中，出口 7.21 万亿元，增长 15%；进口 5.93 万亿元，增长 25.7%；贸易顺差 1.28 万亿元。⑤

---

① 《中国统计年鉴》（有关年份），中国统计出版社；国家统计局网，2017 年 3 月 8 日；商务部网，2017 年 5 月 2 日。
② 详见中国海关总署网。
③ 《中国统计年鉴》（有关年份），中国统计出版社。
④ 《中国统计年鉴》（有关年份），中国统计出版社。
⑤ 中国海关总署网，2017 年 7 月 13 日。

总体来说，当前我国在外资、外贸和对外承包工程等方面呈现出世界经济大国的地位，这表明我国对外开放总体格局已进入一个新的发展阶段。

结　语

这期间我国开始推进以主要管资本和大力发展混合所有制企业为特征的国有经济改革，推进以"三权分置"为特征的农村经济改革，加速发展非公有制经济，进一步发展以国有经济为主导的多种所有制共同发展的格局，继续完善现代市场体系，全面深化宏观经济管理体制改革，对外开放总体格局发展到一个新阶段。就规模以上工业的所有制结构看，国有及国有控股工业在主营业务收入中的占比由2011年的27.2%下降到2015年的21.8%，私营企业的占比由29.0%上升至34.8%，外资企业的占比由25.7%下降至22.1%。[①] 这一切都显示了我国改革开放已经发展到一个全新阶段。习近平总书记对此做了很好的概括：党的十八大以来，"我们坚定不移地全面深化改革，推动改革呈现全面发力，多点突破，纵深推进的崭新局面"。[②]

[①]《中国统计年鉴》（有关年份），中国统计出版社。
[②] 习近平：《在省部级主要领导干部专题研讨班开班式上的讲话》，新华网，2017年7月27日。

第七章 中国经济体制改革的成就及其意义

第一节 初步建立和发展了社会主义市场经济体制

前述第二章至第六章分阶段地叙述了中国经济体制改革的进程，其中也包括了各个阶段的改革成就。这里再从改革40年来整个进程的视角集中地论述改革的成就。但为了限制篇幅，这里只拟叙述其中四个基本方面。

第一，在建立和发展社会主义市场经济的微观基础方面。中国在1956年的社会主义改造以后，原来的私人资本主义经济基本上改造为社会主义的国有经济，原来的个体经济也已经改造为社会主义集体所有制经济，私有经济所剩无几。经过"大跃进"（1958~1960年）特别是"文化大革命"（1966~1976年）的冲击，私有经济就被扫荡无遗，濒临绝迹！

但1978年以来，经过改革，从零起步的非公有制经济已经发展壮大为我国社会主义市场经济的重要微观基础。有数据显示，到2016年，民营企业占企业总数的97.1%（其中，个体工商户占民营经济总数的70.4%，私营企业占29.3%，外商投资企业占4.3%），占国内生产总值的60%以上，占就业人数的80%以上，占新增固定资产的60%以上。[1] 这些资料表明：民营经济作为

---

[1]《经济参考报》2016年7月14日。

我国社会主义市场经济基本经济制度的重要组成部分,已经确定无疑地建立并发展起来。

以上是从整个国民经济来说的,下面再以在国民经济中居于主导地位的工业在这方面取得的成就做进一步说明。表 7-1 所列的数据清楚地表明:伴随改革的进展,社会主义公有制工业在工业经济总量中的占比趋于大幅下降,而非公有制经济工业的占比趋于大幅上升。

表 7-1　各种所有制经济在工业经济总量中的占比

单位：%

年份	国有工业及国有控股工业	集体工业	非公有制工业
1978	77.6	22.5	0.0
1984	69.1	29.7	1.2
1992	51.5	35.1	13.4
2000	47.3	13.8	38.9
2011	27.2	—	54.7
2015	21.8	—	56.9

注：工业经济总量,1978~2000 年指的是全部工业总产值,2011~2015 年指的是规模以上工业主营业务收入；非公有制工业,1978~2000 年不包括外资工业,2011~2015 年包括外资工业。这表明 1978~2000 年的统计数字与 2011~2015 年的统计数字有不可比因素。但从总的方面来说,各年数字反映了工业所有制结构的变动趋势。

资料来源：《中国统计年鉴》(有关年份),中国统计出版社。

但上述数据并不表明从根本上动摇了国有工业在国民经济中的主导地位,因为国有经济至今仍牢牢掌握着国民经济命脉和国家安全领域。不仅如此,上述数据所表明的以社会主义国有经济为主导的多种所有制同时并存共同发展格局的形成和发展,正是我国经济体制改革最重要的、最基本的成就。其他方面的改革成就在很大程度上都是以这一点为基础的。

第二,在建立作为社会主义市场经济核心的价格方面。改革以前,在计划经济体制下,从总体上说,产品和要素生产、分配和价格都是由国家指令计划决定的。这是计划经济体制的主要特征。

但改革以来，不仅已经逐步形成了由产品（包括服务）市场和要素市场等构成的比较完整的市场体系，而且其价格决定也在不同程度上，并在愈来愈大程度上实现了市场化。这一点在产品价格决定上体现得最为明显。表 7-2 的资料表明：伴随改革在各个阶段的进展，产品价格已经基本上实现了市场调节。

表 7-2　政府指令定价产品在各类产品销售总额中的占比

单位：%

年份	农副产品销售总额	社会零售商品总额	生产资料销售总额
1978	92.7	97.0	100.0
1984	40.0 以上	50.0 以上	60.0 以上
1992	12.5	5.9	18.7
2000	4.7	3.2	8.4
2007	1.1	2.6	5.4

注：在产品销售总额中，政府指令定价的余额就是市场调节价和政府指令价的占比。
资料来源：《中国物价年鉴》（有关年份）；《中国经济年鉴》（有关年份）。

诚然，在改革进程中，产品价格和要素价格的进展是有先有后的。总的来说，在产品价格市场化方面，生产资料价格市场化滞后于消费品价格市场化；在产品价格和要素价格市场化方面，要素价格市场化滞后于产品价格市场化；在要素价格市场化方面，资本价格市场化滞后于劳动力价格市场化；在资本价格市场化方面，汇率市场化又滞后于利率市场化。

但总体上看，当前我国不仅已经基本实现了产品价格市场化，而且要素价格也在不同程度上走向基本实现市场化；不仅劳动力价格早已实现了市场化，利率也在近几年基本实现了市场化，汇率市场化也加快了实现的步伐。

如果不说国家对宏观经济的调控，仅从一般意义上说，市场经济就是由市场配置社会生产资源的经济，其核心就是价格机制的调节。所以，上述我国改革在产品价格和要素价格市场化方面所取得的进展，是经济改革成就的一个基本方面。

第三，投资作为市场经济条件下最重要的生产要素投入，其所有制构成的变化，也是改革成就的一个基本方面。表 7-3 资料表明：即使把国有经济或国有控股的投资都看成是实行指令计划的，那它在全社会固定投资中的占比也由改革初期的近 70% 下降到当前的不到 1/4。更何况它的运作也在很大程度上采取了市场化的形式，其突出事例就是与社会资本的合作。至于其他所有制经济的投资，其本身就是市场化的。可见，改革以来，我国固定资产投资已经在决定性的程度上实现了由计划经济到市场经济的转变。

表 7-3　各种所有制经济在全社会固定资产投资中的占比

单位：%

年份	国有经济或国有控股	集体经济或集体控股	私人经济	外资经济	其他
1981	69.5	12.0	18.5	—	—
1984	64.7	13.0	22.3	—	—
1992	68.1	16.8	15.1	—	—
2000	29.9	3.6	25.2	6.2	35.1
2011	26.5	3.3	26.3	6.0	—
2015	24.8	2.7	32.7	4.0	—

注：其他包括股份合作、联营、有限责任公司和股份有限公司等。

资料来源：《中国固定资产投资统计年鉴》（1950~1995）；《中国统计年鉴》（有关年份）。

如果再进一步考察全社会固定资产投资实际到位资金构成的历史演变，还可以看到这方面在更大程度上实现了市场化。表 7-4 资料显示：1981~2016 年，具有指令计划性的国家预算资金（即政府投资）在全社会固定资产投资实际到位资金总额中的占比由 28.1% 下降到 5.9%，而其他方面的资金（包括国内贷款、利用外资和自筹资金等）则由 70% 以上上升到 90% 以上。这些资金在很大程度上都是市场化的，其中有些部分（如利用外资）基本上都是市场化的。

表 7-4　全社会固定资产投资实际到位资金的构成

单位：%

年份	实际到位资金	国家预算资金	国内贷款	利用外资	自筹资金	其他资金
1981	100.0	28.1	12.7	3.6	55.5	—
1984	100.0	22.9	14.1	3.9	59.1	—
1992	100.0	4.3	27.4	5.8	62.5	—
2000	100.0	6.3	20.3	5.1	49.3	18.9
2011	100.0	4.3	13.4	1.5	66.3	14.6
2016	100.0	5.9	10.9	0.4	67.1	15.8

注：1981年、1984年、1992年的"自筹资金"栏内含"其他资金"。
资料来源：《中国固定资产投资统计年鉴》(1950~1995)；《中国统计摘要》(2017)，中国统计出版社，第81页。

第四，在经济全球化已经得到高度发展的当代，作为经济大国的中国，其对外开放程度是经济改革成就的另一个基本方面。表7-5资料表明：中国货物进出口总额与国内生产总值（以此为1）之比由1978年的0.09∶1上升到2011年的0.48∶1；2016年由于国内外多种因素的作用，其比有所下降，但仍达到了0.32∶1。当然，这个比值远不能反映中国对外开放的程度，因为它不包括服务进出口贸易、利用外资和对外投资以及对外经济合作，但从货物进出口这个最重要方面反映出中国对外开放的进展。

表 7-5　中国货物进出口总额与国内生产总值之比

年份	国内生产总值	货物进出口总额
1978	1	0.09
1984	1	0.16
1992	1	0.33
2000	1	0.39
2011	1	0.48
2016	1	0.32

资料来源：《中国统计摘要》(2017)，中国统计出版社，第21页、94页。

上述四个方面,并没有包括改革的全部成就,但从这里仍然可以得出结论:中国经济改革经过五个阶段(即1978~1984年市场取向改革的起步阶段,1985~1992年市场取向改革的全面展开阶段,1993~2000年市场取向改革的制度初步建立阶段,2001~2011年市场取向改革的制度完善阶段,2012~2018年以经济改革为重点的全面深化改革阶段)的发展,不仅社会主义市场经济体制的框架已经初步建立起来,而且得到了进一步发展。

当然,中国面临的改革任务还很艰巨,还处于改革的攻坚期。要完成经济体制改革的任务,还要做艰苦的工作。但改革的历史经验表明:在以习近平总书记为核心的党中央坚强领导下,坚持由邓小平开创的并在之后历次党的全国代表大会和中央全会得到不断发展的中国特色社会主义理论,坚持党的十八大以及此后党中央先后提出的"五位一体"的总体部署、"四个全面"的战略布局、"五大发展理念"、"四个自信"和"四个意识"等一系列治国理政的新理念、新思想、新战略,实现党的十八届三中全会提出的"到二〇二〇年,在主要领域和关键环节改革上取得决定性成果,完成本决定提出的改革任务,形成系统完备、科学规范、运行有效的制度体系,使各方面制度更加成熟更加定型"[①]是完全可以预期的。

第二节 创造了建立社会主义市场经济体制的经验

创造了建立社会主义市场经济体制的经验,也是经济体制改革成就的一个重要方面。它不仅是最终实现改革任务的一个重要条件,而且具有重大的理论意义和深远的国际意义。

这些经验在党的十二大至十八大报告中,特别是党的十八大以来以习近

[①] 《党的十八届三中全会〈决定〉学习辅导百问》,党建读物出版社、学习出版社,2013,第5页。

平同志为核心的党中央提出的一系列治国理政的新理论、新思想、新战略中得到了全面系统的总结。在这方面尤其需要提到十八届三中全会决定有关这个问题的分析。决定提出："改革开放的成功实践为全面深化改革提供了重要经验，必须长期坚持。最重要的是，坚持党的领导，贯彻党的基本路线，不走封闭僵化的老路，不走改旗易帜的邪路，坚定走中国特色社会主义道路，始终确保改革正确方向；坚持解放思想、实事求是、与时俱进、求真务实，一切从实际出发，总结国内成功做法，借鉴国外有益经验，勇于推进理论和实践创新；坚持以人为本，尊重人民主体地位，发挥群众首创精神，紧紧依靠人民推动改革，促进人的全面发展；坚持正确处理改革发展稳定关系，胆子要大、步子要稳，加强顶层设计和摸着石头过河相结合，整体推进和重点突破相结合，提高改革决策科学性，广泛凝聚共识，形成改革合力。"①

这里仅就改革创造了一系列有效的并正在得到不断发展的社会主义公有制可以同市场经济兼容的形式方面做些探索。

就社会主义各个国家经济体制发展的历史看，计划经济体制在历史上都起过重要的积极作用，否定这一点是不符合史实的。但社会主义各国发展的历史也表明：计划经济体制不适合社会生产力发展和不利于巩固社会主义制度的事实也已暴露出来。但在这方面的改革之所以裹足不前，迟迟不能启动，其中一个决定性的原因就在于，由马克思主义创始人提出的，并一直得到社会主义各国奉行的理论，即在生产资料公有制取代资本主义私有制以后，商品经济也就随之消亡，取而代之的是计划经济。这样，商品经济就被看成是资本主义经济的基本特征，计划经济被看成是社会主义经济的基本特征，二者是根本不能相容的。所以，要进行旨在根本否定计划经济，实行市场经济的经济体制改革，首先就要在理论上根本否定社会主义公有制同商品经济（即市场经济）不能相容的理论，提出二者可以兼容的理论。这个关乎社会主义制度命运的理论问题，是由中国特色社会主义理论开创者邓小平解决的

---

① 《党的十八届三中全会〈决定〉学习辅导百问》，党建读物出版社、学习出版社，2013，第4页。

（详见本章第五节）。

但这个问题的最终解决，还有赖于在社会主义经济体制改革实践中创立社会主义公有制可以同市场经济兼容的实现形式。这个问题正是由中国社会主义经济体制改革的实践解决的。

就当前的实际情况看，中国经济体制改革已经初步形成发展了社会主义公有制可以同市场经济兼容的形式。其基本点就是建立以社会主义公有制为主体、国有经济为主导的多种所有制同时并存、共同发展的基本经济制度。这方面改革重点是将原来的国有经济改造成为商品经济最主要载体，从而成为可以同商品经济兼容的经济形式。现在经过改革国有经济已经成为这种经济形式，并正在趋于完善。其中最主要的就是把原来作为国有经济的基层生产单位的国有企业[①]改造成为公司制企业，并大力发展混合所有制企业，同时在对国有企业的监管方面实行由主要管企业到主要管资本的转变。对原来的集体所有制也创造了可以同商品经济兼容的形式。就在集体所有制经济占主要地位的农业集体经济来说，先是实行了以"两权分置"（即土地归集体所有，但农户拥有土地的承包权）为特征的改革，使得农户初步成为独立的市场主体。21世纪以来，又开始并正在实行以"三权分置"（即土地归集体所有，农户的承包权又分为承包权和经营权）为特征的改革，这就使得农户成为更完善的市场主体，更适合市场经济发展的形式。至于非公有制经济，天然就是同市场经济相适应的，它们也是社会主义市场经济的重要组成部分，并且是促进公有制经济改革的重要因素。在建立社会主义市场经济微观基础的同时，又在建立现代市场体系和宏观经济体制方面进行了相应的改革。这样社会主义公有制就从整体上成为可以同市场经济兼容的经济形式。当然，我国社会主义市场经济体制改革的任务还没有完成，其兼容的范围和程度还会随着改革的进展而进一步扩大和提高。

就已有的社会主义国家经济发展史来看，创立社会主义公有制同商品经

---

① 这种生产单位不是科学意义上的企业，这里只是在借用意义上用了企业一词。

济兼容的形式,是中国独一无二的创举。中国之所以能够做到一点,主要是由于作为中国社会主义事业领导核心的中国共产党,以马克思主义为指导,从中国的实际情况出发,探索并创造了一系列符合改革客观规律要求的方法,其中重要的有以下几种。

第一,按照唯物论认识论的要求,一切改革都要经过试点。正是通过试点去总结、发现、完善和推广正确的改革做法,并改正、制止和避免错误的改革做法。

第二,按照历史唯物论的要求,在改革进程中重视群众的创造性,把群众创造的符合改革规律的做法提炼出来,加以推广。

第三,按照辩证法矛盾论的要求,在改革进程中坚持同否定改革的错误思想做斗争。改革开放以后,20世纪70年代末到90年代初,市场取向改革的思潮与坚持计划经济的思潮进行了多次反复较量,最后由1992年初邓小平的南方谈话做了总结,最终将中国经济体制改革的目标确定为建立社会主义市场经济。现在历史已经证明:如果没有这场斗争的胜利,中国的经济改革就不可能取得现在这样的成就。

第四,提出了经济改革是动力、经济发展是目的、社会稳定是前提的原则,正确处理了改革、发展和稳定的关系。显然,这些原则是完全符合历史唯物主义关于社会生产关系和社会生产力以及经济基础和上层建筑相互关系的原理的。正是由于这些原则的贯彻执行,尽管改革以来也发生过多次经济过热,个别年份局部地区还发生过不稳定情况,但总的来说还是实现了经济的持续稳定高速发展和社会的总体稳定,从而为改革的顺利发展创造了基本的经济、政治条件。

第五,在改革进程中,尽可能兼顾了各个社会群体的利益,从而为改革的顺利推进奠定了必要的基础。按照马克思主义的观点,经济关系首先是经济利益关系。从某种意义上说,这一点对基本经济制度和作为基本经济制度实现形式的经济体制都是适用的。这样,经济体制改革也是一种经济利益关系的调整。因此,为了顺利推进改革,在采取改革措施时就必须兼顾各社会群体的利益，尽可能减少改革阻力，以利于改革的顺利进行。

第六，依据马克思主义关于经济基础和上层建筑相互关系的原理，在推行经济体制改革的同时，坚持贯彻了发展社会主义民主和法制的战略方针。在任何社会条件下，其经济基础都需要有与其相应的民主和法制来维护。在实行社会主义市场经济的条件下，这一点显得尤为重要和迫切。正是这个战略方针的贯彻，一方面充分调动了亿万群众的改革积极性，强有力地推动了改革的进展；另一方面又保证了改革的有序进行。

第七，依据马克思主义关于社会存在和社会意识相互关系的原理，提出并坚持贯彻了物质文明建设和精神文明建设两手都要抓、两手都要硬的战略方针。这样，一方面，社会主义的物质文明建设为社会主义精神文明建设奠定了坚实的物质基础，提供了强有力的动力；另一方面，精神文明建设不仅为物质文明建设和经济改革提供了强大的智力支持，而且保证了物质文明建设和经济改革必须坚持的社会主义方向。

第八，依据辩证法关于量变和质变的原理，并依据改革本身的固有特点采取了渐进式的改革。改革本身是极其复杂的前无古人的全新事业，中国改革的一个特点就是自上而下有领导地进行的。这样，作为改革领导者，由于受到认识规律的制约，也不可能一次就完整地把握改革的客观规律，只能通过改革实践的逐步推进和改革经验的逐步积累才能做到这一点。这是其一。其二，改革包括各个领域，每个领域还包括各个方面。这各个领域、各个方面的改革，其要求具备的条件和难易程度都是有差别的。仅此二端，就足以充分证明：改革不可能采取突变的方式，而只能采取渐进的办法。

第九，依据矛盾论关于客观世界任何矛盾统一体内所包括的各个方面都存在着相互统一、相互依存、相互促进的关系。作为矛盾统一体的改革，其所包含的各个方面也存在这种关系。中国的经济改革正是运用了这个原理，有效发挥了改革所包括的各个方面相互促进的作用。其最明显的例证，就是首先通过着力发展天然具有市场经济性质的非公有制经济，来促进公有制经济（特别是国有经济）的改革；通过着力发展对外开放，使天然具有市场经济性质的外资经济,来促进国内开放。

第十,提出并坚持了判断改革姓"资"还是姓"社"的正确标准:"应该主要看是否有利于发展社会主义社会的生产力,是否有利于增强社会主义国家的综合国力,是否有利于提高人民的生活水平。"[1] 笔者认为,经济体制是作为基本经济制度的生产关系的实现形式,从根本上来说,它取决于生产力,同时也取决于生产关系。这样,适合生产力和生产关系的发展要求的经济体制,就会促进生产力和生产关系的发展;反之,就会阻碍生产力和生产关系的发展。"三个有利于"标准正是完全反映了经济体制与生产力和生产关系之间的正确关系。它的提出和贯彻执行为经济体制改革指明了正确的发展方向,并成为扫清改革障碍最强大的思想武器。

以上十点就是中国创立的社会主义公有制可以和市场经济兼容的最重要经验。

当然,按照矛盾普遍性的原理,任何事物都有二重性。中国的经济体制改革既有作为改革实践主要方面的经验,也不可避免地存在教训。这里只拟提出关乎巩固和发展改革成果的一个最重要方面,即在改革的理论研究和宣传上一定程度上忽视了对市场经济弊病的研究,从而治理这些弊病的措施也显得不够有力。

集中来说,市场经济的弊病就是具有滑向资本主义的危险性。诚然,理论分析和实践经验已经充分证明:我国以建立社会主义市场经济为目标的经济改革是巩固和发展社会主义的必由之路。但这是问题的主要方面。市场经济也像世界任何客观事物一样,具有二重性,它同时具有滑向资本主义的危险性。

中国多数学者在赞同现代西方经济学关于市场经济是生产资源配置主要方式的观点的同时,也指出了其固有的局限性,主要是市场无力调节公共产品、外部性和收入差别过大等。[2] 这些无疑都是正确的。但依据我国近 40 年

---

[1] 《邓小平文选》第 3 卷,人民出版社,1993,第 372 页。
[2] 陈岱孙:《市场经济百科全书》(上),中国大百科全书出版社,1998。

的改革实践，这样认识又远远不够，特别是忽视了改革有滑向资本主义的危险性。但这是一个关于我国社会主义制度命运的极重要问题。笔者在这里试图依据我国改革经验做些探索，以求教于学界的同仁。

当前这种危险性主要表现在三个方面：经济领域中严重的两极分化、政治领域中严重的贪污腐败和思想领域中资本主义意识形态的泛滥。

中国古代史表明，政府官员的贪污腐败，是导致封建王朝更替的极重要原因之一；世界近代史表明，资本主义制度是在两极分化的基础上产生的；现代史表明，资本主义意识形态的严重泛滥是导致苏联社会主义制度蜕变为资本主义经济的一个最重要原因。当然，不能依据这些历史经验得出结论：当前我国存在的上述三种情况必然导致资本主义。但它确实蕴藏着改革有滑向资本主义的危险性。

一般来说，市场经济就是作为其基本规律即价值规律决定的价格调节社会生产资源的配置。这种价格机制必然导致参与市场各主体之间发生盈亏的差别。这一点在作为现代发达市场经济形式的股票价格的决定上尤为突出。这种差别又会导致以财产占有为基础的贫富差别。这是其一。其二，部分政府官员的贪污腐败，在很多情况下都是权钱交易。而权钱交易从一般意义上说与市场经济中交换原则是相通的。其三，在市场经济中市场主体总是以逐利为目的。一般意义上这一点也是与以一切向钱看为特征的资本主义意识形态相通的。可见，即使只从市场经济来说，它也为改革滑向资本主义提供了条件。当然，这只是可能性。但这种可能性发展到滑向资本主义的现实危险性，是与我国转轨时期经济体制改革的特点相联系的。

第一，改革的复杂性。我国经济体制改革的复杂性，是历史上已有的经济体制改革不可比拟的。在中国封建社会，其经济体制曾经有过从领主制到地主制的转变。在资本主义社会，其经济体制曾经有过从古典的自由放任的市场经济到现代的有国家调控的市场经济的转变。[①]但相对我国经济体制改

[①] 汪海波：《历史经验的启示》，《人民日报》1987年10月12日。

革来说，这些改革要简单得多。前者主要是包括农奴的人身解放和地租由劳役地租到实物地租的转变；后者主要是包括由自由放任到有国家调控的转变，但市场作为社会生产资源配置基础这个主要点并没有根本改变。而我国经济体制改革是从计划经济体制到市场经济体制的转变，它是包括生产、流通、分配和消费的整个再生产过程运行机制的脱胎换骨的根本改造。这是其一。其二，我国经济体制改革，从主要方面说，也是在保持作为基本经济制度的社会主义制度前提下进行的，但在这方面也有部分地变革。即在保持公有制占主要地位的前提下部分地发展非公有制经济（其中主要是资本主义经济）。恰当地做到这一点，绝非易事。其三，开放是作为我国经济体制改革在对外经济关系方面的必然延伸。我国的对外开放是从改革前的封闭半封闭的状态转变来的，而且是在经济全球化和知识经济时代进行的。这个时代的开放不仅突破了历史上已有的以商品输出为主的时代，也突破了以往的以资本输出为主的时代，而且囊括了产品和要素、三次产业以及人类社会生活的各个方面。我国的对外开放，既要充分发挥其积极作用，不断拓展和提高开放的水平，又要防止外国资本对我国经济的垄断，保证国家的经济安全。这就使得开放成为一件极为复杂的事情。其四，我国经济体制改革的复杂性不仅在于它本身是一个极为复杂的事业，还表现在改革进行中需要正确处理改革与经济发展以及改革与社会稳定这样复杂的关系。在我国转轨时期，改革是发展的根本动力，但经济稳定增长又是改革得以持续进行所必需的经济环境。但由于改革不可能一步到位，改革前存在的投资膨胀机制，虽然趋于削弱，但也不可能很快根除。其区别只是在于改革前投资膨胀机制主要存在于中央政府对经济的调控中，而改革后则逐步转到地方政府对经济的干预中。这样，改革后我国经济周期虽然已经实现了由改革前的超强波周期、强波周期到中波周期的转变，经济增速波动幅度趋于收窄，但仍然发生了五次经济周期，周期发生的频率仍然很高（详见第七章第三节）。在我国转轨时期，改革是稳定的基石，但稳定又是改革得以顺利推进所必需的社会环境。适当兼顾各群体的利益是实现社会稳定所必需的条件。在多元利益群体存在的条件下，在很多情况下改革的进行很大程度上取决于各利益群体及其代理人的博弈。显然，经济增长和社会稳定的这种状况也成为加剧改革复杂性的一个重要因素。

　　第二，改革的艰巨性。改革的复杂性同时也意味着改革的艰巨性。而且，改革阻力贯穿于改革全过程，并呈现加大的趋势。在改革起始阶段，这种阻力主要是来自维护计划经济体制的观念，以及反映这一体制利益要求的群体。伴随改革的进展，形成了多元的利益群体。毫无疑问，改革是符合中国绝大多数人的根本利益和长远利益的，他们都是改革的获利者。但在改革过程中还形成了一种特殊的既得利益群体。他们借助改革的不完善之处，采取合法、半合法和非法手段，获得巨额的灰色收入和黑色收入，成为暴富群体。他们的利益诉求就是维护改革进程中存在的半计划半市场的现状。这种现状正是巩固和增强他们既得特殊利益所必需的经济环境。比如，那些借助侵占国有资产、贪污腐败、操纵股市和走私等而暴富的人群就是这样。而且，伴随改革的进展，这类人群会成为改革最强大的阻力。显然，这是形成改革艰巨性的一个极重要因素。

　　第三，改革的长期性。要成功地进行改革，一个根本条件就是要有正确反映改革客观规律要求的党的政策指导，以及实现这一要求的法律保障。人类认识客观规律的过程是"实践、认识、再实践、再认识"的过程。把这种正确认识上升到党的政策和国家法律层面所需要的时间就更长。这种认识过程同时又意味着改革中出现失误是不可避免的。这种失误又是进一步拉长改革时限的一个重要因素。上述改革的复杂性和艰巨性在拉长改革进程方面的作用更是不言而喻的。

　　改革的复杂性、艰巨性和长期性使得改革滑向资本主义具有现实危险性。如前所述，改革长期性在很大程度上是由改革的复杂性和艰巨性决定的。从这种相互联系的意义上可以说，这种危险性集中地突出地表现在改革长期造成的后果上。这种长期性必然使得半计划半市场的状态长期存在。实践已经充分证明：这种半计划半市场状态正是鲸吞国有财产、寻租盛行、投机猖獗和资本主义意识形态泛滥最有利的生态环境，也是暴富群体得以壮大的最有利的生态环境。显然，这类群体的壮大就意味着改革有滑向资本主义的现实危险性。

但这只是说改革有滑向资本主义的现实危险性，而不是客观必然性。社会主义制度的巩固和胜利是改革走向的客观必然性。决定这种客观必然性的，是历史唯物主义揭示的决定社会发展的三条主要规律。第一，生产力决定生产关系的规律。改革作为我国经济发展的根本动力，强有力地推动了改革以来的经济发展。诚然，当前我国经济中也存在众多问题，其中有些问题还很严重。诸如经济增长方式粗放、经济结构失衡、经济效益较低、科技创新和环境污染严重等方面虽然有所变化，但并未根本改观。但改革推动了我国经济的巨大发展却是一个不争的事实，以至改革后的经济发展赢得了国际舆论的普遍赞扬，被誉为"中国奇迹"，这正是改革强大生命力所在。第二，人民群众是决定社会历史发展的主要力量的规律。改革在推动社会生产力巨大发展的基础上，大大提高了人民福祉。人民分享的这种丰硕的改革成果，是他们拥护改革的决定性因素，人民群众也是改革持续向前推进、不可逆转的主要力量。第三，中国社会主义初级阶段特有的上层建筑对经济基础反作用规律，主要是作为其核心的中国共产党的坚强领导。毛泽东说过："诚然，生产力、实践、经济基础，一般地表现为主要的决定的作用，谁不承认这一点，谁就不是唯物论者。然而，生产关系、理论、上层建筑这些方面，在一定条件之下，又转过来表现其为主要的决定的作用，这也是必须承认的。……当着如同列宁所说'没有革命的理论，就不会有革命的运动'的时候，革命理论的创立和提倡就起了主要的决定的作用。当着某一件事情（任何事情都是一样）要做，但是还没有方针、方法、计划或政策的时候，确定方针、方法、计划或政策，也就是主要的决定的东西。……这不是违反唯物论，正是避免了机械唯物论，坚持了辩证唯物论。"① 当前我国社会主义初级阶段正是这样的

---

① 《毛泽东选集》第 1 卷，人民出版社，1991，第 325~326 页。

情况。如前所述，我国社会主义市场经济改革是适应历史唯物主义两个基本规律（生产力决定生产关系以及人民群众是决定社会发展的主要力量）要求的。但实现这一点主要取决于科学的理论和路线指导。而中国共产党创立的中国特色社会主义理论（其中包括党在社会主义初级阶段的基本路线）以及党的十八大提出的"五位一体"的总体布局，以习近平总书记为核心的党中央提出的"四个全面"战略部署、"五大发展理念"和"四个自信"等一系列治国理政的新理念新思想新战略，正是这样的理论和路线。它们是指导中国社会主义市场经济改革取得胜利的根本保证，也是中国社会主义初级阶段上层建筑对经济基础反作用规律的特殊表现。中国改革以来在发展经济方面取得的伟大成就被称为"世界奇迹"。实际上，其最基本的谜底就是中国共产党坚持和发展了马克思列宁主义。其主要之点有三：一是在指导思想方面创立了中国特色社会主义理论，把马克思主义中国化推进到新的发展阶段；二是在政治路线方面，用党在社会主义初级阶段的基本路线取代了此前较长时期内（1957~1978年）存在的超越这个阶段的"左"的路线；三是在组织路线方面依据唯物论的实践论（主要依据长期工作实践的表现）和群众路线精准选择党的中央核心领导成员的接班人。这不仅可以使得马克思主义中国化的理论和路线得到坚持，而且可以得到不断发展，从而使得包括改革和发展在内的党的事业不断取得新的胜利。

综上所述，改革是中国发展社会生产力和巩固社会主义制度的必由之路，是完全适应历史唯物主义关于决定社会发展的客观规律要求的。这是问题的主要方面。但改革同时又具有滑向资本主义的现实危险性。这是作为客观世界事物普遍发展规律的唯物辩证法在改革领域发生作用的具体表现。忽视其中任何一个方面，既不符合我国的客观现实，也不符合唯物辩证法。乍一看来，这两个方面是矛盾的。但在实际上，承认这种危险性，并采取有效措施加以防止，正是改革取得胜利的一个必要条件。从某种意义上说，改革的不断进展并最终取得胜利，就是在不断地战胜这种危险性的过程中实现的。因此，如实地看到这两个方面，无论在理论上还是在实践上都有重要意义。在我国改革已经取得巨大成就，同时又面临诸多问题的情况下，其实践意义更是显而易见的。这对于坚决贯彻以习近平总书记为核心的党中央提出的"四个自信"是很有益的。

第三节　改革推动中国经济跃上了新的历史阶段

一　改革推动中国经济总量实现了持续稳定高速增长

这里所说的持续增长，即经济都是逐年增长的，没有经济负增长的年份。这里说的稳定增长，即经济周期的波谷年份与波峰年份的经济增速的落差很小，是微波周期。笔者依据我国经济周期变化的具体情况，将波谷年与波峰年经济增速的落差在20个百分点以上设定为超强波周期，10个百分点左右为强波周期，5个百分点左右为中波周期，1个百分点左右为微波周期。

与半殖民地半封建中国的贫穷落后状态相比，新中国成立后的30年，经济发展取得了伟大成就。其集中表现就是在短短的30年时间内建立了独立的工业体系和比较完整的国民经济体系。但这期间既没有实现经济持续增长，也没有实现经济稳定增长。1953~1978年，曾经出现了6年经济负增长。其中3年是由"大跃进"造成的，3年是由"文化大革命"造成的（见表7-6）。这期间还发生了两次强波周期和三次超强波周期（见表7-7）。这期间的经济增速虽然远远超过了半殖民地半封建中国，但其增速并没有达到它可能而且应该达到的高度，以至仍然低于改革以后的经济增速。从这种相比较的意义上仍然可以说，我国并没有实现经济的高速增长。

但改革以后，这些方面都发生了巨大变化。1979~2016年，经济都是逐年增长的，没有出现经济负增长年份，实现了经济的持续增长。这期间经济周期没有发生强波周期和超强波周期，而是逐步实现了从中波周期到微波周期的转变。这期间经济年均增速达到了9.6%，在对比基数大大增长的情况下，其增速仍然比 1953~1978 年年均增速高出 3.5 个百分点（见表 7-8）。

表 7-6 1953~1978 年经济负增长年份（以上一年为 100）

年份	经济增长速度	年份	经济增长速度
1960	99.7	1967	94.3
1961	72.7	1968	95.9
1962	94.4	1976	98.4

资料来源：《新中国 60 年》，中国统计出版社，2009，第 613 页。

表 7-7 新中国成立后经济周期波动强度的变化（按可比价计算）

经济周期	波峰年经济增速（以上年为 100）	波谷年经济增速（以上年为 100）	波峰年与波谷年经济增速落差	经济周期波动强度
第一周期	1953 年为 115.6	1954 年为 104.2	11.4	强波周期
第二周期	1956 年为 115.0	1957 年为 105.1	9.9	强波周期
第三周期	1958 年为 121.3	1961 年为 72.7	48.6	超强波周期
第四周期	1964 年为 118.3	1967 年为 94.3	24.0	超强波周期
第五周期	1970 年为 119.4	1976 年为 98.4	21.0	超强波周期
第六周期	1978 年为 111.7	1981 年为 105.2	6.6	中波周期
第七周期	1984 年为 115.2	1986 年为 108.9	6.3	中波周期
第八周期	1987 年为 111.7	1990 年为 103.9	7.8	中波周期
第九周期	1992 年为 114.2	1999 年为 107.7	6.5	中波周期
第十周期	2007 年为 114.2	2012 年为 107.9	6.3	中波周期
第十一周期	2012 年为 107.9	2016 年为 106.7	1.2	微波周期

注：2012 年是中国由改革后的超高速增长向适应潜在经济增长率要求的适度经济增长的回归，故将这年设定为这一轮经济周期的波峰年是合适的。这一轮经济周期尽管还没有运行完结，但预计其波谷年的经济增速也就是 6.5% 左右。这样，大体上把 2016 年看作是这轮经济周期的波谷年也是合理的。

资料来源：《新中国 60 年》，中国统计出版社，2009，第 613 页；《中国统计摘要》（2017），中国统计出版社，第 25 页。

表 7-8 1953~1978 年年均经济增速与 1979~2016 年年均经济增速的对比

单位：%

年份	年均经济增速	年份	年均经济增速
1953~1978	6.1	1979~2011	9.9
1979~2016	9.6	2012~2016	7.3

资料来源：《新中国60年》，中国统计出版社，2009，第613页；《中国统计摘要》（2017），中国统计出版社，第25页。

改革以来，中国经济总量增长的上述变化，是经济体制改革具有基础性的一个重大成就。改革以前，在计划经济体制下，是政企合一和政资合一的，无论是政府（包括中央政府和地方政府），还是作为政府附属物的企业，都缺乏预算的硬约束，都内含投资膨胀机制。在盲目赶超战略驱动下，这种膨胀机制的作用就更为强烈。这就必然导致某些年份经济超高速增长，而当这种超高速增长受到客观存在的潜在经济增长率的制约时，经济增速必然急速大幅下挫。这样，它就不可能实现经济的持续稳定高速增长。为了厘清问题，有必要对潜在经济增长率这一重要范畴做简要说明。

潜在经济增长率，就是在自然资源得到合理使用，自然环境得到有效保护的前提下，各种生产要素的潜能得到充分发挥所能达到的生产率。

潜在经济增长率与现实经济增长率的关系，类似于马克思主义政治经济学所揭示的商品的价值与价格的关系。价值是本质，价格是现象，前者决定后者。从长期价格波动趋势看，价格是围绕价值这个中心上下波动的，而不可能脱离这个中心。潜在经济增长率与现实经济增长率的关系也是如此。前者是本质，后者是现象，前者决定后者。从长期发展趋势看，后者是必须围绕前者这个中心波动的，而不可能脱离这个中心。当然，在各个年度，由于决定经济增长速度的其他因素（包括政府的宏观经济调控）的作用，现实经济增长率是可以在一定程度上偏离潜在经济增长率的。[1]

在计划经济体制下，其内含投资膨胀机制的强烈作用，导致某些年份

---

[1] 汪海波：《试论潜在经济增长率》，载《汪海波文集》第九卷，经济管理出版社，2011，第346~359页。

的现实经济增长率大幅超越潜在经济增长率，进一步导致经济增速的大幅下降，造成经济周期的强烈波动。这样，不仅不可能实现经济的持续稳定增长，而且由于超高速增长年份和大幅下降年份在经济增速方面的对冲，也不可能实现经济的高速增长。这一点已为改革前多年实践所证明了。其突出事例是1958~1960年的"大跃进"，使得1960年的经济总量比1957年大幅增长了31.5%。但接下来的1961~1963年的经济增速大幅下滑，1963年的经济总量比1960年下降了24.3%。就1958~1963年这一轮超强波周期整个过程来看，1963年比1957年的经济总量不仅没有增长，还下降了0.1%。[1]其余4次强波周期和超强波周期的情况没有这么严重，但在一定程度上也存在这种状况。

1978年以后，随着经济体制改革的逐步推进，计划经济体制内含的投资膨胀机制的作用不断遭到削弱，市场经济体制在优化社会生产资源配置方面的积极作用不断得到加强，从而实现了经济持续稳定高速增长。

这里需要着重指出，党的十八大以来，2012~2016年，在新中国经济周期发展史上第一次实现向微波周期的转变，这对于今后我国经济的持续稳定高速发展具有极重要的意义，其关键在于：这期间的经济增长速度真正适应了我国现阶段潜在经济增长率的要求，即在7%左右。[2]如前所述，只有适应这一点，经济才有可能实现持续稳定高速增长。

但这并不是偶然发生的，主要是由于党的十八大以来全面地强有力地推进了以经济改革为重点的全面改革，激发了社会经济各方面的活力。特别是在宏观经济调控方面，提出"必须使经济增长与潜在经济增长率相协调，与生产要素的供给能力和资源环境的承受能力相适应"。面对2008年国际金融危机引发的世界主要经济体经济增长停滞、复苏缓慢的严峻形势，在2012~2016年，坚持把经济增长预期目标定为6.5%~7.5%。[3]正是这点从根本上保证了这期间经济的持续稳定高速增长。

---

[1]《新中国60年》，中国统计出版社，2009，第613页。
[2] 汪海波:《7.5%的预测经济增长目标重在落实》，载《汪海波文集》第十一卷，经济管理出版社，2016，第63~65页。
[3] 详见《全国人大会议〈政府工作报告〉辅导读本》(2012~2016)，人民出版社、中国言实出版社。

二 改革推动了中国经济结构优化

这里说的经济结构包括产业结构、城乡经济结构和地区经济结构三方面。这里说的经济结构优化包括两方面：一是由结构不协调状态逐步趋向协调；二是结构由低层次走向高层次的升级。

（一）产业结构趋于优化

1. 包括第一、二、三产业的整个产业结构趋于优化

表7-9表明：在1953~1978年，由于长期片面推行优先发展重工业战略，这期间工业每年平均增速分别为第一产业、建筑业和第三产业的5.5倍、1.6倍和2.1倍。这样长达26年的巨大增速差距，必然导致工业（主要是重工业）与第一产业、建筑业和第三产业的失衡，以至在1952~1978年，工业在国内生产总值中的占比由17.6%猛增到44.1%，第一产业的占比由51.0%大幅下降到27.7%，建筑业的占比也只由3.2%微增到3.8%，第三产业的占比极不正常地由28.2%下降到24.6%（见表7-10）。这些数据表明：改革前产业失衡情况已经达到了无以为继的严重地步！

表7-9 第一、二、三产业年均增长速度

单位：%

时间	第一产业	第二产业	工业	建筑业	第三产业
1953~1978年	2.1	11.1	11.5	7.2	5.4
1979~2016年	4.4	10.9	10.9	10.4	10.5
2017年1~6月	3.5	6.4	—	—	7.7

资料来源：《新中国60年》，中国统计出版社，2009，第613页；《中国统计摘要》（2017），中国统计出版社，第26~27页；国家统计局网，2017年7月17日。

表 7-10　第一、二、三产业在国内生产总值中的占比

单位：%

时间	国内生产总值	第一产业	第二产业	工业	建筑业	第三产业
1952 年	100.0	51.0	20.9	17.6	3.2	28.2
1978 年	100.0	27.7	47.7	44.1	3.8	24.6
2012 年	100.0	9.4	45.3	38.7	6.8	45.3
2013 年	100.0	9.3	44.0	37.4	6.9	46.7
2016 年	100.0	8.6	39.8	33.3	6.7	51.6
2017 年 1~6 月	100.0	5.8	40.1	—	—	54.1

资料来源：《新中国 60 年》，中国统计出版社，2009，第 612 页；《中国统计摘要》（2017），中国统计出版社，第 23 页；国家统计局网，2017 年 7 月 17 日。

改革以后，在党的十一届三中全会倡导的实事求是思想路线的指引下，从根本上摈弃了片面优先发展重工业战略，使得改革前经济严重失衡状况得到了根本改变。在 1979~2016 年，第一产业、建筑业和第三产业年均增速分别由 1953~1978 年的 2.1% 大幅上升到 4.4%，由 7.2% 显著上升到 10.4%，由 5.4% 大幅上升到 10.5%；而工业由 11.5% 下降到 10.9%。这样，第一产业在国内生产总值中的占比由 1978 年的 27.7% 正常地下降到 2016 年的 8.6%，建筑业由 3.8% 大幅上升到 6.7%，第三产业由 24.6% 成倍地上升到 51.6%。2017 年 1~6 月，第一、二、三产业在国内生产总值中的占比分别正常地演变成 5.8%、40.1% 和 54.1%。

这些数据不仅表明产业结构大体趋于协调，而且表明产业结构的升级。其突出表现就是第三产业在国内生产总值中占比的上升。世界现代经济史表明：第三产业在国内生产总值中的占比上升为绝对意义上的主要地位（其在国内生产总值中的占比超过 50%），是经济现代化的一个极重要标志。[1] 而表 7-10 表明，2016 年我国第三产业在国内生产总值中的占比已经达到了 51.6%。

---

[1]　汪海波：《对产业结构的历史考察》，《经济学动态》2014 年第 6 期。

这是我国产业结构由工业化走向现代化的一个重要标志。

海洋产业包括第一产业（如海洋渔业）、第二产业（如海上石油开采业）和第三产业（如海上运输业）。因此，海洋产业在我国上升到支柱产业地位，也是整个产业结构优化的一个重要方面。在人类经济发展史上，在农业经济时代，从空间视角来看的劳动资料，主要是陆地上的土地，部分地包括海洋。到了工业经济时代，陆地仍然是主要的劳动资料，但海洋作为劳动资料的作用大大提升了。在现代化生产时代，海洋作为劳动资料的作用更是提升到前所未有的地步。伴随与现代化相结合的工业化的发展，海洋产业也已上升到我国支柱产业的地位。表7-11表明：21世纪以来，海洋产业增加值占国内生产总值的比重已稳居9%以上。

表7-11 海洋产业增加值及其在国内生产总值中的占比

年份	增加值（亿元）	增速（以上年为100）	在国内生产总值中的占比（%）
2011	45570	110.4	9.4
2012	50087	107.9	9.3
2013	59313	107.6	9.2
2014	59936	107.7	9.3
2015	64669	107.0	9.4
2016	70507	106.8	9.5

资料来源：《中国海洋统计公报》（有关年份），国家海洋局网。

2. 第一产业内部结构趋于优化

表7-12、表7-13表明，改革以前，农业的增速，低于林业、牧业和渔业的增速，因而，农业在整个总产值中的占比由1952年的83.1%下降到1978年的67.8%，其他各业的占比由16.9%上升到32.2%。改革以后仍然延续了这种态势。农业的占比由67.8%下降到52.9%，其他各业的占比由32.2%上升到47.1%。所以，总的来说，就农业本身看，新中国农业发展是遵循了粮食作为基础（即农业是国民经济发展的基础）的基础（即粮食是整个农业发展的基础）规律要求的。随着农业的发展，林业、牧业和渔业都得到了相应的发展。

但也有不协调之处。其突出表现在：1979~2016年农业的年平均增速比1953~1978年提高了1.5个百分点，而林业的增速还下降了5.6个百分点。显然，这期间林业的发展是滞后于农业的，而且不适应整个国民经济发展的需要。

表7-12　农林牧渔业产值每年平均增长速度

单位：%

年份	农林牧渔业总产值	农业	林业	牧业	渔业
1953~1978	4.9	3.2	11.1	5.5	11.0
1979~2016	5.7	4.7	5.5	7.3	8.9

注：1953~1978年农业总产值中包括了副业，1979~2016年不包括副业；1953~1978年是按不变价格计算的，1979~2016年是按可比价格计算的。因此，1953~1978年和1979~2016年这两个时期的数据具有不可比因素。但本表所反映农业内部各部门增速的变化趋势大体符合实际。

资料来源：《建国三十年国民经济统计提要》，中国统计出版社，第49页；《中国统计摘要》（2017），中国统计出版社，第107页。

表7-13　农林牧渔业总产值构成

单位：%

年份	农林牧渔业	农业	林业	牧业	渔业
1952	100.0	83.1	0.7	11.5	0.3
1978	100.0	67.8	3.0	13.2	1.4
2016	100.0	52.9	4.1	28.3	10.4

资料来源：《建国三十年国民经济统计提要》，中国统计出版社，第50页；《中国统计摘要》（2017），中国统计出版社，第106页。

但在农业发展的基础上，林业、牧业和渔业的发展，只是第一产业内部结构优化的一个方面，还有两个更重要的方面。一是农业与工业化的融合，使得我国农业机械化水平有了显著的提高。新中国成立以前，农业工具主要是以人力和畜力为动力的工具。但在新中国成立以后，特别是改革以后，我国农业机械化水平有了大幅的提高。根据农业部初步统计，2016年，农作物的耕种收综合机械化水平已经达到了66%。这意味着新中国成立后，特别是改革以后，我国农业已经逐步改变了主要依靠人力畜力工具的传统生产方式，把农业技术转到机械化的基础上来。二是农业与现代科学技术的结合，使得现代科学技术在发展农业中的作用得到了显著的提升。按照科技部测算，2016 年，科技进步对我国农业的贡献率已经超过了 50%。[①] 这表明我国农业的发展已经由过去依靠劳动力和土地等自然资源的投入，逐步转到主要依靠科学技术上来。以上两方面变化，是我国第一产业内部结构优化的更为重要的方面。

3. 第二产业内部结构趋于优化

第二产业内部结构的优化首先包括工业和建筑业结构的协调。但这个问题，前已述及。这里只叙述工业内部结构的优化，只提及其中一些重要方面。

首先是重工业与轻工业结构趋于协调。

表 7-14、表 7-15 表明，改革以前，长期片面贯彻执行优先发展重工业的方针，致使 1953~1978 年重工业年均增长速度高出轻工业 4.6 个百分点，导致重工业产值在工业产值中的占比由 1952 年的 35.6% 猛增到 1978 年的 57.3%，而轻工业则由 64.4% 迅速下降到 42.7%，二者的结构陷于严重的失调状态。改革以后，由于进行了经济调整，到 1986 年，重工业产值在工业总产值的占比下降到 50.4%，轻工业则上升到 49.6%，二者大体趋于协调。

表 7-14 重工业和轻工业的产值每年平均增长速度

单位：%

时期	重工业	轻工业
"一五"时期	25.4	12.9
"二五"时期	6.6	1.1
1963~1965 年	14.9	21.2
"三五"时期	14.7	8.4
"四五"时期	10.2	7.7
1953~1978 年	13.6	9.1

资料来源：《建国三十年国民经济统计提要》，中国统计出版社，第 97~98 页。

[①] 国家统计局网，2017 年 6 月 22 日。

表 7-15　重工业和轻工业的产值在工业经济总量中的占比

单位：%

年份	重工业	轻工业
1952	35.6	64.4
1978	57.3	42.7
1986	50.4	49.6
2012	71.6	28.4

注：1952年和1978年工业经济总量是工业的产值，1986年是独立核算工业的产值，2012年是规模以上工业主营业务收入。因而各个年份之间的数字具有不可比因素，但大体可以反映这方面的发展趋势。

资料来源：《国民经济统计提要》（1949~1986），中国统计出版社，第96~97页；《中国统计年鉴》（2013），中国统计出版社，第473页。

之后，中国工业化进程发展到了重化工业阶段，又需要重工业有较快的发展。这也符合马克思主义经济学关于生产资料优先增长的原理。这是1986~2012年重工业在工业经济总量中占比迅速上升的主要原因。一方面，同改革不到位、计划经济内含的投资膨胀机制的作用有关；另一方面，同市场经济固有的盲目性有关。在2012年以后逐步暴露的钢铁和煤炭等重工业产品的严重过剩，充分证明了这一点。

但总的来说：改革以前重工业和轻工业的结构严重失衡状况，在改革以后是有显著改善的。

但与重工业和轻工业的结构趋于改善相比，改革以来，工业结构升级则更为明显。如前所述，就工业发展进程看，由重点发展轻工业到重点发展重工业，这本身就是工业结构升级的一个重要标志。但这还只是一般意义上的工业结构升级。这种工业结构升级对早期工业化国家和二战以后的新兴工业化国家都是适用的。我国工业化的时代背景是在现代化生产条件下实现工业化的。这样，工业化就能够在愈来愈大的程度上实现与现代化的结合。工业结构升级具有以下一系列特点。

第一，作为现代化生产最重要的载体，生产效率极高的高技术产业增长迅速，它在工业中的占比也迅速上升。据统计，2013~2016年，高技术产业增加值年均增长10.3%，快于规模以上工业3.8个百分点；2016年，高技术产业现价增加值占规模以上工业增加值的比重达到12.4%，比2012年提高3个百分点。

第二，作为现代技术最重要组成部分的信息化与工业化的融合进一步深化。这一点在作为战略性的装备制造业方面表现得尤为明显。2015年，我国航空、航天、机械、船舶、汽车、轨道交通装备等行业信息化设计工具数控化率超过85%。这样，作为这种深度融合载体的装备制造业的增速也迅速上升，其在工业中的占比也大幅提高。据统计，2013~2016年，装备制造业增加值年均增长9.4%，比规模以上工业高出1.9个百分点，其在工业增加值中的占比达到12.9%，比2012年提高4.7个百分点。①

传统行业的升级除了上述的重工业占比上升和轻工业占比下降以外，还有两个方面需要提及。一是传统行业通过产业链价值提升和产品结构优化等方式实现转型发展。传统行业生产份额更多向附加值高的产业链环节调整。如钢铁、有色工业中，附加值相对较低的冶炼行业生产份额减少、增速走低，而附加值相对较高的压延加工行业生产份额增加。2013年至2015年，钢压延加工生产实现了8.6%的较快年均增长率；有色金属压延加工生产年均增长13.5%。二是高耗能行业及上游采矿业比重逐年下降。2013年至2015年，六大高耗能行业比重依次为28.9%、28.4%和27.8%，采矿业比重依次为12.4%、11%和8.6%，显示出工业经济发展过度依赖资源的状况正在得到改善。②

4. 第三产业内部结构趋于优化

第三产业内部结构的优化主要包括以下四个方面的内容。

第一，为了适应第一、二产业工业化和现代化生产发展的需要，新兴的第三产业（如金融业）发展速度较快，其在第三产业中的占比上升，传统的第三产业（如商业）发展速度较慢，其占比较低。在1979~2016年，作为传统产业的批发和零售业以及交通运输、仓储和邮政业的年均增速分别为10.3%和9.1%，分别低于这期间整个第三产业年均增速（10.5%）0.2个百分点和1.4

---

① 国家统计局网，2017年6月16日。
② 国家统计局网，2016年3月3日。

个百分点。到 2016 年，二者在第三产业的占比，分别只有 18.6% 和 8.7%。[①] 这意味着第三产业中新兴产业增速较高，占比上升。实际情况正是这样，有数据表明：当前仅作为新兴产业的金融业在第三产业的占比就超过了 15%。[②] 当然，其中含有经济中"脱实向虚"的因素。但它所反映的第三产业内部的新兴产业增速较快，占比上升，则是确定无疑的事实。

第二，伴随工业化和现代化的发展，原来与工业生产结合在一起的服务业分离出来，成为独立的生产服务业。相对于生活服务业和共同服务业来说，生产服务业发展较快，在服务业中的占比上升。有资料显示，当前我国生产服务业占比已由 2004 年的 14.6% 上升到 30% 以上。[③]

第三，在生产发展和人民生活水平提高的基础上，第三产业中的文化产业增速较快，其在第三产业中的占比上升。表 7-16 表明：2011~1016 年，文化产业增加值的增速都超过了第三产业增加值的增速，其在第三产业增加值中的占比也由 6.2% 上升到 7.9%。

表 7-16 文化产业增加值的增速及其在第三产业增加值中的占比

年份	文化产业增加值（亿元）	文化产业增加值增速（以上年为100）	第三产业增加值增速（以上年为100）	文化产业增加值在第三产业增加值中的占比（%）
2011	13479	121.9	109.5	6.2
2012	18071	116.5	108.0	7.4
2013	21351	111.1	108.3	7.7
2014	23940	112.1	107.8	7.8
2015	27235	111.0	108.2	7.9
2016	30254	—	107.8	7.9

资料来源：国家统计局网；《中国统计摘要》（2017），中国统计出版社，第 24 页。

第四，伴随信息化的发展，在服务业中产生了众多新的经济和新的业态，

[①]《中国统计摘要》（2017），中国统计出版社，第 27 页。
[②]《中国经济时报》2017 年 6 月 30 日。
[③]《生产服务业与中国产业结构演变关系的量化研究》，经济管理出版社，2012，第 52 页；《中国经济时报》2017 年 6 月 30 日。

它们在第三产业发展中的作用显著上升。信息化大大加快了与整个社会生产和社会生活的融合。其突出表现就是互联网经济快速发展。2016年中国互联网普及率高达53.2%,互联网上网人数高达7.3亿人,居世界第一位。这样,与现代生产技术相联系,形成了不少新的经济和新的业态,前者如分享经济,后者如网购。2016年我国分享经济市场交易额约为34520亿元,比2015年增长103%,共有6亿人参与,比2015年增加1亿人。其中,生活服务、交通出行、知识技能、房屋住宿、医疗分享等重点领域的分享经济交易规模共计13660亿元,比2015年增长96%;资金分享领域交易额约为20860亿元(其中,P2P网贷市场规模20640亿元,网络众筹市场规模220亿元),比2015年增长110%。2016年分享经济市场交易额已经占到国内生产总值的4.6%。2016年网上零售额比2015年增长26.2%,比社会商品零售额增速快15.8个百分点;快递业务量达到312.8亿件。①

(二)城乡经济结构趋于优化

改革后,自20世纪末提出工业反哺农业的方针以来,特别是党的十八大以后,城乡经济结构趋于优化。其最重要的指标是城乡居民人均收入的差距趋于缩小。表7-17的数据表明:1978年,城镇居民人均可支配收入与农村居民人均纯收入的比(以后者为1)为2.57:1,即前者为后者的2.57倍;到2012年,前者为后者的2.50倍;到2016年,前者为后者的2.34倍。

表7-17 城乡居民收入的差距

年份	①城镇居民人均可支配收入			②农村居民人均纯收入			①为②的实际倍数 (以②为1)
	名义(元)	指数	实际(元)	名义(元)	指数	实际(元)	
1978	343.4	100.0	343.4	133.6	100.0	133.6	2.57
2012	3937.8	1146.7	3937.8	1572.3	1176.9	1572.3	2.50
2016	5123.2	1491.9	5123.2	2184.9	1635.4	2184.9	2.34

注:其中的倍数指的是城镇居民人均可支配实际收入为农村居民人均实际纯收入的倍数。
资料来源:《中国统计摘要》(2017),中国统计出版社,第60页;国家统计局网,2017年6月16日。

① 国家统计局网,2017年2月28日;《经济参考报》2017年3月23日。

（三）地区经济结构趋于优化

改革后，自20世纪末先后提出西部大开发、中部崛起、东部率先发展、东北振兴的地区战略以来，特别是党的十八大以来，地区经济结构趋于优化。其表现是地区差距不断缩小。2012年以来，西部地区居民人均可支配收入年均增速为10.3%，比中部地区高0.4个百分点，比东部地区高0.9个百分点，比东北地区高1.8个百分点。2016年东部地区与西部地区居民人均收入之比值为1.67（西部地区居民收入为1），中部地区与西部地区居民人均收入之比值为1.09，东北地区与西部地区居民人均收入之比值为1.21。东部与西部、中部与西部、东北与西部居民人均收入之比值分别比2012年缩小0.06、0.02、0.08。[①] 四大地区市场总值在国内生产总值中占比的差距也趋于缩小。在2012~2016年，东部地区生产总值上升了0.3个百分点；中部地区改变了此前占比下降状况，上升了0.6个百分点；西部地区占比上升幅度最大，上升了1.1个百分点；东北地区因振兴难度较大、进展较慢，下降了1.9个百分点。所以，总的来说，地区经济结构是趋于优化的（见表7-18）。

表7-18 东、中、西、东北地区生产总值在国内生产总值中的占比

年份	东部地区 总额（亿元）	东部地区 比重（%）	中部地区 总额（亿元）	中部地区 比重（%）	西部地区 总额（亿元）	西部地区 比重（%）	东北地区 总额（亿元）	东北地区 比重（%）
2012	280340.6	52.0	107823.3	20.0	103510.4	19.2	58602.0	8.7
2016	403733.7	52.3	159113.2	20.6	156528.6	20.3	52310.3	6.8

注：东部10省（市）包括北京、天津、河北、上海、江苏、浙江、福建、山东、广东和海南；中部6省包括山西、安徽、江西、河南、湖北和湖南；西部12省（区）包括内蒙古、广西、重庆、四川、贵州、云南、西藏、陕西、甘肃、青海、宁夏和新疆；东北3省包括辽宁、吉林和黑龙江。

资料来源：《中国统计摘要》（2017），中国统计出版社，第13~14页；《中国统计年鉴》（2016），中国统计出版社，第71页。

[①] 国家统计局网，2017年6月7日。

需要说明的是，以上分析只是表明改革在我国产业结构、城乡经济结构和地区经济结构优化方面所起的促进作用，它并不表明这些方面原来存在的问题都已根本解决。实际上这些问题也只能伴随改革的进展而逐步得到解决。除此以外，还要注意到：改革以来，虽然已经改变了计划经济体制下的短缺经济，以及产品和服务供不应求的状态，但在经济周期的某些阶段又出现了产品和服务大幅供过于求的状态，形成过剩经济。当然，过剩经济与短缺经济是有原则区别的。后者是以计划经济和生产不足为基础的，是以人民生活水平低下为前提的；前者是以市场经济和生产发展为基础的，是以人民生活水平较高为前提的。从这种相互对比的意义上也许可以把短缺经济到过剩经济的转变看作是产品供求关系的优化。当然，过剩经济毕竟是社会生产资源的一种浪费，是市场经济的一种缺陷。但我国当前不仅存在一般意义上的产品供需失衡，而且存在结构性的供需失衡。即一方面存在供给过剩（如钢煤产品），另一方面又存在供给不足。这不仅表现在某些高端投资品方面，而且表现在某些消费品方面，以至近年来居民花费高达万亿美元在国际市场上购买消费品。这是其一。其二，当前我国还存在实体经济和虚拟经济的失衡，即后者发展在一定程度上脱离了前者的需要。但2012年以来，政府已采取了众多强有力措施来解决这些问题，并取得初步成效。

三　改革推动了中国经济转型

这里说的经济转型包括以下五个方面：经济增长主要由工业增长拉动向由第一、二、三产业协调增长拉动转变；主要由投资拉动向主要由消费拉动转变；主要由物质资源投入拉动向主要由科技创新拉动转变；由环境破坏型向环境保护型转变；由经济速度型向经济效益型转变。

第一，经济增长实现了主要由工业增长拉动向由第一、二、三产业协调增长拉动转变。

如前所述，改革前长期片面优先发展重工业，致使经济增长主要依靠工业增长拉动。改革后，逐步改变了这种不平衡增长的状况，经济增长走上了依靠第一、二、三产业协调增长拉动的道路。表7-19表明：为了适应工业化和现代化的要求，第一产业增加值对国内生产总值的贡献率大体上正常地由1978年的9.8%下降到2016年的4.4%，第二产业由61.8%下降到37.4%（其中工业由62.2%下降到34.0%），第三产业由28.4%上升到58.2%。这是一条可持续发展的道路。

表7-19　三次产业对国内生产总值增长的贡献率

单位：%

年份	第一产业	第二产业	工业	第三产业
1978	9.8	61.8	62.2	28.4
2016	4.4	37.4	34.0	58.2

资料来源：《中国统计年鉴》（2016），中国统计出版社，第69页；《中国统计摘要》（2017），中国统计出版社，第28页。

第二，经济增长实现了主要由投资拉动向主要由消费拉动转变。

改革前由于长期盲目追求经济高速增长，经济增长主要依靠投资增长来拉动。改革后，逐步改变了这种不平衡、不可持续的增长道路，经济增长实现了主要由消费增长来拉动。这是经济实现可持续增长的一个基本因素。表7-20表明：1978年，资本对经济增长的贡献率高达67.0%，而消费的贡献率只有38.3%；但到2016年，消费对经济增长的贡献率上升到64.6%，资本的贡献率下降到42.2%；2017年上半年，前者仍然达到63.4%，后者为32.7%。

表7-20　投资需求和消费需求对国内生产总值增长的贡献率

单位：%

时间	最终消费支出贡献率	资本形成总额贡献率
1978年	38.3	67.0
2016年	64.6	42.2
2017年1~6月	63.4	32.7

资料来源：《中国统计摘要》（2017），中国统计出版社，第37页；国家统计局网，2017年7月18日。

这里还需着重指出，党的十八大以来，在新中国成立后的经济发展史上，第一次实现了居民消费水平年均增速超过了经济年均增速，真切体现了发展生产力是为了提高人民福祉的目的。改革以前的1953~1978年，在传统经济发展战略和传统经济体制的双重作用下，事实上在很大程度上出现了为生产而生产的错误倾向。这期间的年均经济增速为6.1%，而全体居民消费水平年均增速只有2.3%。其中农村居民消费水平年均增速还只有1.8%；城镇居民水平高一些，但也只有3.0%。还要提到："大跃进"以后的1959~1961年这三年全体居民消费水平还分别比上年下降8.3%、5.3%和6.3%；"文化大革命"开始以后的1968年和1974年也分别比上年下降3.2%和0.1%。改革以后，根本改变了这种极不正常的情况。其中，1979~2011年，国内生产总值年均增速和全体居民消费水平年均增速分别为9.9%和8.0%，二者之比由改革前的2.65∶1（以后者为1，下同）缩小到1.24∶1。2012~2016年二者年均增速分别为7.3%和7.6%，后者还超过了前者0.3个百分点，真正体现了社会主义的生产目的（见表7-21）。

表7-21 国内生产总值年均增速与居民消费水平年均增速（按可比价计算）

单位：%

时间	国内生产总值年均增速	居民消费水平年均增速
1953~1978	6.1	2.3
1979~2011	9.9	8.0
2012~2016	7.3	7.6
2017年1~6月	6.9	7.3

注：2017年1~6月是全国居民人均可支配收入。

资料来源：《新中国六十年统计资料汇编》，中国统计出版社，2010，第12页、14页；《中国统计年鉴》（2016），中国统计出版社，第64页、82页；国家统计局网，2017年7月18日。

但同时需要指出，当前投资对我国经济增长仍有关键作用。这是因为这期间虽然投资增速有所回落，占比下降，但仍保持较高水平。这里仅就

2013~2015年的情况看，中国资本形成率分别为46.5%、45.9%和43.8%，虽然呈缓慢下降走势，但仍保持在40%以上，远高于2013年22.2%的世界平均水平，反映了投资对经济增长的巨大拉动作用。这是其一。其二，更重要的是投资结构趋于优化。

（1）注意重补短线生产。①基础设施投资快速增长。2013~2015年，全国基础设施投资年均增长20%，比全部投资年均增速高5个百分点；基础设施投资占全部投资的平均比重为17.4%，比2012年提高1.2个百分点。基础设施投资快速增长，使得交通网络、港口泊位、通信光缆等主要基础设施领域新增生产能力不断提高。2013~2015年，全国新建铁路投产里程23544公里，其中高速铁路10469公里；新建公路206935公里，其中高速公路26919公里；新增港口万吨级码头泊位吞吐能力115159万吨；新增光缆线路长度1008万公里。②保障性安居工程建设迅速推进。2013~2015年，城镇保障性安居工程累计新开工2189万套。③中西部地区投资增长较快。2013~2015年，中部地区投资年均增长16.7%，比全部投资年均增速高1.7个百分点，占全部投资的平均比重为28.7%，比2012年提高0.7个百分点；西部地区投资年均增长16.7%，比全部投资年均增速高1.7个百分点，占全部投资的平均比重为24.8%，比2012年提高1.1个百分点；东部地区投资年均增长13.1%，比全部投资年均增速低1.9个百分点，占全部投资的平均比重为45.3%，比2012年下降1.3个百分点。

（2）注重促进产业升级。①第三产业投资较快增长。2013~2015年，第二产业投资年均增长12.5%，比全部投资年均增速低2.5个百分点，占全部投资的平均比重为41.4%，比2012年下降1.8个百分点；第三产业投资年均增长15.9%，比全部投资年均增速高0.9个百分点，占全部投资的平均比重为56.2%，比2012年提高1.3个百分点。第三产业投资增速比第二产业高3.4个百分点，占全部投资的比重比第二产业高14.8个百分点。②高技术产业投资增长迅猛。2013~2015年，高技术产业投资年均增长18.5%，比全部投资年均增速高3.5个百分点。其中，高技术制造业投资年均增长14.3%，比全部制造业投资年均增速高 1.1 个百分点；高技术服务业投资年均增长 26.4%，比全部服务业投资增速高 10.5 个百分点。③高耗能行业投资增速明显放缓，产能严重过剩行业投资负增长。2013~2015 年，高耗能行业投资年均增长 9.9%，比工业投资年均增速低 2.6 个百分点；占工业投资的平均比重为 29.9%，比 2012 年下降 1.5 个百分点。2013~2015 年，钢铁、水泥、电解铝、平板玻璃、船舶五大产能严重过剩行业投资三年均为负增长，年均下降 7.8%。①

（3）注重增添企业活力。这突出表现为民间投资增速最快，其占比上升。

第三，经济增长实现了主要由物质资源投入拉动向主要由科技创新拉动转变。

计划经济体制一方面束缚了企业改进技术的积极性；另一方面造成了卖方市场，企业也无市场竞争的压力。因此，经济增长主要依靠物质资源的投入就成为必然选择。改革以后，逐步增强了企业改进技术的内在动力，并强化了市场竞争压力，经济增长就逐步转向了主要依靠科技创新。

据统计，1952~1978 年，国内生产总值和工业增加值分别增长了 3.71 倍和 15.94 倍，而作为主要一次能源的原煤和钢材分别增长了 92.64 倍和 19.83 倍，这表明原煤的增长倍数分别是国内生产总值和工业增加值的增长倍数的 24.97 倍和 5.81 倍；钢材的增长倍数分别是 5.35 倍和 1.24 倍（见表 7-22）。这些数据清楚地表明：这期间的经济增长主要是依靠物质资源投入增加拉动的。

但在改革以后，这方面情况发生了根本变化。表 7-23 表明：1980~2016 年，万元国内生产总值的能源消费量和煤炭消费量已分别由 13.14 吨标准煤 / 万元下降到 0.47 吨标准煤 / 万元，由 13.30 吨 / 万元下降到 0.46 吨 / 万元，分别下降了 26.96 倍和 27.91 倍。

与能源物耗大幅下降相对应，科技进步对我国经济增长的作用大幅上升，到 2016 年科技进步对我国经济增长的贡献率已经超过了 50%。这表明我国经

---

① 详见国家统计局网，2016 年 2 月 29 日；国家统计局网，2016 年 3 月 3 日。

济发展正在由主要依靠物质资源投入增加向主要依靠科技进步转变。关于科技进步对我国经济发展的作用问题留待本节第七部分展开。

表 7-22 1952 年、1978 年经济增长、工业增长和原煤、钢材的增长

年份	国内生产总值 总额（亿元）	国内生产总值 增速（%）	工业增加值 总额（亿元）	工业增加值 增速（%）	原煤 总量（吨）	原煤 增速（%）	钢材 总量（吨）	钢材 增速（%）
1952	676.0	100.0	119.8	100.0	0.66	100.0	106	100.0
1978	3645.2	471.4	1607.0	1694.0	6.18	9364.0	2208	2083.0

资料来源：《新中国六十年统计资料汇编》，中国统计出版社，2010，第 11~12 页、42 页。

表 7-23 平均每万元国内生产总值能源消费量

年份	万元国内生产总值能源消费量（吨标准煤/万元）	万元国内生产总值煤炭消费量（吨/万元）
1980	13.14	13.30
2016	0.47	0.46

资料来源：《中国统计年鉴》(2016)，中国统计出版社，第 296 页；《中国统计摘要》(2017)，中国统计出版社，第 75 页。

还需指出，改革以来，我国在大力节约传统能源消耗的同时，又大力发展了绿色环保的新能源。据统计，2016 年中国风电和太阳能发电装机分别为 1.5 亿千瓦和 0.8 亿千瓦，均居世界第一位。同时，大力压减煤炭、煤电产能，在生产、生活领域推进以电代煤、以电代油。2016~2017 年退出煤炭产能 4.4 亿吨以上，淘汰、停建、缓建煤电产能 5000 万千瓦以上，为新能源发展腾出空间。①

第四，经济增长逐步实现由环境破坏型向环境保护型转变。

在计划经济体制下，由于长期片面实行优先发展重工业战略，而且主要

---

① 《中国经济时报》2017 年 6 月 20 日。

依靠物质资源的投入拉动经济增长，这就必然会造成对环境的严重破坏。

改革以来这种状况逐步有所改变，主要是由于确立和实施了可持续发展战略，并相应地采取了一系列重大措施，加大生态保护和环境治理力度。党的十八大以来更为明显。一是加大环境治理投资。2011~2016年，包括治理环境在内的水利、环境和公共设施管理业的投资由24523.1亿元增加到68647.6亿元，占全社会固定资产投资的比重由7.9%上升到8.7%。① 二是推行能源节约型战略，前已述及，不再赘述。三是加快造林步伐。2016年，全国完成造林面积679万公顷，比2012年增长21.3%。森林覆盖率由2004~2008年的20.36%上升到2009~2013年的21.63%，提高1.3个百分点，森林蓄积净增长14.16亿立方米。四是推进水土流失治理。2016年，全国新增水土流失治理面积达5.4万平方公里，比2012年增长24.5%。五是提高城市环境综合治理能力。2016年末，城市污水处理厂日处理能力14823万立方米，比2012年末增长26.3%；城市生活垃圾无害化处理率为95.0%，提高10.2个百分点；城市建成区绿地率为36.4%，提高0.7个百分点。六是减少污染物的排放。2011~2015年，主要污染物排放量减少12%以上。2016年，二氧化硫、氮氧化物排放量又分别下降了5.6%和4%，环境质量稳步改善。其一是城市空气状况趋于好转。2016年，在监测的338个城市中，城市空气质量达标的城市占24.9%，比上年提高3.3个百分点；细颗粒物（PM2.5）未达标地级及以上城市年平均浓度为52微克/立方米，比上年下降8.8%。其二是海洋环境改善。2016年，近岸海域海水水质监测点中，达到国家一、二类海水水质标准的监测点占73.4%，比2012年提高4个百分点；四类、劣四类海水占16.3%，比2012年下降7.6个百分点。②

但是，我国环境恶化状况并没有根本好转，治理环境和保护生态仍是一

---

① 《中国统计年鉴》（2016），中国统计出版社，第308~310页；《中国统计摘要》（2017），中国统计出版社，第87~88页。
② 中国政府网，2016年3月5日；中国政府网，2017年3月5日；国家统计局网，2017年6月16日。

个很艰巨的任务。

第五，经济增长逐步实现了由速度型向效益型转变。

改革以前，盲目追求经济高速增长是经济战略的中心。这突出表现在1958年提出的社会主义建设路线以及与此相关联的"大跃进"战略上。这也是与计划经济体制直接相关的。计划经济体制内含的投资膨胀机制为盲目追求经济高速增长的经济战略提供了体制基础。这是以追求经济高速增长为中心的经济战略得以长期实行的根本原因。经验表明：正是这种盲目追求经济高速增长，导致国民经济基本比例严重失衡，导致多次发生强波周期和超强波周期，导致经济效益低下。社会劳动生产率是经济效益最重要指标，而且具有较强的可比性。表7-24表明：1953~1978年，国内生产总值年均增速为6.1%，并不算低，但经济效益很低，这期间社会劳动生产率年均增速只有2.3%，二者增速之比（以社会劳动生产率年均增速为1）只有2.7∶1。由此可知，改革前的经济增长具有速度型的特征。

1982年召开的党的十二大通过改革前经验的总结，重申了1981年党中央提出的"把全部经济工作转到以提高经济效益为中心的轨道上来"。[①]此后，以提高经济效益为中心的经济战略又得到了不断完善，并在经济工作中逐步得到了实施。这一点在党的十八大以来也表现得更为突出。因此，改革以后，就逐步改变了经济增长以速度为中心的战略，代之以提高经济效益为中心的战略，因而经济比例关系严重失衡和经济周期强烈波动的状态逐步得到改变，经济效益逐步得到提高。1979~2011年，国内生产总值年均增速高达9.9%，高出1953~1978年3.8个百分点；社会劳动生产率年均增速也高达7.8%，高出1953~1978年5.5个百分点；2012~2016年二者增速仍然分别高达7.3%和7.6%。这些成就固然是多重因素作用的结果，但以提高经济效益为中心的经济战略的贯彻实施，显然是一个最重要因素。

---

① 《中国共产党第十二次全国代表大会文件汇编》，人民出版社，1982，第18页。

表7-24 国内生产总值年均增速与社会劳动生产率年均增速（按可比价计算）

单位：%

年份	国内生产总值年均增速	社会劳动生产率年均增速
1953~1978	6.1	2.3
1979~2011	9.9	7.8
2012~2016	7.3	7.6

资料来源：《新中国六十年统计资料汇编》，中国统计出版社，2010，第12页、14页；《中国统计年鉴》(2016)，中国统计出版社，第64页、82页；国家统计局网，2017年2月28日。

需要着重指出，以提高经济速度为中心的经济战略到以提高经济效益为中心的经济战略的转变，是最根本的经济转型。前述的情况表明：经济增长以工业增长拉动为主，以投资拉动为主，以物质资源投入拉动为主，以及环境遭到严重破坏，无一不是以提高经济增长速度为中心的战略实施造成的后果；而经济增长由第一、二、三产业协调拉动为主，以消费拉动为主，以科技创新拉动为主，以及环境得到保护，又都是与以提高经济效益为中心的战略实施直接相联系的。因此，在上述五种经济转型中，经济发展的速度型向效益型的转变，是最根本的经济转型。

当然，我国经济转型还没有完成，但已经迈出了决定性步伐，而且其前景是值得看好的。

需要说明的是，上述分析否定的只是以提高经济增长速度为中心的经济战略以及由此造成的速度型经济，但并不否定速度在经济中的重要作用。实际上，适应潜在经济增长率要求的速度，是经济比例协调、经济效益提高、人民生活水平提高、生态环境改善和综合国力增强的重要基础。

四 改革推动中国工业化步入后期阶段在很大程度上实现了现代化

新中国成立以来，我国工业化已经取得了伟大的成就，迈出了具有决定意义的步伐。为了说明这一点，在此用量化指标从整体上刻画我国工业化已经进入了后期阶段。在这方面，有一项研究做了具体分析。这项研究选择人均GDP，第一、二、三产业产值占比，制造业增加值占比，人口城市化率，第一产业就业占比为基本指标，并主要参照钱纳里等划分方法，将工业化过程分为前工业化时期、工业化初期、工业化中期、工业化后期以及后工业化时期五个大的阶段，工业化初期、中期和后期又分为前半阶段和后半阶段，再结合相关理论研究和国际经验估计确定了工业化不同阶段的标志值，在此基础上构造一个工业化水平综合指数。如果一个国家工业化水平综合指数为0，则表示该国家处于前工业化时期，综合指数大于0小于33则表示处于工业化初期，综合指数大于等于33小于66则表示处于工业化中期，综合指数大于等于66小于等于99则表示处于工业化后期，综合指数大于等于100则表示处于后工业化阶段。在工业化初期、中期和后期三个阶段，如果综合指数未超过该阶段的中间值，则表示处于相应阶段的前半期；如果综合指数超过该阶段的中间值，则表示处于相应阶段的后半期。根据这种方法计算，我国1978年工业化水平综合指数仅为6.6，处于工业化初期的前半阶段；1995年工业化水平综合指数达到18，刚刚步入工业化初期的后半阶段；2002年工业化水平综合指数为33，进入工业化中期阶段；2005年中国的工业化水平综合指数达到50，已经进入工业化中期的后半阶段。"十五"期间（2001~2005年）我国工业化水平综合指数的年均增长速度为4~5，再经过10~13年的加速工业化进程，到2015~2018年，我国工业化水平的综合指数将达到100。① 实际上，2016年我国工业化水平综合指数已经达到90以上，进入了工业化后期的后半段。因此，党的十六大提出的在21世纪头二十年基本实现工业化的伟大目标，是完全可以实现的。

我国工业化是在现代化条件下进行的。因此，在工业化取得决定性进展的同时，又在很大程度上实现了现代化。我国工业化的完成阶段，是同现代化初步实现阶段结合在一起的。前述的第一、二、三产业在经济总量中的占比以及三者在不同程度上的现代化已经充分表明了这一点，其主要体现在科

---

① 详见《中国工业发展报告（2008）》，经济管理出版社，2008，第22~23页。

技进步对经济增长的贡献率。有数字显示，2010~2016年，我国科技进步对经济增长的贡献率已经由50.9%上升到56.2%。①

但需说明，不能把这个56.2%全部看成是经济现代化的指标。为了说明这一点，需要简要地回顾一下科技发展史及其在不同历史条件下的不同作用。

历史表明，在原始社会只有原始技术和科学的萌芽，尽管两者对当时生产起了作用，但还说不上是真正意义上的科学技术的作用；到了奴隶社会才产生了科学，技术也摆脱了原始状态，有了发展；科学技术在农业经济时代（包括奴隶社会和封建社会）已经成为发展社会生产力的因素；到了工业经济时代，科学技术直接成为生产力；到了现代知识经济时代，科学技术又上升为第一生产力的位置。②

依据这个简要分析，可以认为，这个56.2%虽然是科技进步对我国经济增长的贡献率，但其由两个部分构成：一是作为生产力的科学技术对我国经济增长的贡献率；二是作为第一生产力的科学技术对我国经济增长的贡献率。前者占大部分，后者占小部分。只有这样，才能同我国当前工业化占主要地位、现代化居于第二位的经济构成相吻合；否则，不仅不符合我国现阶段经济的具体情况，而且在逻辑上会陷入自相矛盾的境地。

五 改革使中国人民生活水平逼近小康的巅峰

第一，消费水平大幅上升。

表7-25表明：改革前我国居民平均消费水平由1952年的80元上升到1978年的184元，年均增速仅为2.3%；改革后由1978年的184元迅速上升到2016年的21228元，年均增速高达7.9%；后者为前者的3.4倍。

---

① 《行政管理改革》2016年第2期；中国政府网，2017年3月5日。
② 汪海波：《论科学技术的历史发展》，载《汪海波文集》第十一卷，经济管理出版社，2016，第368~403页。

表 7-25 全国居民消费水平及其指数

项目	绝对数（元）			指数		
	全国居民	农村居民	城镇居民	全国居民	农村居民	城镇居民
1952 年	80	65	154	100.0	100.0	100.0
1978 年	184	138	405	178.7	157.6	217.6
1952~1978 年年均增速				102.3	101.8	103.0
1978 年	184	138	405	100.0	100.0	100.0
2016 年	21228	10752	29219	1816.1	1254.9	1060.9
1978~2016 年年均增速				107.9	106.9	106.4

资料来源：《新中国六十年统计资料汇编》，中国统计出版社，2010，第 14 页；《中国统计摘要》（2017），中国统计出版社，第 38 页。

第二，消费质量明显上升。

其表现在物质生活和文化生活的诸多方面。如在作为最基本消费的吃的方面，全国居民趋向于营养型高品质的食品，2012 年以来表现得尤为明显。比如，2016 年城镇居民的人均食用植物油消费 10.6 公斤，比 2012 年增加 1.4 公斤，增长 15.2%；人均牛羊肉消费 4.3 公斤，比 2012 年增加 0.6 公斤，增长 16.2%；人均鲜奶消费 16.5 公斤，比 2012 年增加 2.6 公斤，增长 18.7%。2016 年农村居民人均猪肉消费 18.7 公斤，比 2012 年增加 4.3 公斤，增长 29.9%；人均蛋及其制品消费 8.5 公斤，比 2012 年增加 2.6 公斤，增长 44.1%；人均奶及其制品消费 6.6 公斤，比 2012 年增加 1.3 公斤，增长 24.5%；人均水产品消费 7.5 公斤，比 2012 年增加 2.1 公斤，增长 38.9%。[①]

第三，消费升级步伐加快。

其表现在生活的各个方面，当前农村居民的耐用品消费升级则尤为明显。比如，2016 年农村居民平均每百户汽车拥有量为 17 辆，比 2012 年增加 11 辆，增长 183.3%，是农村居民耐用消费品拥有量中增长速度最快的；2016 年农村居民平均每百户空调拥有量为 48 台，比 2012 年增加 22 台，增长 84.6%；热

---

① 国家统计局网，2017 年 7 月 6 日。

水器拥有量为 60 台，比 2012 年增加 19 台，增长 46.3%；电冰箱拥有量为 90 台，比 2012 年增加 22 台，增长 32.4%；计算机拥有量为 28 台，比 2012 年增加 6.6 台，增长 30.8%；洗衣机拥有量为 84 台，比 2012 年增加 17 台，增长 25.4%；移动电话拥有量为 241 部，比 2012 年增加 43 部，增长 21.7%。①

第四，消费结构优化明显。

从整体上来说，消费结构优化可以从物质生活消费占比下降和文化生活消费占比上升、物质生活消费占比下降和服务消费占比上升，以及生存消费占比下降和发展消费、享受消费占比上升三种视角考察。为简单计，这里仅从第三种视角做些简要分析。

（1）恩格尔系数的下降。1978~2016 年，城镇居民恩格尔系数由 57.5% 下降到 29.3%；农村居民从 67.7% 下降到 32.2%。其中，全国居民恩格尔系数从 2012 年的 33.0% 下降至 2016 年的 30.1%，下降 2.9 个百分点；城镇居民恩格尔系数从 2012 年的 31.4% 下降至 2016 年的 29.3%，下降 2.1 个百分点；农村居民恩格尔系数从 2012 年的 37.5% 下降至 2016 年的 32.2%，下降 5.3 个百分点。居民恩格尔系数的大幅下降，既意味着物质生活消费占比下降和文化生活消费占比上升，也意味着物质生活消费占比下降和服务消费占比上升，还意味着生存消费占比下降和发展消费、享受消费占比上升。

（2）服务消费快速增长。比如，2016 年全国居民人均交通通信支出 2338 元，比 2012 年增长 55.7%，年均增长 11.7%，快于全国居民人均消费支出年均增速 4.3 个百分点，占人均消费支出的比重为 13.7%，比 2012 年上升了 2.0 个百分点。2016 年全国居民人均教育文化娱乐支出 1915 元，比 2012 年增长 41.7%，年均增长 9.1%，快于全国居民人均消费支出年均增速 1.7 个百分点，占人均消费支出的比重为 11.2%，比 2012 年上升了 0.7 个百分点。2016 年全国居民人均医疗保健支出 1307 元，比 2012 年增长 60.6%，年均增长 12.6%，快于全国居民人均消费支出年均增速 5.2 个百分点，占人均消费支出的比重为

---

① 国家统计局网，2017 年 7 月 6 日。

7.6%，比 2012 年上升了 1.3 个百分点。这些服务消费的增长，意味着发展消费的增长及其在消费总额中的占比上升。①

（3）享受消费迅速增长。比如，1994~2016 年，国内旅游人数由 5.24 亿人次增加到 44.4 亿人次；旅游总花费由 1023.5 亿元增加到 39390.0 亿元，人均旅游花费由 195.3 元增加到 888.2 元。②

概括来说，改革以来我国人民消费结构优化的集中表现，就是由原来的以生存消费和发展消费为主步入了以发展消费和享受消费为主的阶段。

第五，全国居民人均可支配收入之间的差距趋于缩小，基尼系数下降。

比如，2016 年全国居民人均可支配收入基尼系数为 0.465，比 2012 年的 0.474 下降 0.009，居民收入差距总体在不断缩小。③

第六，小康水平趋于全覆盖。

改革近 40 年以来，我国已有 7 亿多人脱贫，尤其突出表现在党的十八大以来精准扶贫所取得的巨大成就上，主要包括以下方面。

（1）农村贫困人口大幅减少，贫困发生率持续下降。2012 年以来，按现行国家农村贫困标准（2010 年价格水平每人每年 2300 元）测算，全国农村贫困人口由 2012 年的 9899 万人减少至 2016 年的 4335 万人，累计减少 5564 万人，平均每年减少 1391 万人；全国农村贫困发生率由 2012 年的 10.2% 下降至 2016 年的 4.5%，下降 5.7 个百分点，平均每年下降 1.4 个百分点。

（2）贫困地区农村居民收入保持快速增长，增速持续高于全国农村平均水平。2016 年，贫困地区农村居民人均可支配收入 8452 元，名义水平是 2012 年的 1.6 倍；扣除价格因素，实际水平是 2012 年的 1.5 倍。2013~2016 年贫困地区农村居民人均收入连续保持两位数增长，年均名义增长 12.8%，扣除价格因素，年均实际增长 10.7%。2013~2016 年，贫困地区农村居民人均可支配收入年均实际增速比全国农村平均水平高 2.7 个百分点。

---

① 国家统计局网，2017 年 7 月 6 日。
②《中国统计摘要》(2017)，中国统计出版社，第 140 页。
③ 国家统计局网，2017 年 7 月 6 日。

（3）贫困地区与全国农村平均收入水平差距不断缩小。2016年贫困地区农村居民人均可支配收入是全国农村平均水平的68.4%，比2012年提高了6.2个百分点。

（4）贫困地区持续增收能力不断提高，主要有以下几个方面。①农村居民就业机会增多，工资性收入占比提高。2016年贫困地区农村居民人均工资性收入2880元，与2012年相比，年均增长16.5%，占可支配收入的比重为34.1%，比2012年提高4.1个百分点。②2016年贫困地区农村居民人均经营性净收入3443元，与2012年相比，年均增长8.3%。③2016年贫困地区农村居民人均财产性净收入和转移性净收入分别是107元和2021元，与2012年相比，年均分别增长17.1%和16.9%，占可支配收入的比重为1.3%和23.9%。①这一切都为2020年全体贫困人口迈入小康社会打下了坚实基础，表明小康生活正在向全体贫困人口实现全覆盖。

习近平总书记在2017年7月26日发出"高举中国特色社会主义伟大旗帜为决胜全面小康社会实现中国梦而奋斗"的伟大号召。②在这个号召的推动下，我国在2020年实现全面脱贫是完全可以预期的。

中国脱贫的成就已经赢得了国际广泛赞誉。联合国开发计划署前署长海伦·克拉克说："中国最贫困人口的脱贫规模举世瞩目，速度之快绝无仅有！"③

第七，人口预期寿命大大延长。新中国成立前，我国人口预期寿命约为35岁，2016年已经达到76.34岁。④这是居民生活水平提高的一个综合指标。

我国人民生活水平逼近小康巅峰，主要是基于以下条件。

第一，就业是民生之本。我国就业人数1952年是20729万人，1978年增长到40152万人，2016年又上升到77603万人（见表7-26）。

---

① 国家统计局网，2017年7月5日。
② 习近平：《在省部级主要领导干部专题研讨班开班式上的讲话》，新华网，2017年7月27日。
③ 转引自《经济参考报》2017年8月15日。
④ 国家统计局网，2017年6月16日。

表 7-26　全国就业人口的增长

年份	绝对数（万人）	指数
1953	20729	100.0
1978	40152	193.7
2016	77603	374.4

资料来源：《新中国六十年统计资料汇编》，中国统计出版社，2010，第 7 页；《中国统计摘要》（2017），中国统计出版社，第 39 页。

第二，居民人均可支配收入的增长，是居民消费水平提高的价值源泉。这一点在党的十八大以来也表现得很明显。2016 年全国居民人均可支配收入 23821 元，比 2012 年实际增长 33.3%，年均实际增长 7.4%，快于同期 GDP 年均增速 0.2 个百分点，更快于同期人均 GDP 年均增速 0.8 个百分点。需要指出，2016 年，全国居民人均可支配收入与 2010 年相比实际增长 62.6%，为 2020 年实现居民收入比 2010 年翻番的目标打下坚实基础。在未来四年内，只要居民收入年均实际增速在 5.3% 以上，到 2020 年居民收入比 2010 年翻番的目标就可实现。①

第三，基础产业、基础设施和公共生活设施的发展，是居民生活水平提高的物质基础。

表 7-27 表明，作为基础产业的农业和交通运输、仓储和邮政业在改革前就有很大增长，改革后有更大的增长。其中粮食的年均增速虽然改革后略低于改革前，但是在基数加大的情况下出现的，而且在 2004~2015 年实现了连续 12 年增产。这在历史上是从未有过的。

表 7-27　基础产业的增长

项目	农业 绝对数（亿元）	农业 指数	粮食 绝对数（万吨）	粮食 指数	交通运输、仓储和邮政业 绝对数（亿元）	交通运输、仓储和邮政业 指数
1952 年	346.0	100.0	16391.5	100.0	29.6	100.0

① 国家统计局网，2017 年 7 月 6 日。

续表

项目	农业 绝对数（亿元）	农业 指数	粮食 绝对数（万吨）	粮食 指数	交通运输、仓储和邮政业 绝对数（亿元）	交通运输、仓储和邮政业 指数
1978年	1027.5	170.1	30477.0	185.9	182.0	684.0
1952~1978年年均增速		102.1		102.4		107.7
1978年	1015.8	100.0	30477.0	100.0	182.0	100.0
2016年	63670.7	517.0	61625	202.2	35355.3	2694.2
1978~2016年年均增速		104.4		101.9		109.1

资料来源：《新中国六十年统计资料汇编》，中国统计出版社，2010，第9页、12页、37页；《中国统计摘要》（2017），中国统计出版社，第22页、27页、111页。

2012年以来，基础产业和基础设施又得到进一步加强。其中除了农业继续得到加强以外，交通运输能力也不断增强。综合运输网络建设加快推进，横贯东西、纵贯南北、内畅外通的交通运输大通道逐步形成，通达和通畅程度不断提高。2012~2016年，铁路营业里程由9.8万公里增加到12.4万公里；高速铁路运营里程由不到1万公里增加到2.2万公里以上，稳居世界第一；公路里程由424万公里增加到470万公里，其中高速公路里程由9.6万公里增加到13.1万公里，位居世界第一；定期航班航线里程由328万公里增加到635万公里。现代高效的城市轨道交通快速发展。2016年末，城市轨道交通运营线路里程4153公里。这是其一。其二，信息通信水平快速提升。2016年，邮电业务总量43345亿元，按2010年不变价格计算，比2012年增长1.9倍。全球最大规模的宽带通信网络基本建成。2016年，固定互联网宽带接入用户2.97亿户，位居全球前列；互联网上网人数7.31亿人，比2012年增长29.7%；互联网普及率达到53.2%，提高11.1个百分点。2016年，移动互联网接入流量达93.6亿G，手机上网人数达6.95亿人。其三，能源供给能力大大增强。2016年，发电装机容量超过16亿千瓦。清洁能源发展更为迅速。

2016年，核电发电装机容量3364万千瓦，比2012年增长167.6%；并网风电14864万千瓦，增长142.0%；并网太阳能发电7742万千瓦，增长21.7倍。水电、风电、光伏发电装机规模和核电在建规模均居世界第一位。①

2012年以来，生活方面的公共设施也显著改善。在物质生活方面，一是城镇地区通公路、通电、通电话、通有线电视已近全覆盖。2016年农村地区有99.7%的户所在自然村已通公路，比2013年提高1.4个百分点；有99.7%的户所在自然村已通电，比2013年提高0.5个百分点；有99.7%的户所在自然村已通电话，比2013年提高1.1个百分点；有97.1%的户所在自然村已通有线电视，比2013年提高7.9个百分点。二是2016年城镇地区有94.2%的户所在社区饮用水经过集中净化处理，农村地区有53.6%的户所在自然村饮用水经过集中净化处理，分别比2013年提高2.9个和8.0个百分点。三是2016年城镇地区有97.7%的户所在社区垃圾能够做到集中处理，比2013年提高1.8个百分点；2016年农村地区有66.9%的户所在自然村垃圾能够做到集中处理，比2013年提高18.2个百分点。在服务消费方面，一是2016年城镇地区有83.6%的户所在社区有卫生站，农村地区有87.4%的户所在自然村有卫生站，分别比2013年提高3.9个和5.8个百分点。二是2016年城镇地区有97.8%的户所在社区可以便利地上幼儿园或学前班，比2013年提高1.1个百分点；有98.1%的户所在社区可以便利地上小学，比2013年提高1.3个百分点。2016年农村地区有81.8%的户所在自然村可以便利地上幼儿园或学前班，比2013年提高6.1个百分点；有84.6%的户所在自然村可以便利地上小学，比2013年提高3.8个百分点。②

第四，休闲时间增加，是居民生活水平提高的重要条件。休闲时间增加，不仅是居民生活质量提高的重要标志，而且是进行发展消费（如受教育）和享受消费（如旅游）的必要条件。改革后，我国开始实行由改革前的单休日为双休日；后来又实行"五一"节、国庆节和春节三个长假日（每节放假三

---

① 详见国家统计局网，2017年7月6日。
② 详见国家统计局网，2017年7月6日。

天）；从2008年1月1日起，又调整和增加了假日，即取消了"五一"长假，但增加了具有丰富历史文化内涵的清明节、端午节和中秋节（每节放假一天）。因此，我国法定节假日和周末休息日再加上职工带薪年休假，一年休假时间就超过了全年三分之一的时间。

第五，覆盖城乡居民的社会保障体系已经基本形成。这是全国人民提高生活水平的重要依托，前面第六章第五节已述及，在此不再赘述。

第六，作为现代化一个最重要方面的信息化与社会经济生活的深度融合，不仅是加速生产发展的强有力的杠杆，而且是提高人民生活水平的重要推进器。其典型事例就是与互联网技术普通运用相联系的网络购物快速增长，带动了快递业务迅猛扩张。2015~2016年，实物商品网上零售额年均增长28.6%，比社会消费品零售总额快18.1个百分点。2016年，快递业务量312.8亿件，比2012年增长4.5倍，年均增长53.2%。平台经济、分享经济、协同经济等新模式广泛渗透，线上线下融合、跨境电商、智慧家庭、智能交流等新业态迅猛发展。[①] 这不仅有利于提高产品和服务质量，降低商品价格，而且大大方便了人民的生活。

六 改革使中国迈上了世界经济大国地位向经济强国挺进

第一，我国经济总量及其主要组成部分的指标，充分反映了我国经济实力已经跃升到国际前列。

在经济总量方面，自2010年我国超越日本成为世界第二大经济体以来，国内生产总值稳居世界第二位，占世界经济总量的比重逐年上升。据国际货币基金组织数据计算，2016年，我国国内生产总值已由2012年的8.6万亿美元上升到11.2万亿美元，占世界总量的14.9%，比2012年提高3.4个百分点（见表7-28）。

---

① 详见国家统计局网，2017年6月16日。

表 7-28　中国等在世界生产总值中所占的比重

国家或地区	2012年 位次	2012年 国内生产总值（亿美元）	2012年 占世界比重（%）	2016年 位次	2016年 国内生产总值（亿美元）	2016年 占世界比重（%）
世界		744377			752780	
美国	1	161553	21.7	1	185691	24.7
中国	2	85703	11.5	2	112183	14.9
日本	3	62032	8.3	3	49386	6.6
德国	4	35459	4.8	4	34666	4.6

资料来源：国际货币基金组织 WEO 数据库，2016 年为预测值。

我国人均国民总收入也连年大幅上升。2012~2016 年，我国人均国民总收入由 5940 美元（见表 7-29）提高到超过 8000 美元，接近中等偏上收入国家的平均水平。与世界平均水平的差距也大幅缩小。2012 年，我国人均国民总收入相当于世界平均水平的 56.9%，2015 年提升到 74.9%，提升了 18 个百分点。

表 7-29　中国等人均国民总收入及其在世界的位置

单位：美元

国家或地区	2012 年	2013 年	2014 年	2015 年
世界	10446	10799	10898	10552
高收入国家	42390	43165	43218	41932
中等收入国家	4553	4908	5086	4957
中等偏上收入国家	7503	8163	8498	8260
中等偏下收入国家	1887	1984	2042	2032
低收入国家	563	598	628	619
中国	5940	6800	7520	7900

资料来源：世界银行 WDI 数据库。

在农业方面，谷物、肉类等主要农产品产量居世界第一位。2012~2015 年，我国谷物、肉类、花生和茶叶产量稳居世界第一位，油菜籽和甘蔗产量分别稳居世界第二位和第三位（见表 7-30）。在工业方面，作为其核心的制造业 2010 年以来就稳居世界第一位，主要工业产品产量稳居世界前列。其中粗钢、煤、发电量、水泥和化肥产量稳居世界第一位；原油产量稳居世界第四位（见表7-31）。在交通运输方面，高速铁路里程2015年达到20179公里，2016年增加到2.2万公里，2015年以来稳居世界第一位；高速公路里程2015年达到12.35万公里，2016年增加到13万公里，2015年以来也稳居世界第一位（见表7-32）。在教育、卫生方面，2012~2015年，我国大学粗入学率从27.2%提高到43.4%，基本达到中等偏上收入国家的水平，比中等收入国家高11.7个百分点；中学粗入学率从2012年的92.1%提高到2015年的94.3%，超过中等偏上收入国家的平均水平，比中等收入国家高18.6个百分点；2015年，婴儿死亡率降低到8.1‰，远远低于世界平均水平，也显著低于中等偏上收入国家平均水平。2015年，我国预期寿命达到76岁，超过世界平均水平4.3岁。在减少贫困人口方面，近40年来，我国有7亿人摆脱了贫困，是第一个提前实现联合国提出的千年发展目标贫困人口减半的发展中国家。如前所述，按我国现行农村贫困标准（2010年价格水平每人每年2300元）测算，全国农村贫困人口由2012年的9899万人减少至2016年的4335万人，四年累计减少5564万人，平均每年减少1391万人；贫困发生率由2012年的10.2%下降至2016年的4.5%，下降5.7个百分点，平均每年下降1.4个百分点。①

表7-30 2012~2015年我国主要农产品产量居世界位次

单位：万吨

农产品	2012年 产量	2012年 位次	2013年 产量	2013年 位次	2014年 产量	2014年 位次	2015年 产量	2015年 位次
谷物	53935	1	55269	1	55741	1	57228	1
肉类	8387	1	8535	1	8707	1	8625	1
花生	1669	1	1697	1	1648	1	1644	1
油菜籽	1401	2	1446	2	1477	2	1493	2
甘蔗	12311	3	12820	3	12561	3	11697	3
茶叶	179	1	192	1	210	1	225	1

资料来源：联合国贸发组织数据库。

---

① 国家统计局网，2017年6月21日。

表 7-31 2012~2015 年我国主要工业产品产量居世界位次

单位：万吨

工业产品	2012 年 产量	位次	2013 年 产量	位次	2014 年 产量	位次	2015 年 产量	位次
粗钢	72388	1	81314	1	82231	1	80383	1
煤	394513	1	397432	1	387400	1	374700	1
原油	20571	4	20992	4	21143	4	21456	4
发电量*	50210	1	54316	1	56496	1	58146	1
水泥	220984	1	241924	1	249207	1	235919	1
化肥	6832	1	7026	1	6877	1	7432	1

* 发电量的单位是亿千瓦时。

资料来源：《中国统计年鉴》（有关年份），中国统计出版社。

表 7-32 2015 年中国高速铁路里程和高速公路里程及其在世界的排名

单位：公里

排名	高速铁路 国家	里程	排名	高速公路 国家	里程
1	中国	20719	1	中国	123500
2	日本	2616	2	美国	100000

资料来源：国家统计局网，2017 年 6 月 21 日。

对外经济关系的指标也跃居世界前列。2016 年，我国全年实现货物进出口总额 36856 亿美元，居世界第二位，占世界的比重从 2012 年的 10.4% 提高到 11.5%（见表 7-33）。2012 年我国对外服务贸易总额居世界第四位，2013 年上升至第三位，2014~2016 年稳居世界第二位。2016 年，我国对外服务贸易总额达 6571 亿美元，占世界的比重由 2012 年的 5.5% 上升至 2016 年的 6.9%（见表 7-34）。2012~2015 年，我国对外直接投资快速增长，年均增长率为 18.4%。2015 年，我国对外直接投资达 1457 亿美元，首次跃居世界第二位（见表 7-35）。2016 年我国对外直接投资又上升到 1701.1 亿美元。2012~2016 年，我国吸引外商直接投资稳步增长，年均增长 3.5%。2016 年，我国吸引外商直接投资达到 1269 亿美元，连续五年居世界前三位。[1]

---

[1] 国家统计局网，2017 年 6 月 21 日。

表 7-33 货物进出口总额及其居世界位次

单位：亿美元，%

位次	2012 年 国家或地区	货物进出口总额	占世界比重	2015 年 国家或地区	货物进出口总额	占世界比重	2016 年 国家或地区	货物进出口总额	占世界比重
	世界	372010		世界	332320		世界	321800	
1	美国	38822	10.4	中国	39530	11.9	美国	37060	11.5
2	中国	38671	10.4	美国	38179	11.5	中国	36856	11.5
3	德国	25560	6.9	德国	23782	7.2	德国	23945	7.4

资料来源：联合国贸发组织数据库。

表 7-34 对外服务贸易总额及其居世界位次

单位：亿美元，%

位次	2012 年 国家或地区	服务贸易总额	占世界比重	2015 年 国家或地区	服务贸易总额	占世界比重	2016 年 国家或地区	服务贸易总额	占世界比重
	世界	87732		世界	94320		世界	95018	
1	美国	10577	12.1	美国	11977	12.7	美国	12145	12.8
2	德国	5409	6.2	中国	6498	6.9	中国	6571	6.9
3	英国	4983	5.7	德国	5572	5.9	德国	5784	6.1
4	中国	4809	5.5	英国	5469	5.8	英国	5182	5.5

资料来源：联合国贸发组织数据库。

表 7-35 2012~2015 年我国对外直接投资及其居世界位次

单位：亿美元

位次	2012 年 国家或地区	数额	2013 年 国家或地区	数额	2014 年 国家或地区	数额	2015 年 国家或地区	数额
	世界	13088	世界	13106	世界	13185	世界	14742
1	美国	3182	美国	3079	美国	3165	美国	3000
2	日本	1225	日本	1357	中国香港	1251	中国	1457
3	卢森堡	898	中国	1078	中国	1231	日本	1287
4	中国	878	英属维尔京群岛	1033	日本	1136	荷兰	1134

资料来源：联合国贸发组织数据库。

第二，我国经济增长速度快，充分显示了我国发展经济的活力。

2013~2016 年，我国经济年均增长率为 7.2%，明显高于世界同期 2.5% 的平均水平，也高于发展中经济体 4.0% 的平均水平（见表 7-36）。

表 7-36　2013~2016 年我国经济增长率及其与世界各地的比较

单位：%

国家或地区	2013 年	2014 年	2015 年	2016 年	2013~2016 年平均增速
世界	2.5	2.7	2.6	2.3	2.5
发达经济体	1.1	1.9	2.1	1.6	1.7
发展中经济体	4.7	4.3	3.5	3.4	4.0
中国	7.8	7.3	6.9	6.7	7.2
美国	1.7	2.4	2.6	1.6	2.1
欧元区	2.0	0.3	1.2	1.6	1.3
日本	-0.3	1.1	2.0	1.0	1.0

资料来源：世界银行数据库。

第三，我国对世界经济增长的贡献率居全球首位。

根据世界银行测算，2013~2016 年，中国对世界经济的贡献率平均为 31.6%，超过美国、欧元区和日本贡献率的总和。2016 年，中国对世界经济增长的贡献率达到 34.7%，是世界经济增长的第一推动力（见表 7-37）。

表 7-37　2013~2016 年中国对世界经济增长的贡献率

单位：%

国家	2013 年	2014 年	2015 年	2016 年	2013~2016 年年均贡献率
中国	32.5	29.7	30.0	34.7	31.6

资料来源：世界银行数据库。

第四，我国国际竞争力明显提升。

《2017 年度世界竞争力报告》显示，中国竞争力排名由 2012 年的第 25

位跃升至 2016 年的第 18 位。世界知识产权组织的《2016 年全球创新指数报告》显示，2016 年，我国的创新指数居全球第 25 位，比 2012 年提高 9 位，在中等收入国家中排名首位。世界经济论坛的《2015—2016 年全球竞争力报告》显示，2015 年，我国的国际竞争力在 140 个国家和地区中排名第 28 位。2017 年《财富》杂志公布的世界 500 强企业中，中国占了 110 家。2017 年《MIT 科技评论》评选的全球最聪明的 50 家公司中，我国也占了 9 家。①

以上"四力"（即中国经济实力、经济发展活力、对世界经济增长推动力和国际竞争力）表明：中国已确定无疑地迈上了世界经济大国地位，并正在向经济强国挺进。

上述六部分的分析说明，改革推动了中国经济跃上了一个新的发展阶段；现在需要进一步指出，党的十八大以来改革在这方面起了尤为重要的作用。因为正是 2012 年以来，在改革推动下中国经济增速才真正第一次实现了向潜在经济增长率的回归，从而实现了向微波周期的转变；第一次实现了第三产业在经济总量的占比超过了 50%；第一次使人民消费水平年均增速超过了经济年均增速等。② 这一切都加快了我国经济结构优化、经济转型、工业化现代化以及人民生活迈向小康的进程，并使我国处于世界经济大国的地位。当然，这一切又是在改革以来已经取得成就的基础上实现的。正如习近平总书记指出的，"党的十八大以来，在新中国成立特别是改革开放我国发展取得成就的基础上，党和国家事业发生历史性变革，我国发展站到了新的历史起点上，中国特色社会主义进入了新的发展阶段"。③

当然，同时还要看到当前我国经济发展还面临众多难题，要实现全面建

---

① 中新网，2017 年 7 月 4 日；国家统计局网，2017 年 6 月 21 日；《中国经济时报》2017 年 6 月 26 日；《澎湃新闻》2017 年 6 月 27 日；《南方都市报》2017 年 7 月 21 日。
② 详见汪海波《十八大以来，中国经济的新发展》，《中国浦东干部学院学报》2017 年第 3 期。
③ 习近平：《在省部级主要领导干部专题研讨班开班式上的讲话》，新华网，2017 年 7 月 27 日。

设小康和社会主义现代化的任务，还需要经过长期的艰苦的努力。但在党的十八大以来中央领导集体先后提出"五位一体"的总体部署、"四个全面"的战略布局、"五大发展理念"和"四个自信"等一系列治国理政新理念、新思想、新战略的指导下，这个任务又是一定可以圆满完成的。

七　中国经济发展的动力

中国经济发展的动力，从最重要的方面来说，可以归结为以下三个方面。

第一，以建立社会主义市场经济为目标的经济体制改革。

关于这方面的具体分析，详见本节前六部分。这里再从抽象理论层次和总的方面做进一步说明。

在马克思主义创始人提出历史唯物主义基本原理时，还只是论证了生产力与生产关系以及经济基础和上层建筑的相互关系（即生产力决定生产关系，生产关系又反作用于生产力，经济基础决定上层建筑，上层建筑也反作用于经济基础）。由于时代的局限和人类认识规律的制约，[①] 当时还不可能提出经济体制范畴。只是随着古典的自由放任的市场经济向现代的有国家宏观调控的市场经济的过渡，作为社会生产资源配置方式和经济运行机制（即生产关系的具体表现形式）的经济体制范畴才产生出来。

历史表明，经济体制取决于生产力和生产关系，但又反作用于生产力和生产关系。所以，从抽象理论层次上说，中国经济改革就是要根本改革不适合生产力发展和社会主义制度巩固的计划经济体制，建立适合生产力发展和巩固社会主义制度的市场经济体制。这是从总的方面来说的，以下着重提出四点。

（1）中国经济体制改革的性质是第二次革命，又是社会主义制度的自我

---

① 按照唯物论的认识论，对真理的认识，需要经过"实践、认识、再实践、再认识"的过程。详见《毛泽东选集》第1卷，人民出版社，1991，第296~297页。

完善。① 正是这一点，为正确处理改革、发展、稳定的关系提供了根本条件。而改革的经验表明，正确处理这个关系既是改革，又是发展得以持续进行的条件。

（2）中国社会主义市场经济的微观基础，是以公有制经济为主体、多种所有制经济共同发展的制度。改革以前，社会主义公有制企业在新中国成立后的经济发展中起过重要的积极作用。但后来这种公有制企业的实现形式不适应社会生产力发展的要求，以至成为社会生产力发展的桎梏。对社会主义公有制企业进行改革（包括调整、改组和改造等）在发展社会生产力方面的潜力是很大的。改革前非公有制经济在国民经济中几乎为零。因此，发展非公有制经济在促进社会生产力方面，其作用就更大。

（3）中国经济体制改革是在经济全球化大发展的条件下进行的。中国经济改革不仅可以充分利用国内生产资源和国内市场，而且可以充分利用国外生产资源和国外市场。显然，这也是中国经济得以迅速发展的一个十分重要的因素。

（4）如前所述，中国经济体制改革的一个重要特点，就是有更多的国家干预。这是适应中国社会主义初级阶段特点的。改革以后，国家对宏观经济干预走过一些弯路，以至还多次发生了中波周期。但总的来说，国家对宏观经济生活的干预是逐步趋于完善的。这一点在党的十八大以来，也显得特别明显。

根据国内外形势，为了促使经济增长真正转到以提高经济发展质量和效益为中心的轨道上，在2011年经济增长率达到9.5%的情况下，2012年《政府工作报告》将作为首要宏观经济指标的国内生产总值增长预期目标定为7.5%。并着重说明，国内生产总值增长目标略微调低，主要是要与"十二五"规划目标逐步衔接，引导各方面把工作着力点放到加快经济发展方式，切实提高经济发展质量和效益上来，以利于实现更长时期、更高水

---

① 详见《邓小平文选》第3卷，人民出版社，2001，第134~135页、141~142页。

平、更好质量发展。还提出综合考察各方面情况，要继续实施积极的财政政策和稳健的货币政策，根据形势变化适时适度微调，进一步提高政策的针对性、灵活性和前瞻性。强调必须突出主题、贯穿主线、统筹兼顾、协调推进，把稳增长、控物价、惠民生、抓改革、促和谐更好地结合起来。稳增长，就是要坚持扩大内需、稳定外需、大力发展实体经济，努力克服国内外各种不确定因素的影响，及时解决苗头性、倾向性问题，保持经济平稳运行。①

由于贯彻了以上政策措施，克服了国内外各种不利因素的影响，2012年国内生产总值仍然赢得了7.9%的增速。②

基于上面已经说过的原因，2013年《政府工作报告》仍将国内生产总值增长预期目标定为7.5%左右，主要有两方面考虑。一方面，要继续抓住机遇、促进发展。这些年，我国制造业积累了较大产能，基础设施状况大为改善，支撑能力明显增强，储蓄率高，劳动力总量仍然很大。必须优化配置和利用生产要素，保持合理的增长速度，为增加就业，改善民生提供必要条件，为转方式、调结构创造稳定环境；必须使经济增长与潜在经济增长率相协调，与生产要素的供给能力和资源环境的承受能力相适应。另一方面，要切实按照科学发展观的要求，引导各方面把工作重心放到加快转变发展方式和调整经济结构上，推动经济持续健康发展。综合权衡，2013年的经济增长目标定为7.5%左右是必要的、适宜的，实现这个目标需要付出艰苦努力。为了实现上述目标，还必须继续实施积极的财政政策和稳健的货币政策，保持政策连续性和稳定性，增强前瞻性、针对性和灵活性。③

2013年，坚持稳中求进工作总基调，统筹稳增长、调结构、促改革，坚持宏观经济政策要稳、微观政策要活、社会政策要托底，创新宏观调控思路

---

① 详见《十一届全国人大五次会议〈政府工作报告〉辅导读本》，人民出版社，2012，第12~15页。
② 《中国统计摘要》（2017），中国统计出版社，第24页。
③ 《十二届全国人大一次会议〈政府工作报告〉辅导读本》，人民出版社，2013，第16~18页。

和方式，采取一系列既利当前、更惠长远的举措，稳中有为、稳中提质、稳中求进，各项工作实现良好开局。其举措是：着力深化改革开放，激发市场活力和内生动力；创新宏观调控思路和方式，确定经济运行处于合理区间；注意调整经济结构，提高发展质量和效益；切实保障和改善民生，促进社会公平正义；改进社会治理方式，保持社会和谐稳定。①

由于实施了这些重要举措，在世界主要经济体复苏艰难，国内经济处于下行阶段，自然灾害频发，各种社会矛盾交织的复杂形势下，仍然圆满实现了2013年经济社会发展的主要预期目标。其中，国内生产总值增长率仍然达到了7.8%。②

2014年，仍然坚持稳中求进的工作总基调，把改革创新贯穿于经济社会发展各个领域、各个环节，保持宏观经济政策连续性、稳定性，增强调控的前瞻性、针对性，全面深化改革，不断扩大开放，实施创新驱动，坚持中国特色新型工业化、信息化、城镇化、农业现代化道路，加快转方式、调结构、促升级，加强基本公共服务体系建设，着力保障和改善民生，切实提高发展质量和效益，大力推进社会主义经济建设、政治建设、文化建设、社会建设、生态文明建设，实现经济持续健康发展和社会和谐稳定。据此，2014年《政府工作报告》确定了经济社会发展的主要预期目标，其中国内生产总值增长7.5%左右。并说明我国仍是一个发展中国家，还处于社会主义初级阶段，发展是解决我国所有问题的关键，必须牢牢扭住经济建设这个中心，保持合理的经济增长速度。经过认真比较、反复平衡，把经济增长目标定在7.5%左右，兼顾了需要和可能。这与全面建设小康社会相衔接，有利于增强市场信心，有利于调整优化经济结构。稳增长更是为了保就业，既要满足城镇新增就业的需要，又要为农村转移劳动力进城务工留出空间，根本上是为了增加城乡人民收入，改善人民生活。实现2014年增长目标有不少积极因素，但必

---

① 《十二届全国人大二次会议〈政府工作报告〉辅导读本》，人民出版社，2014，第2~8页。
② 《中国统计摘要》(2017)，中国统计出版社，第24页。

须付出艰辛努力。①

为了实现以上目标，2014年主要做了以下工作。一是在区间调控基础上定向调控，保持经济稳定增长；二是深化改革开放，激发经济社会发展活力；三是加大结构调整力度，增强发展后劲；四是织密织牢民生保障网，增进人民生活福祉；五是加强城乡社会治理，促进和谐稳定。②

因此，2014年我国经济社会发展总体平稳，稳中有进。稳的主要标志是：经济增长处于合理区间，作为最重要指标的经济增长率达到了7.3%。③虽然我国经济处于下行阶段，但经济增速只比2013年低0.5个百分点。

2015年继续坚持稳中求进工作总基调，保持经济运行在合理区间，着力提高经济发展质量和效益，把转方式、调结构放到更加重要位置，狠抓改革攻坚，突出创新驱动，强化风险防控，加强民生保障，处理好改革发展稳定关系，全面推进社会主义经济建设、政治建设、文化建设、社会建设、生态文明建设，促进经济平稳健康发展和社会和谐稳定。依据这个总基调，2015年《政府工作报告》将经济增长的预期目标定为7%左右。

做好2015年工作，要把握以下三点。其一，稳定和完善宏观经济政策，继续实施积极的财政政策和稳健的货币政策，更加注重微调，更加注重定向调控，用好增量，盘活存量，重点支持薄弱环节。以微观活力支撑宏观稳定，以供给创新带动需求扩大，以结构调整促进总量平衡，确保经济运行在合理区间。其二，保持稳增长与调结构的平衡。我国发展面临"三期叠加"矛盾，资源环境约束力加大，劳动力等要素成本上升，高投入、高消耗、偏重数量扩张方式已经难以为继，必须推动经济在稳定增长中优化结构。既要稳定速度，确保经济平稳运行，确保居民就业和收入持续增加，为调结构、转方式创造有利条件；又要调整结构，夯实稳定增长的基础。要增加研发投入，提高全要素生产率，加强质量、标准和品牌建设，促进服务业和战略性新兴产

---

① 《十二届全国人大二次会议〈政府工作报告〉辅导读本》，人民出版社，2014，第10~11页。
② 《十二届全国人大三次会议〈政府工作报告〉辅导读本》，人民出版社，2015，第2~8页。
③ 《中国统计年鉴》(2015)，中国统计出版社，第64页。

业比重提高，水平提升。优化经济发展空间格局，加快培育新的增长点和增长极，实现在发展中升级，在升级中发展。其三，培育和催生经济社会发展新动力。当前经济增长的传统动力减弱，必须加大结构性改革力度，加快实施创新驱动战略，改造传统引擎，打造新引擎。一方面，增加公共产品和服务供给，加大政府对教育、卫生等的投入，鼓励社会参与，提高供给效率。这既能补短板、惠民生，也有利于扩需求、促发展。另一方面，推动大众创业、万众创新。这既可以扩大就业，增加居民收入，又有利于促进社会纵向流动和公平正义。[1]

2015年，由于贯彻了以上政策措施，我国经济社会发展仍然总体平稳，稳中有进。"稳"的主要标志是：经济运行处于合理增长区间，其中最重要的是国内生产总值增长率仍然达到了6.9%。[2]比2014年低0.4个百分点，这主要仍然是由于我国经济处于下行阶段。

根据国内外形势，2016年《政府工作报告》将经济增长预期目标定为6.5%~7%，考虑了与全面建设小康社会目标相衔接，考虑了推进结构性改革的需要，也有利于稳定和引导市场预期。稳增长主要是为了保就业、惠民生，有6.5%~7%的增速就能够实现比较充分的就业。

实现2016年经济社会目标，要做好八个方面的工作。一是稳定和完善宏观经济政策，保持经济运行在合理区间。二是加强供给侧结构性改革。三是深挖国内需求潜力，开拓发展更大空间。四是加快发展现代农业，促进农民持续增收。五是推进新一轮高水平对外开放，着力实现合作共赢。六是加大环境治理，推动绿色发展新突破。七是切实保障改善民生，加强社会建设。八是加强政府自身建设，提高施政能力和服务水平。[3]

由于实施了以上政策措施，2016年在困难条件下仍然实现了6.7%的增速，

---

[1]《十二届全国人大三次会议〈政府工作报告〉辅导读本》，人民出版社，2015，第10~14页。
[2]《中国统计摘要》(2017)，中国统计出版社，第24页。
[3]《十二届全国人大四次会议〈政府工作报告〉辅导读本》，人民出版社，2016，第17~39页。

实现了经济发展预期目的。①

综合分析国内外形势,《政府工作报告》将2017年的预期增长目标定为6.5%左右,在实际工作中争取更好的结果。指出2017年的经济增长预期目标,符合经济规律和客观实际,有利于引导和稳定预期、调整结构,也同全面建成小康社会要求相衔接。强调2017年政府工作,要把握好以下几点。一是贯彻稳中求进工作总基调,保持战略定力。二是坚持以推进供给侧结构性改革为主线。三是适应扩大总需求并提高有效性。四是依靠创新推动新旧动能转换和结构优化升级。五是着力解决人民群众普遍关心的突出问题。

由于这些政策措施的贯彻,2017年经济增长率达到6.9%,这是中国经济增速七年来首次反弹。②

可见,党的十八大以来,作为我国社会主义市场经济重要组成部分的国家宏观经济调控,对我国经济发展的促进作用,是改革以来发挥得最好的时期。

第二,作为生产力的科学技术和作为第一生产力的科学技术对我国经济发展的双重叠加的促进作用。

历史表明:科学的产生和发展及其对社会生产作用的变化经历了很长的历史发展过程。在原始社会只有原始的技术和科学的萌芽,它们对原始社会的生产也起过重要作用,但还算不上科学意义上的科学技术对社会生产的作用。只是到了以农业生产为主的社会(包括奴隶社会和封建社会),科学才有了产生和发展的条件,这时的科学技术已经成为促进社会生产发展的因素。到了以工业为主的社会,科学技术成为直接的生产力。到了以知识经济为主的现代社会,科学技术成为第一生产力。③ 有资料表明:在20世纪50年代以前,科技进步对经济发达国家经济增长贡献率还只有20%;而在50年代

---

① 《中国统计摘要》(2017),中国统计出版社,第24页。
② 国家统计局网,2018年3月22日。
③ 详见汪海波《论科学技术的历史发展》,载《汪海波文集》第十一卷,经济管理出版社,2016,第368~403页。

中期以后，经济发达国家纷纷由工业化阶段步入了现代化阶段，这时科技进步对经济增长贡献率也大幅上升，达到了50%；80年代以后又进一步上升到60%~80%。还有资料表明：到90年代中期，经济合作与发展组织（OECD）的主要成员国，以知识经济为基础的经济占经济总量的比重也都上升到50%以上。①

改革以来，就我国来说，既拥有作为直接生产力的科学技术，又拥有作为第一生产力的现代科学技术，前者占主要地位；就经济发达国家来说，既拥有作为生产力的科学技术，又拥有作为第一生产力的现代科学技术，后者占主要地位。改革开放以后，我国引进的科学技术也包括这两方面。这意味着改革以来，我国拥有这两种科学技术资源。这是其一。其二，改革以来，我国工业化正处于向中后期迈进的阶段，同时在一定程度上实现了现代化。这种社会生产实践既有对作为直接生产力的科学技术的需要，又有对作为第一生产力的现代科学技术的需要，并为这两种科学技术的运用提供了广阔的生产场所。因此，改革以来，这两种科学技术就形成了对我国社会生产发展的促进作用的叠加，从而成为这期间经济发展的另一个根本动力。

但科学技术资源这种作用的发挥，是与改革以来我国在这方面投入的大量增长直接相联系的。正是这种投入的增加，为科学技术研究能力增强及其作用的发挥创造了一系列物质条件。其一，研发能力大大提高。到2015年，我国科技人力资源总量已经超过7100万人，研发人员超过535万人。2016年又有研究生毕业生56.4万人，普通本专科毕业生704.2万人，中等职业教育毕业生533.7万人。其二，2015年全国研发经费投入总量为1.4万亿元，比2012年增长38.1%。按汇率折算，我国研发经费继2010年超过德国之后，2013年又超过日本，目前我国已成为仅次于美国的世界第二大研发经费投入国家。2015年我国研发经费投入强度（研发经费占国内生产总值的比重）为

---

① 《现代科学技术基础知识》，中共中央党校出版社，1999，第55页、58页；《知识经济和创新体系》，经济管理出版社，1998，第200页。

2.10%，比 2012 年提高 0.17 个百分点，已达到中等发达国家水平，居发展中国家前列。2016 年这项经费又增加到 15500 亿元。其三，研发人员和经费向作为研发主体的企业集中。2015 年我国企业研发人员达到 398 万人，占研发人员总数的 74.4%；企业研发经费 1.1 万亿元，比 2012 年增长 40.4%，占全社会研发经费的比重为 77.4%，比 2012 年提高 1.2 个百分点。其四，到 2016 年底，累计建设国家重点实验室 488 个，国家工程研究中心 131 个，国家工程实验室 194 个，国家企业技术中心 1276 家，国家科技成果转化引导基金累计设立 9 只子基金，资金总规模 173.5 亿元。

改革以来我国基础研究和应用研究成果极为显著。2012 年以来，我国基础研究在量子反常霍尔效应、铁基高温超导、外尔费米子、暗物质粒子探测卫星、热休克蛋白 90α、CIPS 干细胞等研究领域取得重大突破。这是其一。其二，2015 年我国专利申请受理数为 279.9 万件，比 2012 年增长 36.5%；其中发明专利申请受理数为 110.2 万件，比 2012 年增长 68.8%，发明专利申请受理数已连续 5 年居世界首位。2015 年我国专利授权数为 171.8 万件，比 2012 年增长 36.9%；其中发明专利授权数为 35.9 万件，比 2012 年增长 65.5%，发明专利授权数占专利授权数的比重为 20.9%，比 2012 年提高 3.6 个百分点。截至 2015 年底，我国有效专利和有效发明专利分别为 547.8 万件和 147.2 万件，分别比 2012 年增加了 196.9 万件和 59.7 万件。2016 年受理境内外专利申请 346.5 万件，专利授权 175.4 万件，有效专利 628.5 万件。

科技进步对我国经济发展的推动作用大大提高，这突出表现在高技术产业生产能力的增长上。2015 年末 4G 用户数超过 3.8 亿；自主研发的新一代高速铁路技术世界领先，高铁运营总里程达 1.9 万公里，占世界的 60% 以上；ARJ 支线飞机成功实现商业销售；油气开发专项再造一个西部大庆；半导体照明产业整体规模达 4245 亿元；全球首个生物工程角膜艾欣瞳以及阿帕替尼、西达本胺等抗肿瘤新药成功上市。2016 年完成 22 次宇航发射。长征五号、长征七号新一代运载火箭成功首飞；天宫二号空间实验室、神舟十一号载人飞船成功发射，航天员在轨驻留 30 天并安全返回；新一代静止轨道气象卫星风云四号、合成孔径雷达卫星高分三号、3颗北斗导航卫星等成功发射。①

总体来说，科技进步对经济增长的贡献率已由2010年的50.9%上升到2016年的56.2%。②科技进步开始成为我国经济发展的第一推动力。我国科技进步也由以跟随、并跑为主迈上以领跑、并跑为主的新阶段。

我国科学技术进步及其对经济发展的促进作用，是改革以来在党中央先后提出的科教兴国战略和创新驱动战略的指引下实现的。党的十八大明确提出，"科技创新是提高社会生产力和综合国力的战略支撑，必须摆在国家发展全局的核心位置"；十八届五中全会又确立了创新、协调、绿色、开放、共享的新发展理念，把创新作为"引领发展的第一动力"，居于五大发展理念之首位；中共中央发布的《关于深化体制机制改革加快实施创新驱动发展战略的若干意见》，对创新驱动发展战略做出了一系列制度安排；中共中央、国务院印发的《国家创新驱动发展战略纲要》，还提出了通过"三步走"战略，到2050年实现建成世界科技创新强国的伟大目标。完全可以预期，到21世纪中叶我国就可以成为世界科技强国。这又意味着到时我国会成为经济强国。

第三，作为中国社会主义初级阶段上层建筑核心的中国共产党的坚强领导，特别是作为中国共产党指导思想的中国特色社会主义理论。

毛泽东同志说过，"生产力、实践、经济基础，一般地表现为主要的决定的作用，谁不承认这一点，谁就不是唯物论者。然而，生产关系、理论、上层建筑这些方面，在一定条件之下，又转过来表现其为主要的决定的作用，这也是必须承认的"。③就我国社会主义初级阶段的实际情况来看，1978年以来，中国经济改革的成就，以及由改革推动的经济发展的成就，都是在中国共产党的坚强领导和中国特色社会主义理论指导下实现的。党的十八大以来中国经济新发展的最根本动力，也是在以习近平总书记为核心的党中央提出的一系列新理念、新思想、新战略的指导下取得的。这些史实充分证明：在中国社会主义初级阶段这种富有

---

① 国家统计局网，2016年1月27日；国家统计局网，2017年2月28日。
② 国家统计局网，2017年3月5日；《行政管理改革》2016年第2期。
③ 详见《毛泽东选集》第1卷，人民出版社，1991，第325~326页。

特点的条件下，中国共产党的坚强领导，以及由其创立和发展的中国特色社会主义理论，就起到了如毛泽东同志所说的上层建筑对经济基础以及理论对生产实践的决定作用。这是改革以来中国经济发展的最根本动力。

这里需要着重指出，中国改革后经济发展的伟大成就被国际上普遍誉为世界奇迹！其实，这个奇迹的最基本谜底，就是由中国化马克思主义武装起来的中国共产党提出的中国特色社会主义道路。这是中国独有的其他任何国家都不具有的基本国情和基本政治优势。

第四节　改革把中国维护世界和平和发展人类进步事业的作用推进到一个新的历史阶段

如前所述，中国经济体制改革推动中国经济跃上了一个新的历史阶段，同时又把中国维护世界和平和发展人类进步事业的作用推进到一个新的历史阶段。

第一，近现代世界史表明：经济大国崛起总是伴有大国之间的战争。其根源在于战争双方的资本主义制度和帝国主义制度。当然，二战开始时苏德战争的爆发，是希特勒德国强加在苏联人民头上的，是根源于德国的帝国主义制度，与苏联的社会主义制度无关。而作为经济大国的中国崛起有可能根本改写这方面的世界历史。中国崛起是发生在二战结束以后的半个世纪。这期间尽管世界发动战争力量和维护和平力量各有消长，但总的来说维护世界和平力量已经开始大于战争力量，使得和平与发展成为时代的主流。尽管这期间局部战争从未间断，但世界战争并未发生。更重要原因还在于：中国一直恪守所倡导的处理国际关系方面的和平共处五项原则，并在国际上获得了越来越广泛的支持；同时中国还加强了自己的国防力量，这就使得国际上维护世界和平力量获得了进一步增强。这样，就进一步束缚了作为世界战争力量的某些经济发达国家的手脚，维系了世界和平的局面。当然，也绝不能丝毫放松对这些国家发动战争的警惕。但总的来说，中国很有可能在世界现代史首次开辟大国和平崛起的崭新局面。这无疑是中国崛起给世界人民带来的最大福音！

第二，中国在发展对外经济关系方面一直奉行平等合作、互利共赢的基本原则。中国成为对外贸易大国和对外投资大国，就意味着给有关国家人民在平等互利条件下带来大量的就业机会和产品供给。这也是中国成长为经济大国的进程中给世界有关国家人民带来的一种福祉。

第三，二战结束以后，帝国主义殖民体系已经趋于瓦解，但反映原来帝国主义和殖民地关系某些旧的政治经济秩序还广泛存在于国际关系方面，成为经济发达国家继续维护其利益和损害发展中国家利益的工具。而中国作为经济大国在崛起过程中奉行的处理国际政治经济关系的原则，是一种新的根本区别于旧的政治经济关系的原则，并在国际舞台上积极倡导建立符合这些原则的新的国际政治经济秩序。这一点已在国际上获得越来越广泛的认同和支持，不仅包括广大的发展中国家和新兴市场经济国家，而且包括经济发达国家。其突出事例，就是习近平总书记倡导的构建人类命运共同体的全球性战略目标，已于2017年3月第一次写进了联合国的有关决议中。同月，由他倡导的"一带一路"建设也第一次获得了联合国安理会的一致支持。[①] 显然，中国倡导的国际政治经济新秩序，也是世界人民的重大福音。

第四，当前世界上广大的发展中国家，已经开始发生了由"向西看"（即向西方经济发达国家寻求强国富民的道路）到"向东看"（即向东方中国寻求强国富民的道路）的转变。二战以后尽管帝国主义殖民主义体系已经瓦解，但在广大发展中国家并未根本改变原来存在的"向西看"的倾向。二战后的事实表明：只有极少数国家由于各种特殊有利因素的作用，顺利实现由低收入国家到中等收入国家再到高收入国家的转变；还有少数国家虽然实现了由低收入国家到中等收入国家的转变，但长期停留在中等收入阶段，而不能前

---

① 详见《环球时报》2017年3月1日。

进；绝大多数国家还是停留在低收入状态，其中还有少数国家长期处于战乱状态，如当前伊拉克和叙利亚等国。事实表明："向西看"并不成功。这是一方面。另一方面，经济发达国家在20世纪70年代就发生过两次经济滞胀，特别是2008年发生的国际金融危机，使得经济发达国家经济趋于衰退，长期处于经济复苏缓慢状态。因此，经济发达国家进一步丧失其原有的吸收力。但在东方的中国，二战后，先后经过新民主主义革命和社会主义革命，再到以建立社会主义市场经济体制为目标的经济改革，以一个欣欣向荣的经济大国呈现在世人面前。这些就是在广大发展中国家开始发生由"向西看"到"向东看"转变的根本原因。

需要进一步指出：这种由"向西看"到"向东看"的转变，可以看作是广大发展中国家走向繁荣昌盛的起点。中国历史经验昭示了这一点。中国在1840年以后也发生过"向西看"，但并不成功。在俄国十月社会主义革命以后，开始转向"向东看"（即向苏联学习马克思主义），并把马克思主义的普遍真理与中国具体实践结合起来，实现了马克思主义的中国化。在中国化马克思主义指导下，先后取得了新民主主义革命和社会主义革命的胜利，当前的经济改革也取得了巨大成功。这就为中国实现由贫穷落后国家到经济大国并正在走向强国转变，开辟了一条正确的道路。这条道路揭示了广大发展中国家的发展方向。正如习近平总书记所说，中国特色社会主义不断取得的重大成就，"意味着中国特色社会主义拓展了发展中国家走向现代化的途径，为解决人类问题贡献了智慧，提供了中国方案"。[①]

第五，如果说，20世纪80年代末和90年代初发生的东欧剧变，是国际共产主义运动走向低潮的一个标志，那么，社会主义中国在21世纪初的崛起，就在世界东方点燃了一盏明灯，照亮了世界社会主义的前进道路，是国际共产主义运动走向新的高潮的起点。

需要说明，俄国十月社会主义革命以后，社会主义的苏联在20世纪20

---

① 习近平：《在省部级主要领导干部专题研讨班开班式上的讲话》，新华网，2017年7月27日。

年代至60年代在维护世界和平和发展人类进步事业方面曾经起过重要作用。中国在1949年取得新民主主义革命胜利以后，在20世纪50年代至70年代在这方面也发挥过重要作用。但由于国际国内各种因素的限制，其作用不可能达到当代中国已经实现的高度。这主要是由于中国经济体制改革推动中国经济已经跃上了一个新的历史阶段，中国成为世界经济大国并正在向经济强国迈进。这是其一。其二，中国在改革以后，在1954年提出的处理国际政治关系的和平共处五项原则的基础上，又提出了发展国际经济关系的平等合作、互利共赢的原则。这就形成了完整的处理国际政治、经济关系的原则。这些原则是促进中国对外经济关系的极重要因素。其三，中国在改革以后，特别是在十八大以后，在发展对外经济关系方面还采取了前所未有的强有力的措施。其突出表现就是2013年习近平总书记提出的"一带一路"建设，并已经开始取得显著成效。所有这些都表明：中国经济体制改革已经把中国在维护世界和平和发展人类进步的作用推进到一个新的历史时期。

第五节 改革彰显了马克思主义划时代的伟大胜利

马克思主义创始人马克思和恩格斯在人类历史上首次创建了由哲学、政治经济学和科学社会主义三个部分组成的马克思主义，揭示了人类社会、自然和思维发展的普遍规律。这是马克思恩格斯对国际无产阶级和世界人民做出的迄今独一无二的极其伟大的贡献！

但由于时代的局限和认识规律的制约，留下了两个并不符合后来实践发展的预言。

一是依据当时世界无产阶级与资产阶级的力量对比分析，提出无产阶级要取得革命胜利，必须同时在主要资本主义国家发动武装起义。后来列宁依据对帝国主义特征的分析，特别是他提出的资本主义国家经济政治发展不平衡规律，指出无产阶级革命同时在主要资本主义国家取得胜利是不可能的，首先在作为资本主义薄弱环节的一个国家取得胜利是可能的。正是在列宁创立的帝国主义论和社会主义革命新理论的指导下，俄国十月社会主义革命取得了胜利。二战以后，也是在这个理论指导下，更多的国家相继取得了社会主义革命的胜利。所以，列宁提出的帝国主义理论及其在实践中的胜利，可以看作是马克思主义第一次划时代的伟大胜利。这个胜利的主要特征就是把马克思创立的科学社会主义从理论变成了实践，开辟了建立社会主义制度的新时代。

二是伴随资本主义私有制的消灭和公有制的建立，商品生产就会消亡，代之而起的是计划经济的建立。这个预言尽管不符合后来的社会主义实践，但在一个长时期内并没有得到否定。应该说明，列宁以伟大的无产阶级革命家的巨大勇气，依据帝国主义时代的实践，否定了上述的马克思主义创始人提出的第一个预言，而且在否定第二个预言方面也做了初步尝试。

俄国在十月社会主义革命取得胜利以后，就面临帝国主义国家联合的武装干涉。在苏维埃政权面临生死存亡的严峻时刻，不得不实行了战时共产主义体制，通过余粮征集制无代价地从农民手中征集粮食。这一点在战争情况下，农民还是能够接受的。但在战争结束以后，农民强烈的不满情绪就暴露出来，以至有的地方发生了农民暴动。这使列宁觉察到作为战时共产主义体制的余粮征集制在战争结束以后行不通。于是改行粮食税，实行新经济政策。新经济政策的重要内容，就是通过国家掌握的工业品与农民的农产品按商品经济的原则进行交换。这虽然还不是完全意义上的商品经济，但在很大程度上体现了商品交换原则。正是新经济政策的这种作用，使得苏联迅速恢复了国民经济。列宁由于去世过早，还来不及正确总结新经济政策的成功经验。在斯大林领导下，在苏联国民经济恢复以后，就宣告新经济政策的结束，完全转向计划经济的轨道。

之后在所有的社会主义国家，商品经济一直被看成是资本主义经济制度的基本特征，计划经济一直被看成是社会主义经济制度的基本特征。

毛泽东把马克思列宁主义的一般理论与中国实践结合起来，创立了新民主主义论（包括新民主主义革命论和新民主主义社会两部分[①]），成功地解决了中国这样一个世界上最大的半殖民地半封建国家的民族革命和民主革命问题。之后又进一步探索解决中国新民主主义社会向社会主义社会转变以及社会主义建设的问题。这是继列宁之后马克思主义又一次划时代的发展，同时又是中国化马克思主义的首创阶段。

邓小平在马克思列宁主义的指导下，从客观存在的实际情况出发，紧密依据资本主义国家和社会主义国家的实践，适应我国经济体制改革的紧迫需要，以无产阶级革命家的伟大气魄，否定了马克思主义创始人提出的第二个预言，并旗帜鲜明地指出："我们必须从理论上搞懂，资本主义与社会主义的区分不在于是计划还是市场这样的问题。社会主义也有市场经济，资本主义也有计划控制。""计划和市场都是经济手段。""要发展生产力，经济体制改革是必由之路。""不坚持社会主义，不改革开放，不发展经济，不改善人民生活，只能是死路一条。"[②] 这就为我国经济体制改革扫除了最大的政治思想障碍，为我国确立社会主义市场经济体制的改革目标奠定了最坚实的理论基础。历史表明：这是一个关乎巩固社会主义制度命运的问题，是一个具有重大国际意义的问题。也正因为如此，邓小平理论当之无愧地成为中国特色社会主义理论的首创者，是继毛泽东之后的马克思主义又一次具有划时代意义的发展，同时又是中国化马克思主义的第二个发展阶段。

当然，中国特色社会主义理论在党的十二大至十八大还有很大的发展。特别是党的十八大以来，以习近平总书记为核心的党中央提出了一系列的新理念、新思想、新战略，而且有突出的发展。

毛泽东在论述认识与实践关系的时候，曾经深刻地全面地指出："理论的东西之是否符合于客观真理性这个问题，在前面说的由感性到理性之认识运动中是没有完全解决的，也不能完全解决的。要完全地解决这个问题，只有

[①] 详见汪海波《毛泽东〈新民主主义论〉研究——纪念毛泽东诞辰100周年》，《经济研究》1993年第12期。
[②]《邓小平文选》第3卷，人民出版社，1993，第138页、364页、370页、373页。

把理性的认识再回到社会实践中去，应用理论于实践，看它是否能够达到预想的目的。……马克思列宁主义之所以被称为真理，也不但在于马克思、恩格斯、列宁、斯大林等人科学地构成这些学说的时候，而且在于为尔后革命的阶级斗争和民族斗争的实践所证实的时候。"[1] 同样的道理，邓小平等中国共产党领导人提出的中国经济体制改革理论，也不但在于他们科学地构成这些理论的时候，而且在于为之后中国经济体制改革实践所证实的时候。而中国经济体制改革的成就证明了他们提出和发展的改革理论的正确性。这就是本文提出的改革彰显了马克思主义划时代的伟大胜利的含义。

习近平总书记对此做了一个高度理论概括，他精辟地指出："中国特色社会主义是改革开放以来党的全部理论和实践的主题，全党必须高举中国特色社会主义伟大旗帜，牢固树立中国特色社会主义道路自信、理论自信、制度自信、文化自信，确保党和国家事业沿着正确方向胜利前进。"[2] 据此，可以进一步说明改革成就彰显了中国特色社会主义的伟大胜利，从而彰显了中国特色社会主义是马克思主义的第三个划时代发展阶段，同时还进一步证实了"四个自信"这一极重要的政治理论。

---

[1]《毛泽东选集》第1卷，人民出版社，1991，第292~293页。
[2] 习近平：《在省部级主要领导干部专题研讨班开班式上的讲话》，新华网，2017年7月27日。

索　引

A

21世纪海上丝绸之路　361

按劳分配　012，013，037，081，083，096，135，138~140，142，313

B

包产到户　067~070

包干到户　068~070

并购重组　216，284，285，294~296

C

财税体制　105，153，173，200，259，351

《财税体制改革总体方案》　351

财务大包干制　153

产品市场　024，031，059，060，102，104，150，237，239，253，317，323

产品税　106，200，352

产权市场　033，252，253

厂长负责制　090~094，116，130，132，133，135，139，141，142

车船使用税　087，153

承包经营责任制　071，114~118，132，133，135~137，141，153，159，160

城市维护建设税　087，153

城镇化　231，324，325，329，330，345，357，426

城镇集体经济　094，097，098，136，137，140，141，188，251

城镇企业职工基本养老保险　203

城镇土地使用税　153

充分竞争　272，283，289

抽象法　001

创新农村金融体制　240

创业板　251，337

存款保险制度　354，355

存续企业　220，222，287

D

大数据　335

大型企业　126，152，170，172，173，184，185，196，212，213，215，216，227，254，264，267，290，333，339，364

党的企业基层组织　131

邓小平理论　014，020，065，438

电子商务　034，251，253，323，341

顶层设计　270，350，374

独资企业　028，111，148，149，158，196，207，221，225，227，263，333

对外贸易依存度　209

E

二权分置　324

二元经济　057

F

房产税　087，153

房地产市场　003，103，151

非公有制经济　016，018，048，103，143，146，163，193，195，247，287，332，333，342，344，345，367，368，369，375，377，380，424

非公有制企业　019，042，098，243，264

非经营性资产　087

非银行金融机构　201，254

负面清单　279，336，362，363

G

干部聘任制　133

个体工商户　101，144，145，153，194，200，204，248，249，333，342，343，368

个体经济　010，066，100，101，103，124，143，145，146，148，193，194，247，249，368

个体劳动者　042，100，145

个体商业　076，202

耕地保护制度　325

工伤保险　259，359，360

公共产品　005，214，220，255，273，284，335，378，428

公　司　法　030，164，166~168，170，

172，175，184，219，225，271，273，297，302

公益林　314，320~323

公有企业　009，011，195

供给制　008

供销合作社　075，076，236，239，240

供销合作社改革　236，240

股份制　028，031，119~124，128，137，138，141，150，157，164，166，168，170，192，196，201，215，217，218，225，241，242，245，246，256，257，272，273，276，283，293，302，312，364

股份制企业　119~123，138，164，166，168，170，192，245，283，364

股份制试点企业　120~123

股票　035，046，103，119~122，150，151，157，169，171，180，192，197，246，251，345，354，379

固定资产投资　140，151，153，208，254，347，371，372，404

《关于大力推进大众创业万众创新若干政策措施的意见》　335，342

《关于投资体制改革的决定》　253

国家所有制　016，018

国家重点建设债券　150

国家重点实验室　340，431

国库券　103，150，151

国民待遇　250，262，264，362

国民经济恢复时期　009，012

国有存续企业　221，222

国有独资公司　165，167，168，172，183，184，219，225，227，298，299，300

国有经济　018，022，028，048，054，077，112，114，123，150，155，159，161，163，164，166，174，178，197，210，212~217，220，227，228，251，252，262，268，270~272，275，282，283，287，367~369，371，375，377

国有控股企业　173，227，268，277，297~299

国有企业　018，020，022，029，031，041，046，048，050，053，054，061，063，077，080，087，089，090，102，108，114，119，121，127~130，137~139，163~166，168~170，173，176，178，180~188，194，195，202，204，206，213~215，217~222，225~228，243，244，252，258，259，270~274，276~280，282~287，290，295~301，338，375

《国有企业监事会暂行条例》 185，186

国有企业的战略性改组 061，176，178

国有企业监事会 185，186，227

国有企业内部领导制度 090

国有企业所得税 080

国有企业自主权 077，188

国有全资公司 298，299

国有事业单位 218，220，221

国有资本 049，184，199，213~218，223，226，227，252，271~273，275~287，290，291，292，293，294，295，296，297，298，299，305，338，353

国有资本经营预算制度 226

国有资产 003，031，032，049，063，087~090，111，119，121，123，127~129，159，165，166，169，172，175，178，182~188，208，212，216~218，220，223~227，271，272，274~283，287，291，297，300，301，381

国有资产保值增值 032，128，182，183，185，186，202，223，225，271，272，273，275，283，284

国有资产管理局 127~129，184，186~189

国有资产管理体制 087，127，129，183，184，186，187，223，227，228，259，270，271，275

国有资产监督管理委员会 224，259

国债 103，150，197，200，251，257，345，354

H

合伙企业 148，149，188，196

横向经济联合 119，124，125，141

宏观经济调控体系 004，025，035

环境保护税 352

混合所有制 028，247，270，271，276，278，282~290，302，309，367

混合所有制企业 245，270，277，278，283，286~290，302，367，375

货币资本 039，041，043~050

J

基本经济制度 002，006，014，016，017，019，025~027，038，043，047，193，271，333，369，375，376，378，380

基金 057，071，078，085，088，105，107，116，118，119，122，131，132，134，135，140，143，148，151~153，181，197，200~204，226，

238，248，251，256，263，276，279，282，285，293，296，307，310，315，334，336，338，340，345，351~353，359，360，416，417，431

集市贸易　076，107

集体经济　028，029，069，070，072，073，076，094，095，097，098，101，103，136，137，140~143，188，192，210，231，232，243~247，251，268，282，314，320，325，327，329，332，371，375

集体林权制度改革　313~319，323

集体林业　315，318，319，322，323

集体企业　018，041，095~099，101，136~143，146，148，153，178，188~192，195，243~246，258

集体所有制　016，018，028，046，073，082，094~098，101，121，136，137，139，141，142，188，189，244，247，319，324，326，332，368，375

集体资本　189，245，285

计划经济　002，006，007，010，011，013~017，019~023，025，035，036，038，041，042，047~049，050，052~056，058，059，062，065，066，089，109，120，127，134，136，140，141，163，199，218，252，253，303，371，374，376，381，387，393，398，402，405，437

计划经济体制　007~018，022，027，028，035，036，038，041，042，048~050，053~055，059，089，102，108，109，111，119，124，129，132，134，136，140，141，163，176，187，197，199，216~218，237，253，270，346，348，369，374，380，381，386，387，398，402，403，405，423

技术市场　003，033，034，062，064，125，151，198，252，345

家庭承包经营制　066，074，230

家庭联产承包责任制　066~072，074，081，084，325，326

家庭养老　358

价格　003，004，009，018，034，035，059，074，075，078，086~089，100，104，105，107，152~154，160，197~200，208，209，229，236，238，251~255，276，284，285，304~308，332，344，347~350，

352，357，363，369，370，379，
386，391，411，414，416，418

价格体制　105，160，348

价值　001，003，010，018，019，021，
027，034，035，039~050，059，
122，227，252，266，275，291，
292，317，352，363，379，386，
394，413

简单商品生产　018

渐进式改革　024

金融市场　033，103，106，150，152，
154，197，253，337，354

金融体制　074，200，256

金融债券　150，201，257

进出口贸易　058，109，111，159，160，
208，209，210，264，265，267，
372

经济大国　002，061，064，367，372，
416，422，433~436

经济技术开发区　110，310

经济特区　058，103，109，110，156，
157，158，267

经济体制　001，002，007~018，
021~023，027~029，035~038，041，
042，048~050，052~055，059，062，
065，066，072，089，090，102，
108，109，111，113，118，119，

124，125，129，132，134，136，
137，140，141，143，162~164，
176，182，187，188，197，199，
204，210，212，216~218，223，
228，229，237，240，247，253，
259，268~270，313，344，346，
348，362，368，369，373~381，
386，387，398，400，402，403，
405，423，424，433，435，436，
438，439

经济责任制　080~084，091，114，116，
135，140，142

经营权　028，030，032，063，066，072，
089，090，114，115，118~120，
123，125，127，137，148，159，
175，182，187，209，224，230，
231，244，245，264，267，275，
278，313，314，317，319，320，
321，323~330，375

经营性资产　087，212，213

竞争力　062，171，172，174，211，
214~216，238，250，261，265，
271，276，278~280，291，341，
421，422

K

开放城市　104，109，110，156

开放型经济　026，058~061，064，
　　360~362
科技企业孵化器　336，337
科学技术　005，013，015，030，038，
　　039，044，045，049，050，392，
　　408，429，430，432
扩大再生产　009，010，143

L

劳动力　001，003，039~050，052，053，
　　055，056，060，062，071，073，
　　088，089，095，096，102，103，
　　107，150，202，219，231，233，
　　251，258，265，313，324，325，
　　329，345，356，370，392，425，
　　426，427
劳动力市场　003，033，042，047，049，
　　062，102，103，150，197，219，
　　251，274，345
劳动体制　258
老龄化　055，204，358
利改税　084~087，106，114~116，153
"两级管理、三个层次"的国有资产管
　　理体制　183
林权　313~324
垄断行业　048，217，255，259，272，
　　283，290，303，305

旅游市场　103，151，198

M

马克思主义　013，014，018~020，037，
　　039，040，047，065，374，376，
　　377，383，386，393，423，435~439

N

农村集体经营性建设用地　331，332
农村金融体制　074，076，240，241，
　　243
农村人民公社制度　066，067，313
农村商品流通体制　066，074，075，
　　236
农村税费改革　233~236，255
农村养老保险　203
农民专业合作社　232，329

P

排污费　350，352
贫困群体　055，056
破产法　124，178

Q

企业承包经营责任制　114~117
企业集团　123~126，138，141，152，
　　164，170~174，180，183，184，

188，190~192，215，216，221，226，284，289，290，296，302

企业债券 150，197，251，337，345

轻工业 009，136，137，139，157，159，189，392，393，394

清产核资 128，165，167，172，188，189，225

R

人类命运共同体 434

人力资本 039，048，219

人民公社 066~068，072~074，076，313

S

"三块地"制度改革 330~332

三权分置 313，319，324~330，345，367，375

商品经济 009，011，015，018~020，027，028，075，108，113，120，141，374，375，437

商品市场 003，033~035，098，125，197，198，253

商业体制 106

商业银行 106，150，154，201，218，241，242，248，256，257，338，354，355

上海证券交易所 120，121，150，151，153，337

上市公司 151，169，171，180，192，197，213，217，218，222，228，251，277，284，289，295，296，345

上网电量 307

社会保障制度 005，025，052~058，108，155，163，170，181，202，204，221，259，336，358

社会主义 001~003，006~014，016~029，031~033，035~043，045~048，050~052，054，056，058，060~065，070，076，092，094，095，100，102，108，109，112，113，115，118，120，124，127，131，139，141，142，146，147，161，162，164，165，182~184，188，193，195，196，199，200，204，205，210~212，216，220，223，224，226，229，237，240，244，250，262，268~271，274，287，303，305，324~326，332，333，344，360，368，369，373~380，382，383，400，405，423，424，426，427，429，433，435~438

社会主义初级阶段 002，006，015~020，

025~027，035，040，042，046，054，058，095，100，146~148，164，193，270，382，383，424，426，432

深圳证券交易所 120，121，150，151，153

生产要素市场 003

生产资料 003，010，023，026，033，042，071~073，078，095，100，102，105，145，146，150，152，197，199，200，251，255，324，344，345，370，374，393

生育保险 056，259，358，360

失业 005，023，052，053，055，056，134，155，203，204，258，259，276，337，342，356，358

失业保险 054~056，155，179，202~204，244，259，356，359

世界贸易组织 060，062，064，261，264

市场 001~007，009~013，015~024，026，029~039，041~043，045~054，056~066，077，078，081，084，087，088，097~106，108~113，118，119，121~125，127，129，132，133，136，141，145，147，149~154，157，160~163，165~167，171~173，175，177，182，184，188，192~202，204~206，208~213，215~223，226，227，229~232，236~240，242，244~248，250~255，257~266，268~279，281~286，289，291，293~298，300，302~313，317，319~325，329~333，335~342，344~351，354~357，367，370，371，373~381，383，387，393，396~398，402，423，424，426，428，429，434，435，438

市场经济 001~007，011~014，016~028，031~039，041~043，045~048，050~052，054，056，058，059，061~064，074，108，113，127，134，146，147，162，163，166，182~184，188，193，195，199，200，204，205，210~212，215~217，220，222~224，231，232，237，239，240，244，246，247，250，258~260，262，264，268，269，271，272，274，278，287，291，297，298，303，305，308，324，325，333，368，369，370，371，373~380，383，387，393，398，423，424，429，434，435，438

市场中介组织 026，062~064，167，

202，221

收入调节税　080，147，148

双层经营　057，072~074，112

丝绸之路经济带　361

私营经济　046，101，102，146~148，193~196，247~250，344

私营企业　042，046，048，049，098，103，146~150，153，194~196，246，249，250，268，343，344，367，368

《私营企业暂行条例》　147

所有权　028，030，032，033，049，050，066，089，090，095，114，115，118~120，123，125，127，137，142，165，166，182~184，186，224，244，245，275，278，313，314，317，319~321，324~329

T

投资品　102，398

投资体制　104，151，152，173，199，253，254，346，348

土地　033，035，040，043，044，066，067，069，070~074，087，090，103，122，123，153，157，179，200，212，229~231，233，247，252，285，313，314，316，324~332，345，352，361，375，390，392

土地市场　033，252，331，345

W

外国企业　109

外汇调剂中心　151，157

外贸体制　104，160，208，264

外商投资　106，109，110，151，152，156~158，204，206~208，248，261~264，338，363，364，368

《外商投资产业指导目录》　206，262，277，285，362

外向型经济　059，061，110，192，267

外资企业法　156，207，262

完全竞争　004

微型企业　333~335，342，357

物资资本　039，044，045

X

行政指令计划　007，041，106

现代分配制度　025，037~041，045，047~051

现代企业制度　018，025，029，031，059，132，162~164，166~172，178，180，184，208，209，212，215，217~220，225，227，228，238，

239，245，256，264，268，270，271，273，276，286，291，296，297，303

现代市场体系　025，033~035，102，104，150，151，161，196，198，250，253，268，344，345，367，375

《乡村集体所有制企业条例》　142

乡镇集体经济　066，098，141~143，191，246

乡镇企业法　191

消费品　003，033，102，112，145，148，150，152，161，196，197，199，200，202，251，344，370，398，409，416

小康社会　211，269，358，412，426，428，429

小微企业　290，333，334，336，337，339，340，342，344，356

小型企业　063，078，082，085，086，118，154，164，174~177，196，207，215，246，333

新农合　359

信息市场　003，033

Y

亚洲金融危机　210

养老保险　041，055，056，155，203，204，239，259，358，359

一般劳动力　044，046，047

一般性转移支付　351

一带一路　361，362，434，436

一元经济　057

以人为本　219，374

营改增　351~354

营业税　106，200

有计划的商品经济　021，127，129

有限责任公司　123，148，164~168，175，181，188，191，196，213，219，245，249，302，371

云计算　335

Z

增值税　080，106，200，255，351，352

宅基地　330，331

战时共产主义　008，437

整体推进和重点突破　374

政策性银行　201，218，241，256

知识经济　033，034，038，039，043~045，048，058，060，063，380，408，429，430

职工代表大会　092~094，096，099，130，131，139，140，142，165，300

职业经理人　274，278，286，297，

300，302

智力资本　039，041，043~047，049~051

中国化马克思主义　433，435，438

中国人民银行　103，106，201，209，240，242，257，258，315

中国特色社会主义　014，020，027，162，269，270，333，373，374，383，412，422，432，433，435，438，439

中国银行监督管理委员会　201

中外合资经营企业　109，156

中外合资经营企业法　109，156

中外合作经营企业法　156

中型企业　022，063，082，084，086，114，117~119，125，126，130，133，134，164，166，168~170，175，180，189，214，283，290，333，334

众筹　337，396

众创空间　336，337，339

主要管资本　270，367，375

抓大放小　164，195，215

转移支付　036，051，200，234，235，255，259，350，351，353，354，357

准计划经济体制　008

资本市场　003，024，031，033，047，049，103，150，171，275，276，287，294，337，354，355

资本主义商品生产　018

资源　001，002，004，006，007，016，018，019，027，029，034，035~038，041，047，048，056，059，060~063，087，089，123，128，147，160，172，192，195，198，206，212，214，216，224，229，237，239，246，254，255，257，260，261，263~267，269，272，277，279，284，285，291~294，296，304，306，308，310，311，313~317，319，320，322，323，326，328，330，332，339~342，346，347，349，350，352，353，356~358，370，378~380，386，387，392，394，398，402~404，406，423~425，427，430

资源税　080，087，200，351~354

资源性资产　087，212

自然经济　008，026，058

自由贸易试验区　340，363

租赁经营责任制　118，131，137

最低生活保障　055，203，204，359，360

最严格的耕地保护制度　229，230，325

后　记

本书写作吸收了我国学术界已有的研究成果，主要是有关中国经济改革的史料和著作。本书出版得到了中国社会科学院离退休老干部工作局，工业经济研究所老干部工作处以及社会科学文献出版社社长谢寿光、总编辑杨群和经济与管理分社总编辑陈凤玲的大力支持。刘立峰研究员为本书搜集了很多资料，还统计了很多数据。周燕女士承担了本书的修改稿和定稿的全部录入和打印工作。我妻子刘海英女士对本书的写作，给予了不遗余力的支持。在本书付梓之际，特向以上各位先生、女士表示衷心感谢！

本书的缺点和错误，诚恳希望得到读者的批评和指正。

汪海波
2017 年 8 月 30 日

图书在版编目(CIP)数据

中国经济体制改革：1978~2018 / 汪海波著. --北京：社会科学文献出版社，2018.9
（改革开放研究丛书）
ISBN 978-7-5201-2616-8

Ⅰ.①中… Ⅱ.①汪… Ⅲ.①中国经济－经济体制改革－研究－1978-2018 Ⅳ.①F121

中国版本图书馆CIP数据核字（2018）第078049号

·改革开放研究丛书·
中国经济体制改革（1978~2018）

丛书主编 / 蔡　昉　李培林　谢寿光
著　　者 / 汪海波

出 版 人 / 谢寿光
项目统筹 / 陈凤玲
责任编辑 / 陈凤玲　陈　荣

出　　版 / 社会科学文献出版社·经济与管理分社（010）59367226
　　　　　地址：北京市北三环中路甲29号院华龙大厦　邮编：100029
　　　　　网址：www.ssap.com.cn
发　　行 / 市场营销中心（010）59367081　59367018
印　　装 / 三河市东方印刷有限公司

规　　格 / 开　本：787mm×1092mm 1/16
　　　　　印　张：29.5　字　数：434千字
版　　次 / 2018年9月第1版　2018年9月第1次印刷
书　　号 / ISBN 978-7-5201-2616-8
定　　价 / 168.00元

本书如有印装质量问题，请与读者服务中心（010-59367028）联系

▲ 版权所有　翻印必究